Beltz Taschenbuch 46

Über dieses Buch:
„Spiel ist eine merkwürdige Beschäftigung, besonders, weil sich die Spieler mit Gegenständen befassen, die etwas anderes als sonst bedeuten, und weil sie sich in fiktiven Welten bewegen, die Außenstehenden merkwürdig vorkommen müssen. Was bewegt Kinder zum Spiel, warum spielen sie so oft ‚versunken' und warum wird Spiel zum Selbstzweck?"
Der Autor, einer der bekanntesten deutschen Entwicklungspsychologen, entwirft in diesem Buch eine völlig neue Theorie des kindlichen Spiels. Ausgehend von Überlegungen zu einer psychologischen Handlungstheorie stellt er eine Verknüpfung her zum kindlichen Spiel. Er zeigt, wie sich im Spiel immer komplexer werdende Handlungsstrukturen aufbauen. Der Sinn des Spiel besteht darin – so die zentrale These des Autors, die er mit vielen Beispielen stützt – der Lebensbewältigung zu dienen. Die existenzielle Bedeutung des Spiels zeigt sich auch daran, daß es in modifizierter Form, zum Beispiel in Form des Regelspiels, im Erwachsenenalter erhalten bleibt. Dieses Buch ist eine unverzichtbare Lektüre für Studierende und Praktiker der Pädagogik, Psychologie und Sozialpädagogik.

Der Autor:
Prof. Dr. Rolf Oerter ist Inhaber des Lehrstuhls für Entwicklungspsychologie an der Universität München.

Inhaltsverzeichnis

Vorwort

Teil 1: Spiel, ein Handeln ganz besonderer Art 1

1 Erstes Merkmal: Handlung um der Handlung willen 3
1.1 Was sind Handlungen?. 3
1.2 Spiel: eine besondere Art von Handlung 5

2 Zweites Merkmal: Wechsel des Realitätsbezugs 9
2.1 Die „eingebildete“ Situation: eine neue Realitätskonstruktion . . 9
2.2 Spiel, ein vereinbarter Rahmen 11

3 Drittes Merkmal: Wiederholung und Ritual 15
3.1 Arten von Wiederholung im Spiel 15
3.2 Ritual und Spiel 17

Teil 2: Spiel und Objekt: Der Gegenstandsbezug im Spiel. 19

4 Zum Gegenstandsbegriff 21
4.1 Eine kulturökologische Definition 21
4.2 Komponenten des Gegenstandsbezuges und ihr Wandel im kindlichen Spiel 22

5 Valenzen des Gegenstandes 25
5.1 Subjektive Valenz 26
5.2 Objektive Valenz 31
5.3 Abstrakte Valenz 36
5.4 Zur Logik der folgenden Darstellung 40

6 Der Akteur im Spiel 45
6.1 Abbau von Egozentrismus (vom Selbstbezug zum Partnerbezug) 45
6.2 Veränderung der eigenen Person im Spiel 46
6.3 Soziale Kognition im Umgang mit fiktiven Partnern (Partnersubstitution) 48
Zusammenfassung 49

7 Der Umgang mit dem Gegenstand im Spiel 51
7.1 Erforschung und Nutzung der objektiven Handlungsanreize des Gegenstandes 52
7.2 Substitution 52
7.3 Ist der Ersatzgegenstand beliebig? 54
7.4 Begriffsbildung durch Spiel 60

8 Die Handlung im Spiel 62
8.1 Der Bedeutungswandel der Handlung. 62
8.2 Die Entwicklung von Handlungsschemata im Spiel 66
8.3 Handlungsplanung im Spiel 71

9 Zur Spielzeugkultur 76
9.1 Zur historischen Entwicklung und der kulturellen Spezifität des Spielzeugs 77
9.2 Individualisierung und soziale Vereinzelung durch Spielzeug . . 80
9.3 Der Spielzeugmarkt: Unterschiedliche Klassen von Spielzeug . . 81
9.4 Gesetze des Spielzeugmarktes. 86
Zusammenfassung 88

Teil 3: Spiel als soziales Handeln: Der gemeinsame Gegenstandsbezug im Spiel 89

10 Beschreibung und Begriffsbestimmung 91
10.1 Beschreibung 91
10.2 Begriffsbestimmung 92

11 Der gemeinsame Gegenstandsbezug im Spiel: Ein Überblick. 93
11.1 Sensomotorisches Spiel 93
11.2 Symbolspiel (Als-ob-Spiel). 93
11.3 Parallelspiel 96
11.4 Rollenspiel. 99
11.5 Regelspiel 100
11.6 Die Entwicklung des Sozialspiels: Untersuchungsbeispiel 102

12 Frühe Formen des gemeinsamen Gegenstandsbezuges 105
12.1 Vorsprachlicher gemeinsamer Gegenstandsbezug. 105
12.2 Eine Handlungsgrammatik des gemeinsamen Gegenstandsbezuges 106
12.3 Als-ob-Spiel als gemeinsamer Gegenstandsbezug: eine alternative theoretische Erklärung 111

13 Metakommunikation 117
13.1 Zur Funktion der Metakommunikation 117
13.2 Arten sprachlicher Metakommunikation im Spiel. 119

14 Die Entwicklung der Kommunikation im gemeinsamen Spiel 123
14.1 Frühe Kommunikationsspiele 123
14.2 Vom Partner als Objekt zum Partner als Subjekt 126
14.3 Skripts als Stütze für Kommunikation im Spiel 127

15 Die Bedeutung der Regel beim gemeinsamen Gegenstandsbezug im Spiel . . . 133
15.1 Ritual und regelmäßige Wiederkehr . . . 133
15.2 Das Spielthema (Sujet) als Regelwerk . . . 135
15.3 Regelgeleitetes Handeln im Rollenspiel . . . 138
15.4 Orientierung an expliziten Regeln im Regelspiel . . . 140
Zusammenfassung . . . 146

16 Die Zone nächster Entwicklung im Spiel . . . 147
16.1 Zum Begriff . . . 147
16.2 ZNE als Herstellung und Aufrechterhaltung des Spielrahmens . . 150
16.3 ZNE beim Buchanschauen . . . 155
16.4 ZNE beim fiktiven Telefonieren . . . 158
16.5 Die Konstruktion der ZNE durch Peers . . . 162
Zusammenfassung . . . 170

Teil 4: Warum spielen Kinder? Der übergeordnete Gegenstandsbezug . . 173

17 Einige wichtige Erklärungsversuche . . . 175
17.1 Psychoanalytische Erklärungen . . . 175
17.2 Wygotski und Piaget . . . 177

18 Eine handlungstheoretische Erklärung: Der übergeordnete Gegenstandsbezug . . . 180
18.1 Drei Ebenen der Handlung (Leontjew) . . . 180
18.2 Konstituierende Komponenten der Handlung . . . 183

19 Sinnstiftende Gegenstände im Spielhandeln . . . 187
19.1 Der ÜG am Beispiel des Umgangs mit Wasser . . . 188
19.2 Der ÜG am Beispiel des erstmaligen Umgangs mit Knetmasse . . 192
19.3 Der ÜG beim Bauen und Konstruieren: Aufbauen und Zerstören . . . 197
19.4 Behausung als Zuflucht, Besitzkontrolle und Selbsterweiterung . 200
19.5 Der ÜG beim Spiel mit Computern . . . 202

20 Entwicklungsthematiken . . . 210
20.1 Allmacht und Kontrolle als ÜG . . . 210
20.2 Selbst und Identität als ÜG . . . 218
20.3 Sauberkeitserziehung und deren Bewältigung im Spiel . . . 227
20.4 Der theoretische Gewinn . . . 230

21 Beziehungsthematiken . . . 234
21.1 Der Wunsch nach Freundschaft . . . 236
21.2 Geschwisterrivalität . . . 237

21.3 Kommunikation und Zärtlichkeit als ÜG im Spiel bei einem schwerhörigen Kind . . . 239
21.4 Bindungsverlust und Bindungsunsicherheit: Ein Fallbeispiel . . . 241

22 Kinderspiel im Holocaust . . . 248
22.1 Spiel als Täuschung . . . 248
22.2 Spiel als Protest . . . 249
22.3 Realitätsverarbeitung der extremen Situation . . . 250
22.4 Die materielle Umwelt als Determinante des Spiels . . . 251
22.5 Spiel als Rahmen für eine bessere Welt . . . 252
22.6 Spielen, um zu überleben . . . 254

23 Warum spielen Kinder? Eine theoretische Erklärung des ÜG . . . 255
23.1 Was geschieht? Beschreibung und Interpretation . . . 255
23.2 Wie geschieht es? Ein Erklärungsversuch . . . 263
23.3 Zur Methodik der Ermittlung des ÜG . . . 274

Teil 5: Was wird aus dem Spiel im Erwachsenenalter? . . . 279

24 Regelspiele im Erwachsenenalter . . . 281
24.1 Die adaptive Funktion des Regelspiels in verschiedenen Kulturen . . . 281
24.2 Regelspiel und Abenteuerrolle: Ein Beispiel . . . 285
24.3 Musik: Regelspiel ohne Wettbewerb . . . 293

25 Spiel und Kunst . . . 297
25.1 Gegenstandsklassen im Konstruktionsspiel und in der Kunst . . . 298
25.2 Der ÜG im Kunstwerk . . . 301
Zusammenfassung . . . 303

26 Spiel und Religion . . . 304
26.1 Realitätskonstruktion . . . 304
26.2 Allmacht, Ritual und Magie . . . 306
26.3 Vergegenständlichung und Aneignung in Religion und Spiel . . . 308

27 Was wird aus dem Spiel im Erwachsenenalter? . . . 310
27.1 Die Transformation des Spiels . . . 310
27.2 Die Institutionalisierung des Spiels . . . 312
27.3 Privates Spielen, die Fortsetzung des Kinderspiels . . . 314
27.4 Spielsucht . . . 316

Schlußfolgerung und Ausblick . . . 316
Literatur . . . 317
Personenregister . . . 328
Sachregister . . . 332

Vorwort

Dieses Buch ist das Ergebnis von zwei zunächst getrennt verlaufenden Aktivitäten, nämlich von theoretischen Überlegungen zu einer psychologischen Handlungstheorie und der Analyse von Spielszenen von Kindern. Die Zusammenführung beider Bereiche mündete in einen handlungstheoretischen Ansatz des Spiels. In der folgenden Darstellung wird der Gegenstandsbezug als zentrale Kategorie gewählt, die zugleich als Einteilungsgesichtspunkt für das Buch dient. Zunächst wird das Spiel als besondere Form des Gegenstandsbezugs dargestellt. Es folgen der gemeinsame Gegenstandsbezug als Kennzeichen des sozialen Charakters des Spiels und der übergeordnete Gegenstandsbezug als Erklärung für das Warum des Spiels. Schließlich wird vor dem Hintergrund dieses Zuganges die Transformation des Spiels bzw. seine Institutionalisierung im Erwachsenenalter beschrieben.

Die Darstellung greift auf eine Fülle von Beispielen zurück, von denen einige immer wieder herangezogen werden, um auf diese Weise das Lesen zu erleichtern. Der Fortführung der Argumentation läßt sich leichter folgen, wenn man auf alte Bekannte trifft, diese aber von einer neuen Seite kennenlernt.

Das vorliegende Buch ist in gemeinsamer Diskussion und Arbeit mit einer Vielzahl von Personen entstanden. Studierende aus Projekt- und Hauptseminaren haben mit Video-Aufzeichnungen über kindliches Spielverhalten wesentlich zu seiner Entstehung beigetragen. Ich habe bei den Protokollen der Aufzeichnungen jeweils die Namen der Studierenden beigefügt. In einigen wenigen Fällen konnte ich die Protokollanten nicht mehr ausfindig machen. Ihnen allen möchte ich meinen Dank für ihre sorgfältige Arbeit und die anregenden Diskussionen in den Seminaren aussprechen.

Wichtige Daten stammen aus unserem Längsschnittprojekt, in dem das Spielverhalten von Kindern, beginnend mit eineinhalb Jahren, achtzehn Monate lang beobachtet und videographiert wurde. Organisation und Leitung der Aufnahme lag in Händen von Frau Dipl. Psychologin Eva Nagy, die von Frau Dipl. Psychologin Brigitte Mieruch, Frau Dipl. Psychologin Ursula Hofmann und Frau Dipl. Psychologin Susanne Blazek unterstützt wurde. Ihnen allen gilt mein besonderer Dank.

Das Buch greift auch auf mehrere Diplomarbeiten zurück, die von mir angeregt wurden und die längsschnittliche Spielbeobachtungen an Kindern über mindestens ein Jahr zum Gegenstand haben. Die sorgfältige Dokumentation des Spielverhaltens in diesen Arbeiten war mir eine große Hilfe.

Mein Dank gilt aber vor allem den Eltern und ihren Kindern, die sich im Rahmen des Projekts sowie für andere Aufnahmesituationen zur Verfügung gestellt haben. Die Namen der Kinder wurden verändert, so daß eine Identifikation nicht möglich ist und die Anonymität gewahrt bleibt.

Der Beltz Verlag bringt das Buch als Taschenbuch-Ausgabe heraus und macht es dadurch einem größeren Leserkreis zugänglich. Ihm und Frau Ashauer-Schubach, die diese neue Ausgabe betreut, möchte ich an dieser Stelle ebenfalls danken. Nicht zuletzt danke ich meiner Frau, die bei der Entstehung des Buches viel Geduld aufbringen mußte und das Korrekturlesen besorgt hat.

München, im Sommer 1999 Rolf Oerter

Teil 1

Spiel, ein Handeln ganz besonderer Art

In letzter Zeit ist das Spiel wieder stärker in das Zentrum wissenschaftlicher Aufmerksamkeit gerückt. Neben Wiederauflagen (Scheuerl, 1991; Flitner, 1988) existieren Neuerscheinungen, die einen Überblick vermitteln oder eine bestimmte Perspektive des Spiels in den Vordergrund rücken (Einsiedler, 1991; Mogel, 1991; Schäfer, 1989). Das Anliegen des vorliegenden Buches ist es, das Phänomen des Spiels von einem übergreifenden einheitlichen theoretischen Standpunkt aus zu betrachten und so das bisherige Verständnis des Spiels zu erweitern und zu vertiefen.

Zu diesem Zweck wählen wir einen handlungstheoretischen Zugang. „Handlungstheoretisch" heißt, daß menschliches Verhalten nicht als naturwissenschaftlich faßbare äußere Bewegung oder innere Reaktion verstanden wird, sondern als Tun, dem Absicht und Zielorientierung zugrundeliegen. Betrachtet man Spiel als Handlung, so muß es Merkmale besitzen, die es mit allem übrigen Handeln gemeinsam hat. Daneben aber müssen Besonderheiten des Handelns gegeben sein, die nur für das Spiel bzw. Unterkategorien des Handelns, die man global als Spiel bezeichnet, gelten.

In der Literatur gibt es zahlreiche Versuche, Merkmale und Definitionen für das Phänomen Spiel aufzustellen (Sutton-Smith, 1986a; Rubin, Fein & Vandenberg, 1983; Scheuerl, 1991; Winnicott, 1973). Im folgenden soll der Versuch unternommen werden, mit drei Merkmalen zur Kennzeichnung des Spiels auszukommen. Dieser Versuch entspricht dem in der Wissenschaft allgemein üblichen Bemühen, bei der theoretischen Beschreibung mit möglichst sparsamen Mitteln zu arbeiten. Alle drei Merkmale orientieren sich an dem Handlungskonzept, das erste (Handlung als Selbstzweck) und das letzte (Ritual und Wiederholung) beziehen sich auf die Handlungsdynamik, das zweite (Realitätskonstruktion) bezieht sich auf den Handlungsrahmen, den sich der Akteur im Spiel schafft. Diese drei Charakteristika werden als Tiefenmerkmale und damit auch als notwendige Kennzeichen des Spiels angesehen.

Kapitel 1

Erstes Merkmal: Handlung um der Handlung willen

1.1 Was sind Handlungen?

Zwei Merkmale gelten nach unserer Auffassung für Handeln generell. Das erste, die Intentionalität des Handelns, ist weithin bekannt. Das zweite, der Gegenstandsbezug des Handelns, wird aus der Tätigkeitspsychologie (Wygotski, 1987; Leontjew, 1977) übernommen.

Die *Intentionalität* oder Zielgerichtetheit des Handelns beginnt sich bereits im ersten Lebensjahr, wenn nicht gar in den ersten Lebensmonaten, herauszubilden. Bruner (1968) beobachtete bei zwei- bis dreimonatigen Säuglingen das „Aufpumpen" von Armen, Schultern und Kopf, aktive Mundarbeit und Überraschung, wenn das Objekt berührt wird. Daraus lassen sich Rückschlüsse auf die Existenz von Zielgerichtetheit und voluntaristischen Impulsen beim Handeln ziehen. Mit drei bis vier Monaten zeigt die langsame Bewegung mit offener Hand auf den Gegenstand zu den Fortschritt zielgerichteten Handelns. Mit vier bis fünf Monaten besteht schon eine klare Sequenz: Aktivierung, Armbewegung, Ergreifen, Heranholen zum Mund, in den Mund stecken. Aber erst nach dem siebten, achten Monat wird die Greifbewegung regelmäßig visuell gesteuert.

Schon im zweiten Lebensjahr ist es kaum mehr möglich, Verhaltensweisen beim Kleinkind zu finden, die wir nicht als Handlungen interpretieren, d. h. als Aktionen auffassen, denen eine Absicht zugrundeliegt. Nur durch diese Deutung wird weiterhin soziale Interaktion möglich: die Partner des Kindes versuchen, dessen Ziele und Absichten zu erfassen und entsprechend auf sein Verhalten zu reagieren. Umgekehrt tun sie ihre eigenen Absichten kund, geben Handlungsaufträge und machen Handlungsvorschläge. Wenn soziale Interaktion gelingen soll, muß kindliches Verhalten als absichtsvolles Handeln aufgefaßt werden.

Absichtsvolles Handeln verdeutlicht die Video-Aufzeichnung eines eineinhalbjährigen Mädchens mit seiner Mutter. Die Absicht des Kindes ist es – so läßt sich die Szene interpretieren – Gegenstände in Plastikwürfel zu legen, die sich öffnen und schließen lassen. Die Mutter versteht das Vorhaben des Mädchens, das sich noch nicht sprachlich artikulieren kann, nicht, und bietet dem Kind allerlei andere Handlungsmöglichkeiten an, die es auch vorübergehend aufgreift. Es behält aber sein ursprüngliches Ziel immer im Auge, bis schließlich die Mutter eher zufällig einen Plastikwürfel öffnet und so dem Kind die gewünschte Handlung ermöglicht. Sie wird dann vom Kind viele Male wiederholt.

Intentionalität und Zielgerichtetheit beinhalten als Merkmale des Handelns

- die zeitliche Vorwegnahme der Handlung und des Handlungszieles,
- die mehr oder minder lange Beibehaltung eines Handlungszieles (einer Hand-

lungsabsicht), z. B. bei Unterbrechung oder Verhinderung einer Handlung
- die Kontrolle (monitoring) der Handlung selbst durch Vergleich des Ist-Zustandes (des aktuellen Handlungsstandes) mit dem Soll-Zustand (Handlungsziel).

Es besteht kein Zweifel, daß diese Leistungen rudimentär bereits im ersten Lebensjahr auftreten. Später kommt noch Erstaunlicheres dazu: Die Kinder entwickeln Vorstellungen, Theorien über Handlungen und deren Träger, sogenannte mentale Theorien. So wird der Mensch schon im Verständnis kleiner Kinder zu einem Akteur, der Wünsche und Ziele hat und diese durch Handlungen zu erreichen versucht.

Das zweite Merkmal von Handlung, der *Gegenstandsbezug*, blieb lange Zeit in der westlichen Psychologie unbeachtet. Gegenstände aber bilden von Anfang an den Kristallisationspunkt für Handlungen. Alles Handeln ist auf Gegenstände gerichtet. Leontjew (1977), der im Gefolge der Tradition von Rubinstein (1977), Luria (1976), Wygotski (1933) und anderen statt Handlung den Begriff „Tätigkeit" verwendet, stellt lapidar fest: „Die Grundlage der Tätigkeit – ihr konstituierendes Merkmal – ist ihre Gegenständlichkeit" (op. cit., S.24). Die Psychoanalyse beschreibt ebenfalls die Entwicklung als Aufbau des Objektbezugs, allerdings interessiert sie sich fast ausschließlich für den Mensch als Objekt, also für die Frage, wie kleine Kinder Beziehung und Bindung zu anderen Menschen, insbesondere zur Mutter, aufbauen (Kernberg, 1988; Mahler et al., 1980; Klein, 1932; Spitz, 1967).

Neben sozialen Partnern als „Objekten" hantiert der Säugling bereits mit den von der Kultur bereitgestellten Gegenständen. Die Entwicklung des Greifens (Bower, 1979; Piaget, 1936; Bruner, 1968) und mehr noch die Entwicklung der Objektpermanenz (Piaget, 1936; Bower, 1979) belegen die zentrale Rolle des Gegenstandes für die menschliche Entwicklung. Ohne Gegenstand keine Handlung, aber ohne Gegenstand auch keine Entwicklung. Daher ist es wichtig, die Art des Gegenstandes, zu dem ein Kind handelnd Beziehung aufnimmt, in die Beobachtung und Analyse miteinzubeziehen. Beim Spiel wird der Gegenstand besonders bedeutsam, da er merkwürdige Wandlungen durchmacht und im Handlungsbezug nicht mehr das zu sein scheint, was er ist.

Beim kindlichen Handeln ist der Gegenstandsbezug augenfällig, weil das Handeln noch äußerlich ist und sich auf konkrete materielle Objekte, z. B. Spielobjekte richtet. Aber auch später, wenn große Anteile des Handelns als Vorstellungstätigkeit und als Denken ablaufen, bleibt der Gegenstandsbezug erhalten. Die Gegenstände müssen nun nicht mehr konkret gegenwärtig sein – man kann mit ihnen „gedanklich" umgehen – und sie sind auch in vielen Fällen keine materiellen Gegenstände mehr, sondern Ideen, Werte, Ordnungen oder Regeln.

Allerdings darf man den Gegenstandsbezug nicht als etwas Fixes auffassen: auf der einen Seite der Akteur mit einer festgelegten Handlung, auf der anderen Seite der fixe Gegenstand. Vielmehr ist der Gegenstand für den Akteur stets im Wandel begriffen. Äußerlich unveränderlich, ein für allemal zu Materie erstarrt, ist er für das Kind je nach seinem Wissen über ihn und seine Attraktivität höchst verschieden. Das einemal richtet sich alles Begehren des Kindes auf ihn, und Verzweiflung kommt auf, wenn es ihn nicht haben kann. Das anderemal – vielleicht nur Minuten später – bleibt er unbeachtet und ist dem Kind völlig gleichgültig. Das auf den Gegenstand gerichtete Handeln wird durch die Beschaffenheit diktiert, die der Gegenstand als kulturelles

Erzeugnis der Gesellschaft erhalten hat, aber auch durch die Valenzen und Merkmale, die er für das Kind zum jeweiligen Zeitpunkt besitzt. Das Kind geht also mit dem Gegenstand einerseits mehr und mehr so um, wie es die Kultur vorschreibt (es setzt sich beispielsweise auf den Stuhl), andererseits agiert es mit ihm nach eigenem gusto, nämlich zur Erfüllung eigener Wünsche (der Stuhl wird zu einem Auto umgedeutet). Häufig fallen beide Formen des Umgangs nicht zusammen, so daß der außenstehende Betrachter verwundert oder belustigt, manchmal auch empört die Handlungsweisen des Kindes am Gegenstand wahrnimmt.

Handeln kann also Umgehen mit dem Gegenstand bedeuten, es beinhaltet aber auch die Herstellung des Gegenstandes selbst. Wenn das Kind mit einem Spielzeugauto im Zimmer umherfährt, so benutzt es diesen Gegenstand in kulturell angemessener Weise. Wenn es aus Lego ein Auto baut oder ein solches zeichnet, so stellt es den Gegenstand neu her. Während die Herstellung von Gegenständen in der Erwachsenenwelt einer komplexen arbeitsteiligen Gesellschaft wie der unsrigen aus dem Gesichtskreis verschwindet, nimmt sie beim Kind noch einen breiten Platz ein. Wenn das Kind nicht in der Lage ist, den Gegenstand zu produzieren, sei es, daß ihm die Fähigkeiten fehlen, sei es, daß ihm die Materialien nicht zur Verfügung stehen, dann greift es zu einem Trick: es deutet vorhandene Gegenstände nach seinen Handlungsintentionen um. Ein Stuhl wird zu einer Lokomotive, ein Tisch zu einem Haus, in das man kriechen kann usw. Diese sonderbare Form der Vergegenständlichung wird uns noch genauer beschäftigen.

1.2 Spiel: eine besondere Art von Handlung

Dieses letztgenannte Beispiel führt uns zu der Frage, in welcher Weise sich Spielhandlungen von sonstigen Handlungen unterscheiden. Diese Frage ist nicht leicht zu beantworten. Spielforscher haben unterschiedliche Antworten zu geben versucht. Als zwei Kriterien, die immer wieder genannt werden, schälen sich Zweckfreiheit und der innere Anreiz der Spieltätigkeit heraus (Scheuerl, 1991; Wygotski, 1933).

Zweckfreiheit

Die Zweckfreiheit läßt sich nach dem Handlungsmodell von Heckhausen (1977) als Wegfall der Glieder „Handlungsergebnis" und „Handlungsfolgen" kennzeichnen. Wie aus Abb. 1 ersichtlich, läßt sich die „vollständige" Handlung durch die Glieder Situation – Handlung – Ergebnis – Folge kennzeichnen. Bei vielen Handlungen sind die Folgen das Wichtigste. Der Prototyp dafür ist die Arbeit, die um ihrer Folgen willen, nämlich sich den Lebensunterhalt zu verdienen, geleistet wird (unbeschadet der intrinsisch motivierenden Tätigkeitsmomente innerhalb der Arbeit). Beim Spiel fehlt die Berücksichtigung der Folgen, es wird um seiner selbst willen betrieben, d. h. die Spieltätigkeit und in manchen Fällen auch noch das Spielergebnis sind entscheidend. Rücken die Folgen ins Blickfeld, dann wandelt sich das Spiel in Arbeit. Wer um des Geldes willen Tennis spielt, der arbeitet. Wer durch Klavierspiel sein Geld verdient, der arbeitet. So besehen, scheint das Spiel eine rudimentäre Handlung zu sein, der ein entscheidendes Glied in der Handlungskette fehlt, nämlich die Handlungsfolge. Abb.1 veranschaulicht noch ein weiteres Merkmal der Spielhandlungen, auf das Bruner (1985) hingewiesen hat: die lose Verbindung zwischen Handlung und Ergebnis. Dem Kind kommt es im Spiel nicht so sehr darauf an, den ursprünglich mit der Spielhandlung verbundenen Zweck auch wirklich zu erreichen, sondern die Tätigkeit selbst rückt in den Vordergrund, wird variiert und immer wieder erneut aufgegriffen. Das Kind vergißt gewissermaßen über der Tätigkeit den ursprünglichen Zweck. Auf diese Weise, so meint Bruner, werden Fertigkeiten geübt und kombiniert, die unter funktionalem Druck (nämlich wirklich ein Ergebnis zu erzielen) wohl nie ausprobiert würden. Das spielerische Gleiten von einer Tätigkeit in die andere bedeutet nicht einfach einen Mangel an Konzentrations- und Steuerungsleistung des Spielenden, sondern vielmehr das lustvolle Versenken in Tätigkeiten und das lustbetonte Ausprobieren von Handlungskombinationen.

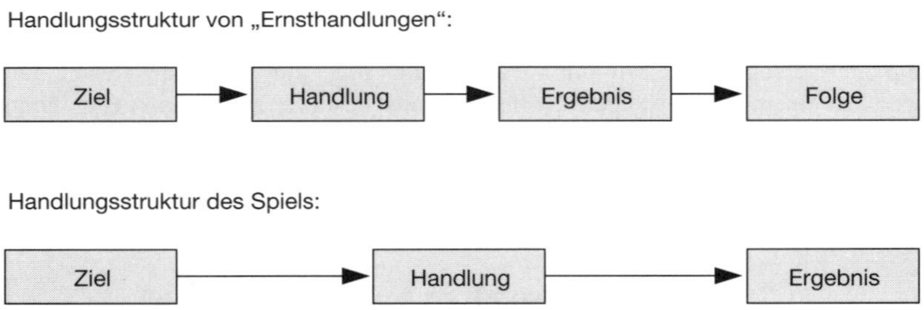

Abb. 1: Gegenüberstellung der Handlungsstruktur des Spiels zur Ernsttätigkeit (dem Motivationsmodell von Heckhausen, 1977, entlehnt)

Intrinsische Motivation, Flußerleben

Man mag sich fragen, was an einer Tätigkeit, die außerhalb der Aktivität und des unmittelbaren Ergebnisses keinen Effekt hat und keinen Wert besitzt, so attraktiv ist. Gemeinhin führt man die Spielaktivität daher auf ihren intrinsisch motivierenden Charakter zurück. Die Tätigkeit selbst verstärkt und belohnt (Hunt, 1965; Heckhausen, 1989) bzw. das bei der Tätigkeit auftretende Flußerlebnis (Csikszentmihalyi, 1985) motiviert zur Beibehaltung der Tätigkeit. Vielfach wird auch der Wechsel von Spannung und Lösung, das Auf und Ab im Spielverlauf (vor allem bei motorischen Spielen) als Triebkraft angesehen (Heckhausen, 1963/64; Huizinga, 1955). Rheinberg (1989) unterscheidet zwischen zweckzentrierter und tätigkeitszentrierter Motivation und zeigt empirisch, wie beide miteinander verknüpft sind. Apter (1982) unterscheidet zwischen ‚telic' und ‚paratelic models' der Motivation, eine Einteilung, die recht gut der von Rheinberg getroffenen entspricht. Für das Spiel wäre nach dieser Terminologie also das paratelic model anzuwenden.

Das Aufgehen in der Tätigkeit findet sich nicht nur im Spiel, sondern trifft auf viele Berufs- und Freizeitaktivitäten zu. Rheinberg (1991, S. 2, 3) kennzeichnet das

Flow-Erlebnis, das wir als Kern der tätigkeitszentrierten Motivation ansehen können, durch folgende Merkmale:

1. Handlungsanforderungen und Rückmeldungen sind klar und interpretationsfrei, so daß man jederzeit und ohne nachzudenken weiß, was jetzt zu tun ist.
2. Man fühlt sich optimal beansprucht und hat trotz hoher Anforderungen das sichere Gefühl, das Geschehen noch stets unter Kontrolle zu haben.
3. Der Handlungsablauf wird als glatt erlebt. Ein Schritt geht flüssig in den nächsten über, als liefe das Geschehen wie aus einer inneren Logik.
4. Man muß sich nicht aktiv konzentrieren, vielmehr kommt die Konzentration wie von selbst, ganz so wie die Atmung. Es kommt zur Ausblendung aller Kognitionen, die nicht unmittelbar auf die jetzige Ausführungsregulation gerichtet sind.
5. Das Zeiterleben ist stark beeinträchtigt; man vergißt die Zeit und weiß nicht, wie lange man schon dabei ist.
6. Man erlebt sich nicht mehr als abgehoben von der Tätigkeit, man geht vielmehr gänzlich auf in der eigenen Aktivität (sog. „Verschmelzen"). Es kommt zum Verlust von Reflexivität und Selbstbewußtheit.

Diese Merkmale wurden allerdings bei Jugendlichen und Erwachsenen ermittelt. Kinder können ihre Erlebnisse beim Spiel noch nicht hinreichend sprachlich artikulieren.

Nimmt man solche Motivationsbedingungen als Grundlage, um nach den Bedingungen zu fragen, die das Spiel aufrechterhalten, so mag man sie auf zwei Erlebnisformen reduzieren: auf die Erfahrung des Aufgehens in der Umwelt, also die Verschmelzung des Spielenden mit der Umwelt (s.o. Punkt 6), und auf die gegenteilige Erfahrung der Heraushebung des Ichs, das gesteigerte Existenzbewußtsein oder die Selbsterweiterung, z. B. durch Meisterung einer Tätigkeit. Selbsterhöhung und -erweiterung haben wir in Spielen vor uns, die Risiko und Wettbewerb anbieten, wie z. B. die Regelspiele, oder andere Erfahrungen von Spannung und Lösung, wie die Partnerspiele in der frühen Kindheit (Hoppe, hoppe, Reiter; Versteckspiele). Verschmelzungserlebnisse, wie sie auch noch von Erwachsenen erfahren werden können, gibt es vor allem bei motorischen Spielen, etwa beim Ballspiel, Surfen, Bergsteigen usw. (s. z. B. die Kategorie „Naturkontakt" bei Rheinberg für das Motorradfahren und Windsurfen, 1989, S. 144 ff.). Gewöhnlich gehen beide Erlebnisformen Hand in Hand. Das Risiko und die Erfahrung seiner Meisterung vermitteln Existenzsteigerung, die Tätigkeitszentrierung führt dagegen zur Erfahrung der Aufhebung der Ichschranken. Phantasie- und Rollenspiele liegen bei solchen Grunderfahrungen mehr im Mittelbereich. Die Erfahrung der Existenzsteigerung wird im Konstruktionsspiel auf andere Weise vermittelt. Dort führt die Schaffung neuer Gegenstände (Bauwerk, Knetfigur, Bild) zur Selbsterfahrung, etwas aus eigener Kraft geschaffen zu haben, etwas, das von einem selbst kommt (zu kommen scheint). Dieses Schöpferbewußtsein bildet die Grundlage der erfahrenen Existenzsteigerung.

Die Rückführung motivationaler Komponenten des Spiels auf allgemeinere Grunderfahrungen veranlaßt zur Frage nach dem Sinn der Spieltätigkeit. Diese Frage wird vor allem Gegenstand von Teil 4 dieses Buches sein, doch schon jetzt zeigt sich, daß das Spiel trotz seiner Einschränkung, was die Handlungsstruktur betrifft (fehlende Handlungsfolgen), dem Individuum sinnvoll erscheinen muß, vermittelt es doch Grunderfahrungen menschlicher Existenz, die außerhalb des Spiels möglicherweise noch nicht oder nicht mehr erfahrbar sind.

Kapitel 2

Zweites Merkmal: Wechsel des Realitätsbezugs

2.1 Die „eingebildete“ Situation: eine neue Realitätskonstruktion

Wenn wir die Zweckfreiheit des Spiels als Trennkriterium zu anderen Handlungsformen hervorgehoben haben, so handelt es sich mehr um eine formale Bestimmung. Erst die inhaltliche Bestimmung von Handlung, die Spiel von anderem Handeln unterscheidet, gibt Aufschluß über die merkwürdige Verkürzung der Handlungskette. Es läßt sich nämlich feststellen, daß im Spiel eine andere Realität konstruiert wird, als sie im üblichen Kontext erfahren und gelebt wird. Elkonin (1980) und Wygotski (1933) bezeichnen daher die „eingebildete Situation“ (Elkonin, 1980, S. 11) als Grundeinheit des Spiels. Die Spielsituation erzeugt in der „Einbildung“ eine neue Realität, in der Tätigkeiten, die aus der ursprünglichen (gesellschaftlichen) Realität stammen, herausgelöst und ausgeführt, eben gespielt werden können. Wsewolododski-Gerngross (zit. nach Elkonin, 1980, S. 31) definiert Spiel als „spezifische Form der gesellschaftlichen Praxis. Es wird dabei irgendeine Lebenserscheinung, teilweise oder ganz, außerhalb der realen Situation reproduziert.“ Die russischen Autoren sehen also die Spielrealität als Rahmen für den Erwerb der in der jeweiligen Kultur vorhandenen Tätigkeiten oder, wie wir auch sagen können, Gegenstandsbezüge. Eher idealistische Sichtweisen übersehen diesen Zusammenhang zwischen Individuum und Gesellschaft im Spiel, aber alle Autoren, die sich mit Spiel befaßt haben, betonen die neue, zweite Realität des Spiels (z. B. Schiller, Ausg. 1907; Groos, 1899; Piaget, 1969; Huizinga, 1956; Scheuerl, 1991).

Die objektive Realität des Alltags wird durch das gemeinsame Handeln der Akteure, die sich im gleichen kulturellen Kontext befinden, konstituiert (Mead, 1934). Spielende setzen sich über diese verbindliche Realität hinweg und konstituieren eine neue Realität, die ihren momentanen Bedürfnissen und Zielsetzungen entspricht und deren Erfüllung zuläßt. Aber prinzipiell verfahren sie ähnlich wie bei der Konstruktion gesellschaftlicher Realität, besonders wenn sich mehrere Spieler auf ein gemeinsames Spielthema einigen (s. z.B. Wegener-Spöhring, 1982). Dieser Vorgang soll an einigen Beispielen erläutert werden, wobei wir zunächst nur auf Realitätskonstruktionen von Einzelindividuen eingehen.

Ein sechsjähriger Junge spielt mit Kasperlpuppen ein Stück, in dem die Großmutter erst den Polizisten, dann den Räuber verprügelt, während sie für den Kasperl Zäpfchen stiehlt, damit er wieder gesund wird. In diesem Spiel wird die Realität ganz offenkundig verwandelt. Zunächst wird eine Szene mit Puppen dargestellt, ein Vorgang, der von sich aus bereits eine fiktive Realität herstellt. Die Figuren in dem Spiel agieren nun anders als in der Wirklichkeit, was eine zweite Umwandlung bedeutet. Die Großmutter prügelt und ist aggressiv, während die Großmutter in der realen Welt des Kindes sich nicht im entferntesten so verhalten würde. Der Polizist, sonst Vertreter der Staatsgewalt, erhält ebenfalls Prügel, wofür die Großmutter zwar getadelt, ihre Tat aber nicht geahndet wird. Offenkundig verändert das spielende Kind die Rollen und das Verhalten der Puppen in einer Weise, die mit seinen eigenen Problemen zu tun haben.

Im nächsten Beispiel spielt ein Mädchen im Alter von zweieinviertel Jahren zusammen mit ihrer Mutter und der Versuchsleiterin. Das Kind will der Puppe zu trinken geben und hält ihr die Flasche, die mit Wasser gefüllt ist, an den Mund. Dabei vergießt sie viel Wasser, so daß die Puppe naß wird. Trotzdem versucht sie noch mehrfach, der Puppe die Flasche zu geben. Immer wieder holt sie mit Unterstützung der Versuchsleiterin Wasser aus der Küche, so daß sich der Vorgang Wasser holen, der Puppe zu trinken geben, mehrfach wiederholt. In dieser Szene ist Trinken das Hauptthema, aber es wird ein Objekt, die Puppe, stellvertretend für das Kind bzw. eine andere Person gefüttert. Die Flüssigkeit und die Flasche sind reale Gegenstände, doch werden sie im Sinne des Vorhabens „Zu Trinken geben" exzessiv gebraucht: das Wasser fließt über die Puppe und das Bett. Der Fütterungsvorgang wird trotz der Einwände der Erwachsenen, die Puppe sei satt, fortgesetzt. So ergibt sich auf höherer Ebene nochmals eine Realitätsveränderung. Trinken und Füttern sowie das damit verbundene Wasserholen werden universalisiert, die Welt besteht, zumindest im Augenblick, nur aus Trinkengeben und Trinken.

Als drittes Beispiel dient ein Rollenspiel von fünf Kindern im Alter von 6;7 bis 10;8 Jahren. Die Kinder spielen zusammen in mehreren Runden Schule, wobei die Lehrerrolle abwechselnd von allen Kindern übernommen wird. Im Schulspiel werden Züge der Lehrer- und Schülerrolle aufgegriffen, wobei hauptsächlich Disziplinprobleme dargestellt werden. Martin, (8;7 Jahre), benutzt die Lehrerrolle dazu, den „Schülern", auch den älteren Beteiligten, neue Informationen zu liefern, so daß sie tatsächlich etwas dazulernen. Er erklärt anhand eines Bildes aus der Arktis Tiere und Geräte. Dazwischen versucht er rollenangemessen, mit Störmanövern der Schüler fertigzuwerden. Diese Szene zeigt eine Realitätskonstruktion, die schon stark eine Nachschaffung der Realität Schule darstellt. Um die eigenen Kompetenzdefizite gegenüber den älteren kompensieren zu können, wählt der „Lehrer" einen Wissensausschnitt, in dem er selbst mehr bewandert ist als die anderen. Damit schafft er sich eine Realität, in der er den älteren Spielpartnern überlegen ist, eine Realität, die außerhalb des Spieles nicht existiert.

Ein letztes Beispiel ist ganz anderer Art. Die Mutter spielt mit ihrem eindreiviertel Jahre alten Sohn in Gegenwart seiner Kusine „Häschen in der Grube". Sie singt das Lied vor und will dem Kind beibringen, daß es hüpfen soll. Der Junge verlangt mehrmals das Lied („mehr"), hüpft aber nicht. Erst nach dem Hinweis, das nächste Mal zu hüpfen, steht das Kind auf und hüpft sogleich, ohne den Reim abzuwarten. In diesem Fall lebt das Spiel von der Regel, die eine Erwartungssteigerung bis zum Hüpfen hin bringen soll. Das Kind versteht offenbar die Regel noch nicht, findet aber Gefallen an dem Singen der Mutter bzw. der Kusine. Fügen wir zu diesem Beispiel noch andere Interaktionsspiele wie Hoppe-hoppe-Reiter oder Pitsche-Patsche-Peter hinzu (letzteres regt die Mutter als Spiel mit der Puppe einige Minuten später an), so zeigt sich, daß das Kind in diesen rhythmischen Interaktionsformen, die gewöhnlich mit einem

Höhepunkt und plötzlicher Entspannung enden, eine Steigerung des Selbsterlebens erfährt. Solche Spiele heben es aus der Alltagswelt und Alltagserfahrung heraus, sie formieren eine Art überhöhte oder besondere Realität, die nur vorübergehend existiert. Wenn wir Regelspiele im späteren Alter betrachten, so gilt dies auch dort. Der Wettkampf nach Regeln bildet eine Interaktion, die ebenfalls Ich-Erlebnisse besonderer Art vermittelt: Anspannung und Lösung, Selbststeigerung, fiktive Existenzbedrohung als Risiko (Verlieren bedeutet symbolisch das eigene Leben verlieren).

2.2 Spiel, ein vereinbarter Rahmen

Solche Beispiele lassen sich beliebig fortsetzen, jedoch ist es an der Zeit, diese merkwürdige Realitätsveränderung etwas systematischer zu betrachten. Sie ist evolutionär vorbereitet und reicht phylogenetisch zumindest bis zu den höheren Säugetieren. Bekannt sind die Scheinkämpfe, Spielkämpfe bei Jungtieren, insbesondere bei Affen (rough-and-tumble play). Es gibt Signale, die dem Partner kundtun, daß es sich um ein „Spiel" handelt. Bei Kurzschwanz-Affen (stumptail monkeys) ist es der Gesichtsausdruck mit offenem Mund und gesenkten Lidern (Chevalier-Skolnikoff, 1973). Pellegrini und Galda (1989) haben Spielkämpfe bei Kindern beobachtet und analysiert. Auch Kinder können genau zwischen Spielhaltung und Ernst beim Raufen unterscheiden. Die Autoren fanden allerdings individuelle Unterschiede. Sozial kompetente Kinder vermochten diese Unterscheidung gut zu treffen, während wenig kompetente Kinder mit Kontaktproblemen Spielkämpfe häufig für ernst ansahen und dadurch erneut in Schwierigkeiten gerieten. Sade (1973) gibt einen Überblick über die Gestik und Mimik von Rhesus-Affen und findet für die Spielhaltung ebenfalls typische Ausdruckskomponenten, nämlich die Rotation des Kopfes oder Rumpfes in einer schräg geneigten Ebene.

Bateson (1955) stellt einen Zusammenhang zwischen Spielverhalten und einer neuen Ebene der Kommunikation in der Phylogenese her. Er fragt nämlich, wann und in welcher Weise Zeichen, die für etwas anderes stehen, verwendet werden können. Wenn zwei Jungtiere spielerisch miteinander kämpfen, dann ist dies nur durch die Metakommunikation „Das ist Spiel" möglich. Dies meint aber: „Die Handlungen, auf die wir uns einlassen, bezeichnen nicht diejenigen Handlungen, für die sie sonst stehen." Generell stehen Spielhandlungen – auch schon bei Säugetieren – für etwas anderes. Das „Tun als ob" ist also ein Zeichen für eine andere Handlung oder ein anderes Ereignis. Die junge Katze, die ein Wollknäuel verfolgt, fängt noch nicht wirklich eine Beute, aber das Knäuel steht für die Beute. Es gibt, so Bateson, die Unterscheidung von Karte und Landschaft und deren Wechselbeziehung, wie sie Korzybski (1941) eingeführt hat. Die Karte repräsentiert die Landschaft, indem Punkte und Relationen auf der Karte Punkten und Relationen in der Landschaft entsprechen. Man kann aber eine Karte nur lesen, wenn man die Regeln kennt, nach denen die Repräsentation der Landschaft konstruiert ist, d. h. man muß über meta-kommunikative Regeln verfügen. Dies gilt generell für Kommunikation mit Hilfe von Zeichen. Die metakommunikativen Regeln müssen aber nicht verbalisiert sein. So ist beispielsweise die Botschaft im Spielkampf „Dies ist Spiel" natürlich nicht sprachlich formuliert.

Bateson sieht auch eine Verwandtschaft zwischen Spiel und Drohgebärde sowie Täuschung. Drohgebärden bei Tieren, sofern sie nicht in einen instinktmäßig festgelegten Reiz-Reaktions-Mechanismus eingebettet sind, verweisen auf ein zukünftiges Ereignis. Die Drohung kann in Handlung umgesetzt werden, auch sie ist ein Zeichen für etwas anderes, nämlich für etwas, was geschehen könnte. Die Täuschung, bei höheren Säugetieren (z. B. bei Affen; s. bereits Carpenter, 1934) sicherlich nicht nur als genetisches Programm festgelegt, impliziert, daß das Individuum Zeichen gibt in der Absicht, ein Verhalten auszulösen. Es stellt sich beispielsweise desinteressiert oder schlafend, um Beute anzulocken oder den Partner auszutricksen. Täuschung erzeugt ebenfalls eine andere Realität, eben die vorgetäuschte. Im menschlichen Spiel ist Täuschung nicht selten ein wichtiges Element des Handelns. Sie existiert schon beim Guck-guck-Spiel, wenn der Partner mit dem Wiedererscheinen zögert und so tut, als würde er gar nicht mehr auftauchen, und setzt sich fort in den Illusionsspielen bis hin zu den Täuschungsmanövern im Regelspiel.

Halten wir fest, daß bereits höhere Säugetiere im Spiel eine zweite Realität herstellen. Spielkämpfe sind keine wirklichen Kämpfe, und das im Spiel kämpfende Tier kann die Unterscheidung zwischen wirklichem Kampf und Spielkampf sehr wohl treffen. Warum aber dann überhaupt diese zweite Realität? Beim Tier und auch beim Menschen hängt sie sicherlich mit der Übung und Ausbildung von Routinen zusammen, die der erwachsene Organismus in seiner Umwelt benötigt (Groos, 1899). Aber es geht keineswegs um die Einübung von festen Handlungsmustern, sondern im Gegenteil um die kombinatorische Flexibilität der Routinen und Subroutinen (Bruner, Jolly & Sylva, 1985, S. 153). Kinder und bereits Jungtiere höherer Säugetierarten variieren Handlungen und Handlungsgegenstände. Sie gewinnen auf diese Weise die Fähigkeit, eingeübte Routinen neu und flexibel zu kombinieren. Die Entwicklung des Symbolspiels zeigt dies in besonderem Maße (Piaget, 1969; Bretherton, 1984; Belsky & Most, 1981).

Für das menschliche Spiel läßt sich die Konstruktion einer zweiten Realität bis ins erste Lebensjahr zurückverfolgen. Piaget (1969) sieht den Zeitpunkt der Entstehung des Spiels in der frühen Kindheit bei der Trennung (Dissoziation) von Akkommodation und Assimilation. Während letztere die Einordnung von Ereignissen in vorhandene Schemata bewerkstelligt, sorgt die Akkommodation für die Anpassung der Schemata an die Umweltgegebenheiten. Das Kind erwirbt zuerst Routinen wie Greifen, Schaukeln, Werfen durch das Wechselspiel von Assimilation und Akkommodation. Letztere ist nötig, damit die Schemata des Greifens, Schaukelns usw. auch erfolgreich, d. h. angepaßt an die Umweltbedingungen, ausgeführt werden können. Sind sie einmal erworben, kann sie das Kind um ihrer selbst willen, nur zum Spaß ausführen. Der eigentliche Zweck solcher wiederholter Handlungen, die nur noch der Assimilation bedürfen, besteht nach Piaget in der reinen Freude an der Meisterung der Handlung und darin, sich selbst als Urheber dieser gemeisterten Handlungen zu erleben. Die Funktionslust (Bühler, 1918) kommt nach Piaget aus dem Überhang der Assimilation, die bei Beherrschung von Routinen die Mühe der Akkommodation unnötig macht und so lustvoll erlebt wird. Die Freude, selbst Urheber zu sein, resultiert aus dem Tatbestand, daß zur Meisterung der Handlung keine äußere Hilfe oder keine äußeren Bedingungen zusätzlich nötig sind.

Für Piaget ist auch das spätere Spiel, vor allem das Symbolspiel gekennzeichnet durch das Vorherrschen der Assimilation, und er trifft sich in der Begründung für dieses Vorherrschen mit ganz anderen Spieltheoretikern wie Freud und Wygotski. Für Freud ist Spiel stellvertretende Wunscherfüllung (auf die Katharsis-Hypothese gehen wir später ein), und Wygotski sieht die Wurzeln des Spiels ebenfalls in den Wünschen des Kindes: „Einerseits entwickeln sich bei ihm viele Bedürfnisse, Wünsche, die sich zwar nicht sofort realisieren lassen, jedoch als Wünsche bestehen bleiben. Andererseits bleibt bei ihm fast völlig auch die Tendenz erhalten, die Wünsche sofort zu realisieren" (Wygotski, 1933). Piaget (1969) sieht angesichts der enormen Anforderungen der physikalischen und sozialen Umwelt im Spiel die Möglichkeit der *Kompensation* dieses (Sozialisations-)Druckes. Das Kind kann durch Assimilation die Umwelt nach seinem Belieben umdeuten und den eigenen aktuellen Bedürfnissen anpassen.

Aus dieser Sichtweise ergibt die Realitätsumwandlung im Spiel einen tieferen Sinn. Das Kind, dessen Bedürfnisse und Emotionen im soziokulturellen Kontext ununterbrochen auf Grenzen stoßen und das in einem schmerzvollen Prozeß lernen muß, Ziele und Verhaltensweisen von der Umwelt zu übernehmen, schafft sich eine Welt, in der es zumindest stellvertretend die eigenen Bedürfnisse befriedigen und die Probleme, mit denen es in der realen, d. h. in der sozialen Welt, nicht fertig wird, meistern kann. Wir werden diese These später noch untermauern (s. Teil 4).

Diese Kompensationsthese ist aber wohl zu defensiv, zudem deckt sie nicht die Übungs- und Entwicklungsfunktion des Spieles ab, wie sie von den meisten Spielforschern postuliert wird. Daher sollten wir das Augenmerk noch etwas genauer auf die Realitätsumformung im Spiel richten. Was eigentlich leistet das Kind damit? Es erschafft Realität neu – auch jedes Nachschaffen ist eine Neukonstruktion – und erfährt auf diese Weise erst eigentlich, was Realität ist, nämlich eine Konstruktion von Akteuren. So wie gesellschaftliche Realität eine Konstruktionsleistung darstellt (s. Mead, 1934), und so wie die moderne Natur- und Sozialwissenschaft ihren Gegenstand konstruiert und damit (kulturelle) Realität schafft, so erzeugt das Kind eine Realität, in der es sich wohlfühlt und glücklich sein kann.

Später benötigt der Mensch zu dieser Leistung nicht mehr das Spiel, er kann sich in Tagträume versetzen, er kann sich zukünftige gewünschte Situationen ausdenken und sie zu realisieren trachten (diesmal in der „objektiven" sozialen Realität). Schließlich besitzt jeder Mensch auch aktuell und zu jedem Zeitpunkt durch seine ureigenste Situationsdeutung eine eigene Realität, die er nur partiell mit anderen teilt, d. h. die nur teilweise mit der gemeinsam entworfenen Realität übereinstimmt.

Unter dieser Perspektive ist Spiel nicht eine periphere Aktivität, die das Kind ausübt oder auch nicht, sondern *lebensnotwendig* und *konstitutiv* für die Menschwerdung, denn zu ihr gehört die Fähigkeit des von der Symbiose zwischen Umwelt und Organismus abgehobenen Entwurfs der Wirklichkeit. Nun erklärt sich auch die merkwürdige „Verstümmelung" der Handlung, die wir eingangs beschrieben haben. Tätigkeiten, die Folgen außerhalb des Tuns haben, sind nicht frei einsetzbar. Sie stoßen auf Protest, Verbot und Unterdrückung, wenn sie soziale Normen verletzen, und sie haben schmerzhafte oder gar lebensbedrohliche Konsequenzen, wenn sie physikalische Gesetze verletzen, wie z. B. beim Herumklettern auf einem Balkon o.ä.

Erst wenn Folgen nicht mehr durch äußeres Handeln herbeigeführt werden, sondern als Konsequenzen „inneren“ Handelns, des Denkens, risikolos vorgestellt werden können, ist diese Problematik bewältigbar. Dazu aber ist das Kind nicht oder nicht hinreichend in der Lage. Seine ihm gemäße Form des realitätsschaffenden und -verändernden Handelns ist das Spiel, dem keine realen Konsequenzen folgen. Durch diesen zweckfreien Charakter gewinnt das Kind die Freiheit, die es angesichts des einseitig gerichteten Sozialisationsdruckes – und der existiert in jeder Gesellschaft – so nötig zur Selbstentfaltung braucht. So erweist sich das Individuum wieder einmal selbst als ein Korrektiv der einseitigen Entwicklungsbedingungen und wird zum Gestalter seiner Entwicklung.

Ein Mißverständnis sollte aber dabei nicht aufkommen, nämlich die idealistische Fehldeutung dieses Vorganges. Nicht Vorstellung und Phantasie sind die Ursache für die Spieltätigkeit, sondern umgekehrt: das Spiel schafft die Rahmenbedingung für die Entwicklung von Vorstellung und Phantasietätigkeit. Hier folgen wir Wygotski (1933) und Elkonin (1980), die diesen Aspekt herausgearbeitet und begründet haben. Wir werden in späteren Abschnitten auch empirische Belege für diese hier postulierte Reihenfolge (erst Spiel, dann Spielphantasie) bringen.

Kapitel 3

Drittes Merkmal: Wiederholung und Ritual

Wenn Erwachsene spielen, bevorzugen sie häufig eine Spielform, die scheinbar wenig mit den genannten Kriterien des intrinsisch motivierten Handelns und der Realitätsveränderung zu tun hat. Sie spielen Regelspiele wie Karten oder Schach oder nehmen an Regelspielen in Form von Großveranstaltungen wie Fußball oder Tennis teil. Obwohl auch hier eine Realitätsveränderung stattfindet (der Wettkampf wird als Spiel angesehen, der keine ernsthaften Folgen hat, wie es bei einem richtigen Kampf auf Leben und Tod der Fall wäre) rückt noch ein weiteres Merkmal in den Vordergrund: Wiederholung und Ritual.

Die Wiederholung von Handlungen ist ein basales Merkmal menschlicher Tätigkeit. Sie ist besonders anschaulich bei Kleinkindern ausgeprägt, die im sog. Funktionsspiel einzelne Handlungen bzw. Bewegungen unermüdlich wiederholen. Die Wiederholung liegt gewiß als biologisches Prinzip zugrunde, da nur durch sie eine hinreichende Festigung der Erfahrung möglich ist. Sie bildet die Grundlage des Lernens (als Prinzip schon von Thorndike, 1932, formuliert). Wiederholung macht Spaß, d. h. sie ist durch das Motivationssystem abgesichert. Schon Bühler (1922) spricht von Funktionslust, die er bei der wiederholenden Aktivität von Kleinkindern beobachtet. Die Verhaltenstendenz zur Wiederholung ist so stark, daß der Akteur oft Schwierigkeiten hat, gegen den Drang zur Wiederholung seiner Handlung anzukämpfen. Freud hat für dieses Phänomen die Bezeichnung Wiederholungszwang eingeführt und es als universelles Prinzip der menschlichen Psyche verstanden.

3.1 Arten von Wiederholung im Spiel

Im einfachsten Falle werden Bewegungen wiederholt. Der Säugling macht Greif-, Klopf- oder Saugbewegungen, das Kind wiederholt zählend einen Ballwurf und freut sich an der hohen Zahl geglückter Wiederholungen, und der Erwachsene schwingt Hunderte und Tausende von Malen mit Skiern den Hang hinunter, ohne daß ihm diese Wiederholungen langweilig werden.

Meist werden durch Bewegungen *Effekte* herbeigeführt. Dabei wird die aktive Herbeiführung des Effektes angestrebt (sekundäre Kreisreaktion). Das Kind klopft etwa mit dem Löffel immer wieder auf den Tisch und freut sich an dem produzierten Geräusch oder es wirft einen Gegenstand aus dem Bettchen und läßt ihn sich immer wieder bringen. Die Freude am Effekt gibt es in allen Altersstufen, besonders im Zusammenhang mit der Meisterung von Leistungen. So will man immer wieder Bewegungsabläufe, die einen Erfolg zeitigen, durchführen: mit dem Tennisschläger den Ball übers Netz bringen, den Fußball ins Tor schießen, die Kugel in einem Geschicklichkeitsspiel zum Endpunkt befördern. Viele Partnerspiele der frühen Kindheit führen erst bei längeren Anlauf zum Effekt, sie steigern die Spannung bis zu einem Höhepunkt, dem ein plötzlicher Abfall folgt (Hoppe-hoppe-Reiter, Guck-guck-Spiel, Hochwerfen des Kindes). Das Kind fordert aktiv die Wiederholung des Spieles, solange bis die Bezugsperson abbricht oder das Kind selbst ermüdet.

Die Wiederholung von Spielhandlungen vermittelt nicht selten ein Flow-Erlebnis (Csikszentmihalyi, 1985), das mit besonderen Emotionen gekoppelt ist und neben dem Meisterungserlebnis das Aufgehen in der Tätigkeit sowie Verschmelzungserlebnisse ermöglicht.

Wiederholungen führen oft zu intensiveren Emotionen und manchmal auch zu intensiveren Handlungen. Ein Beispiel mag dies erläutern. Ein Junge im Alter von 21 Monaten kämmt eine Puppe wiederholt. Dabei werden die Bewegungen intensiver, bis sie schließlich in Schlagen übergehen. Ähnlich verfährt der Junge, als er das Gesicht der Puppe abwischt. Die Wischbewegung wird immer intensiver und geht in Schlagen über. Auch mit der Tasse geht er ähnlich um: erst gibt er der Puppe fiktiv zu trinken, geht aber dann dazu über, die Puppe mit der Tasse zu schlagen. Der Übergang von Bewegungswiederholungen mit steigender Intensität zu aggressiven oder vandalistischen Handlungen ist fließend. Möglicherweise lassen sich andere aggressive Handlungen, die im Gefolge von Wiederholungen stehen, ähnlich erklären.

Eine bereits höhere Form der Wiederholung im Spiel bevorzugt die Variation. Das Kind wendet beispielsweise ein Handlungsschema auf verschiedene Gegenstände an: es kämmt erst sich, dann die Mutter, schließlich die Puppe. Umgekehrt variiert das Kind auch die Handlung und behält den Gegenstand bei: die Puppe wird gebadet, abgetrocknet, angezogen, gefüttert etc. Bei komplexeren Spielen, wie den Rollenspielen im Vor- und Grundschulalter, werden Szenen mit festgelegten Handlungsabfolgen (sog. Skripts, s.Abschn. 8.2) oft phantasievoll variiert. So verändert ein neunjähriges Mädchen seine Rolleninterpretation im Verkaufsspiel, indem es einmal eine schwatzhafte Kundin, eine anspruchsvolle, preziöse Kundin und ein fünfjähriges Kind als Käuferin spielt. Variation in der Wiederholung läßt auch das Regelspiel zu, in dem man verschiedene Spielwege beschreiten kann, ohne die verbindlichen Regeln zu verletzen. Glücksspiele schließlich sind attraktiv, weil das Ergebnis variiert: man kann gewinnen oder verlieren.

Bei den beiden letztgenannten Spielformen, Regelspiel und Glücksspiel, kann man regelrecht einen Wiederholungszwang beobachten. Die Spieler beginnen immer wieder ein neues Spiel, steigern sich stets von neuem in die Spannung des Spiels hinein und erleben den Spannungsabfall mit Ausgang des Spiels. Wenn sie erfolgreich sind, versuchen die Spielenden, immer wieder zu gewinnen, bei Mißerfolg versuchen sie, den Verlust auszugleichen. Spiel kann auf diese Weise Handlungsaktivität binden und den Akteur in realitätsinadäquate Aktivitäten verstricken. Spieler können sich so in ihren Untergang hineinmanövrieren. In dieser Form wäre Spiel der Sucht verwandt (s. Teil 5, Kap. 27.4).

Die wohl höchste und für die folgende Darstellung auch wichtigste Form der Wiederholung besteht im Ausspielen unverarbeiteter, einschneidender Erlebnisse bzw. im Ausspielen von Wünschen und Zielvorstellungen, die anders nicht bewältigbar sind. Ein Kind, das ins Krankenhaus mußte, verarbeitet diese traumatische Erfahrung im Rollen- oder Konstruktionsspiel. Es spielt etwa selbst den Arzt und behandelt die

Mutter oder die Puppe oder es zeichnet bzw. stellt mit Figuren von Playmobil die Krankenhauserfahrung dar. Solche Verarbeitungsformen werden solange wiederholt, bis die Erfahrung verarbeitet ist. Auf diesen Zusammenhang zwischen Wiederholung im Spiel und Bewältigung traumatischer Erfahrungen hat erstmals Wälder (1933) hingewiesen. Neben bereits gemachten Erfahrungen gibt es zukünftige Ereignisse und Zustände, die das Kind beschäftigen, allen voran das Ziel, groß und stark zu werden. Da dieses Ziel noch nicht real verwirklicht werden kann, wird es, wie wir sahen, im Spiel realisiert. In unzähligen Wiederholungen und in vielgestaltigen Variationen beschäftigt sich das Kind mit diesem Thema und konzentriert sich gerne wiederholend auf bestimmte Rollen, etwa den Superman, den Knight Rider, die Lehrerin und Erzieherin u. a. m. Hier wird das Kind dem Schriftsteller oder Maler vergleichbar, die sich ebenfalls über lange Zeit hinweg mit der gleichen Thematik beschäftigen und sie in ihren Werken wiederholen.

3.2 Ritual und Spiel

Rituale haben im menschlichen Leben größere Bedeutung, als man in der scheinbar entritualisierten Gegenwart annehmen möchte. Sie stehen in enger Beziehung zum Spiel. Rituale sind festgelegte Formen sozialer Verhaltensweisen, die zu bestimmten Anlässen immer wieder und in der gleichen Weise reproduziert werden. Zugleich haben diese Verhaltensformen eine prägnante, hervorgehobene Gestalt. Rituale heben den Menschen aus dem einförmigen Kontinuum des Alltags heraus und versetzen ihn in eine besondere Bewußtseins- und Erlebnislage. Sie gewährleisten aber auch Sicherheit infolge ihrer vorweggenommenen Wiederkehr und ordnen das menschliche Leben. Der Kreislauf der Feste im Kirchenjahr, der den harten Arbeitsalltag durchbrach, die Menschen in festliche Stimmung versetzte und ihnen besonderen Status verlieh, ist hierfür das bekannteste Beispiel.

Psychologisch scheint das Ritual die Wirkung von Wiederholung (Wiederkehr) und die Selbsterhöhung zu vereinen. Da Rituale in der Kultur nicht der Befriedigung biologischer Bedürfnisse dienen und auch nicht einen Anteil an der gesellschaftlichen Arbeit bilden, stehen sie dem Spiel nahe. Gleichwohl reichen sie tief in die artspezifische und individuelle Existenz hinein, denn sie haben deutliche phylogenetische Wurzeln. Ritualisiertes Verhalten zeigt sich bereits bei Tieren, wie etwa Paarungsrituale, Kampfrituale, und hebt sich auch dort deutlich vom neutralen Verhalten ab. Huxley (zitiert nach Bateson, 1972) spricht beispielsweise von Ritualisierung, wenn neutrale Verhaltensweisen in ihrer Reihenfolge festgelegt werden und dadurch Signalwirkung gewinnen.

Die kindliche Vorliebe für Rituale mag daher eine biologische Wurzel besitzen und ursprünglich der Vorbereitung auf spätere soziale Rituale gedient haben. Wir beobachten die aktive Herbeiführung von Ritualen bereits im zweiten Lebensjahr. Die Kinder lieben eine festgelegte Reihenfolge von Handlungen mit zeremoniellem Charakter beim Zubettgehen: getragen werden, Kuscheltier in die Arme legen, eine Geschichte erzählen, Gutenachtkuß geben. Fehlt das Ritual, kann das Kind in Ängste geraten und Einschlafschwierigkeiten bekommen. Auch beim Essen werden gemeinsam Rituale festgelegt. Der Begriff läßt sich aber auch auf komplexere kognitive Aktivitäten, wie Bilderbuchanschauen und Geschichtenerzählen ausdehnen. Das Bilderbuchanschauen stellt eine ritualisierte Handlungsfolge dar. Kind und Bezugsperson führen im Wechsel die nötigen Tätigkeiten durch: Aufschlagen, Zeigen, Fragen, Benennen, Bestätigen und Umblättern. Zwar ändert sich die Aufteilung solcher Handlungen und auch die Aktivitäten selbst im Laufe der Zeit, doch behält das Kind in jedem Falle seine Freude an der Wiederholung der festgelegten Verhaltensketten. Beim Geschichtenerzählen legt das Kind häufig Wert darauf, daß der Text genau gleich wiederholt wird, und moniert ungewollte Abweichungen der Erzählerin. Auch die Begleitumstände, wie etwa auf dem Schoß der Erzählerin sitzen, sich an einer bestimmten Stelle in der Wohnung befinden, sollen nach dem Wunsch des Kindes möglichst gleich bleiben.

Die Ritualisierung zeigt sich ausgeprägt im Spiel Erwachsener, und zwar dann, wenn Spiele öffentlich ausgetragen werden. Länderspiele, Cup-Spiele, Olympische Spiele und Ligaspiele sind Beispiele für die Bedeutung von festgelegten Ritualen. Viele dieser Rituale wurden vom Publikum selbst kreiert, z. B. das Mitführen von Emblemen der favorisierten Mannschaft, Schwenken von Fahnen, Schlachten-Gesang oder Tuten. Publikum wie Spieler befinden sich in einer besonderen Bewußtseinsverfassung. Ähnliches gilt für Opern-, Konzert- und Theaterbesuche. Auf seiten der Darsteller gibt es formelhafte Verhaltensweisen wie sich verbeugen, analog dazu auf seiten des Publikums das Klatschen.

Andererseits zeigt sich im Ritual eine Paradoxie des Spiels, die uns noch oft begegnen wird. Obwohl Spiel Handlungsfreiheit eröffnet, wird diese zugleich durch Regeln eingeschränkt. Das Kind benutzt die im Spiel gewonnene Freiheit oft dazu, seinem Handeln Zwang aufzuerlegen. Die Regeln, die das Rollenspiel und mehr noch das Regelspiel bestimmen, entspringen dem Ritual, denn dieses taucht früher auf und hat eine biologische Wurzel, wie das ritualisierte Verhalten von Tieren zeigt.

Was aber ist die Funktion solcher einschränkenden Rituale? Sie bewirken zweierlei: Geborgenheit und Sicherheit durch die hergestellte Ordnung und zugleich Existenzsteigerung durch das Erleben des Besonderen bis hin zum Erhabenen. Rituale als fester Bestandteil des Tagesablaufes, wie das Zubettgehen des Kindes, verleihen Sicherheit und Geborgenheit. Erst die festgelegte Ordnung ermöglicht die Nutzung des Spielraumes für die Erprobung neuer Verhaltensweisen. Rituale bei besonderen Ereignissen wie Festen, öffentlichen Spielen u. dergl. vermitteln den Teilnehmern Gefühlszustände der Gehobenheit und der Feierlichkeit. Hier berührt sich das Ritual im Spiel mit dem Ritual in der Religion: beide tragen zur Existenzsicherung und Existenzsteigerung bei (s. Kap. 26).

Teil 2

Spiel und Objekt: Der Gegenstandsbezug im Spiel

Kapitel 4

Zum Gegenstandsbegriff

Wir haben eingangs Handeln durch das Merkmal des Gegenstandsbezugs gekennzeichnet. Was aber ist ein Gegenstand? Und: welche besondere Beziehung zum Gegenstand besteht im Spiel? Sicherlich ist der Gegenstand in frühester Kindheit etwas anderes als im Erwachsenenalter.

4.1 Eine kulturökologische Definition

Im folgenden benutzen wir eine kulturökologische Definition des Gegenstandes, denn nur so gewinnen wir einen Maßstab für die Wandlungen des individuell konzipierten Objektes. Gegenstände sind unter dieser Perspektive auf menschliches Handeln bezogene Produkte gesellschaftlicher Interaktion. Die Kultur einer Gesellschaft läßt sich als Universum von Gegenständen beschreiben, die aber nur solange Bedeutung besitzen, als ihr Gebrauch bekannt ist bzw. vermittelt wird. Jede Handlung hat zwei Enden, an dem einen befindet sich das Individuum, das den Gegenstand erzeugt oder ihn manipuliert, am anderen Ende der Gegenstand. Die Umwelt des Individuums ist schon immer eine kulturelle Umwelt, und alle Gegenstände in ihr sind durch gesellschaftliches Handeln erzeugt. Dies gilt vor allem für Gebrauchsgegenstände, aber auch für wissenschaftliche Begriffe, Werte und Regeln des Zusammenlebens, ja selbst für die „Natur", denn auch Steine, Berge und Himmelskörper erhalten ihre Bestimmung durch soziale Vereinbarung. In unserer Kultur werden solche Vereinbarungen häufig durch Naturwissenschaftler festgelegt. Der Mond ist kein Lebewesen, keine Göttin mehr, sondern ein toter Himmelskörper, der um die Erde kreist. Gegenstände in dem hier gemeinten Sinne lassen sich in physikalisch-materielle, in Bewußtseins- und Erlebniszustände oder -prozesse sowie in Gegenstände des Wissens und der Kunst einteilen. Damit folgen wir der Drei-Welten-Einteilung von Popper (1973).

An den Gegenständen teilhaben und sich handelnd auf sie beziehen kann das Individuum nur, wenn es die Handlungsmöglichkeiten, die von der Kultur vorgesehen sind, erlernt. Damit kommen wir zur Ausgangsfrage zurück, was ein Gegenstand für das Kind ist. Objekte, mit denen das Kind in den ersten Lebensmonaten konfrontiert wird, wie etwa die Flasche, die Rassel oder ein Stofftierchen, sind zweifellos kulturelle Produkte, eigens für den Säugling hergestellt. Dennoch erfaßt der Säugling die Gegenstände nicht kognitiv als Objekte, denn er besitzt noch nicht das Selbstbewußtsein, das nötig ist, um als Subjekt einem Objekt gegenüberzutreten. Der Säugling verfügt noch nicht über die Erkenntnis vom Objekt als einer fortbestehenden Entität, d. h. es fehlt ihm das Wissen um die Objektpermanenz. Neuere Untersuchungen zeigen zwar, daß Säuglinge viel früher ein Verständnis für Objektpermanenz besitzen, als bisher angenommen, doch gilt nach wie vor, daß dies noch nicht dem späteren Verständnis des Objektes, etwa im zweiten Lebensjahr, entspricht. Dennoch vermag der Säugling bereits angemessen mit den Gegenständen umzugehen, weil diese genau auf seine Fähigkeiten, d.h. in diesem Falle die Handlungsmöglichkeiten des Individuums zugeschnitten sind. Aus der Flasche kann der Säugling trinken, während er dies aus einem Becher noch nicht könnte, mit der Rassel kann er Geräusche erzeugen und mit dem Stofftierchen kuscheln (wobei letztere Qualität erst später relevant wird).

Sind anfangs Handlung und Gegenstand noch ungeschieden, so lernt das Kleinkind bereits im ersten Lebensjahr den Gegenstand infolge des Erwerbs der Objektpermanenz von der Handlung zu trennen. Die „Handlungsgrammatik" (Fillmore, 1968) Subjekt – Prädikat – Objekt, die sich durch die Interaktion mit der Mutter bzw. Pflegeperson noch vor dem Spracherwerb aufbaut (Bruner, 1975), ist ein weiterer Schritt auf dem Weg zum Objektverständnis. Der spätere Spracherwerb und die Bedeutungs- und Begriffsentwicklung formen den Gegenstandsbegriff allmählich bis hin zum reifen Verständnis des Gegenstandes. Er ist schließlich nicht nur dem äußeren Handeln verfügbar, sondern auch dem Denken (inneren Handeln) und kann abstrakt, d. h. unter Berücksichtigung wesentlicher Merkmale und unter Absehen von anschaulichen Details repräsentiert und gehandhabt werden.

Interessant und für unsere Diskussion über das Spiel bedeutsam ist der allmähliche Erwerb des richtigen Gebrauchs von Gegenständen. Es läßt sich verfolgen, wie das Kind den Umgang mit Löffel und Trinkgefäß lernt, wie es mit Malstift und Knete umgeht und wie es allmählich seine Verhaltensvielfalt im Umgang mit Tisch und Stuhl auf die kulturell vorgesehenen Umgangsqualitäten einschränkt (siehe hierzu Valsiner, 1987).

Die Spielgegenstände sind nur anfangs, und auch da nur begrenzt, materielle Objekte. Für das Kind wird bald der gesamte Handlungsvorgang, also etwa das Füttern der Puppe, zum Gegenstand, auf den es sich bezieht. Später rückt das Thema oder Sujet des Spiels in den Mittelpunkt. Auf diese Weise stellt sich der Gegenstandsbezug als eine Hierarchie von vielen Ebenen dar, so daß einzelne Gegenstände mehr und mehr allgemeineren Gegenständen, eben den Spielthemen, untergeordnet werden.

4.2 Komponenten des Gegenstandsbezuges und ihr Wandel im kindlichen Spiel

Wenn wir das Spiel von der frühen Kindheit bis ins Vorschulalter hinein verfolgen, so zeigen sich zwei scheinbar gegenläufige Tendenzen. Die eine Tendenz verläuft von unangemessenem Umgang zu angemessenem und geschicktem Umgang mit dem Gegenstand, die andere Tendenz verläuft von der angemessenen Handhabung zur Handhabung des Gegenstandes nach eigenem Gutdünken.

Im ersteren Falle erwirbt das Kind im Laufe der Entwicklung den kulturell vorgesehenen Gebrauch der Gegenstände. Es lernt beispielweise aus einem Becher zu trinken, mit dem Löffel umzugehen, einen Hammer richtig zu benutzen, mit dem Roller zu fahren und Bauwerke aus Bausteinen zu errichten. Die meisten dieser Geschicklichkeiten werden im Spiel unter Mithilfe von Erwachsenen oder kompetenten

Partnern erworben. Später sind die Gegenstände Rollen und Skripts, bei denen Handlungen nach Regeln miteinander verzahnt sind (zum Begriff des Skripts siehe Abschn. 8.2). Zunächst werden die Rollen nicht richtig oder nur rudimentär gespielt und die Regeln überschritten. Gegen Ende des Vorschulalters legen die Kinder bereits großen Wert auf die Einhaltung der Regeln im Rollenspiel (Elkonin, 1980).

Gebrauchsgegenstände wie komplexe Objekte werden also zunehmend sachgerechter behandelt. Dies liegt daran, daß das Kind nicht nur den Umgang mit Gegenständen erlernt, sondern auch Wissen über den Gegenstand erwirbt, das jederzeit abrufbar ist und in die aktuelle Handlung eingebaut werden kann. Im späteren Regelspiel (es wird ab dem Grundschulalter immer dominanter) bildet die Spielregel den Hauptgegenstand. Sie ist abstrakter und muß losgelöst von einer aktuellen Situation verstanden werden. Daher verläuft auch der Erwerb der Regel über unvollständige und inadäquate Handhabung zum sachgerechten, richtigen Gebrauch. Eigentlich ist dieser Verlauf trivial, er folgt der sachimmanenten Entfaltungslogik (Heckhausen, 1965). Der Erwerb des (im Sinne kultureller Vorschriften) richtigen Gebrauchs des Gegenstandes kann nur in dieser Reihenfolge geschehen: bevor man richtig mit einer Sache umgehen kann, wird man sie inadäquat handhaben.

Umso merkwürdiger erscheint die beobachtbare gegenläufige Tendenz beim Gegenstandsbezug, die von der richtigen Handhabung zur abweichenden Nutzung des Gegenstandes verläuft. Diese Tendenz finden wir beim Symbolspiel (auch Illusions- und Fiktionsspiel genannt) vor. Das Kind trinkt zunächst Wasser aus einem Becher, dann gibt es vor zu trinken, ohne daß sich eine Flüssigkeit im Gefäß befindet. Später benutzt es einen Gegenstand, der nur noch entfernte Ähnlichkeit mit einem Trinkgefäß hat. Im weiteren Verlauf der Entwicklung muß der Gegenstand überhaupt nichts mehr mit einem Trinkgefäß gemein haben, bis schließlich die Geste des Trinkens als Fiktion der Handlung genügt. Diese Reihenfolge ist stark idealisiert, wir finden Trinkgesten durchaus früher, und die Substitution von Gegenständen weist zwar in der Regel die Reihenfolge vom Ähnlichen zum Unähnlichen auf, doch beobachtet man eine wachsende Fähigkeit, die Handlung vom konkreten Gegenstand zu lösen, die Gegenstände durch andere zu ersetzen oder ganz beiseite zu lassen.

Ähnlich verhält es sich mit den Handlungen selbst. Die konkrete äußere Handlung steht im Symbolspiel ganz im Vordergrund, allmählich wird dem Kind aber die Bedeutung der Handlung wichtiger. Wie bereits Wygotski (1933) dargelegt hat, kann man sie durch Gesten oder durch die Sprache darstellen. Wenn man die Entwicklung des gegenstandsbezogenen Handelns im Gesamtzusammenhang sieht, so läßt sie sich folgendermaßen kennzeichnen.

Das Handeln ist zunächst stark kontextgebunden, Tätigkeit und Gegenstand sind noch nicht getrennt. Bei den primären Kreisreaktionen der ersten Lebensmonate wird eine Reaktion immer wieder ausgeführt, ihr Verlauf und ihr Ergebnis lösen die Reaktion erneut aus. Bei den sekundären Kreisreaktionen kommt es zur Scheidung zwischen Handlung und Effekt. Das Klingeln eines Glöckchens, das durch Strampeln ausgelöst wird, das Klappern einer Rassel, die geschüttelt wird, das Aufschlaggeräusch einer Puppe, die aus dem Bettchen geworfen wird, sind solche Effekte, die das Kind nun aktiv herbeiführt. Piaget bezeichnet solche Wiederholungen dann als Spiel, wenn sie gekonnt werden und keine Mühe bezüglich neuer Akkommodationen bereiten. Bei den sogenannten tertiären Kreisreaktionen variiert das Kind die Handlung am Gegenstand, um den Effekt zu studieren (aktives Experimentieren). Wir haben also erstmals ein Durchvariieren von Handlungsschemata am gleichen Gegenstand vor uns. Das bedeutet die klare Scheidung von Gegenstand und Handlung und damit auch eine deutliche Form der Dekontextualisierung, also des Herauslösens von Handlung und Gegenstand aus dem Gesamt-Umweltbezug, in den das Kind eingebettet ist.

Diese Dekontextualisierung setzt sich durch die Benennung von Gegenständen fort, die ab da auch in ihrer Abwesenheit sprachlich handhabbar sind. Nicht von ungefähr zeigt das Kind mit dem Gebrauch der ersten Wörter auch erste Formen von Symbolspiel (McCune-Nicolich, 1981). Wie das Wort für den Gegenstand steht, kann eine Handlung bzw. ein Objekt für etwas anderes stehen. Wir beschränken uns hier auf die Umdeutung des Gegenstandes, die ja Ausgangspunkt der Überlegung war. Im zweiten Lebensjahr werden mit dem Auftreten von Als-ob-Handlungen Gegenstände durch andere ersetzt. Dieses Phänomen darf nicht für sich betrachtet werden, sondern läßt sich nur aus dem Handlungszusammenhang erklären. Die Substitution von Gegenständen erfolgt nämlich gerade, um eine gewünschte Handlung durchführen zu können. Das Reiten und Autofahren mit den realen Objekten liegt für das Kind noch in weiter Ferne, nicht jedoch das Als-ob-Reiten und Als-ob-Fahren mit substituierten Gegenständen. Andererseits müssen die Ersatzgegenstände gewisse funktionale Merkmale besitzen, damit man die gewünschte Handlung mit ihnen durchführen kann. So dient etwa ein Stock zum Reiten und ein Stuhl zum Fahren. Bevorzugt werden zunächst, wie noch zu erläutern sein wird, realitätsnahe und erst später realitätsferne Gegenstände.

Je mehr die Sprache in konkreten Handlungssituationen bedeutsam wird, desto mehr tritt der Umgang mit materiellen Gegenständen in den Hintergrund. In komplexeren Rollenspielen der Fünf- und Sechsjährigen werden viele Handlungen nur noch angedeutet, und die Kinder verzichten oft auf Gegenstände, da diese für den flüssigen Handlungsablauf oder die Spielinteraktion nur hinderlich sind. Wichtiger werden jetzt die Gespräche zwischen Rollenträgern und die Interpretation der Rolle, die man bekleidet.

Schließlich endet die Entwicklung im vorgestellten Handeln und in einer besonderen Form abstrahierten inneren Handelns, die man als Denken bezeichnet (s. z. B. Aebli, 1980). Damit erweist sich das Als-ob-Handeln mit umgedeuteten bzw. substituierten Gegenständen als wichtiger Vorläufer des Denkens. Kinder, die mehr und ausgeprägter Als-ob-Spiele spielen, müßten daher bei späteren kognitiven Leistungen, vor allem in den dekontextualisierten Aufgaben der Schule, im Vorteil sein. In der Tat gibt es aus längsschnittlichen Untersuchungen erste Hinweise auf einen solchen positiven Zusammenhang (Einsiedler, 1989; Pellegrini & Galda, 1991).

Kapitel 5

Valenzen des Gegenstandes

Für die bisher geschilderte Entwicklung ist die Einführung des Valenzbegriffs vorteilhaft. Schon Lewin (1936) hat diesen Begriff als Komponente seines Lebensraumes verwendet und darunter die Summe der Kräfte verstanden, die auf eine bestimmte Region einwirken. Ist die Resultante dieser Summe positiv, so besitzt die Region positive Valenz (das Subjekt wird angezogen), ist die Resultante negativ, erhält die Region negative Valenz (das Subjekt wird abgestoßen). Der Valenzbegriff wurde später auf Handlungsziele bezogen und systematisch genutzt (Heckhausen, 1989; Lantermann, 1980). Wir wenden den Begriff auf den Gegenstand an, da in der vorliegenden Theorie der Gegenstand das zentrale Konzept darstellt. Damit wird auch die vorherrschende mentalistische Sichtweise korrigiert.

5.1 Subjektive Valenz

Es lassen sich drei Valenzarten unterscheiden: subjektive, objektive und abstrakte Valenz. Subjektive Valenz besitzt ein Gegenstand dann, wenn er die Handlung des Akteurs voll an sich bindet, das Subjekt gewissermaßen vollkommen in Beschlag nimmt. Die Bindung zwischen Gegenstand und Subjekt ist oft so eng, daß beide ungeschieden, als Einheit erscheinen. Die Neo-Psychoanalyse hat sich auf die subjektive Valenz von Objekten bestimmter Art konzentriert, nämlich Bezugspersonen des Kindes. Die Herausbildung des Partners als (Liebes-) Objekt und die allmähliche Lösung von diesem Objekt ist die zentrale Fragestellung dieser Richtung (Klein, 1962; Mahler et al. 1980; Kernberg, 1981; Winnicott, 1973). Die Lösung von diesem ersten Objekt wird durch das Übergangsobjekt erleichtert, das ein Schmusetier, eine Puppe oder ein anderer meist weicher, kuscheliger Gegenstand sein kann (Winnicott, 1973). Für das Kind erfüllt ein solcher Gegenstand eine doppelte Funktion. Zum einen hat es einen Mutterersatz, den es immer bei sich haben kann. Auf diese Weise ist es nicht mehr oder in viel geringerem Maße auf die Präsenz der Mutter angewiesen (besonders deutlich beim Einschlafen). Zum anderen bildet das Übergangsobjekt den Prototyp für Objekte, die nicht Menschen sind. In diesem Stadium sind es Objekte mit subjektiver Valenz. Das Übergangsobjekt ist also nach der Bezugsperson das ausgeprägteste Objekt mit subjektiver Valenz. Das zeigt sich auch darin, daß es für andere keine Bedeutung und Valenz besitzt. In den Augen anderer erregt die enge Bindung des Kindes an das Objekt eher Verwunderung, manchmal sogar Ekel, etwa wenn das Kind sich nicht von seinem völlig aus den Fugen geratenen Teddybären trennen will.

Die psychoanalytische Diskussion über das menschliche „Objekt" und das Übergangsobjekt übersieht, daß Kinder häufig Objekte für kürzere oder längere Zeit in Besitz nehmen, die für sie subjektive Valenz erhalten.

So pflegt Tobias mit 12 bis 14 Monaten Gegenstände wie Zahnbürste, Baustein oder Stofftier festzuhalten und nicht mehr herzugeben. Auf diese Weise werden sie auch in andere Wohnungen transportiert bzw. von dort in die eigene Wohnung mitgenommen. Es kommt während dieses Altersabschnittes vor, daß er mit einem Gegenstand in der Hand abends einschläft und morgens wieder aufwacht.

Im Gegensatz zum Übergangsobjekt handelt es sich aber um wechselnde Gegenstände. Ihre Attraktivität besteht zumindest teilweise in ihren Handlungsmöglichkeiten. So bietet die Zahnbürste für Tobias zwei Handlungsqualitäten: das Zähneputzen und das Festhalten an dem langen Griff. Solche Bindungen an Gegenstände bilden den Beginn stabiler Gegenstandsbezüge und damit den Beginn von Interessen.

Im Gegensatz zu solchen Objekten gibt es in der Welt des Kindes viele Gegenstände, die nur vorübergehend subjektive Valenz erhalten, wie z.B. ein Spielzeugauto, das im Sandkasten liegt und einem anderen Kind gehört, oder die Ladenkasse im Spielzeugkaufladen, die beim Öffnen klingelt und mit Münzen gefüllt ist. Der Gegenstand wird benutzt und nach einiger Zeit verliert er an Attraktivität. Was kurz zuvor noch mit großen Emotionen als Besitz verteidigt wird, verliert Sekunden später seine herausragende Bedeutung.

Die subjektive Valenz ist einerseits Grundbedingung für Handeln, andererseits Hindernis für den gemeinsamen Gegenstandsbezug, also für eine reifere soziale Interaktion. Grundbedingung für Handeln ist sie insofern, als der Akteur nur dann sich handelnd auf den Gegenstand bezieht, wenn dieser attraktiv ist und, wie wir definierten, das Handeln an sich fesselt. Da aber der Akteur den Gegenstand für sich benötigt, wirken Handlungsbezüge anderer sehr störend. Die Alltagskonflikte zwischen Kindern rühren meist daher, daß zwei Akteure den gleichen Gegenstand haben wollen, der für beide subjektive Valenz besitzt. Im folgenden soll an einigen Beispielen der Gegenstandsbezug zu Objekten mit subjektiver Valenz veranschaulicht werden.

Aufnahme mit Philipp (3;3 Jahre) auf dem Kinderspielplatz (Videoaufzeichnung Karen Gottlieb):

> Philipp (P) hat einen Plastikbagger, auf den er Sand auflädt. Ein jüngeres Kind nähert sich und will den Bagger wegnehmen. Die Versuchsleiterin fordert P auf, das andere Kind mitspielen zu lassen. P geht nun zu seinen anderen Spielsachen, holt ein kleines Auto heraus und wirft es dem Jungen direkt vor die Füße, indem er sagt: „Ich hol' dir ein eigenes Auto." Seinen Bagger hält er währenddessen fest. Das andere Kind entfernt sich mit dem Auto. Nach einiger Zeit kommt die Mutter des anderen Kindes mit ihrem Sohn zurück und gibt P das Auto. Als das Kind im Weggehen wieder versucht, das Auto zu ergreifen, zieht es P schnell weg, indem er sich mit dem Auto zur Seite dreht. Das Kind wird von seiner Mutter weggezogen und beginnt zu weinen. P schaut noch eine Weile zu und sagt dann: „Nein, ich muß spielen."

Der Bagger ist zum Zeitpunkt des Spielens für P mit subjektiver Valenz besetzt, während er auf das Auto, das im Augenblick geringe Valenz hat, gerne verzichtet. Hinterher, als das Auto zurückgebracht wird, möchte er seinen Besitz aber doch sichern. Der Konflikt zwischen den beiden Kindern und die am Anfang von P angebotene kreative Lösung wäre ohne Anwesenheit einer Erwachsenenperson vermutlich nicht zustande gekommen. Aber in der Gegenwart dieser Person konnte sich P sicher fühlen und annehmen, daß er sein Spielzeug wieder zurückbekommt.

In einem Kaufladenspiel werden allerlei Waren von den Versuchsleitern herbeigeschafft, unter anderem auch echtes Obst, Bananen und Äpfel. Ein 4jähriges Mädchen spielt die Verkäuferin, ein 3;3jähriger Junge den Käufer, der mit Korb und gefülltem Geldbeutel ausgestattet ist. Das Skript wird recht gut im Spiel realisiert. Doch als der Junge immer noch mehr verlangt, sagt das Mädchen (die Verkäuferin): „Die Äpfel kriegst du nicht". Und als der Junge weiter Waren verlangt, nimmt sie einen Apfel in die Hand und beginnt zu essen. Für sie sind die Waren noch eigener Besitz, den man ungern hergibt. Der Junge, der bereits mehr von dem Vorgang des Kaufens und Verkaufens zu verstehen scheint, sagt zu ihr: „Schau, dafür hast du ja auch das ganze Geld!" Für ihn besitzen Waren und Geld bereits objektive Valenz.

Bei einem anderen Einkaufsspiel (Aufzeichnung: Angelika Steinmaßl und Mitra Herawi) erhält der Einkaufskorb subjektive Valenz. Katharina (4;6 Jahre) und Martina (3 Jahre) spielen zusammen Einkaufen, während Manuela (5;6 Jahre) ein Bild malt und nur hin und wieder ins Spielgeschehen eingreift. Der Einkaufskorb gehört Katharina, die aus diesem Grund auch die Rolle der Kundin bevorzugt, während die kleine Martina die Verkäuferin spielt.

> Martina: „Und noch einen Apfel?"
> Manuela: (Kommt inzwischen zum Tisch und schaut zu, zeigt Interesse für den Einkaufskorb)
> Katharina: „Nee, das is… (meiner)"

Manuela: (nimmt den Korb)
Katharina: (laut) „Laß doch, Manuela!"
Manuela: (stellt den Korb wieder hin, ohne etwas zu sagen)
Katharina: (ruhiger) „Das ist mein Kinderkorb." (Während sie den Laden verläßt, lächelnd zu Martina:) „Die Martina spielt."
Das Spiel geht weiter, wiederum sind nur Martina und Katharina beteiligt.
Martina: „Aber nachher gehe ich mit dem Kinderkorb, ja"
Manuela: „Aber Katharina, darf ich auch einmal einkaufen?"
Katharina: „O.k." (zu Martina:) „Jetzt bin ich..(Verkäuferin)." (Stellt sich an die Kasse, wo Martina auch noch steht)
Martina: (zu Katharina) „Jetzt wir beide, ja?" (will zusammen mit K am Ladentisch stehen)
Manuela: „Dann kaufe ich ab, dann kaufe ich ein! Wo ist der Korb?"
Katharina und Martina bereiten noch die Kasse und die Waren vor, inzwischen hat aber Manuela schon wieder das Interesse verloren.
Manuela: „Ich will doch nicht einkaufen, ich male." (wirft den Korb auf den Tisch und malt weiter)

Manuela, die als Fünfeinhalbjährige schon so gut sozialisiert ist, daß sie sich als Stärkere nicht einfach den begehrten Korb nimmt, erfüllt ihren Wunsch, indem sie in die Rolle der Kundin schlüpft. Katharina, die es gerne sieht, wenn die Ältere mitspielt, willigt in den Vorschlag ein, und Martina, die Kleine, verzichtet auf ihren Wunsch, mit dem Korb einzukaufen, und bleibt stattdessen als zweite Verkäuferin hinter dem Ladentisch. Offenkundig ist Manuelas Prestige so groß, daß man in ihren Spielvorschlag sofort einwilligt. Der flüchtige Charakter der subjektiven Valenz des Korbes wird deutlich. Manuela hält ihn nur kurz in der Hand, dann scheint ihr der Aufwand zu groß, deswegen in ein Spiel einzutreten, und sie setzt ihr ursprüngliches Vorhaben, ein Bild zu malen, fort. Solche Szenen sind typisch für den Alltag der Kinder, besonders wenn Kindergruppen altersheterogen zusammengesetzt sind.

Die subjektive Valenz des Gegenstandes hat von ihrer Entstehung her zwei Komponenten. Die eine ist die emotionale, oder, wie die Psychoanalyse sagt, libidinöse Bindung an das Objekt. Sie rührt von der Befriedigung her, die das Objekt gewährt. Sicherlich ist die Mutter bzw. die jeweilige Bezugsperson ein besonderes, einmaliges Objekt mit subjektiver Valenz, aber keineswegs das einzige. Die Flasche, ein Auto und später vor allem das Übergangsobjekt provozieren in der frühen Kindheit auch eine Art Bindungsverhalten, wobei allerdings die Bezugsperson als reagierender Partner ein besonderes „Objekt" darstellt und daher das Bindungssystem zwischen Kind und Bezugspersonen einen besonderen Charakter hat. Später entwickelt sich die Bindung an Objekte zu Interessen. Sie können unter dieser Perspektive psychoanalytisch als libidinöse Besetzung von Objekten bzw. Objektklassen, handlungstheoretisch als Stabilisierung der Handlungsrichtung auf Objektklassen verstanden werden. Beide Perspektiven ergänzen sich insofern, als der intensive emotionale Charakter des Bezugs zu Gegenständen mit subjektiver Valenz und die Handlungsqualität des Umgangs mit dem Gegenstand zusammengehören.

Die zweite Komponente der subjektiven Valenz, die mit dem letztgenannten Aspekt angesprochen wurde, rührt von dem Objekt selbst her, sie steckt gewissermaßen in ihm. Lewin (1926) hat sie als Aufforderungscharakter des Gegenstandes bezeichnet. Der Gegenstand bietet Handlungsmöglichkeiten an, die so attraktiv sind, daß der Akteur begierig ist, sie zu nutzen. Eine Glocke fordert zum Läuten, ein Hammer zum Hämmern, ein Spielauto zum Fahren auf. Die Gegenstände sind so beschaffen, daß sie die Handlung, für die sie konstruiert wurden, besonders leicht ermöglichen. Ein Klingelknopf eignet sich zum Drücken und nur dazu, er verlockt manchmal selbst Erwachsene zum Drücken. Uzgiris (1979) konnte in Nachahmungsversuchen an Kleinkindern zeigen, daß die Ausführung der adäquaten Handlung (Läuten der Glocke, Schieben des Autos) leichter nachgeahmt wird als inadäquate Handlungen (Schieben der Glocke, Läuten des Autos). Dies zeigt aber, daß selbst Nachahmung nicht ein reiner Übersetzungsvorgang von gesehener Bewegung in motorische Bewegung ist, sondern daß der Zusammenhang zwischen Gegenstand und Handlung inniger ist. Am Beispiel des Klingelknopfes läßt sich dies verdeutlichen. Er schließt andere Handlungsmöglichkeiten regelrecht aus, und nur die Handlung des Drückens führt zu einem Effekt, dem des Klingelzeichens. Auch das Spielauto oder ein sonstiges Spielfahrzeug zeigen den größten Effekt, nämlich die Fortbewegung, wenn die Funktion der Räder durch die Handlung des Schiebens genutzt wird.

Es läßt sich also sagen, daß die Attraktivität des Gegenstandes, die ihm subjektive Valenz verleiht, von den Handlungsmöglichkeiten herrührt, die er anzubieten hat. Sie sind es, die Lustgewinn verschaffen und eine emotionale Bindung an das Objekt bewirken. Leicht nachvollziehbar wird dies an dem Objekt Schaukel. Das Kind erlebt durch das Handlungsangebot der Schaukel den lustvollen Wechsel von Spannung und Lösung. Analoges gilt für die „Attraktivitäten" auf Volksfesten wie Karussell, Achterbahn und Hobogan.

Man kann diese Sichtweise auch auf das erste und wichtigste Objekt mit subjektiver Valenz übertragen, die Mutter (bzw. Pflegeperson). Ist sie doch ein Objekt, das nicht nur sehr lustbetonte Handlungsmöglichkeiten – von der Psychoanalyse als sexuell apostrophiert – anbietet, sondern auch eines, das die größtmögliche Vielfalt an Umgangsqualitäten hat. Sie gleicht dem Roboter in Science-Fiction-Geschichten, der ohne zu zögern alle Wünsche erfüllt – und Wünsche beziehen sich immer auf Handlung. Natürlich liegt der Zusammenhang umgekehrt: Der Roboter ist von der Mutter bzw. vom Menschen als universellem dienstbaren Geist abgeschaut. Wir werden noch zu zeigen haben, in welchem Ausmaß die Mutter im zweiten Lebensjahr Handlungsangebote macht und das Kind auf diese Weise fördert. Im ersten Lebensjahr ist die Mutter-Kind-Interaktion ausführlich untersucht und beschrieben worden (Papoušek & Papoušek, 1979; Papoušek & Papoušek, 1987). Die Resultate lassen sich unter der hier gewählten Perspektive ebenfalls als emotionale „Besetzung" von Gegenständen interpretieren, zumal dies eine Integration von Psychoanalyse und akademischer Psychologie ermöglicht.

Die Bindungskomponente ist eine günstige Voraussetzung für den späteren Aufbau kompetenter Sozialbeziehungen (Waters & Deane, 1985), sie bewirkt aber auch, wie schon erwähnt, den Aufbau von Interessen. Die Handlungskomponente, die auf „objektiven" Eigenschaften des Gegenstandes beruht, also solchen, die auch unabhängig vom Einzelakteur gelten, bildet die Grundlage für den Aufbau objektiver Valenz, von der unten die Rede sein wird.

Nun wird deutlich, wie wichtig das Spiel bei Gegenstandsbezügen mit subjektiver Valenz ist. Im frühen sensomotorischen Spiel erfährt das Kind „leibhaftig" durch den ständig wiederholenden Umgang mit dem Gegenstand dessen subjektive Valenz. Sie bleibt nur solange aufrechterhalten, als die Handlung anhält. Die spätere Exploration des Gegenstandes, die von der Spielforschung dem eigentlichen Spiel gegenübergestellt wird (s. vor allem Hutt, 1979), fügt sich nun problemlos ein. Exploration ist die Suche nach neuen Handlungsqualitäten des Gegenstandes, sei es, daß er noch gänzlich unbekannt ist, sei es, daß zu bisher bekannten weitere Handlungsmöglichkeiten erforscht werden. Das Wissen um die subjektive Valenz von Gegenständen, d.h. das Wissen, daß Gegenstände interessante Handlungsmöglichkeiten in sich bergen können, veranlaßt das Kind, systematisch nach der subjektiven Valenz von Gegenständen zu forschen. Damit folgen wir der Sichtweise Lewins, nach der das Individuum durch die Kräfte des Umfeldes, des Lebensraumes bewegt wird.

Im Symbolspiel, das nach Hutt (1979) und anderen regelmäßig einsetzt, wenn der Gegenstand hinreichend exploriert ist, erfolgt nun der umgekehrte Akt: Das Kind verleiht von sich aus dem Gegenstand Valenz, indem es ihm eine Funktion zuschreibt, die der Gegenstand nicht per se haben muß. Ein beliebiger Gegenstand kann auf diese Weise subjektive Valenz erhalten. Wie bereits früher erläutert, muß diese Beliebigkeit aber eingeschränkt werden. Die umgedeuteten Gegenstände haben von ihrer Funktion her noch Ähnlichkeit mit dem ursprünglichen Gegenstand. Ein Stock eignet sich besser als Pferd als ein Stuhl, dieser wiederum kann als Fahrzeug besser gedeutet werden als ein Stock. Durch die Strategie der Umdeutung und Substitution von Gegenständen vermag sich das Kind jederzeit die Lust des Handelns am Gegenstand zu verschaffen, ohne auf den richtigen Gegenstand warten zu müssen.

Damit erhalten wir auch Aufschluß über die Realitätsveränderung, die im Spiel vorgenommen wird. Die Umwelt erhält durch das Spiel subjektive Valenz und bindet das Subjekt an sich. Im Vorgang des Spiels kommt es zu einer innigen Individuum-Umwelt-Verknüpfung, die zugleich die emotionale Grunderfahrung des Geborgenseins, des Heimischwerdens vermittelt (s. Oerter, 1983 und Teil 4 dieses Buches).

Ein Beispiel für die objektive Valenz des Gegenstandes

5.2 Objektive Valenz

Handlungspotential des Gegenstandes

Objektive Valenz erhält der Gegenstand aufgrund der in ihm unabhängig von subjektiven Deutungen steckenden Handlungsmöglichkeiten. Am deutlichsten wird dies beim Werkzeuggebrauch. Das Werkzeug wurde vom Konstrukteur eigens für bestimmte Funktionen entwickelt, deren Nutzung bestimmten Zielen dient. Mit dem Hammer läßt sich aufgrund der Nutzung des Hebelgesetzes ein Nagel eintreiben, mit dem Löffel läßt sich aufgrund der Nutzung der Schwerkraft und der Eigenschaften von Flüssigkeiten bzw. festen Stoffen Nahrung zum Mund führen. Das Werkzeug wie jeder Gebrauchsgegenstand kann von vielen Akteuren benutzt werden, selbst solchen, die noch nicht einmal geboren sind. Alle Objekte, ob Personen, Tiere, Naturereignisse oder von Menschenhand gefertigte Gebrauchsgegenstände und Maschinen, besitzen objektive Valenz. Soziale Normen, Gesetze und kulturelle Wissensbestände, wie sie in Bibliotheken aufbewahrt werden, weisen ebenfalls hohe objekte Valenz auf. Objektive Valenz ist also kulturell definiert und bleibt daher auch in ihrer Bedeutung lange Zeit erhalten. Historische Ereignisse mögen die objektive Valenz von Gegenständen erweitern oder zunichte machen. So verlor die Hakenkreuzfahne nach 1945 schlagartig ihre hohe positive Valenz und erhielt eine stark negative Valenz.

Das Kind beginnt, die objektive Valenz zu verstehen, wenn es zwei Erkenntnis- und zugleich Handlungsmomente zusammenfügt. Das erste ist uns bereits bekannt, nämlich die Handlungsqualität des Gegenstandes. Sie ist „objektiv" insofern, als sie schon vor der aktuellen Handlung im Gegenstand steckt und für alle Akteure gilt. Auch im Falle der Umdeutung und Substitution von Gegenständen nutzt das Kind sein Wissen über objektive Handlungsmöglichkeiten des Gegenstandes. Das Spiel vollzieht sich mit substituierten Objekten, die für Gegenstände mit (dem Kind) bekannten Handlungsqualitäten stehen. Die erste Bedingung für objektive Valenz ist also, daß das Kind durch Exploration oder Beobachtung und Nachahmung die objektiven Handlungsqualitäten erfaßt hat. Die Entwicklungspsychologie zeigt, wie das Verständnis der Funktion von Gegenständen heranreift. Ein großer Teil der Forschung hierzu ist bei Untersuchungen zur Begriffsbildung zu finden. Das tiefere Verständnis von Gegenständen und Gegenstandsklassen hat mit ihrer Funktion zu tun, also – in unserer Diktion – mit ihren Handlungsmöglichkeiten. Sie liegen nicht offen zutage und müssen durch Exploration, Beobachtung, später durch systematisches, also vor allem schulisches Lernen erschlossen werden (Nelson, 1978).

Der soziale Charakter des Gegenstandes

Die zweite Bedingung für den Aufbau objektiver Valenz ist das Verständnis, daß das Handlungspotential des Gegenstandes von anderen ebenso genutzt werden kann wie von einem selbst. Diese Erfahrung sammelt das Kind tagtäglich, vor allem, wenn es mit anderen Kindern zusammen ist, die das gleiche Spielzeug begehren, wie unsere Beispiele oben demonstrieren. Objektive Valenz impliziert neben der Handlungsdefinition des Gegenstandes selbst auch seine generelle Nutzung durch Akteure. Das

Kind muß also über das Handeln hinaus den generalisierten Akteur, der sich auf den Gegenstand bezieht, erfassen. Dies ist ein Schritt weg von der egozentrischen Haltung, eine Dezentrierung, die besonders im Spielverhalten generell beobachtet wird (s. o.).

Aus dem Verständnis $\rightarrow$ O wird das Verständnis
S $\rightarrow$ O,
wobei S ein beliebiger Akteur sein kann, für das Kind jedoch zunächst Bezugspersonen wie Eltern, Geschwister und Spielkameraden. Wiederum sehen wir aus dieser Analyse in Fortsetzung der Gedanken von Wygotski und Elkonin (s.o.), wie der Sozialpartner wichtig wird und der „Objektfetischismus" zurücktritt. Dieser langwierige Prozeß wird hier verstanden als Aufbau objektiver Valenz.

Die Funktion des Spiels beim Aufbau objektiver Valenz

Von zwei Seiten her erfährt das Kind im Spiel Unterstützung für den Aufbau objektiver Valenz. Zum einen gibt es Gegenstände, deren Handlungsqualität nur dadurch realisiert werden kann, daß zwei oder mehr Partner sich handelnd auf sie beziehen. Zum andern gibt es eine feste Zuordnung von generalisiertem Akteur und dem Gegenstand, nämlich die Rolle.

Zunächst soll der Gegenstandsaspekt beschrieben werden. Eine Wippe erfordert zwei Akteure, einer allein kann nicht wippen. Ein Kinderkarussell, das durch Weiterhangeln an einem feststehenden Rad bedient wird, läuft umso schneller, je mehr Kinder beteiligt sind. Auf diese Weise erfahren die kleinen Akteure, daß es Gegenstände gibt, auf die sich mehrere Personen handelnd beziehen. Alle Gegenstände, die soziale Interaktion dieser Form (des gemeinsamen Gegenstandsbezuges) fördern, verhelfen zum Verständnis der objektiven Valenz. Somit wird der gemeinsame Gegenstandsbezug zum Paradigma des Gegenstandes mit objektiver Valenz:

S1 $\rightarrow$ O $\leftarrow$ S2

Viele Gegenstände lassen zunächst einen solchen gemeinsamen Bezug nicht zu. Die Benützung eines Eimerchens und einer Schaufel, das Spiel mit einem Bagger oder Lastwagen sind am einfachsten, wenn nur ein Akteur mit diesen Gegenständen umgeht. Daher finden wir noch eine andere Form des Gegenstandsbezuges, die für die frühe Phase des Zusammenspiels charakteristisch ist: das Parallelspiel. Kinder haben den gleichen Gegenstand vor sich und gehen in der gleichen Weise mit ihm um. Sie bauen z.B. jeder für sich oder sie kneten und malen parallel. Man hat festgestellt, daß Kinder sich wechselseitig beim Parallelspiel intensiv beobachten (s. z.B. Morrison & Kuhn, 1983). Auch beim Parallelspiel erfahren die Kinder etwas über den generalisierten anderen. Er sitzt neben ihnen und tut das Gleiche oder etwas Ähnliches mit dem Objekt wie sie selbst.

Der zweite, noch wichtigere Weg verläuft über das Verständnis von Rollen. Sie fußen auf Handlungserwartungen bzw. -vorschriften, die festlegen, wie man mit Gegenständen und den anderen sich auf die Gegenstände beziehenden Partnern umzugehen hat. Unter der hier genutzten Perspektive sind Rollen also verallgemeinerte Akteure mit einem bestimmten Handlungsrepertoire. Da die Handlungsweise festliegt, können sich verschiedene Rollenträger auf den gleichen Gegenstand in unterschiedlicher Weise beziehen. Beim Eisenbahnspiel kann ein Kind den Schaffner, eine anderes den Bahnhofsvorsteher, ein drittes den Reisenden spielen. Einige Beispiele mögen demonstrieren, wie Kinder objektive Valenz eines Gegenstandes aufbauen, indem sie sich bemühen, Konflikte um den betreffenden Gegenstand zu bereinigen und die Interaktion aufrechtzuerhalten.

Auf dem Spielplatz fährt ein etwa viereinhalbjähriger Junge Roller. Da nähert sich ein etwa fünfjähriger Junge, der größer und stärker ist und nimmt den Roller weg, um selbst zu fahren. Das jüngere Kind schaut sich nach Hilfe um, aber die ist zu weit weg. So macht es den Vorschlag: „Ich bin jetzt der Polizist, und du mußt so fahren, wie ich Zeichen gebe!" Der andere Junge willigt ein und fährt mehr oder minder nach den Zeichen des „Polizisten". Nach einiger Zeit sagt er: „Ich will jetzt auch den Polizisten spielen" und gibt dem anderen Jungen seinen Roller zurück. Durch den Rollentausch kommt dieser auch zu seinem Recht und erhält den begehrten Roller (mit sicherlich hoher subjektiver Valenz) zurück (Beobachtung einer Erzieherin).
In einer Kinderkrippe streiten sich zwei etwa zweijährige Kinder um einen kleinen Wäschekorb. Das eine Kind will gerade Bausteine hineinschütten, als ein zweites Kind hinzukommt und sich in den Korb setzen möchte. Es erkämpft sich durch Schreien einen Platz in dem Korb und spielt Kind in der Wiege, indem es ein Wiegenlied singt. Das andere Kind wiegt den Korb und übernimmt so die Rolle der Pflegeperson. Wiederum wurden zwei Handlungen, die sich auf einen gemeinsamen Gegenstand bezogen, aufeinander abgestimmt. Diesmal ist der „Aufforderungscharakter" des Gegenstandes noch bestimmender als im ersten Beispiel. Man kann in ihm gewiegt werden, und man kann ihn wiegen. Das Zusammenspiel gelingt nur dadurch, daß sich beide auf den gemeinsamen Gegenstand einigen. Das erste Kind, das den Korb realitätsgerecht füllen will, muß die Deutung des Gegenstandes als Wiege vom anderen Kind übernehmen (Video-Aufzeichnung: Eva Nagy).

Man erkennt die Funktion des Spiels beim Aufbau der objektiven Valenz. Da es oft schwer ist, die objektive Valenz bei realen, sozio-kulturell definierten Gegenständen zu verstehen oder einzuhalten, greift das Kind wieder zur Umdeutung des Gegenstandes. Es weist ihm eine Funktion zu, die Handlungsmöglichkeiten für alle Partner zuläßt. Auch Manuela im obigen Beispiel, die im Verkaufsspiel den Korb haben möchte, wählt den gemeinsamen Gegenstandsbezug „Einkaufen spielen", um so den mit subjektiver Valenz versehenen Korb legitim besitzen zu können.

Objektive Valenz wird also nicht einfach vorgefunden und internalisiert, sondern sie wird von den Beteiligten konstruiert. Man erfindet einen gemeinsamen Spielgegenstand, und die Einigung auf ihn bedeutet erst die Herstellung objektiver Valenz. Freilich stammen die Themen bzw. Gegenstände aus der realen Welt, also aus der Kultur, in der die Kinder leben. Aber nur durch die aktive konstruktive Verarbeitung lernt das Kind verstehen, was dieser neue Charakter des Gegenstandes bedeutet. Erst gemeinsames Spiel ermöglicht dieses Verständnis. Umgekehrt muß ein Gegenstand objektive Valenz erhalten, damit gemeinsames Spiel aufrecht erhalten werden kann. Diese Wechselseitigkeit wird uns in Teil 3 über den gemeinsamen Gegenstandsbezug noch näher beschäftigen. Zunächst gilt festzuhalten, daß die objektive Valenz des Gegenstandes eine neue Ebene der Handlung ermöglicht. Sie bildet die Voraussetzung für reifere Sozialbeziehungen.

Zur Entwicklung objektiver Valenz

Das Verständnis der objektiven Valenz entwickelt sich gemäß dem bereits beschriebenen Weg. Zunächst lernt das Kind, daß sich mehrere Akteure auf den gleichen Gegenstand beziehen können, es generalisiert die objektive, d.h. gesellschaftlich-kulturelle Handlungsfunktion des Gegenstandes auf viele Akteure. Sodann nutzt es die Vielseitigkeit, die der Gegenstand durch Rollenbeziehungen erhält. Es übernimmt eine der Rollen und sichert sich so den Gegenstandsbezug im sozialen Gefüge. Als Beispiele nannten wir Wiegen und Gewiegtwerden sowie die Rollen des Polizisten und Fahrers beim Rollerfahren. Das erste Beispiel ist noch kein Rollenspiel, aber es zeigt, wie sich Rollenspiel aus dem Gegenstandsbezug ergibt. Das Wiegen ist Sache der Pflegeperson, das Gewiegtwerden Sache des Babys.

Später ist der Fokus der objektiven Valenz nicht mehr der materielle Gegenstand, sondern das Spielthema (Einkaufen, Schule, Familie, Verbrecherjagd, Eisenbahnfahren, Ausflug usw.). Das Spielthema hat, wie konkrete Gegenstandsbezüge, meist auch subjektive Valenz, es verlockt zum Mitspielen. Aber es ist das Ergebnis eines Einigungsprozesses und damit Prototyp für einen Gegenstand mit objektiver Valenz. Wenn anfänglich noch eine Einigung auf ein Spielthema ohne sprachliche Vereinbarung geschehen mag, so ist doch im Regelfall die Sprache das wichtigste Instrument zur Herstellung eines gemeinsamen Spielthemas und damit eines Gegenstandes mit objektiver Valenz. Je mehr bei dieser Einigung Rollenvorstellungen mitwirken, desto mehr wird eine Spielform aktualisiert, die Elkonin als die entfaltete Form des Spiels bezeichnet: „Die Rolle und die mit ihr organisch verbundenen Handlungen sind die nicht weiter zerlegbaren Grundeinheiten der entfalteten Form des Spiels“ (Elkonin, 1980, S. 41).

Warum aber sind Rollen und die mit ihnen verbundenen Tätigkeiten so attraktiv und warum scheint dabei der Gegenstand, den wir als zentral für Handeln jedweder Form ansehen, gänzlich verschwunden? Man kann dieses Phänomen von zwei Seiten her beleuchten. Zunächst müssen wir festhalten, was Elkonin und wohl auch Wygotski vernachlässigen. Der Gegenstand verschwindet nicht. Er vervielfacht sich im Gegenteil bei der Übernahme von Rollen. Die Rolle legitimiert zu bestimmten Gegenstandsbezügen, die zunächst vom Kind nur eingeschränkt wahrgenommen werden. Der Kaminkehrer trägt eine Leiter und legt sie an Hauswände an. Der Cowboy schießt mit einer Pistole, der Autofahrer steuert sein Auto lärmend durch die Gegend. Später gehören zur Rolle aber eine Vielfalt von Aktivitäten, die allesamt mit Gegenständen verknüpft sind. Die kindliche „Mutter“ pflegt das Baby (Hauptgegenstand), indem sie es badet (Gegenstände Wasser, Schwamm, Wanne), kämmt (Objekt Kamm), anzieht (Objekt Nachthemd oder Schlafanzug) und ins Bett legt (Gegenstand Bett). Alle Rollen haben zudem äußere Statussymbole, wie schwarze Kleidung mit Zylinder beim Kaminkehrer, Lederhemd und Pistolengürtel beim Cowboy, Mütze beim Zugschaffner, weißer Mantel beim Arzt oder bei der Schwester, Brautkleid und Schleier bei der Braut usw. Diese Gegenstände sind außerordentlich attraktiv, und Kinder sind durch sie auch leichter für eine Rolle zu begeistern. Aber wer an den Utensilien zu sehr hängt, spielt die Rolle nur oberflächlich und vernachlässigt die Bedeutung der Handlung. Das folgende Protokoll von zwei fünfeinhalbjährigen Jungen, die in ihrer Entwicklung beeinträchtigt sind, mag dies verdeutlichen (Aufzeichnung: Ursula Hofmann, 1990).

Bud (B) und Goto (G) spielen St. Martin und den Bettler. Als Utensilien stehen Pferd, Krone, Helm, Schwert und Mantel zur Verfügung. Nachdem diese Gegenstände schon mehrfach getauscht wurden, ohne daß ein rechtes Spiel zustande kam, setzt sich B den Helm auf.
B: „Du wolltest die Krone haben, gell?"
G: „Und spielen wir Doktor und den Martin."
B (nimmt das Schwert): „O.k., dann nehme ich das Schwert"
G: „Wer ist jetzt der Martin?"
B: „Ich!"
G (legt die Krone weg, gibt B das Pferd): „O.k., da ist dein Pferd und ich bin der Bettler."
B: „O.k."
G: „Warte, da muß man sich da hinsetzen."
G setzt sich auf den Bauteppich, Frau V (Erzieherin) kommt.
B (reitet): „Nanana, nanana."
V schaut zu, ohne etwas zu sagen.
G: „Ich bin der Bettler"
V: „Du bist der Bettler, ja, der bittet."
B: „Du sollst jetzt rufen!"
G: „Was?"
B: „Hilfe!"
G: „Hilfe, hilfe, hilfe!"
B: „Was ist denn, du Krücke? Was ist denn, du Krückmann und Einstein?"
G: „Ich habe so ein großes Loch da und da!"
B: „Genau, du sollst die Sachen ganz zerrissen haben."
G: „Ja, genau."
B: „Drmdrm. Da!" (Gibt G den Mantel)
G: „Danke!"
B: „Ich brauche aber drei Stück, dann brauche ich drei Stück."
G: „Was?"
B: „Mantels, die da."
G: „Wieso denn?"
B: „Du bist doch ganz zerrissen."
G: „Dann mußt du es nehmen und du mußt mir deines geben!"
B: „Enen…"
G (macht seinen Umhang auf): „Bud, dann kriegst du des."
B: „Ich will das Gespenst sein!"
Das Spiel nimmt nun eine andere Wendung, die Kinder handeln um Gegenstände, ohne in ein Rollenspiel zurückzukehren.

Man erkennt, daß die Kinder die Rollen eher oberflächlich spielen, ihr Handeln ist durch die Gegenstände (Helm, Mantel, Pferd) noch stark gebunden. Die eigentliche Handlung des Gebens tritt zurück. G geht auf das Rollenspiel besser ein als B und will es auch aufrechterhalten, indem er in B's Vorschlag mit den drei Mänteln einwilligt, während B plötzlich mit einer neuen Spielidee kommt.

Aber Kinder spielen auch ohne solche Utensilien Rollenspiele. Mehr noch, sie können mit zunehmendem Alter auf konkrete Gegenstände ganz verzichten. Daher ist es sinnvoll, die Rolle selbst und die mit ihr verknüpften Tätigkeiten als Gegenstand mit objektiver Valenz zu definieren. Als Formel ergibt sich hierbei:
Das Subjekt S bezieht sich in seinem Handeln auf die Rolle R, die als kulturell vorgegebene Einheit objektive Valenz besitzt. Die Rolle eröffnet eine strukturierte Anzahl von Handlungsmöglichkeiten (→), die wir in unserem Schema auf die zugehörigen

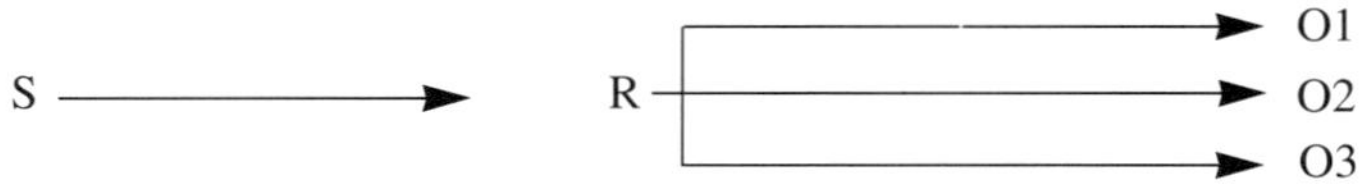

Objekte O1, O2, O3 usw. beziehen. Gegenstand ist nach unserer Meinung die Rolle (R) mit ihren Tätigkeiten, so wie es Elkonin (1980) im Anschluß an Wygotski hervorhebt. Die Gegenstände verschwinden jedoch nicht, sie treten hinter die Handlungsmöglichkeiten zurück. Im kindlichen Rollenspiel wird recht deutlich, wie attraktiv weiterhin Gegenstände bleiben: im Arztspiel der Arztkoffer mit Spritze, Stethoskop, Binden und Medikamenten; beim Kochen Herd mit Töpfen, Deckeln und Löffeln; beim Raumfahrerspiel Raumschiff, Raumfahrer, Astronautenhelm u.ä.

Dennoch wird der Gegenstand in den Handlungen bei differenzierterem Rollenspiel immer unwichtiger. An die Stelle des Gegenstandes rückt, wie bereits erläutert, die Geste und das Wort. Damit erreicht das Kind eine Ebene des Handelns, in der die Gegenstände in der Tat unsichtbar werden, sie sind nur noch durch die flüchtige Geste oder durch das noch weniger faßbare Wort repräsentiert. Das ist der Grund, warum Elkonin den Gegenstand vernachlässigt und warum in der psychologischen Forschung mit wenigen Ausnahmen der Gegenstand keine Rolle spielt (das Objekt wird unter anderem einbezogen von Lewin, 1926; Leontjew, 1977; Barker & Wright, 1951; Gibson, 1982; Rheinberg, 1989; Singer, 1973 und eingeschränkt auf menschliche Objekte von den Neo-Psychoanalytikern).

Wie wichtig die Berücksichtigung des Gegenstandes für das Verständnis von Handlung ist, erweist sich bei der Analyse von Entwicklung in unserer Kultur. Im Gegensatz zu traditionellen Kulturen sind wir von einer unendlichen Vielzahl von Gegenständen in Form des Warenangebotes überschwemmt. Das Kind, das in diese Warenflut hineinwächst und im Spiel mit Replika oder kindgemäßen realen Gegenständen konfrontiert wird, hat große Schwierigkeiten, sich von materiellen Objekten zu lösen und sich den wesentlicheren Aspekten des Rollenhandelns zuzuwenden. Sein Sinnen und Trachten wird auf den Erwerb solcher Güter ausgerichtet. (Zu diesem Aspekt der kulturellen Prägung vgl. Kap. 9).

5.3 Abstrakte Valenz

Der Gegenstand erhält im Laufe der Entwicklung noch eine weitere Valenz, die für das Hineinwachsen in unsere Kultur unentbehrlich ist. Wir sahen, daß die objektive Valenz eine Ausweitung der Handlungsmöglichkeiten bietet, sowohl bezüglich der Vielfalt von Objekten als auch im Hinblick auf die Stabilisierung von Sozialbeziehungen. Wenn der Gegenstand und seine Handlungsmöglichkeiten noch mehr verallgemeinert werden, bieten sich dem Subjekt erneut Freiheitsgrade des Handelns. Dies geschieht zum einen durch die Vereinigung aller Handlungsmöglichkeiten in einem Objekt, zum andern durch die Vereinigung aller Gegenstände in einer Handlung bzw. in einem Handlungstypus.

Zwei Wege zur Bildung abstrakter Valenz

Die Vereinigung aller Handlungsmöglichkeiten in einem Gegenstand präsentiert sich in unserer Kultur prototypisch am Menschen und am Geld. Der Mensch in modernen (demokratischen) Gesellschaften erhält seinen „Wert" (seine Valenz) angesichts der unterschiedlichsten Ausprägung von Eigenschaften wie Schönheit, Reichtum, Status und Intelligenz. Er wird prinzipiell als gleich angesehen und besitzt seinen Wert unabhängig vom Ausprägungsgrad spezifischer Eigenschaften. Er erhält, wie wir sagen, abstrakte Valenz. Sie vereinigt in sich – zumindest potentiell – alle Möglichkeiten subjektiver und objektiver Valenz. Der Mensch als Träger der Gesellschaft kann je nach persönlichen Fähigkeiten die unterschiedlichsten Positionen im System der Gesellschaft einnehmen (objektive Valenz), er ist zugleich aber auch Objekt mit subjektiver Valenz als Partner, Freund, Kind, Mutter usw. Der Mensch mit abstrakter Valenz ist allmächtig, wenn man ihn als Gattung und nicht nur als Einzelwesen begreift, denn alle vergangenen, gegenwärtigen und zukünftigen Handlungsmöglichkeiten sind dann in ihm vereinigt.

Auch das Geld besitzt abstrakte Valenz. Es ist ein Gegenstand, für den alle anderen Gegenstände, seien es Menschen (z. B. ihre Arbeitskraft), Sachen oder Kulturgüter, eingetauscht werden können. Mit dieser unendlichen Vielfalt von Gegenständen gewinnt man auch die unendliche Vielfalt von den damit verbundenen Handlungsmöglichkeiten, man gewinnt – um es überspitzt zu sagen – durch Geld Allmacht, zumindest aus der Sicht des Akteurs, für den das Geld hohe abstrakte Valenz besitzt.

Die zweite Möglichkeit der Bildung abstrakter Valenz geschieht durch Vereinigung aller Gegenstände zu einem Handlungstypus. Ziel dabei ist es, sich mit Hilfe des Handlungstypus alle Gegenstände zu eigen zu machen, über sie verfügen zu können. Prototyp dieser Handlung ist sicherlich die *Arbeit*, die mit Fleiß, Ausdauer und Anstrengung verbunden ist. Durch sie können potentiell alle Gegenstände verfügbar werden, sei es direkt durch deren Herstellung, sei es indirekt durch Tausch von Arbeit gegen Geld, das dann die abstrakte Valenz übernimmt.

Eine spezielle Form der Vereinigung von Gegenständen unter einen Handlungstypus ist die *Leistung*. Sie ist psychologisch gesehen nicht in erster Linie Arbeit pro Zeiteinheit, sondern Handlung, die eine im Prinzip unendliche Vielzahl von Gegenständen produziert oder mit Hilfe von Gegenständen ein für den Akteur oder für eine Bezugsgruppe wertvolles Ergebnis erbringt. Leistung wird anschaulich im sozialen Vergleich, Leistungsbemühungen tauchen im Wetteifer auch schon frühzeitig auf (mit etwa 3 Jahren, s. Heckhausen & Roelofsen, 1962). Das heutige Verständnis von Leistungsmotivation beinhaltet die Definition von Leistung als Gegenstand abstrakter Valenz, denn Leistungsmotivierte bemühen sich um Leistungsziele beliebiger Inhalte. Die sozusagen ideale Leistungsmotivation bezieht sich auf alle Gegenstände, z. B. auf alle Schulfächer, gemeinsam auf die Bereiche Freizeit und Arbeit und auf alle Arten von Arbeit. Nur so kann der Leistungsmotivierte letztlich als zuverlässig gelten, weil er beliebige an ihn gestellte Anforderungen bewältigt.

Bei der Leistung scheint wiederum der Gegenstand zu verschwinden, aber Leistung ist selbst ein Gegenstand, insofern als ein konkretes Ergebnis erzielt wird, in dem sich Leistung vergegenständlicht. Das Erbringen von Leistung vermittelt umso mehr das Gefühl der Allmacht, je weiter sie sich ausdehnt, sowohl vertikal (Verbesserung innerhalb des gleichen Gegenstandsbereiches, wie etwa in einer Sportart) als auch horizontal (Erweiterung der Gegenstandsbereiche).

Alles in allem wird durch die abstrakte Valenz des Gegenstandes das Subjekt in seinen Handlungen der Allmacht näher gebracht. In der akademischen Psychologie wird das Streben nach Allmacht auf den Kontrollbegriff reduziert. Menschen trachten nach direkter und indirekter Kontrolle. Wie dargelegt, hängt sie unter handlungstheoretischem Aspekt mit der abstrakten Valenz des Gegenstandes zusammen. Die Psychoanalyse hat den Allmachtsbegriff beibehalten (s. Omnipotenzgefühle bei Freud, 1930; die Machtthematik bei Adler, 1922).

Abstrakte Valenz im Spiel

Kehren wir nun nach diesen allgemeinen Erörterungen zur Frage der Entwicklung abstrakter Valenz im Spiel zurück. Gibt es für Kinder im Vorschulalter bereits Gegenstände mit abstrakter Valenz? Wir können ein breites Verständnis für abstrakte Valenz mit Sicherheit im Schulalter annehmen, denn dort muß Leistung für beliebige Stoffe und Inhalte erbracht werden. Der wohlmotivierte Durchschnittsschüler, der dies zuwege bringt, muß also der Leistung abstrakte Valenz zuweisen können. Im Vorschulalter manifestieren sich zumindest Grundbedingungen für die abstrakte Valenz, so beim Wetteiferverhalten im Spiel. Kinder wetteifern in beliebigen Bereichen miteinander: im Memory-Spiel, Puzzle-Spiel, Wettlauf, darin, wer den stärkeren Bruder, den besseren Vater oder das schönere Kleid hat. Gerade diese Beliebigkeit des Wetteiferns und das rasche Umspringen von einem auf den anderen Bereich bilden die Voraussetzung für den Aufbau abstrakter Valenz. Ähnlich wie das Kind durch Umdeutungen im Phantasiespiel Gegenständen subjektive und objektive Valenz zuweist, baut es ein erstes Verständnis abstrakter Valenz durch die variantenreiche Interpretation von Situationen als Wetteifersituationen auf.

Eine zweite noch tiefer liegende Wurzel bilden die „Allmachtsphantasien“ der Kinder. Da das Phantasie- (Symbol-)spiel der Kinder vordringlich der Kompensation der eigenen Schwachheit und der fiktiven Gewinnung von Macht und Status dient, bewegt sich die allgemeine Handlungsrichtung auf die Erlangung von Allmacht zu (s. Teil 4). Diese Handlungstendenz wird zwar durch die Sozialisation gebremst und kanalisiert, doch nutzt das Kind eben die Strategie der Realitätsveränderung, um sich mehr Macht zu verleihen. „Ich kann es!“ und „Ich bin der (die) Beste!“ sind zumindest in westlichen Gesellschaften häufige Äußerungen von Kindern.

Im Spiel der frühen und vorschulischen Kindheit findet sich abstrakte Valenz dennoch selten. Kinder drücken ihre Machtphantasien und Wünsche in konkreten Rollen (also durch Gegenstandsbezüge mit objektiver Valenz) aus. Ein Beispiel soll jedoch zeigen, daß abstrakte Valenz von Kindern bereits im Vorschulalter verstanden und als attraktiv gesehen werden kann.

> Zwei Brüder (viereinhalb und sechs Jahre) spielen zusammen das Verkaufsspiel. Der Ältere ist Kunde, der Jüngere Verkäufer. Im Laufe des Spiels wählt der Kunde eine Reihe von Waren. Nachdem er bezahlt hat, bietet ihm der Jüngere neue Waren an und drängt sie ihm förmlich auf. Dies wiederholt sich mehrfach, wobei der Kunde aber jedesmal bezahlt. Schließlich ist kein Geld mehr in der Geldbörse und der Verkäufer ruft: „Jetzt hab' i' alla Geld, alla Geld!“

Obwohl deutlich jünger versteht er offenkundig bereits den Vorteil eines maximalen Umsatzes und hält Geld für wertvoller als Waren. Dieses Verständnis von Geld deutet auf eine zumindest erste Einsicht in dessen abstrakte Valenz hin. Man vergleiche demgegenüber das Mädchen in obigem Beispiel (Abschn. 5.1), das die Äpfel wegräumt und vorsichtshalber noch schnell einen ißt, damit sie der Kunde nicht kauft. Dort besitzen Waren noch subjektive Valenz.

Das Verkaufsspiel selbst ist übrigens noch in anderer Weise eine „Vorübung“ für das Verständnis von abstrakter Valenz. Will man den Vorgang des Warentausches gegen Geld voll verstehen, so verlangt das, wie Karl Marx im ersten Kapitel des Kapitals (Ausg. 1975) beschreibt, das Absehen vom Gebrauchswert der Ware. Im Tauschwert verwandelt sich die Ware in einen Gegenstand mit abstrakter Valenz. Die Kinder verstehen in der Regel erst im Schulalter diesen Vorgang (Furth, 1978), aber der Warentausch im Verkaufsspiel schafft bereits ein gewisses Vorverständnis.

Das Verständnis der abstrakten Valenz des *Menschen* wird ebenfalls schon im Spiel des Vorschulkindes vorgeformt. Kinder vereinbaren hintereinander oft mehrere Spielthemen und übernehmen dementsprechend unterschiedliche Rollen. Der Rollentausch beim Familien-, Verkaufs- oder Schulspiel sind weitere Beispiele für die Variation der Rollen. Die abstrakte Valenz des Menschen wird für die Kinder begreiflich, indem der Mensch zu einem Akteur wird, der beliebige Aufgaben übernehmen kann. Gerade die Fiktion der Übernahme von Rollen erleichtert in hohem Maße diese Sichtweise.

Damit wird deutlich, daß das Spiel auch die schwierigste Ebene des Gegenstandsbezuges, diejenige der abstrakten Valenz fördert, ja, möglicherweise eine wichtige Voraussetzung für ihr Verständnis darstellt.

Abstrakte Valenz im Regelspiel

Die abstrakte Valenz muß zu einer speziellen Spielform besonders in Beziehung gesetzt werden, zum Regelspiel. Das Regelspiel folgt in der Entwicklung als letztes und löst im Schulalter mehr und mehr das Symbol- und Rollenspiel ab. Es verallgemeinert die Rollen der Mitspieler so stark, daß sie ihre konkreten Gegenstandsbezüge verlieren. Die Handlung der Mitspieler wird nicht mehr durch Aufgaben bestimmt, wie sie ein Rollenträger kraft seines Status auszuführen hat, sondern durch die Regeln, nach denen der Mitspieler handelt. Sie haben sich verselbständigt, sind losgelöst von den Aufgaben einer Rolle und haben damit ihre abstrakteste Form erreicht. Sie sind erfunden worden, damit sich Partner miteinander risikofrei oder risikoarm messen können.

Dies hat mit abstrakter Valenz auf zweierlei Weise zu tun. Zum einen erhält die Regel durch ihre Verabsolutierung abstrakte Valenz, zum andern erzeugt sie die abstrakte Valenz von Leistung. War sie im Rollenspiel noch mit der objektiven Valenz, also den gemeinsam vereinbarten Aufgaben (Handlungen) verbunden und bezog sie von dorther ihren Sinn, geht es jetzt darum, sich nach der Regel zu verhalten, genauer gesagt, nach der Regel zu gewinnen und zu verlieren. Piaget (1954) hat die Regel im Regelspiel als Paradigma für das Verständnis von Konvention und Moral bezeichnet. Nur durch die Einhaltung von Regeln kann das Spiel aufrechterhalten werden. Wer gegen die Regeln verstößt, handelt unmoralisch (er schwindelt). Obwohl Zweifel an dieser Deutung angebracht sind, hat Piaget die Verabsolutierung der Regel richtig gesehen. Die Regel wird zum Gegenstand mit abstrakter Valenz. Alle Mitspieler, potentiell also alle Menschen, müssen sich an sie halten, der ganze Ablauf des Spieles ist letzlich nichts anderes als die Einhaltung der Regel.

Freilich, das Ziel des Regelspieles ist zu gewinnen bzw. den Sieger ausfindig zu machen. Damit sind wir beim zweiten Aspekt des Regelspiels, der mit abstrakter Valenz zu tun hat. Wir haben oben festgestellt, daß das Erbringen von Leistung im Wetteifer eine anschauliche und wohl auch menschliche Grundform des Handlungsbezuges mit abstrakter Valenz ist. Das Regelspiel bietet eine Form der Interaktion, in der Leistung nach objektivierbaren Kriterien erbracht und verglichen werden kann. Der Vergleich entspricht wissenschaftlichen Maßstäben, da die Leistung durch die Regeln des Spiels kontrolliert wird. Sofern die Regeln nicht verletzt wurden, sind die Bedingungen auf beiden Seiten gleich. Der Gewinner ist „objektiv" der Bessere. Damit ist das Regelspiel ein Verfahren, das die abstrakte Valenz von Leistung erzeugt und sie über jeden Zweifel erhaben macht.

5.4 Zur Logik der folgenden Darstellung

Für die weitere und unser Thema zentrale Entwicklung des Gegenstandsbezugs im Symbolspiel werden die vier allgemein gebräuchlichen Dimensionen genutzt: Dekontextualisierung, Kombination von Handlungen bzw. Handlungsschemata (Einsiedler, 1991, schlägt die Bezeichnung „Sequenzierung" vor), Abbau des Egozentrismus (vom Selbst- zum Partnerbezug) und Substitution des Gegenstandes (Piaget, 1969; Fein, 1981; McLoyd, 1983; Bretherton, 1984). Eine Darstellung im Überblick findet sich bei Einsiedler, 1991). Im folgenden wird diese Einteilung jedoch einer handlungslogischen Ordnung angepaßt, weil sie die bisherigen Befunde einfacher und überzeugender darzustellen erlaubt.

Das Kind vermag schon im ersten Lebensjahr tentativ zwischen den drei Komponenten einer Handlungsgrammatik zu trennen, nämlich Akteur, Handlung und Gegenstand (Fillmore, 1968). Diese Komponenten lassen sich in der Formel

$$S \rightarrow O$$

darstellen, wobei S das agierende Subjekt, der Pfeil $\rightarrow$ die auf den Gegenstand gerichtete Handlung und O das Objekt darstellt. Im folgenden werden wir zunächst die Entwicklung des Verständnisses und des Gebrauchs von Akteur (Kap. 6) und Objekt (Kap. 7) im Spiel behandeln, sodann die Handlungsentwicklung beim Spiel beschreiben (Kap. 8) und schließlich die Gesamtentwicklung als „Dekontextualisierung" kennzeichnen. In einem weiteren Schritt werden die analytisch getrennten Komponenten wieder vereint. Dies geschieht mit Hilfe des Skriptbegriffes.

Tab. 1 vermittelt einen Überblick über Stufen der Entwicklung des sensomotorischen und des Als-ob-Spiels. Drei Ansätze sind einander gegenübergestellt, die Ansätze von Piaget (1969), Belsky und Most (1981) und McCune-Nicolich (dargestellt nach McCune-Nicolich & Carroll, 1981). Man erkennt Entsprechungen, aber auch Abweichungen, da die Autoren unterschiedliche Akzente gesetzt haben. Piagets Klassen des Übungsspiels (sensomotorischen Spiels) reichen, sofern man seine Beispiele berücksichtigt, weit über den Beginn des Symbolspiels (Als-ob-Spiels) hinaus, so daß sie nicht als lineare Folge und Übergang zum Symbolspiel verstanden werden können. Dennoch zeigt sich eine Entsprechung zu den Stufen von Belsky und Most.

Alle drei Ansätze vermischen die drei Handlungskomponenten Akteur – Handlung – Objekt in unzulässiger Weise. Das eine Mal liegt der Akzent auf dem Akteur, das andere Mal auf der Handlung und ihrer wachsenden Komplexität, und schließlich auch auf dem Objekt als Partner. Im folgenden wird im Anschluß an Bretherton (1984) versucht, die drei Komponenten getrennt zu beschreiben. Dabei zeigt sich, daß jede Komponente eine eigene Entwicklungslinie aufweist und die Stufenfolge als Ganzes komplexer ausfällt als in den Beschreibungen der Tab. 1.

Tabelle 1: Die Entwicklung des Symbolspiels aus dem sensomotorischen Spiel. Eine Gegenüberstellung von Piaget (1969), McCune-Nicolich & Carroll (1981) und Belsky & Most (1981)

Piaget (1969)	**McCune-Nicolich & Carroll (1981)**	**Belsky & Most (1981)**
		Niveau I In den Mund nehmen (alles wird wahllos in den Mund genommen).
Einfache Übungsspiele: spielerisch – ritualisierte Wiederholung von Handlungen (z.B. Kieselsteine in den Teich werfen).		**Niveau II** Einfaches Manipulieren (visuell gesteuertes exploratives Manipulieren, z.B. einen Gegenstand herumdrehen und betasten).
Kombination ohne Zweck: Konstruktion neuer Kombinationen von Handlungen (z.B. Kieselsteine in Eimer werfen, dann den Eimer umschütten).		**Niveau III** Funktionsgerechtes Manipulieren (z.B. Spielzeugtelefon bedienen, Lenkrad drehen, Auto schieben).
		Niveau IV In-Beziehung-setzen (inadäquat). (Z.B. einen Löffel und einen Stock zusammenbringen, eine Puppe auf ein Telefon legen).

Kombination mit Ziel: z.B. Einordnen von Gegenständen, am Bett herumturnen und verschiedene Handlungen durchführen.		**Niveau V** Funktional-relationales Manipulieren. Zwei Objekte werden in angemessener Weise miteinander in Verbindung gebracht (z.B. eine Tasse auf die Untertasse setzen, eine geometrische Form in das dafür vorgesehene Loch stecken).
Übergang Reproduktion eines sensomotorischen Schemas außerhalb seines üblichen Rahmens und in Abwesenheit eines üblichen Gegenstandes(etwas mit geschlossener Hand bringen, ohne daß die Hand einen Gegenstand hält)	**Stufe I** Vorsymbolische Schemata: Übergang von sensomotorischen Aktivitäten zum Als-ob-Spiel. Objekteigenschaften dienen als Anreiz für eine Handlung (z.B. Autofahren).	**Niveau VI** Handlungsmäßige Festlegung. Angenäherte Symbolhandlung, aber ohne Beleg für echtes Symbolverhalten (z.B. Tasse mit den Lippen berühren ohne Schlürfgeräusche; Telefonhörer zum Ohr bringen, ohne zu sprechen).
	Stufe II Selbstbezogene Schemata: Erste symbolische Aktivitäten, die auf das Selbst gerichtet sind (sich kämmen, fiktiv aus einer leeren Tasse trinken und schlucken).	**Niveau VII** Symbolspiel mit Selbstbezug. Das Symbolverhalten ist auf sich selbst gerichtet, z.B. leere Tasse zum Mund führen, kippen, schlürfende Geräusche machen und schlucken; den Telefonhörer zum Ohr führen und dabei vokalisieren.
Stadium I Typ I A: Projektion symbolischer Schemata auf neue Objekte (der Puppe zu essen geben; den Hund „weinen“ lassen). Typ I B: Projektion von Nachahmungsschemata auf neue Objekte (Handlungen von Modellen werden übernommen und auf sich selbst bzw. Puppe oder Bär	**Stufe III** Dezentrierte Symbolspiele mit einzelnen Schemata: Andere Objekte und Personen werden als Rezipienten/ Agenten mit in die Handlung einbezogen (die Puppe füttern).	**Niveau VIII** Symbolspiel mit Partnerbezug. Das Symbolverhalten richtet sich auf andere (z.B. die Puppe mit Löffel füttern). **Niveau IX** Substitution. Ein Objekt wird in der Handlung umgedeutet (z.B. einen Plastikwürfel zum Trinken benutzen, mit einer Schachtel Auto fahren).

angewandt, z.B. das Kind tut so, als lese es eine Zeitung, läßt die Puppe telefonieren).		
Typ II A: Assimilation eines Objektes an ein anderes (ein Schema wird herausgelöst und wird handlungsleitend fürs Spiel, z.B. Kind zeigt auf einen Stein und sagt „das ist ein Hund", schiebt eine leere Schachtel hin und her und sagt „Auto", verwendet denselben Gegenstand wie eine Muschelschale für mehrere fiktive Gegenstände).	**Stufe IV** Kombinatorische Symbolspiele: Kombination einzelner Schemata als Übertragung der Schemata auf mehrere Objekte/Personen (single-scheme combinations) und als Verknüpfung mehrerer Schemata auf ein Objekt (multi scheme combinations). Beispiel für single-scheme: kämmen bzw. zu trinken geben für mehrere Objekte/Personen; Beispiel für multi-scheme: für die Puppe kochen, sie füttern und sie zu Bett bringen.	**Niveau X** Sequenzierung fiktiver Handlungen. Wiederholung einzelner Symbolhandlungen (selbst trinken, der Puppe und der Mutter zu trinken geben) oder Verbindung zweier verschiedener symbolisierter Handlungsschemata (z.B. Puppe in die Wiege legen, dann zudecken; fiktiv in die Tasse eingießen, dann trinken).
Typ II B: Assimilation des eigenen Körpers an den Körper eines anderen oder an irgendwelche Objekte (eine Rolle spielen mit einer einzigen Handlung oder einer Kette von Handlungen, z.B. die Mutter spielen, den Briefträger darstellen, einen Kirchturm oder einen Baum markieren).		
Typ III A: Kombination von Einzel handlungen zur Konstruktion ganzer Szenen (die Puppe füttern, dabei mit ihr sprechen und die Mahlzeit zu einer Szene gestalten; ein Bad vorbereiten, wobei eine Schachtel die Badewanne und ein Grashalm das Thermometer darstellt, dann die Badeszene mit der Puppe durchführen).	**Stufe V** Intern kontrollierte (geplante) Symbolspiele: Planen, Substitution, aktive Rolle anderer Agenten. Die Handlungen erhalten eine hierarchische Struktur, es werden mehr als ein Objekt substituiert, die Puppe oder andere Objekte bzw. Partner erhalten eine aktive Rolle.	**Niveau XI** Sequenzierung fiktiver Handlungen mit Substitution. In der Handlungssequenz werden Objekte substituiert (z.B. die Puppe in die Wiege legen und sie mit einem Lätzchen als Decke zudecken; im Verkaufsspiel Waren gegen Legosteinchen als Geld verkaufen).

Typ III B:
Kompensatorische Kombination von Handlungsschemata (Kind darf nicht mit Wasser spielen, nimmt statt dessen eine leere Tasse und führt die gewünschte Handlung am verbotenen Waschzuber aus; Jacqueline, die mit 4;7 auf ihren Vater eifersüchtig ist, erfindet ein Mädchen, das einen abscheulichen Papa hat).
Typ III C:
Versuch, mit einer Sache fertig zu werden. Jacqueline sieht eine tote und gerupfte Ente auf dem Küchentisch und liegt am nächsten Tag unbeweglich auf dem Sofa mit angezogenen Armen und Beinen: „Ich bin die tote Ente").

Stadium II
(vom 4. bis zum 7. Lebensjahr) Relative Ordnung der spielerischen Konstruktion, genaue Imitation der Wirklichkeit, Spiele mit Differenzierung und Präzisierung von Rollen (von Piaget als kollektive Symbolik bezeichnet).

Stadium III
(7./8. bis 11./12. Lebensjahr) Anwendung von Regeln zugunsten der Kooperation, symbolische Konstruktionen sind immer weniger deformierend und nähern sich der Arbeit.

Niveau XII
Doppelte Substitution
Zwei Gegenstände werden innerhalb einer einzigen Handlung transformiert (substituiert), z.B. ein Holzstück als Puppe und ein Lätzchen als Decke benutzen, die „Puppe" mit der „Decke" zudecken und Gute Nacht sagen.

Kapitel 6

Der Akteur im Spiel

6.1 Abbau von Egozentrismus (vom Selbstbezug zum Partnerbezug)

Zunächst führt das Kind konkrete und fiktive Handlungen an sich selbst durch, z. B. Trinken (real oder fiktiv), Autofahren, Kämmen. Dann überträgt es die Handlungen auf andere, z. B. auf die Mutter oder die Geschwister, auf die Puppe oder den Bären. Es kämmt beispielsweise der Reihe nach alle verfügbaren lebendigen Partner und Partnersubstitute. Bei Partnersubstituten wie der Puppe wird der Partner zunächst als passiver Empfänger der Handlung traktiert, sodann aber selbst zum Akteur mit Eigeninitiative (McCune-Nicolich, 1981; Bretherton, 1984). So füttert etwa das Kind die Puppe oder gibt ihr zu trinken, während es in einem späteren Stadium die Puppe selbst essen oder sie die Nahrung verweigern läßt.
Als Handlungsformel läßt sich diese Entwicklung wie folgt darstellen:
(1) $S \rightarrow O$
(2) $S1 \rightarrow (O \rightarrow S2)$
(3) $S1 \rightarrow (S2 \rightarrow O)$
Die Handlung des Subjektes (S) richtet sich auf ein Objekt (O), das Subjekt ist alleiniger Akteur (1). Sodann wird ein Partner (S2) einbezogen, auf den sich das Objekt (O) und die Handlung ($\rightarrow$) richten. Schließlich wird der Partner (S2) zum eigenen Akteur, dessen (fiktive) Handlungen sich auf das Objekt beziehen.

Das Verständnis von sich und anderen, eine Leistung, die man als soziale Kognition bezeichnet, entwickelt sich in früher Kindheit zweifellos vor allem im Spiel. Dieses Faktum wird in der Erforschung des kindlichen psychologischen Verständnisses meist übersehen (s. z. B. die Theory-of-Mind-Forschung, Perner, 1991). Im Spiel zeigt sich aber besonders deutlich, daß sich das Verständnis von sich selbst und das Verständnis von anderen wechselseitig bedingen. Wenn das Kind Vater, Mutter oder Kaufmann spielt, versetzt es sich in andere Personen und übernimmt deren Aufgaben und Eigenschaften. Beim Spiel mit Substituten von Akteuren wie Puppen oder Tieren, erhalten diese Objekte sowohl die eigenen Merkmale und Handlungsintentionen als auch diejenigen anderer Personen.

In jedem Fall aber erfolgt im Gegensatz zum „Ernsthandeln" eine Transformation der beteiligten Akteure. Das Kind verleiht sich Merkmale der Macht, der moralischen Tugend oder auch des Bösen, und es verwandelt die Spielgegenstände in Akteure. Daher entspricht die „natürliche" Entwicklung, so wie sie in unserer Kultur im Spiel beobachtbar ist, nur teilweise der Logik sozialer Kognition, wie sie in der psychologischen Forschung dargestellt wird, nämlich in Richtung auf größere Realitätsangemessenheit. Diese Vorbemerkung erscheint nötig, da wir, besonders bei der Darstellung der eigenen Person, als Akteur im Spiel realitätsveränderte Aspekte im Vordergrund haben.

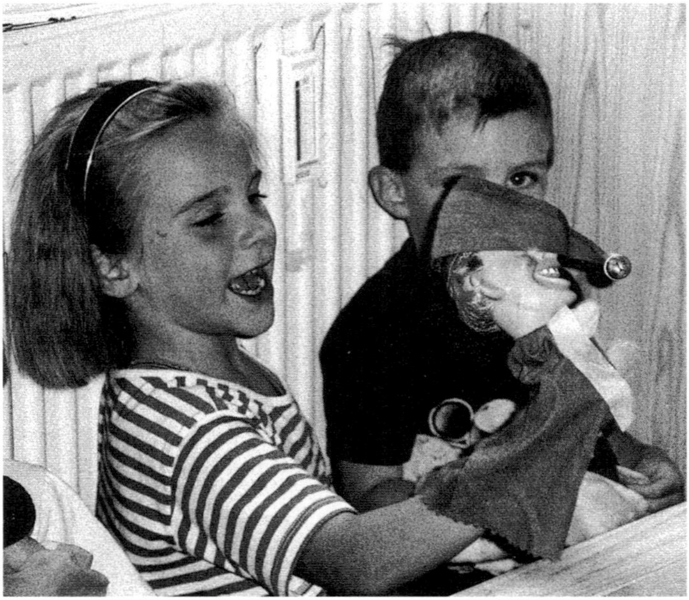

6.2 Veränderung der eigenen Person im Spiel

Elkonin (1980) berichtet über ein Experiment von Gerschenson, in dem die Kinder im Alter von drei bis sieben Jahren aufgefordert wurden, sich selbst, einen Erwachsenen (die Erzieherin) und ein bestimmtes Kind der Kindergartengruppe zu spielen. Die Kinder weigerten sich, sich selbst zu spielen, mit der Begründung, man könne so nicht spielen. Die Jüngeren, die sich sprachlich noch nicht in dieser Weise verständigen konnten, verließen den Raum oder baten, zu den anderen Kindern zurück zu dürfen. Die Ältesten versuchten ansatzweise dieses „Spiel", brachen aber nach kurzer Zeit ab. Spielen ist nur möglich, wenn man selbst ein anderer Akteur wird, eine Rolle übernimmt oder zumindest andere Handlungen als üblich durchführen kann. Hingegen spielten die jungen Kinder die Rolle der Erzieherin ohne Schwierigkeiten, während sich manche ältere Jungen weigerten, die Erzieherin zu spielen. Sie identifizierten sich offenkundig schon stark mit dem eigenen Geschlecht und wollten nicht in eine weibliche Rolle schlüpfen. Die Aufforderung, ein bestimmtes anderes Kind der Gruppe zu spielen, wurde von den Kindern, vor allem den Älteren (5- bis 6jährigen) in der Weise umgesetzt, daß sie auffällige Merkmale des betreffenden Kindes nachspielten, z.B. das Schmollen, die Aggressivität oder die schlechten Leistungen des nachgeahmten Kindes.

Als Fazit läßt sich zunächst festhalten, daß im Fiktions- und Rollenspiel die eigene

Person als Akteur uminterpretiert wird. Man verleiht sich veränderte Eigenschaften und Fähigkeiten. Sobald man aber wirklich nur man selbst ist, verliert die Handlung ihren Spielcharakter.

Die Wandlung der eigenen Person als Akteur bewegt sich von der einfachen Nachahmung der Handlungen anderer hin zur Übernahme von Rollen mit einem ganzen Bündel von Verhaltensweisen. Piaget (1969) hat bereits die frühen Verwandlungen des spielenden Akteurs bei seinen eigenen Kindern beobachtet. Den Typ IB des 1. Stadiums des Symbolspiels kennzeichnet er als Projektion symbolischer Schemata, die von Modellen nachgeahmt werden, und meint damit die fiktive Ausführung typischer Handlungsweisen und Gesten von Erwachsenen (s. auch Tab.1). So nimmt ein Kind die Zeitung und „liest“ wie der Vater. Ein anderes hängt sich die Krawatte des Vaters um, läuft im Zimmer umher und sagt „Wenä“ (Werner: Name des Vaters).

Den Typ IIB des Symbolspiels kennzeichnet Piaget als „Assimilation des eigenen Körpers an den Körper eines anderen oder an irgendwelche Objekte.“ (op. cit., S. 164). Das Kind identifiziert sich nun schon ausgeprägter mit einer anderen Person oder einem Gegenstand. Es führt mehrere Handlungen durch und bezeichnet sich dann (bzw. währenddessen) als Rollenträger, z. B. Papa, Opa, Onkel etc. Als Typus IIIB führt Piaget eine „kompensatorische Kombination von symbolischen Schemata als Assimilation der Wirklichkeit“ ein. Er beobachtete, wie Kinder im Spiel traumatische Erlebnisse verarbeiten und „Revanche“ an der Realität üben, indem sie fiktiv verbotene Handlungen durchführen. Wir filmten beispielsweise ein Kind, das auf einem Kind-Bären herumtrampelte und ihn dann mit einem Spiel-Traktor überfuhr. Danach legte es diesen dem Mutter-Bären in die Arme und sagte: „Er ist doch nicht ganz tot“. Es handelt sich in diesem Fall wohl um die Verarbeitung der Eifersucht dem kleineren Geschwister gegenüber.

In einem Typus IIIC ordnet Piaget ähnliche kompensatorische symbolische Handlungen ein, nur daß hier noch stärker die nicht verarbeiteten Ereignisse nachgespielt werden. Piaget wird nicht müde zu betonen, daß es sich bei den Nachahmungen der Typen I, II und IIIB nicht um realitätsgetreues Kopieren handelt, sondern immer um Assimilation, also um Veränderung von Handlungsschemata nach eigenen Vorstellungen und Bedürfnissen (Tab. 1).

Im 2. Stadium des Symbolspiels entwickelt sich dann die eigentliche Rolle, bei der die auszuführenden Handlungen Regeln unterworfen sind, die eine relativ realistische Ordnung der gesellschaftlichen Rollen widerspiegeln (Tab.1).

Die Entwicklung der Rolle als Hochform der Umgestaltung des Selbst als Akteur haben vor allem Elkonin und seine Mitarbeiter näher untersucht (Elkonin, 1980). Sie beobachteten, daß Kinder erst dann ausgedehnt und vertieft spielten, wenn sie im Umgang mit dem Spielmaterial ein Spielthema aufgriffen und selbst eine Art Rolle darin einnahmen. Die besondere Funktion der Rolle für den Spielakteur zeigte sich bei Versuchen, denjenigen Kindern, die noch nicht selbst ein Spielthema entwickelten, Rollenspiele durch Instruktion näherzubringen. Michailenko (zit. nach Elkonin, 1980) ließ typische Rollenhandlungen wie die des Arztes, des Kraftfahrers und der Mutter durchführen, begleitete während der Handlungen des Kindes das Geschehen mit Kommentaren und stellte abschließend fest „Du hast jetzt Doktor (Kraftfahrer, Mutter) gespielt.“ Daraufhin vermochten Kinder in weit besserem Maße Rollen samt dem zugehörigen Verhaltensrepertoire zu spielen. Ähnliche Befunde ergaben sich bei Bemühungen mit geistig retardierten Kindern, die spontan kein Symbol- und Rollenspiel zeigten (Sokolowa, zit. nach Elkonin, 1980).

Unter normalen Bedingungen, d. h. ohne spezifische Förderung, scheinen ältere Geschwister bzw. ältere kindliche Spielpartner eine weit anregendere Wirkung auf die Übernahme von Rollen und damit auf das Rollenverständnis auszuüben als die Mutter. Zu diesem unerwarteten Ergebnis kommen Dunn und Dale (1984), die das Spiel der gleichen Kinder mit ihrer Mutter und mit ihren Geschwistern beobachteten. Die Mutter verweilte stärker (bei 85% der Spielrunden) in der Rolle des interessierten Beobachters, sie kommentierte das Spiel und gab Anregungen zum Umgang mit dem Spielmaterial. Die älteren Geschwister nahmen hingegen selbst eine Rolle im Spiel ein, die komplementär zu derjenigen war, die sie vom Kind verlangten (bei 60% der Spielrunden), z. B. Auftraggeber – Fahrer, Mutter – Vater. Während man allgemein die Übernahme von Rollen erst ab ca. drei Jahren beobachtet, tritt zumindest einfaches Rollenverständnis unter den genannten Bedingungen (Instruktion bzw. Anregung durch ältere Kinder) deutlich früher auf.

Die Verwandlung der eigenen Person durch die Rollenübernahme erfolgt im Grundschulalter in oft erstaunlich flexibler und kreativer Weise. Ein 9jähriges Mädchen spielt, wie schon erwähnt, in einem Verkaufsspiel die Rolle der Kundin zunächst als eine normale, dann eine schnippische, etwas überdrehte Käuferin und schließlich als fünfjähriges Kind, das sich noch nicht so ganz in dem Rollenskript auskennt, dafür aber Waren verlangt, die der Spielpartnerin, einem fünfjährigen Mädchen, wohlvertraut sind.

6.3 Soziale Kognition im Umgang mit fiktiven Partnern (Partnersubstitution)

Der zweite Entwicklungsweg sozialer Kognition im Spiel führt über den Umgang mit Puppen, Tieren oder Ersatzgegenständen, die fiktive Partner symbolisieren. Ein Gegenüber wird als Akteur gesehen und handelt fiktiv. Der Vorteil eines solchen Akteurs ist, daß man ihm beliebig Handlungen und Eigenschaften zuschreiben kann, während der reale Partner unerwartet oder unerwünscht reagieren mag. Der fiktive Partner, symbolisiert durch einen Gegenstand wie Puppe oder Bär, fügt sich allen Wünschen und paßt sich den jeweiligen Bedürfnissen des Kindes an. Das Kind assimiliert, wie Piaget es ausdrücken würde, den Partner und gestaltet ihn nach seinen Wünschen um. Dadurch vermag es ihm aber auch leichter Handlungs- und Eigenschaftsmerkmale zuzuschreiben.

Wolf, Rygh und Altshuler (1984) beobachteten das Spielverhalten von neun Kindern über mehrere Jahre hinweg. Die Kinder waren bei Beobachtungsbeginn zwischen einem und drei Jahren alt. Anfangs wurden sie wöchentlich, dann zweiwöchentlich, später halbjährlich aufgenommen. Die Spielbeobachtungen erstreckten sich jedesmal über mehrere Stunden hinweg. Dabei wurden Ausschnitte von spontanem und provoziertem Spiel mit Video erfaßt. Beim provozierten Spiel erzählte die Versuchsleiterin eine Geschichte und bewegte dabei Spielfiguren in einer aufgebauten Spielszene. Die Autoren fanden fünf Niveaus des Akteur-Verständnisses bei den Kindern (op. cit. S. 207).

Niveau 1. Die Spielfiguren werden wie Menschen behandelt. Sie werden gefüttert, gebadet, auf die Wippe gesetzt etc. Sie bleiben jedoch passive Empfänger der Handlung des Kindes und handeln noch nicht unabhängig. Diese Stufe stimmt mit der Stufe III des Symbolspiels nach McCune-Nicolich & Carroll (1981) überein (Tab. 1).

Niveau 2. Die Spielfigur wird als unabhängiger Akteur behandelt, das Kind läßt sie sprechen und eigenständig handeln. Die Puppe sagt etwa beim Füttern „satt" oder „mag nicht". Eine Figur sagt zur andern: „Willst du im Auto mitfahren?" Es gibt jedoch keine Anzeichen, daß das Kind den Figuren internale psychische Zustände zuschreibt. Dieses Niveau wurde auch von anderen Autoren gefunden (Fenson, 1984).

Niveau 3. Der Figur werden Empfindungen, Wahrnehmungen und physiologische Zustände zugeschrieben. Die Puppe wird beispielsweise ins (fiktive oder reale) Wasser getaucht und sagt: „Au, zu heiß!" oder das Kind sagt: „Die Puppe mag jetzt nicht mehr schlafen, sie will spazierenfahren."

Niveau 4. Der Figur werden Gefühle, Pflichten, einfache moralische Urteile und bestimmte soziale Beziehungen zugesprochen. Das Kind spielt mit einem Bär und sagt „der Bär ist jetzt traurig." Es spielt mit Handpuppen und läßt den Kasperl zum Krokodil sprechen „Hu, geh weg, ich fürchte mich!" Das Kind läßt eine Mutter-Ente zur kleinen Ente sagen: „Du bist böse, weil du wegrennst, du mußt sofort nach Hause kommen!"

Niveau 5. Der Figur werden Kognitionen wie Denken, Planen, sich-Wundern und Wissen zugeschrieben. Im Piratenspiel versteckt die Kapitänfigur beispielsweise das Geld. Sie sagt: „Da werden es die Piraten nicht finden." In einem Räuber-Polizei-Spiel stiehlt der Räuber ein Polizei-Auto und sagt: „Die werden sich wundern, wenn sie kommen und das Auto ist weg!"

Diese Niveaus folgen einer klaren Logik, die bei Untersuchungen zur Personwahrnehmung an älteren Kindern in ähnlicher Weise gefunden wurden (z. B. Livesley & Bromley, 1973). Sie lassen sich auch im Rollenspiel beobachten, wobei dort nicht mehr Figuren, sondern die Kinder als Akteure die Rollen übernehmen. Bis jetzt ist noch nicht geklärt, ob Spielfiguren oder Spielpartner früher die entsprechenden Zuweisungen sozialer Kognition erhalten. Vermutlich ist diese Frage auch müßig, da das Verständnisniveau sehr stark von dem Spielrahmen, dem Thema und der Spielanregung (z.B. Instruktion, s.o. Untersuchung von Michailenko) abhängt.

Zusammenfassung

Die Entwicklung der sozialen Kognition im Spiel mündet, wie wir sahen, mehr und mehr in das Verständnis der Rolle. Die Sozialbeziehungen und Gegenstandsbezüge im Spiel werden immer stärker durch Rollen dominiert. Diese Entwicklung scheint weg von der eigenen realen Person immer mehr in die Welt der Fiktion, der illusionären Ich-Überhöhung zu führen. Bei näherem Hinsehen erweist sich die Rollenorientierung aber als Kunstgriff der Entwicklung, mit dem unterschiedliche Zielsetzungen vereint werden.

Zunächst ist festzuhalten, daß mit zunehmendem Alter Rollen realistischer gespielt und die der Rolle zugrundeliegenden Rollenvorschriften besser eingehalten werden können (s. Kap.3). Das Kind bemüht sich, realitätsgetreu zu spielen (Piaget, 1969). Andererseits benutzt es das Rollenspiel auch, um die Realität nach eigenen Wünschen umzuwandeln, schlüpft in magische Rollen (Spider Man, Monster, Knight Rider) und definiert die eigene Rolle immer wieder neu. Das Kind leistet durch die Identifikation mit Rollen die Integration von ego und alter und konstruiert so ein frühes Identitätsverständnis, bei dem sich das Ich durch den anderen mitdefiniert. Zugleich konstruiert es, wie bereits ausgeführt, ein Personenverständnis mit objektiver Valenz. Personen haben objektive, d. h. festgelegte bzw. vereinbarte Funktionen in der Gesellschaft. Diese objektive Funktion dient auch der Selbsterhöhung und Ich-Erweiterung. Das Kind nimmt seine spätere Entwicklung bzw. seine Entwicklungsmöglichkeiten vorweg, indem es in die Rollen anderer Personen hineinschlüpft und deren Motive, Wünsche und Ziele zu verstehen trachtet oder kreiert.

Betrachtet man die weitere Entwicklung im Regelspiel, so wird die Rolle ihrer inhaltlichen Handlungsbezüge entkleidet und zu einem Akteur mit formalem Reglement. Die ursprünglich vielleicht bedeutsamen Funktionen des Spielers oder der Spielfigur sind meist unbekannt und haben keine Bedeutung für das Spielgeschehen selbst. „Fürchtet ihr den schwarzen Mann" wird als regelhaftes Beziehungsgefüge zwischen Verfolger und Verfolgten verstanden. Das Schachspiel als komplexes Regelspiel operiert zwar mit Rollen wie König, Dame, Springer, Bauer, doch handelt es sich nicht um ein Ritterspiel mit inhaltlichen Rollenaufgaben, sondern um abstrakte Regelzuweisungen, wobei die Bezeichnung der Figuren willkürlich ist. Damit gewinnt der Akteur, wie oben bereits erläutert, abstrakte Valenz. Kinder begreifen somit durch das Medium des Spiels Züge des Menschenbildes, die ihnen auf anderer Ebene, etwa dem Verständnis einer demokratischen Gesellschaft, noch lange verwehrt bleiben.

Kapitel 7

Der Umgang mit dem Gegenstand im Spiel

Die Behandlung des Gegenstandes im Spiel verläuft in zwei getrennte Richtungen. Zum einen werden Gegenstände exploriert, dienen als Handlungsgenerator und werden schließlich nachkonstruiert. Zum andern werden Gegenstände verwandelt, ihrer objektiven Funktion (ihres Gebrauchswertes) entkleidet und erhalten andere Funktionen. Schließlich braucht das Kind den Gegenstand zur Durchführung von Handlungen überhaupt nicht mehr, sondern benutzt stattdessen Gesten oder Worte.

7.1 Erforschung und Nutzung der objektiven Handlungsanreize des Gegenstandes

Der zuerst genannte Weg verläuft zum Konstruktionsspiel und schließlich zur Herstellung von realen Gegenständen im Arbeitsprozeß. Die Trennungslinie zur Arbeit ist meist recht gut durch die eingangs dargestellten Kriterien der Handlungskette ohne Folgen, des Wechsels der Realitätsebene und der (ritualisierenden) Wiederholung zu ziehen.

Zunächst wollen wir wieder von der handlungstheoretischen Position ausgehen und nicht das Individuum für sich betrachten, sondern die Person-Gegenstand-Beziehung als Einheit wählen. Der Gegenstand ist bei der Analyse des Handelns nicht einfach austauschbar, sondern bestimmt die Handlungen und damit die Person wesentlich mit. Wenn sich ein Kind mit Knete, mit einer Puppe oder mit Bausteinen beschäftigt, so findet eine intensive wechselseitige Beziehung statt. Das Kind exploriert, erprobt, verwendet Schemata oder Skripts und eignet sich dabei neuentdeckte Eigenschaften des Gegenstandes an.

In unserem Längsschnittprojekt konnten wir bereits bei eineinhalb Jahre alten Kindern eine ausdauernde spielerische Beschäftigung mit Gegenständen beobachten. Die meisten Kinder waren in der Lage, sich ohne äußere Einwirkung und Nachhilfe 30 bis 40 Minuten lang mit einem Gegenstand zu beschäftigen. Oft wurden sie vom Versuchsleiter oder der Mutter abgelenkt, die ein bestimmtes Repertoire an Aufgaben vorgeben wollten. Die Kinder kehrten aber immer wieder zu dem sie fesselnden Gegenstand (z. B. Bauen mit Lego) zurück oder ließen sich erst gar nicht abbringen. Diese Ausdauer ist nur erklärbar durch den beträchtlichen Anteil, den der Gegenstand selbst in die Handlung miteinbringt durch die Möglichkeiten, die in ihm stecken. Wie wir sahen, sind diese Möglichkeiten als „Aufforderungscharakter“ (Lewin, 1982, Bd. 6) oder als Angebote (affordances, Gibson, 1982) beschreibbar. Die Möglichkeiten des Gegenstandes potenzieren sich, wenn man ihn umdeutet oder durch andere Objekte ersetzt.

Im folgenden befassen wir uns daher mit der Veränderung des Gegenstandes im Symbol- und Phantasiespiel. Die spielerischen Konstruktionsleistungen des Kindes werden uns aber noch in Teil 4 beschäftigen.

7.2 Substitution

Die meisten Autoren sprechen beim Symbolspiel von Substitution, Einsiedler (1991) nennt das Phänomen Objekttransformation. Das Symbol- oder Illusionsspiel erkennt man daran, daß das Kind einen Gegenstand durch einen anderen ersetzt. Personen werden durch Puppen oder Stofftiere ersetzt, Gebrauchsgegenstände durch Spielgegenstände. Die substituierten Gegenstände müssen den ursprünglichen nicht mehr unbedingt ähnlich sein.

Die Entwicklung der Substitution verläuft, wie bereits angedeutet, von der Benutzung realitätsnaher, prototypischer Gegenstände zur Nutzung von Gegenständen mit realitätsfernen Merkmalen. Insgesamt zeigen die bisherigen Forschungsergebnisse eindeutig, daß jüngere Kinder, also Eineinhalb- bis Dreijährige, nur mit realitätsnahem, prototypischem Spielzeug Symbolspiele durchführen, während ältere Kinder mit vier bis fünf Jahren recht gut auch mit realtätsfernen Spielobjekten zurechtkommen. Für Ältere hat das Spielmaterial, das vielfältig verwendet werden kann, also untypisch ist, Vorteile, da es die Phantasietätigkeit stärker anregt und z. B. im Rollenspiel zu einer größeren Zahl von Substitutionen (Objekttransformationen) führt (Einsiedler, 1991, S. 93, 94; McLoyd, 1983). Stellt man die Kinder allerdings vor die Wahl, dann bevorzugen auch noch die Älteren (gemeint sind Vorschulkinder) realistisches Spielzeug (McLoyd, 1983; Bretherton, 1984).

Bei der Erklärung der wachsenden Fähigkeit, mit untypischem Spielzeug Objekttransformationen vorzunehmen, kann man Wygotski (1933) und Elkonin (1980) folgen. Das Kind benötigt zur „eingebildeten Situation“ noch Objekte, die realitätsnah sind, da es nur so zur fiktiven Handlung fähig ist. Wenn es beispielsweise Auto fahren will, dann kann es sich das Fahren besser vorstellen, wenn das Gefährt autoähnliche Züge besitzt. Ein Kind, das kochen will, kann dies fiktiv besser tun, wenn die Gerätschaften Miniaturabbildungen der realen Kochgegenstände sind. Später läßt sich beobachten, daß die Kinder bei der Verwendung von Gegenständen im Spiel oft keinen großen Wert mehr auf Realitätstreue legen. Verlangt z. B. das aktuelle Rollenverhalten einen bestimmten Gegenstand, dann wird ein rasch verfügbares Ersatzobjekt hergenommen. Bei noch älteren Kindern wird der benötigte, aber nicht verfügbare Gegenstand nur durch eine Geste angedeutet. Bei der Benutzung von Geld im Verkaufsspiel verwenden kleinere Kinder am liebsten wirkliches Geld oder wenigstens Spielgeld. Ältere, die in ihr Rollenspiel vertieft sind, greifen zu Legosteinen oder dgl. und später überreichen sie mit Greiffingern das nicht vorhandene Geld.

In einem Verkaufsspiel von zwei Fünfjährigen bezahlt der Kunde zunächst mit Spielgeld, das der Verkäufer in Empfang nimmt und wechselt. Später wird der Schlußteil der Verkaufsszene nur noch flüchtig durch eine Geste des Überreichens ohne materiellen Gegenstand dargestellt.

Diese Veränderung hat sicherlich mit der wachsenden Fähigkeit der Repräsentation von Gegenständen in der Vorstellung zu tun. Je mehr an Handlung und Gegenstandsbezug vorgestellt werden kann, desto weniger braucht man sie real ausführen. Dennoch bleiben bei der Spielinteraktion immer auch konkrete äußere Handlungen erhalten, denn sie vermitteln in viel stärkerem Maß Lust und Ichsteigerung, zumal bei kleinen Kindern.

Die wachsende Vorstellungstätigkeit der Kinder ist aber nur die eine Seite der Entwicklung von Spielhandlungen. Wie bereits angedeutet, verändert sich die Gesamthandlung des Spiels, bis schließlich das Spiel in der uns geläufigen Form gänzlich verschwindet. Diese Gesamtveränderung läßt sich wiederum am besten als Veränderung des Gegenstandsbezuges darstellen. Zunächst ist der konkrete Gegenstand Mittelpunkt der Handlung, an ihm materialisiert sich Handlung gewissermaßen, und das Objekt wird zum „Fetisch“, weil es die Handlung an sich fesselt. Sobald aber das Kind zum Symbolspiel fähig wird, lockert sich diese enge Bindung, der Gegenstand wird durch einen anderen ersetzt, und: Handlungen am gleichen Objekt können variiert werden.

Wygotski (1933) hat diese Veränderung mit der zunehmenden Vorherrschaft der

Bedeutung gegenüber dem Gegenstand erklärt. Durch das Symbol- (Illusions-, Fiktions-)Spiel vermag das Kind zu erkennen, was ein Gegenstand im menschlichen Sinne eigentlich ist. Er ist Träger von Bedeutungen, die, vormals vom Hersteller in ihn hineingelegt, durch Handlungen zum Leben erweckt werden können. Der Trinkbecher, vom Konstrukteur zum Trinken gemacht, revitalisiert seine Funktion im Vorgang des Trinkens. Wenn das Kind den Trinkbecher substituiert, etwa durch einen geöffneten Plastikwürfel, dann verleiht es dem Würfel eine neue Bedeutung, nämlich diejenige, die er für den Handlungsvorgang des Trinkens aktuell besitzen soll. Damit wird das Kind zum Schöpfer neuer Gegenstände. Es erschafft Objekte, indem es ihnen fiktiv Bedeutung verleiht. Dadurch umgeht es den mühevollen Weg der materiellen Herstellung des Gegenstandes, eines Arbeitsvorganges, den es auch noch gar nicht bewältigen könnte.

Die kognitive Leistung, die das Kind damit zuwege bringt, wird auch als Dekontextualisierung bezeichnet. Sie bezieht sich auf den mehrfach erwähnten Sachverhalt, daß das Kind mehr und mehr in der Lage ist, Gegenstände und Handlungen aus dem Kontext des Lebenszusammenhanges (des Umweltbezuges) herauszulösen und als Entitäten unabhängig von eben diesem Kontext zu handhaben. Handelt es sich dabei anfangs noch um materielle Gegenstände, so beschäftigt sich das Kind später mit anschaulich symbolisierten Gegenständen, z. B. beim Anschauen eines Bilderbuchs, und schließlich mit symbolisch repräsentierten Gegenständen, bei denen die Ähnlichkeit zum ursprünglichen Objekt nicht oder kaum mehr gegeben ist. Formelhaft läßt sich Dekontextualisierung in der folgenden Weise darstellen:

(1) (S-O)
(2) S — t123→ O123
(3) S — t123 → [O]
(4) S — t123 → [ ]
(5) S — [Geste] → [ ]

Zur Erläuterung: Zunächst sind Subjekt (S) und Objekt (O) in der Handlung (—) noch ungeschieden (1). Dann vermag das Kind unterschiedliche Handlungsschemata (t123) auf gleiche und verschiedene Objekte anzuwenden (O123). In einem weiteren Schritt kann das Objekt durch ein anderes ersetzt (substituiert) werden oder ganz wegfallen (dargestellt durch die Klammern [], enthalten sie ein O, so handelt es sich um Substitution, bleiben sie leer, dann wird der Gegenstand nur noch vorgestellt bzw. gedacht z. B. nur sprachlich repräsentiert) (3,4). Schließlich kann auch die konkrete Handlung wegfallen, zur bloßen Geste werden oder ebenfalls nur noch internal repräsentiert sein (5).

7.3 Ist der Ersatzgegenstand beliebig?

Wir haben bereits den Zusammenhang zwischen dem Realitätsgrad des substituierten Gegenstandes und der Spielhandlung erläutert. Im folgenden sollen einige Untersuchungen dargestellt werden, die die Rolle des benutzten Ersatzgegenstandes näher beleuchten.

Realitäts- und Komplexitätsgrad des Gegenstandes

Zunächst zur Frage, welches Spielzeug Kinder im spontanen Spiel bevorzugen. McLoyd (1983) bildete Dreiergruppen von Kindern zweier Altersstufen (3 1/2 und 5 Jahre) und beobachtete ihr Spiel in vier halbstündigen Sitzungen. In jeweils zwei Sitzungen stand den Kindern untypisches, vieldeutiges Spielmaterial (Scheiben, Klötze, Schachteln, Stoffstücke, Styropor u.ä.) zur Verfügung, während sie in den beiden restlichen Sitzungen realistisches Spielzeug bekamen (Herd-Guß-Kombination, Puppen, Telefon, Arztkoffer, Kleider usw.). Wie aus Tabelle 2 zu ersehen ist, bevorzugten die Kinder mit Ausnahme der fünfjährigen Mädchen (kooperatives Spiel) das realistische Spielmaterial.
Einsiedler (1991) kontrollierte bei zwei Altersgruppen (3-4 Jahre und 5-6 Jahre) nicht nur den Realitätsgrad, sondern auch den Komplexitätsgrad (Anzahl der präsentierten Spielgegenstände) des Spielzeugs. Die Umdeutung von Spielgegenständen (Objekt-Transformationen) wurde durch deren Realitätsgrad kaum beeinflußt, während die ältere Gruppe wesentlich mehr Objekt-Transformationen im Spiel mit niedrig-realistischem Spielzeug vornahm. Der Komplexitätsgrad hatte keinen Einfluß auf das Spiel. Dieses Ergebnis ist plausibel, wenn man bedenkt, daß die Substitution eines Gegenstandes dann besondere Schwierigkeiten macht, wenn dieser einen anderen Gegenstand realistisch darstellt. Man kann zwar einen Stuhl als Auto benutzen, viel weniger jedoch ein Auto als Stuhl.

Das Spielsujet als Erleichterung der Substitution

Welche Bedingungen erleichtern die Leistung der Objekt-Substitution? Wenn man Kinder nicht nur spontan spielen läßt, sondern die Objekt-Substitutionen in einen für sie sinnvollen Zusammenhang stellt, haben sie weitaus weniger Schwierigkeiten. Schon Wygotski (1933) beschreibt dies in einem Versuch, in dem er dreijährigen Kindern eine Geschichte mit Hilfe von Gegenständen, an denen Gesten (reduzierte Handlungen) durchzuführen waren, erzählte: Der Doktor fährt mit der Kutsche am Haus vor, klopft an, die Nanja öffnet ihm. Er hört das Kind ab und schreibt ein Rezept. Als Haus fungierte ein Buch, die Schlüssel waren Kinder, ein Bleistift die Nanja, ein Messer der Doktor usw. Kinder von vier bis fünf Jahren konnten mit Hilfe der substituierten Gegenstände auch komplexere Geschichten nachspielen, z. B.:

> Ein Mensch geht im Wald spazieren. Er wird von einem Wolf angefallen und gebissen. Es gelingt ihm zu entfliehen. Der Arzt behandelt ihn, danach geht der Verletzte zur Apotheke und schließlich nach Hause (zit. nach Elkonin, 1980, S. 339).

Wygotski hebt in diesem Zusammenhang hervor, daß die benutzten Gegenstände die reduzierten Handlungen (Gesten) ermöglichen müssen. Ist dies nicht der Fall, weigert sich das Kind, mit ihnen zu spielen.

Erinnern wir uns nochmals an die Veränderung des Gegenstandsbezugs beim Symbolspiel. Zunächst wird das Kind durch das Spielzeug angeregt, bestimmte Spielideen zu verwirklichen (Kochen, Baden, Füttern), dann siegt die Spielidee über den Gegenstand, er kann durch einen anderen ersetzt werden. Wenn diese Überlegung

Tabelle 2: Mittlere Häufigkeiten verschiedener Arten des Symbolspiels mit untypischem und realistischem Spielmaterial (aus McLoyd 1983, S. 631)

Art des Symbolspiels

Dreier-gruppen	Spiel-material	Einzel-spiel	Parallel-spiel	koopera-tives Spiel	Gesamt-wert
3 1/2 Jahre	untypisch	9.67	4.67	16.33	29.33
Mädchen	realistisch	25.00	5.33	20.00	43.67
Jungen	untypisch	3.00	.33	2.66	5.67
	realistisch	20.00	1.67	4.67	24.33
5 Jahre	untypisch	.67	.33	48.33	49.33
Mädchen	realistisch	4.67	7.00	37.33	47.00
Jungen	untypisch	10.66	4.67	13.33	26.33
	realistisch	19.00	10.00	17.67	43.00

richtig ist, dann müßte ein Kind von einem gewissen Alter an auch dann noch an der Spielidee festhalten, wenn man die benötigten Spielgegenstände entfernt. Dieser Frage ging Slawina (1948, zit. nach Elkonin, 1980) nach. Sie ließ Kinder mit Spielsachen (Puppen, Puppenmöbel, Herd, Klötzchen als Speisen, Teller) hantieren. Lida (4;1 Jahre) spielt intensiv. Auf die Frage, wer sie sei und was sie mache, stellt sich heraus, daß sie Tante Nadja (die Erzieherin) ist und Mittag(essen) im Kindergarten macht. Die Versuchleiterin entfernt Puppen und Möbel mit der Begründung, sie müßten repariert werden und fragt Lida, die weiterspielt:

Vl: Was spielst du?
L: Kindergarten.
Vl: Was tust du?
L: Ich mache Mittag.
Vl: Für wen?
L: Für die Puppen.
Vl: Aber die Puppen sind doch gar nicht mehr da.
L: Sie sind im anderen Zimmer.
Vl: Nein, sie sind kaputt und müssen wieder ganz gemacht werden...Koche nicht mehr Mittag, es ist ja doch niemand mehr da, um zu essen. Du kannst nicht mehr Kindergarten spielen....
Nach einigen Minuten fragt die Versuchleiterin Lida wieder, was sie spiele.
L: Kindergarten.
Vl: Was machst du?
L: Ich mache Mittag.
Vl: Für wen denn?
L: Für die Kinder (weist zum Fenster hin). Sie sind spazieren gegangen.
Als die Versuchsleiterin nochmals daran erinnert, daß die Puppen kaputt seien, erklärt Lida, daß sie das Essen für sich mache (Elkonin, 1980, S. 263f).

Die Hartnäckigkeit, mit der Lida an ihrer Spielidee festhält, zeigt, daß bereits in diesem Alter auf Gegenstände verzichtet werden kann, wenn sie nicht verfügbar sind und eine Idee dennoch weiterverfolgt werden soll.

In einem Experiment mit genau kontrollierten Versuchsbedingungen prüften Bretherton et al. (1984) den Einfluß von adäquaten und inadäquaten Substituten auf das Spielverhalten der Kinder. Zunächst spielten sie mit den Kindern (mit 20 und 28 Monaten längsschnittlich beobachtet) drei Spielszenen mit realitätsnahem Spielzeug (Frühstück, Baden, Zu-Bett-gehen). Danach ließen sie die Kinder die Szenen allein spielen. Schließlich ersetzten sie die Spielsachen und luden die Kinder ein, nochmals die betreffende Szene zu spielen. Als Ersatzobjekte dienten in allen drei Spielszenen hölzerne Zylinder und ein Objekt, das inadäquat ausgewählt wurde. In der Frühstücksszene wurde ein Löffel durch einen Kamm, in der Badeszene die Puppe durch einen Schuh und in der Zu-Bett-gehen-Szene ein kleiner Bär durch ein kleines Lastauto ersetzt.

Bei beiden Erhebungen zeigten die Kinder einen deutlichen Rückgang in der Spielaktivität, wenn die realistischen Spielsachen durch Substitute ersetzt wurden. Außerdem protestierten viele Kinder verbal und nonverbal bei Einführung der Substitute. Gerade die Kinder, die am meisten und ausgeprägtesten spontan spielten, wehrten sich auch am stärksten, in einigen Fällen leidenschaftlich, gegen das Auswechseln der Spielobjekte. Dennoch spielten die meisten Kinder weiter. Man vergleiche dieses aktive Protestverhalten mit dem geduldigen Weiterspiel der russischen Kinder aus den vierziger Jahren. Gleich für beide kulturelle Gruppen ist jedoch die Fähigkeit und die Tendenz, die Spielidee beizubehalten. Auch das gegenläufige Objekt (z. B. Schuh für Puppe) brachte das Spiel nicht zum Erliegen. Die Autoren führen dies auf die stützende Funktion der anderen Requisiten beim Spiel zurück (z. B. Badewanne samt Zubehör), denn andere Untersuchungen zeigen, daß Kinder bei wenig adäquaten Ersatzobjekten Schwierigkeiten haben weiterzuspielen (Ungerer et al., 1981).

Doppelte Substitution

Eine frühe systematische Untersuchung zur Substitution stammt von Lukow (1937, zit. nach Elkonin, 1980), der Wygotskis Idee der zweimaligen Umbenennung von Gegenständen aufgriff. Sie hat einige Parallelen zu der obengenannten Arbeit von Bretherton et. al. Lukow bot den Kindern (Alter: 3 bis 7 Jahre) zunächst realitätsnahes Spielzeug an. Bei der Erweiterung des Spiels erhielten die Kinder Ersatzspielzeug mit der Begründung, das Spielzeug reiche nicht. Im weiteren Spielverlauf wurden neue Figuren und Gegenstände eingeführt und dazu auch weitere Ersatzgegenstände angeboten. Diese reichten jedoch wiederum nicht aus, so daß das Kind bei dem neuen Spielthema die alten Gegenstände mitbenutzen und umbenennen mußte. Zum Beispiel dienten bei der ersten Spielerweiterung Spielpferdchen und -hunde als Kindergartenkinder, beim zweiten Spielthema übernahm ein Spielpferd die Funktion des Kochs, der das Mittagessen zubereitete und ein Hund die Funktion eines Pferdes, das vor einen Wagen gespannt wurde, um Milch für die Kinder zu holen.

Die jüngsten Kinder (3-4jährig) waren passiv und fügten sich den Anordnungen des Versuchsleiters. Die Kinder paßten sich erstaunlich leicht der vorgeschlagenen Umbenennung an, waren jedoch nicht in der Lage, die Umdeutung längere Zeit aufrechtzuerhalten. Sie kehrten nach kurzer Zeit zur ursprünglichen Bedeutung der Gegenstände zurück (benutzten also das Pferd als Zugtier). Die Fünfjährigen dagegen verstanden die „Spielregel“ und spielten interessiert und aktiv mit, indem sie selbst Vorschläge der Umbenennung einbrachten. Allerdings wechselten sie weniger leicht als die Jüngeren den Namen und die Bedeutung eines Gegenstandes. Es machte ihnen mehr Schwierigkeiten, das Pferd für den Koch und den Hund für das Pferd zu nehmen. Hatten sie aber die Umdeutung einmal vorgenommen, so behielten sie diese auch über das Spiel hinweg bei. Die älteste Gruppe verhielt sich wie die mittlere, faßte jedoch das Spiel mehr als Regelspiel auf, in dem es darum ging, Gegenstände nach vorgegebenen Regeln umzubenennen. Hatten sie erst einmal diese Spielinterpretation aufgebaut, vermochten sie beliebig oft die Benennung zu wechseln.

Die Ergebnisse liegen parallel zu denen von Bretherton et al. (1984). Auch dort hatten die (deutlich jüngeren) Kinder keine massiven Probleme mit der Umdeutung, solange ein eindeutiger Spielrahmen (Baden, Zu-Bett-gehen) gegeben war.

Umbenennungsspiel

Elkonin (1980) und seine Mitarbeiter knüpften an dem Umbenennungsexperiment von Lukow an und machten mit den Kindern (3 bis 6 Jahre) „Umbenennungsspiele”, d. h. den Kindern war von vorneherein klar, daß die Hauptaufgabe im Spiel darin bestand, umbenannte Gegenstände gemäß ihres neuen Namens und der damit verbundenen Bedeutung zu handhaben. In einer ersten Versuchsserie wurden sechs Gegenstände, die unterschiedlich funktional festgelegt waren, vorgelegt und erhielten neue Namen, z. B.

Gegenstand:	neuer Name:
Würfel	Teller
Kasten	Haus
Bleistift	Löffel
Ball	Apfel
Hündchen	Auto
Puppe	Hündchen

Einige der Umbenennungen waren also leicht nachzuvollziehen und im Spiel durchaus üblich, andere standen in deutlichem Widerspruch zum Gegenstand. Bei den jüngsten Kindern traten hauptsächlich dann Schwierigkeiten auf, wenn die im üblichen Spiel funktionell festgelegten Gegenstände wie Ball oder Hund umbenannt werden sollten. Aber schon dreieinhalbjährige Kinder nahmen die Umbenennungen ohne Schwierigkeiten vor. Die Vierjährigen zeigten an ihren Reaktionen, daß sie manche Umbenennungen (Hund in Auto) merkwürdig fanden, nannten aber dann den neuen Namen. Bereits die Fünfjährigen betrachteten das Umbenennen als eine Art Regelspiel, denn sie fragten auch bei anderen Gegenständen nach: „Und was ist das?“ Die Sechsjährigen begannen teilweise spontan mit den umbenannten Gegenständen gemäß der neuen Bedeutung zu handeln, z. B. sagte ein Kind bei der Umbenennung eines Bleistiftes in einen Löffel „Aha, das ist ein Löffel, ham!" und führt den „Löffel" zum Mund.

In einer zweiten Versuchsserie wurden Funktionalität der Gegenstände und Grad der Entferntheit ihrer Umbenennung konstant gehalten, z. B. Bleistift → Messer, Ball → Apfel, Auto → Häuschen, Würfel → Hund, jedoch sollten die Kinder nun entsprechend der neuen Benennung mit den Gegenständen bestimmte kombinierte Handlungen ausführen. Sie wurden beispielsweise aufgefordert: „Gib dem Hündchen den Apfel!" „Schneide ein Stückchen vom Apfel ab!" etc. Die Kinder mußten also die neuen Bezeichnungen im Gedächtnis behalten und entgegen dem Augenschein mit ihnen handeln. Erwartungsgemäß machte die jüngste Gruppe (3jährige) am meisten Fehler und hatte vor allem bei großer Entferntheit der Umbenennung (Würfel als Hund) Schwierigkeiten, den Gegenstand gemäß seiner neuen Bedeutung zu behandeln. Die Fünfjährigen machten nur noch halb soviel Fehler wie die Dreijährigen, und bei den Sechsjährigen gab es durchschnittlich nur noch einen Fehler. Aber auch bei diesen älteren Gruppen war die Umbenennung in unähnliche bzw. entfernte Gegenstände die schwerste Aufgabe. Daraus ist klar ersichtlich, daß bei der Substitution der symbolisierende Gegenstand keineswegs beliebig ist, sondern daß funktionale oder perzeptuelle Ähnlichkeit beim Ersatzgegenstand handlungsstützend wirken.

Funktionsvertauschung

In einer dritten Serie wurde das Umbenennungsspiel nochmals erschwert, indem man vom Kind verlangte, die Funktionen von Werkzeugen zu vertauschen. Man gab den Kindern eine Puppe und einen Bogen Papier zum Spielen. Diese Gegenstände behielten ihre Bedeutung während des gesamten Spielablaufes. Drei weitere Gegenstände wurden umfunktioniert: ein Messer sollte als Bleistift, ein Bleistift als Messer und ein Hammer als Wurst verwendet werden. Das Kind sollte mehrere Handlungen durchführen, z. B. ein Stückchen Wurst abschneiden und der Puppe geben, für die Puppe einen Ball und ein Häuschen zeichnen etc. Es entstand also ein Konflikt zwischen der realen und der fiktiven Funktion der Gegenstände Messer und Bleistift.

Fast alle Dreijährigen akzeptierten den Bleistift nicht als Messer, und auch die Hälfte der Ältesten weigerte sich, den Funktionswechsel mitzumachen. Generell zeigten sich drei Arten von Antwortverhalten: (a)Akzeptieren der Umdeutung und demgemäßes Handeln, (b) Konflikt zwischen realer und umgedeuteter Funktion des Gegenstandes, der meist zugunsten der Umdeutung bewältigt wird, (c) Nicht-Akzeptieren der Umdeutung, Beibehaltung der ursprünglichen Funktion der Gegenstände. Tab. 3 zeigt die jeweiligen Prozentanteile der Kinder für Umdeutung und Beibehaltung der Funktion der Gegenstände. Das Konfliktverhalten wurde zur Umdeutung gezählt.

Tabelle 3: Altersabhängige Veränderung bei Umdeutung funktionell festgelegter Gegenstände (Elkonin, 1980, S. 359)

Alter	Umdeutung akzeptiert	Umdeutung nicht akzeptiert
3	28	72
4	55	45
5	45	55
6	50	50

Das Faktum, daß 50% der Sechsjährigen die funktionell inadäquate Umdeutung nicht nachvollziehen, ist nicht eindeutig interpretierbar. Es kann auch als Weigerung verstanden werden, eine unsinnige Handlung durchzuführen bzw. die Umdeutung noch als sinnvolles Spiel zu akzeptieren. Durchgehend benutzten jedenfalls die Kinder nur dann die Gegenstände im neu zugewiesenen Sinn, wenn sie gleichzeitig auch den neuen Namen akzeptierten und umgekehrt. Mit der Umbenennung verbindet sich nicht nur ein neuer Name, sondern auch die neue Handlungsfunktion des Gegenstandes.

Zusammenfassende Bewertung

Die Substitution eines Gegenstandes im Spiel ist nicht so sehr ein Willkürakt des Kindes, dem die Umdeutung Spaß macht, sondern ein Erzeugnis der Spielidee. Wenn das Kind keine realitätsnahen Spielsachen verfügbar hat, greift es zu Ersatzobjekten, ebenso wie es zu Ersatzhandlungen greift, wenn es die reale Handlung nicht durchführen kann (z. B. Autofahren, Kochen). Die Substitution geht immer mit einer Umbenennung einher. Das verwendete Wort hat dann auch die Bedeutung des Gegenstandes, d. h. vor allem die Bedeutung der Handlungsmöglichkeiten des Gegenstandes. Die Substitution auch mit funktionsfernen oder -inadäquaten Gegenständen gelingt leichter, wenn diese zusammen mit anderen Requisiten eingesetzt werden können, die zur Spielidee passen. Besonders schwer sind Substitutionen, die konträr zum Alltagsgebrauch des Gegenstandes definiert werden (wie etwa die Verwendung eines Messers als Bleistift und zugleich des Bleistifts als Messer).

7.4 Begriffsbildung durch Spiel

Da das Kind im Spiel mit vielen Gegenständen handelt, deren Funktion nutzt bzw. umdeutet und Gegenstandsbezüge wiederholt, werden Gegenstände permanent geordnet. Solche Ordnungen sind immer zugleich auch Begriffsbildungen. Sie orientieren sich aber eher an funktionalen und perzeptuellen Merkmalen des Gegenstandes als an logischen Kriterien der Über- und Unterordnung.

In Begriffsbildungsexperimenten wurde Kindern häufig die Aufgabe gestellt, Stimulusmaterial oder Gegenstände mit bestimmten Reizmerkmalen zu ordnen. Das Kind sollte beispielsweise aus einer Reihe von Gegenständen zusammenpassende auswählen oder es sollte herausfinden, welcher Gegenstand nicht zu den übrigen paßt. Diese Aufgaben stehen nicht im üblichen Lebenszusammenhang der Kinder, während das Spiel eine ökologisch valide Situation zur Erfassung der Begriffsbildungsfähigkeit darstellt.

Kreye (1984) untersuchte Kinder dreier Altersgruppen (28, 36 und 44 Monate) auf ihre Begriffsbildungsfähigkeit hin, indem sie die Aufgabe in Spielideen einkleidete. Vier Sätze von Ordnungsgegenständen wurden verwendet: Geschirr, Kleider, Möbel und Fahrzeuge. Jeder Satz war wieder zusammengesetzt aus vier Arten von Gegenständen. So bestand das Geschirr aus je vier Tellern, Tassen, Löffeln und Gabeln. Als Requisiten zum Ordnen dienten je nach Spielthema Tisch und Geschirrschrank (visuell-physikalische Bedingung). In der sozial-verbalen Versuchsbedingung forderte die Versuchsleiterin auf „Wir wollen jetzt den Tisch decken“ bzw. „Wir wollen jetzt das Geschirr waschen.“ Analoge Bedingungen gab es für die anderen Sätze von Spielsachen. Die Kinder spielten der Reihe nach mit allen vier Sätzen von Spielgegenständen, wobei sie aber immer nur einen Satz zu sehen bekamen. Sie wurden einem der vier folgenden Spielbedingungen unterzogen: Perzeptuell (z. B. Geschirr mit Geschirrbord bzw. Tisch), verbal (Anregung der Mutter, jetzt Tischdecken bzw. Geschirrwaschen zu spielen), perzeptuell-verbal (sowohl Ordnungsgegenstände wie verbale Aufforderung) und kein Kontext. Die zwei unterschiedlichen Ordnungsmöglichkeiten erlauben, das Material einmal perzeptuell, das andere Mal funktional bzw. „komplementär“, d. h. im Handlungszusammenhang zu gruppieren.

Die Ergebnisse belegen, daß schon die jüngsten Kinder Begriffsbildungen vornehmen. Als beste Spielbedingung erwies sich die kombinierte perzeptuell-verbale Anregung. Die geringsten Gruppierungsleistungen traten unter der rein verbalen Bedingung auf. Dies ist verständlich, da die Kinder kein Ordnungsrequisit zur Verfügung hatten, wie beim Geschirr das Geschirrbord oder den Tisch. Weiterhin kommen die Kinder mit der komplementären (funktionsorientierten) Begriffsbildung besser zurecht als mit der Begriffsbildung nach Ähnlichkeiten. Dinge werden bevorzugt so gruppiert, wie sie im Alltag zusammengehören: Teller, Tassen, Gabeln und Löffel für jede Person (Puppe) am Tisch. Kulturvergleichende Untersuchungen zeigen, daß in wirtschaftlich weniger komplexen Kulturen auch Erwachsene Begriffe nach dem Handlungszusammenhang bilden.

Das Experiment läßt vermuten, daß Spiel ein Medium ist, in dem die im Alltag erfahrene Zusammengehörigkeit von Objekten praktiziert wird. Je nach Spielgegenständen und Spielidee stehen andere Ordnungsdimensionen im Vordergrund, jedoch dürfte die Handlungsorientierung über die perzeptuelle dominieren.

Kapitel 8
Die Handlung im Spiel

8.1 Der Bedeutungswandel der Handlung

Von der Orientierung am Effekt zum gegenstandsbezogenen Handeln

Im Spiel erfüllt sich das Kind seine Wünsche und Bedürfnisse. Funktionsspiele im ersten Lebensjahr bestehen aus Bewegungen, die unverändert oder variierend wiederholt werden (primäre, sekundäre und tertiäre Kreisreaktionen). Solche Bewegungen werden zu Handlungen, wenn sie zum einen intentional sind, also aktiv eine Wiederholung angestrebt wird, und zum anderen auf Gegenstände gerichtet werden. Dies ist rudimentär bereits im Alter von zwei bis drei Monaten der Fall (Bruner, 1968). Das regulierende Prinzip ist die Wiederholung von Handlungen, der Effekt offenkundig ihre Vervollkommnung. Der „Sinn" oder das „Motiv" der Handlung besteht in dem Lustgewinn, den das Kind bei wiederholter Durchführung erzielt. Dieser Sinn bleibt zeitlebens im sensomotorischen Spiel erhalten, etwa bei der Freude am Laufen, Skifahren oder Tennisspielen, bei dem das Moment der geglückten Wiederholung von Bewegungen zentral ist (s. aber die Vielfalt der Kategorien solcher Erlebnisse bei Rheinberg, 1991).

In der nächsten Etappe wird für das Kind die gegenstandsbezogene Handlung interessant. In seiner explorativen Tätigkeit versucht das Kind zu eruieren, was man mit dem Gegenstand machen kann, und richtet sein Augenmerk auf die Handlungsmöglichkeiten, die in ihm stecken, auf seine Funktion. So kann das Kind Bewegungen des Läutens besser mit einer Glocke als mit einem Stück Holz, Bewegungen des Schiebens besser mit einem Auto als mit einer Glocke oder ohne Gegenstände nachahmen (Uzgiris, 1979).

Auch im zweiten und teilweise im dritten Lebensjahr steuert der Gegenstand die Handlung, er besitzt „Aufforderungscharakter“ (Lewin, 1926). Tassen fordern zum Trinken auf, Dreiräder zum Fahren, Hämmer zum Klopfen. Diesen Umgang mit den Gegenständen muß das Kind erst erlernen. Vielfach geschieht dieser Lernprozeß außerhalb des Spiels. Der Gebrauch der Tasse oder des Löffels wird dem Kind beim realen Eßvorgang gezeigt. Aber diese Tätigkeiten sind für das Kind auch attraktiv, weil sie von den Erwachsenen ausgeführt werden. So ergibt sich von zweierlei Seiten her der „Sinn“ gegenstandsbezogenen Handelns: vom Gegenstand selbst und von den Erwachsenen, denen es das Kind gleichtun möchte.

Daraus erklärt sich die Bevorzugung von realistischem Spielzeug in der frühen Kindheit. Das Kind will mit realen Gegenständen, vorwiegend Gebrauchsgegenständen, umgehen. Spielsachen, die solchen Gegenständen ähneln, bieten den besten Ersatz. Das Kind will Autofahren und muß sich mit einem Ersatzgegenstand begnügen. Je mehr die Funktion des Autofahrens verwirklicht werden kann, desto mehr ist in diesem Handlungsstadium der Sinn des Spiels erfüllt. Wiederum können wir diese Entwicklungslinie bis ins Erwachsenenalter fortsetzen. Autos, die erleichternde und damit spielerische Handlungsmöglichkeiten (z. B. elektrische Scheibenheber, automatische Türverriegelung) bieten oder für gleiche Situationen intensivere Erlebnisse (höhere Geschwindigkeit) vermitteln, werden bevorzugt. Fotoapparate und Videokameras steigern permanent ihr Angebot an Möglichkeiten und gewinnen so für das „Spiel“ der Erwachsenen größeren Aufforderungscharakter.

In diese Handlungsebene des Spiels gehört in gewissem Sinn auch der Personal Computer, dessen Aufforderung zur Handlung in der prompten Rückmeldung auf jede Reaktion besteht. Der PC bietet sowohl Explorationsmöglichkeiten (z. B. beim Erlernen des Umgangs mit der Software) als auch variierende Handlungsmöglichkeiten (z. B. beim Nutzen eines Graphikprogrammes). Solche Spielelemente erklären, warum der PC den Akteur stundenlang fesseln kann.

Vom konkreten Handeln zur Handlungsbedeutung

Im frühkindlichen Spiel richtet sich das Interesse mit der Zeit auf den Vorgang der Handlung selbst. Aus „der Puppe die Flasche geben“ wird „füttern”, aus „das Kind in die Wanne legen“ wird „baden“. Elkonin (1980) erklärt dies als eigentlichen Übergang zum Spiel: „Die Spielhandlungen sind, obwohl sie aus gegenständlichen praktischen Handlungen hervorgehen, eine besondere Art von Handlungen. In ihnen werden gegenständliche Handlungen in verallgemeinerter und verkürzter Form, in Form eines Handlungsschemas wiedergegeben“ (op. cit., S. 273). Je mehr Symbolcharakter eine Spielhandlung bekommt, desto eher verliert sie konkrete Anteile. Bei Rollenspielen bleiben oft nur flüchtige Andeutungen von Handlungen übrig, manches wird nur als Geste ausgeführt. Wygotski (1933) stellt diese Entwicklung als Wechsel des

Verhältnisses von Handlung und Bedeutung dar. Zunächst herrscht die Handlung vor, was nach Wygotski daran liegt, daß die Handlung noch nicht vollständig verstanden wird. Später dominiert die Bedeutung über die konkrete Handlung. Ein Kind, das auf einem Stuhl sitzend fiktiv Auto fährt, spielt die Bedeutung „Autofahren" und realisiert nur noch Bruchstücke der konkreten Handlung wie das (vorgestellte) Steuer bewegen, hupen, eine Bremsbewegung durchführen. Aber diese schematisierten Handlungen bleiben lange bestehen. Das Kind braucht die äußere Handlung als Stütze.

Der „Sinn" des Spiels liegt auf dieser Ebene in der Realisierung von Bedeutungen, die Handlungen bei der Wunscherfüllung haben können. Fiktives Autofahren versetzt das Kind stellvertretend in die Situation der raschen Fortbewegung. Der Wunsch des Kindes besteht darin, die eigentliche Funktion des Autos zu nutzen: die rasche Fortbewegung. Analog verhält es sich mit Handlungen des Fütterns und der Körperpflege. Die Bedeutung der Handlung besteht darin, daß ein kompetenter Akteur einem schwachen Gegenüber Hilfe und Unterstützung bietet. Will man eine solche Bedeutung realisieren, so kann man es sich im Spiel bequem machen und mit angedeuteten Handlungen vorlieb nehmen. In der Realität sind Handlungen der Kinderpflege wesentlich mühsamer und verlieren schon deshalb ihren Spielcharakter.

Bei Jugendlichen und Erwachsenen, aber auch schon bei älteren Kindern kann die äußere Handlung mit der Zeit gänzlich durch Vorstellungstätigkeit ersetzt werden. Man spielt nur noch mit Gedanken und in Gedanken. Diese spielerische Aktivität in der Repräsentation verhilft wie beim Spiel zur stellvertretenden Wunscherfüllung oder läßt Wünsche konkreter werden („wie wäre es, wenn ich dies oder jenes täte?"). Man kann vermuten, daß diese Form des „Spiels" als Spielen mit Möglichkeiten und daher mit Freiheitsgraden ein wichtiger Bestandteil des Erwachsenenlebens bleiben muß. Verschwindet sie, so können Zwang, Einengung und Ausweglosigkeit die Folge sein. Andererseits darf das Spiel mit Vorstellungen nicht so dominant werden, daß der Realitätsbezug verloren geht. Man handelt nur noch in der Vorstellung und vergißt die Realisierungsmöglichkeiten oder vernachlässigt die notwendigen Alltagshandlungen.

Je mehr das Kind symbolisiert, desto mehr rückt die Bedeutung der Handlung in den Vordergrund. Das Tun-als-ob ist ja bereits der Ausdruck dafür, daß es nicht auf die konkrete materielle Handlung, sondern auf den persönlichen Sinn und die generelle Bedeutung der Handlung ankommt. Freilich, der Grund für die Symbolisierung liegt, wie noch zu zeigen sein wird, in der aktuellen Unfähigkeit des Kindes, materielle Handlungen auszuführen bzw. die lange Lernzeit abzuwarten, bis die begehrte Tätigkeit beherrscht wird. Aus dieser Not (der Unfähigkeit, Wünsche aktuell zu realisieren und der Unfähigkeit, Bedürfnisse aufschieben zu können) erwächst eine Tugend, nämlich die frühzeitige Aktivierung von Vorstellungen (Repräsentationsleistungen) und von Bedeutungen der Handlungen und Gegenstände. Das Kind hilft sich in seiner emotionalen Not, indem es in die zweite Realität, die Fiktion, einsteigt und die junge erwachende Fähigkeit des Repräsentierens nach Kräften übt und entwickelt. Schon jetzt können wir sagen: der Entwicklungsfortschritt und das Lernen sind Nebeneffekte, sie kommen durch die Bedürfnislage des Kindes zustande, das angesichts seiner Schwachheit sowie der langen Entwicklungsdauer und angesichts des gewaltigen Sozialisationsdruckes spielen muß, um im Gleichgewicht zu bleiben. Man kann vermuten, daß in komplexen Gesellschaften wie der unseren, in denen es viel zu lernen gibt, Spielen für die Entwicklung noch wichtiger ist als in weniger komplexen Kulturen.

Handlungen als gemeinsamer Gegenstandsbezug

Die Bedeutung der Handlung ist noch weiteren Wandlungen unterworfen, die der Komplexität menschlicher Beziehungen zunehmend Rechnung tragen. Besteht die Bedeutung einer Handlung anfangs nur darin, sich auf Gegenstände zu beziehen und sich ihre instrumentelle Funktion zunutze zu machen, und später darin, den Sinn der Handlung zu realisieren, so erkennt das Kind allmählich, daß Handlung als Gegenstandsbezug immer mit anderen Menschen zu tun hat. Handlungen werden nun nicht allein mit Gegenständen verknüpft, sondern mit Rollen. Wygotski (1933) und Elkonin (1980) sprechen erst dann von Spiel, wenn das Kind Rollenspiele mit anderen durchführt, und betrachten die früheren Spielaktivitäten als Vorformen des Spiels. Dieser Meinung kann man sich aus vielen – später zu nennenden – Gründen wohl nicht anschließen. Immerhin wird auf der Ebene des Rollenspiels eine qualitativ neue Form der Handlung erreicht, die bislang in der Literatur zu wenig beachtet wurde. Im Rollenspiel wird der Gegenstandsbezug bewußt und absichtlich zum gemeinsamen Gegestandsbezug. Aus der Beziehung
$S \rightarrow O$ wird
$S1 \rightarrow O \leftarrow S2$
Zwei oder mehr Personen beziehen sich auf einen gemeinsamen Gegenstand. Es handelt sich dabei nicht mehr um einen einzelnen materiellen Spiel- oder Gebrauchsgegenstand, sondern um das Spielthema, auf das man sich einigt.

Der gemeinsame Gegenstandsbezug existiert natürlich schon früher, faktisch sobald Kind und Pflegeperson in ihrer Interaktion Gegenstände miteinbeziehen. Im Rollenspiel jedoch müssen Handlungen absichtlich und kontrolliert auf andere abgestimmt werden. Bei der eigenen Handlung müssen immer auch die Handlungen der beteiligten Partner mit repräsentiert werden. Die Bedeutung der Handlung ist nicht mehr so sehr der unmittelbare Gegenstandsbezug, sondern die Herstellung und Aufrechterhaltung der *Beziehung* zu anderen nach bestimmten Regeln des Zusammenwirkens. Der gemeinsame Gegenstandsbezug beschäftigt uns ausführlich in Teil 3 dieses Buches. Sinn und Motiv des Spieles ist es, inhaltliche Beziehungen zwischen den Spielpartnern herzustellen, zu variieren und aufrechtzuerhalten. Die Handlungen dienen diesen Beziehungen und ordnen sich ihnen unter.

Die Bedeutung von Regeln

Die Regeln werden, wie Elkonin (1980) gezeigt hat, mit zunehmendem Alter immer wichtiger, Regelverstöße werden daher nicht mehr geduldet. Im Regelspiel tritt die Regel vollständig in den Vordergrund, alle sonstigen Formen der Interaktion werden vernachlässigt. Die Bedeutung der Handlung besteht darin, ein bestimmtes Ziel (gewöhnlich mit Gewinnen verbunden) nach vorgeschriebenen Regeln zu erreichen, und zwar nur über diese. Andere Wege sind ausgeschlossen.

Warum Menschen auch noch Freude daran haben, sich solch einschränkenden Regeln zu unterwerfen, ist zunächst nicht einsehbar. Wygotski (1933) hat sich bereits mit diesem Phänomen beschäftigt. Er versteht das Spiel als Konflikt zwischen unmittelbarem Impuls und Einhaltung der Spielregel. Er nennt als Beispiel ein Experiment von Noll, der den Kindern Bonbons gab, die aber nicht gegessen werden durften, weil sie im Spiel etwas anderes darstellten. Die meisten Kinder unterwarfen sich der Regel. Unser Fallbeispiel zur subjektiven Valenz, in dem die kleine Verkäuferin einen Apfel aß, damit der Spielpartner nicht alle wegkaufte, zeigt umgekehrt den Sieg des augenblicklichen Bedürfnisses, sich nicht von dem Gegenstand trennen zu wollen.

Im Regelspiel schließlich werden Handlung und Rollen ganz den Regeln untergeordnet. Sie sind formalisiert und werden durch ritualisierte Handlungen verwirklicht. Solche Handlungen sind Würfeln, Ziehen (bei Dame und Schach), Abschlagen und Laufen (z. B. bei Dritten abschlagen), Schießen (beim Fußball), Schlagen (beim Tennis) u.a.m. Die Handlungen dürfen meist nur in bestimmter Weise ausgeführt werden (z. B.beim Fußball nicht ins Abseits laufen, beim Aufschlag im Tennis hinter der Linie stehen). Es handelt sich nicht mehr um Handlungen, die vorwiegend vom Gegenstand her bestimmt sind, sondern um Rituale, in denen der Handlungsbezug zum Gegenstand zusätzlich reglementiert ist. Sinn und Motiv solcher Handlungen im Regelspiel sind, sich unter Einhaltung der Regeln mit Partnern zu messen und zu gewinnen. Die ritualisierte Handlung symbolisiert einen Kampf (beim Boxen und Ringen auch mit direkter körperlicher Aggression verbunden), bei dem es Sieger und Besiegte gibt. In Teil 4 wird uns dieser Sinn des Regelspiels noch weiter beschäftigen.

8.2 Die Entwicklung von Handlungsschemata im Spiel

Handlungsschemata und ihre Verknüpfung

Wir haben oben Elkonin (1980) zitiert, der die Eigenart des Spiels als Einsatz von eigentümlichen verallgemeinerten und verkürzten Handlungsschemata gekennzeichnet hat. Handlungsschemata haben aber ihren Ursprung sehr viel früher. Nach Piaget (1969a) und Fischer (1980) liegt bereits einfachen Greifhandlungen ein adaptives Schema zugrunde, da sie jedesmal anders ausfallen und in Entfernung und Richtung an den jeweiligen Gegenstand angepaßt werden müssen. Solche Handlungsschemata (bei Fischer „skills") entstehen im Kontakt mit der Umwelt, insbesondere mit Objekten. So erwirbt das Kind eine Fülle konkreter Handlungsschemata: Klopfen, Schieben (eines Spielfahrzeugs), mit dem Löffel oder der Gabel essen, jemanden füttern, mit dem Bleistift zeichnen, kneten, bauen usw. Viele dieser Schemata, aber keineswegs alle, bilden sich im Spiel aus, besonders Geschicklichkeiten wie Schaukeln, Wippen, Ballspielen, Dreiradfahren etc.

Über all diese spezifischen Schemata hinausgehend entsteht bereits im ersten Lebensjahr ein allgemeines Schema, das der „Handlungsgrammatik" (Fillmore, 1968) entspricht: Subjekt – Prädikat – Objekt oder: Akteur – Handlung – Gegenstand. Ein solches Schema, in dem Platzhalter für unterschiedliche Akteure, unterschiedliche

Handlungen und verschiedene Gegenstände vorgesehen sind, bildet ein allgemeines Gerüst für Handlung. Schematisch läßt sich dies folgendermaßen darstellen:

$$[S]\ [\rightarrow]\ [O]$$

Die eckigen Klammern symbolisieren die Austauschbarkeit des Inhalts.

Spielhandlungen sind dadurch gekennzeichnet, daß sich konkrete Handlungsschemata wie Kämmen, Trinken, Klopfen mit dem generellen Schema verbinden. Das Kind kämmt sich selbst, die Mutter, die Puppe und schließlich auch andere Gegenstände. Subjekt und Handlung bleiben konstant, das Objekt wird ausgetauscht:

$$S \rightarrow [O]$$

Bei Konstanthaltung des Gegenstandes kann auch die Handlung variieren, z. B., wenn das Kind die Puppe füttert, abputzt, in den Kinderwagen legt und herumfährt. Subjekt und Objekt bleiben gleich, die Handlung wird ausgetauscht:

$$S\ [\rightarrow]\ O$$

Schließlich können Handlung und Objekte konstant bleiben und der Akteur variieren. So möchte das Kind, daß jede der anwesenden Personen einmal aus seiner Flasche trinkt:

$$[S] \rightarrow O$$

Die Entwicklung verläuft häufig (aber nicht für alle Schemata) von selbstzentrierten Handlungen zu fremdgerichteten Handlungen (Stufen II und III bei Nicolich, 1977, s. Tab. 1). Das Kind kämmt sich erst selbst, trinkt selbst usw. und führt diese Handlungen deutlich später bei anderen aus. Während dies nur für Handlungen gilt, die man auf sich selbst beziehen kann, gibt es auch generell gültige Entwicklungsschritte. Eine Entwicklungsrichtung, auf die Wygotski und Elkonin bereits hingewiesen haben (s.o.), bezieht sich auf die Art der Benutzung von Handlungsschemata.

Zunächst übt die Handlung selbst eine Faszination auf das Kind aus, das seine ganze Aufmerksamkeit auf die Durchführung der gegenstandsbezogenen Handlung richtet. Später, wenn die Handlung automatisiert und zu einer Fertigkeit („skill" im Sinne von Fischer, 1980) geworden ist, wird sie als Mittel für andere Zwecke eingesetzt, vor allem zur Realisierung einer Rolle und zur Aufrechterhaltung sozialer Beziehungen im Spiel. Ein weiterer genereller Entwicklungstrend besteht in der zunehmenden Komplexität und wachsenden Hierarchisierung von Handlungsschemata. Handelt es sich nur um die Zunahme der Anzahl von Schemata, so spricht man von Sequenzierung oder von Schemakombination.

Die Kombination von Handlungsschemata bewirkt einen Leistungsfortschritt bei der Durchführung von Handlungsketten. Anfänglich auf ein Objekt fixierte Schemata wie Kämmen werden auf andere Objekte (Mutter, Puppe, Bär) angewandt. Schließlich führt das Kind an einem Objekt mehrere Handlungen aus (Puppe ausziehen, baden, abtrocknen, anziehen, ins Bett legen).

Man könnte von der Entwicklungslogik her annehmen, daß solche Schemakombinationen erst in beliebiger und später in geordneter Reihenfolge aufgebaut werden. Dies läßt sich empirisch aber nicht eindeutig belegen. Vielmehr bevorzugen die Kinder schon von Anfang an geordnete Sequenzen (Fenson & Ramsey, 1980; Nelson & Gruendel, 1981). Der Grund dafür liegt, wie wir gleich zu zeigen haben, in dem Umstand, daß Kinder Handlungssequenzen als ganzheitliche „Skripts" kennenlernen und übernehmen.

Handlungssequenzen bilden Episoden, die wiederum miteinander zu höheren Einheiten verknüpft werden können. Dies geschieht vor allem im Rollenspiel. Der Arztbesuch gliedert sich etwa in: Aufbruch von zu Hause, Ankunft, Untersuchung, Spritze geben, Verschreiben und Verabschieden. Das Verkaufsspiel, das zunächst nur als Anfordern und In-Empfang-Nehmen der Ware gespielt wird, erfährt allmählich eine komplexere Ausgestaltung durch Begrüßung, Äußerung der Wünsche, Überreichung der Ware, Bezahlung und Verabschiedung. Im Grundschulalter haben wir eine differenzierte Ausgestaltung der Beziehung zwischen Kundin und Verkäuferin beobachtet. Eine neunjährige „Kundin" erzählt von ihren persönlichen Problemen, tratscht über andere und parodiert offenkundig das Alltagsleben.

Die Entwicklung der Handlungskombination (Sequenzierung) läßt sich formelhaft auf die folgende Weise darstellen:

(1) S → s → O

(2) S → s1 → s2 → s3 → O

(3) S → e1 → e2 → e3

Aus einem Handlungsschema s, das sich auf ein Objekt bezieht, wird eine Kombination von Schemata (2) und eine Aufeinanderfolge von Episoden (e), in die der Subjekt-Objekt-Bezug eingebettet ist (3).

Symbolisierende Handlungsschemata

Bis jetzt haben wir eine Entwicklung gekennzeichnet, die noch nicht zwischen Handlungsschemata beim realen Gegenstandsbezug und symbolisierenden Schemata unterscheidet. Die bereits mehrfach beschriebene merkwürdige Verkürzung des Handlungsschemas auf sporadische äußere Handlungen oder bloße Gesten zeigt jedoch, daß im Spiel das äußere Handeln mehr und mehr symbolisch wird und die eigentlichen Handlungsschemata verinnerlicht werden. Das, was sich äußerlich abspielt, ist nur noch Vorstellungsstütze, die eigentliche „Handlung" läuft als Repräsentation und Denken ab. Die Gegenstände, auf die sich das fiktive Handeln bezieht, sowie die übrigen Requisiten der Spielsituation sorgen für einen geordneteren Ablauf. Sie sind auch Gedächtnismarkierungen für den nächsten Handlungsschritt. Zugleich macht aber das begleitende äußere Handeln die Vorstellung farbiger und intensiver. In der äußeren Handlung ist noch etwas von den kognitiven Prozessen materialisiert, die später aus dem äußeren Tun gänzlich verschwinden.

Spielhandlungen sind, wie Wygotski (1933) und Piaget (1969) herausgearbeitet haben, Wunscherfüllung durch Konstruktion einer dem Wunsch gemäßen Realität. Da diese Realität fiktiv ist, muß die Vorstellung den Hauptanteil bei der Aufrechterhaltung dieser illusorischen Realität übernehmen, aber die äußeren Zeichen, die materiellen Relikte sind daher umso wichtiger, da erst sie Realität gewährleisten. Vielleicht wird dies am Konstruktionsspiel deutlicher als am Phantasie- und Rollenspiel. Wenn ein Kind einen Gegenstand nachbaut oder eine Zeichnung von einer Landschaft anfertigt, so stellt das eine Repräsentation der Realität dar, keineswegs die Realität selbst. Das Kind hat etwas aus seiner Vorstellung vergegenständlicht oder materialisiert. Was wir erblicken, ist nicht in erster Linie ein Abbild der Realität (selbst wenn diese meisterhaft abgebildet wäre), sondern ein „Abbild" der bildhaften Vorstellung des Akteurs. Der Akteur erblickt etwas von seiner Vorstellung, er hat sie durch sein Werk gebannt und erhält auf diese Weise ein neues Verhältnis zu seinen kognitiven Prozessen. Dies wird uns noch in Teil 4 über das Warum des Spiels näher beschäftigen.

Die Entwicklung symbolisierender Handlungsschemata geht später in zwei Richtungen. Die eine verläuft zur wunscherfüllenden und problemverarbeitenden Phantasietätigkeit, die andere zum Denken als verinnerlichtes, in abstrahierte Operationen umgewandeltes Handeln des Jugendlichen und Erwachsenen (Aebli, 1980). Phantasietätigkeit findet sich in Tagträumen, in der gedanklichen Beschäftigung mit signifikanten Ereignissen, aber auch im Malen und Schreiben, das als Hobby oder professionell betrieben wird. Das Denken wird durch Schule und Beruf in die neue Tätigkeitsform der Arbeit überführt, bleibt aber besonders lustvoll, wenn es in spielerischer Form eingesetzt werden kann, angefangen vom Kreuzworträtsel, über das „heitere Beruferaten“ bis zum Programmieren von PCs.

Skripts

Unter Skript versteht man ein schematisiertes „Drehbuch“ für Handlungsabläufe, die kulturell standardisiert sind (Schank & Abelson, 1977). Unsere schon häufig zitierten Tätigkeiten des Kochens, Fütterns, Badens, Zu-Bett-Bringens sind Beispiele für solche Skripts. Die Reihenfolge der Handlungen und die Funktion der einbezogenen Gegenstände (Requisiten) liegen weitgehend fest. Das ganze Skript ist ein Schema, das eine Ordnung einzelner Handlungsschemata darstellt. Skripts besitzen Leerstellen, die je nach Bedarf ausgefüllt werden können. Im Verkaufsspiel etwa können beliebige Kinder Kunde und Verkäuferin spielen, im Familienspiel ist allenfalls die Einschränkung gegeben, daß der Vater ein Junge, die Mutter ein Mädchen sein soll. Beim Kochen können die Nahrungsmittel ausgetauscht und Speisen nach Wahl zubereitet werden. Die Handlungen können je nach Interpretation ebenfalls variieren.

Skripts sind anfänglich sehr einfach und werden später komplexer. Sie sind außerdem zunächst freizügig und werden später stark durch Regeln determiniert, die denen der umgebenden Kultur entsprechen. Das Verkaufsspiel z. B. wird anfänglich nur als Ware verlangen – Ware aushändigen gespielt, dann als Ware verlangen – Ware aushändigen – bezahlen. Ein vollständiges Skript enthält: Begrüßung – mehrfach Ware verlangen – Ware aushändigen – Preis erfragen – bezahlen – Geld herausgeben – verlassen des Ladens mit Grußformel.

Obwohl dieses Skript im Alltag schon seltener geworden ist, spielen es die Kinder in den beschriebenen Komplexitätsformen. Ausschmückungen und Interpretationen innerhalb des Skripts lassen dennoch individuelle Wünsche zu. Erinnert sei an unser Beispiel mit den zwei Brüdern, von denen der Jüngere als Verkäufer dem Älteren immer neue Waren anpreist und so das Ziel verwirklicht, in den Besitz des gesamten „Geldes“ zu gelangen. Erinnert sei auch an das Mädchen, das als Kundin verschiedene Persönlichkeitstypen und schließlich ein kleines Kind spielt.

Skripts erlernt das Kind durch Beobachtung und Instruktion. In einer Untersuchung von Bretherton et al. (1984) spielte die Versuchsleiterin Kindern im Alter von 20 Monaten drei Skripts vor, nämlich Frühstück (Orangensaft trinken, Cornflakes essen,

Mund abwischen), Baden (Puppe in Wanne legen, waschen, abtrocknen, anziehen, in den Puppenwagen legen und fahren) und Schlafengehen (Erschwerung: Mutter wird von großem Bär gespielt, Baby ist kleiner Bär). Die gleichen Kinder wurden acht Monate später nochmals getestet. In beiden Altersstufen wurden die Skripts nach dem Vormachen besser gespielt als zuvor. Dabei erwies sich die dritte Szene (Schlafengehen) als die schwierigste. Acht Monate später zeigten die Kinder eine deutliche Verbesserung beim Spielen der Skripts. Vor allem benutzten die Kinder stärker die Sprache und attribuierten den Akteuren psychische Zustände (Gefühle, Absichten).

In einer eigenen Längsschnittuntersuchung an 1;6- bis 2;9-jährigen Kindern konnten ähnliche Fortschritte bei der Nachahmung des Skripts Kochen und Füttern sowie Baden und und Zu-Bett-Gehen beobachtet werden. Allerdings waren die meisten Kinder ein dreiviertel Jahr oder ein Jahr später nicht mehr bereit, eine vorgespielte Szene einfach nachzuspielen, da sie das Skript bereits kannten. Sie verweigerten häufig das Spiel oder langweilten sich dabei.

Das Konzept des Skripts erklärt besser als andere theoretische Ansätze, warum Kinder sowohl innerhalb als auch außerhalb des Spiels relativ früh Handlungsketten richtig durchführen. Ihr Wissen, vor allem das der sozialen Konventionen, wird in Skripts organisiert. Man denke nur daran, wie frühzeitig Kindern das Begrüßen und Verabschieden gelehrt wird, wie bald sie die Essensregeln und den gesamten Ablauf der Tischzeit kennenlernen. Das Ausspielen von Skripts bedeutet für Kinder, selbst Szenen aus dem Leben der Erwachsenen inszenieren zu können. In Teil 3 dieses Buches wird zu zeigen sein, daß das Skript eine wichtige Voraussetzung für gemeinsames Spiel, insbesondere für das Rollenspiel ist.

Abschließend sei noch ein Beispiel für das Schulskript angeführt (Aufnahme: Axel Kalscheuer). Fünf Kinder im Alter von 6;7 bis 10;8 spielen in wechselnder Reihenfolge Lehrer und Schüler. Martin (3. Klasse) hält in der Lehrerrolle eine Sachkundestunde für die 5. Klasse. Sein Skript besteht aus folgenden Schritten:

Ankündigung der Unterrichtsstunde (Sachkunde)
Ankündigung des Stundenthemas: Nordpol, Arktis
Betrachtung und Benennung eines Bildes von der Arktis
Teilskript: Frage – Antwort – Rückmeldung
Stillbeschäftigung: Malen der besprochenen Gegenstände
Ankündigung der Hausaufgabe und Beendigung der Stunde.

Dazwischen als Teilskript: Ermahnung zu Ruhe, Aussprechen von Tadel, Ermahnung zur Eile. Die Kinder werden mit „Sie“ angesprochen. Diese im normalen Schulskript unübliche Form der Anrede verstärkt die andersartige Beziehung zwischen Lehrer und Schülern, die man seit Parsons (1949) als universalistisch bezeichnet: Beziehungen dieser Art machen die einzelnen Teilnehmer austauschbar, bei Personenwechsel ändert sich die Form der Beziehung nicht.

8.3 Handlungsplanung im Spiel

Handlungsantizipation

Übergeordnet ist eine Entwicklung, auf die ebenfalls an dieser Stelle hingewiesen werden soll: die Zunahme an Handlungsplanung. Während das Kind, meist angeregt durch den Aufforderungscharakter (Lewin, 1926) des Gegenstandes, anfangs spontan eine Handlung startet und wieder beendet, kommt die Zielgerichtetheit des Handelns mehr und mehr zum Durchbruch, indem die Handlung, das Vorhaben vorweggenommen (antizipiert) wird. Die einfachste Form der Handlungsantizipation zeigt sich in der Intentionalität der Handlung selbst. Mit ein bis zwei Monaten reagiert der Säugling beim Anblick eines Gegenstandes mit einer Erhöhung der Muskelspannung in Armen und Schultern, mit zwei bis drei Monaten beobachtet man, wie bereits erläutert, ein „Aufpumpen" von Armen, Schultern und Kopf sowie aktive Mundarbeit (Bruner, 1968). Intentionalität als innervierende Aktivität *vor* der Handlung ist eine frühe Form der Handlungsantizipation. Mit drei bis vier Monaten beobachtete Bruner (op. cit.) eine langsame Bewegung mit offener Hand auf den Gegenstand zu, wobei Mund- und Zungenaktivität als Begleiterscheinung auftreten.

Die Handlungsantizipation zeigt sich auch in der Suche nach einem Gegenstand, der zur Ausführung einer bestimmten Handlung dienen soll. Im ersten Lebensjahr bildet sich also vor der Handlung die „Absicht" heraus, die Handlung durchzuführen. Die Absicht ist vermutlich noch nicht kognitiv repräsentiert. Die bereits beschriebene aktive Herbeiführung eines Effektes, die Verbindung von Mittel und Zweck und das aktive Experimentieren, alles Etappen in der Entwicklung der sensomotorischen Intelligenz, verlangen jedoch schon einfache Handlungsplanung. Sie zeigt sich besonders in der Verknüpfung zweier Handlungsschemata, wie sie beim Erreichen eines Gegenstandes durch Beseitigung einer Barriere (etwa eines Tuches, das den Gegenstand verdeckt) oder beim Herbeiholen eines Objektes mit Hilfe eines anderen Gegenstandes („Erfinden" bei Piaget) gegeben sind. Die Handlungen müssen in der richtigen Reihenfolge ausgeführt werden, und die Zielhandlung (Ergreifen des Gegenstandes) bis zur Ausführung gespeichert werden. Im zweiten Lebensjahr wächst die Fähigkeit zu repräsentieren und zu symbolisieren gewaltig an, und damit auch die Möglichkeit der Handlungsplanung. Viele, wenn nicht die meisten Leistungsfortschritte, vollziehen sich im Medium Spiel.

Ein Junge im Alter von eineinhalb Jahren, dessen Entwicklungsstand getestet wird, sucht nach Zeichenstiften, mit denen er auf einen am Fußboden angebrachten Streifen malen will. Er weiß, daß sich die Stifte in einem Schieber befinden und sucht bei der Mutter Hilfe beim Öffnen. Diese Suchaktion wird wiederholt, auch Ablenken bringt das Kind nicht von seinem Vorhaben ab. Hier ist bereits deutlich Handlungsabsicht antizipiert bzw. Handlungsplanung erkennbar (Aufnahme: Eva Nagy).

In diesem Beispiel besteht die Planung zwar nur aus drei Schritten (Zeichenstifte suchen – an sich nehmen – malen), jedoch sind sie zeitlich im Vergleich zu den „sensomotorischen" Beispielen gedehnt und mit mehr Barrieren versehen: Die Suche macht Schwierigkeiten, die Mutter muß um Hilfe gerufen, der eigentliche Zweck, das Malen, im Auge behalten werden.

Planung von Handlungsketten

Die Vorwegnahme von Handlung und Handlungsergebnis weitet sich zur Planung von ganzen Handlungsketten aus. Im gemeinsamen Spiel ist die Handlungsvorwegnahme und Planung permanent möglich. Sie zeigt sich vor allem in der Metakommunikation, d. h. in der Vereinbarung des Spielthemas bzw. der nächsten Handlungsschritte (z. B. „Jetzt spielen wir Kaufladen“ oder innerhalb des Spiels: „Du mußt fragen, was es kostet!”).

Bei längerem Zusammenspiel über ein vereinbartes Thema ist es oft erstaunlich, wie weit im voraus Handlungsabläufe geplant erscheinen. Sofern es sich um das Ausspielen von Skripts handelt, stehen den Spielern bereits fertige Gerüste zur Verfügung, die sie aus ihrem Wissen abrufen können. So lassen sich das Schulskript, das Verkaufsskript und natürlich erst recht kleinere Skripts wie Baden und Essen-Zubereiten mit entsprechendem Inhalt füllen. Nur an den Stellen des Handlungsablaufes, an denen die Teilnehmer Veränderungen wünschen, müssen die Regeln neu vereinbart werden. Diese Metakommunikation wird uns in Kap. 13 näher beschäftigen.

Handlungsplanung gibt es natürlich auch in anderen Spielformen, im Konstruktions- und Regelspiel. Das Konstruktionsspiel entwickelt sich, wie bereits Hildegard Hetzer 1931 in ihrem Buch „Kind und Schaffen“ gezeigt hat, von der Planungsseite her in drei Hauptschritten: Benennung des Werkes nach Fertigstellung, während der Konstruktionstätigkeit und vor Beginn der Tätigkeit. Der letzte Schritt erst zeigt die deutliche Trennung von Planung und Ausführung. Eine zeitliche Vorverlagerung der Planung in der Entwicklung wird oft durch einfaches Fragen oder durch eine Anregung ermöglicht, wie „Malst du ein Haus?“ oder „Was willst du malen?“ Die Errichtung von Bauwerken erfordert oft eine größere Zahl von Planungsschritten bzw. die Änderung des Planes während des Bauens, wenn sich ein Vorhaben als nicht durchführbar erweist. Vielfach kann hier auch ein Wissensschema abgerufen werden, das der Werkgestaltung zugrunde liegt. Wenn Kinder einen Menschen zeichnen, „konstruieren“ sie ihn gerne von den Füßen zum Kopf wie ein Bauwerk. Ein Auto entsteht ebenfalls häufig von den Rädern zur Karosserie. Manche Kinder (Beispiel s. Abb. 1) malen den Menschen erst nackt und ziehen ihn dann an. In all diesen Fällen wird die Konstruktionsplanung durch den Rückgriff auf vorhandenes schematisiertes und damit besonders gut verfügbares Wissen erleichtert und zugleich abgesichert.

Planung im Regelspiel

Das Regelspiel bietet für Handlungsplanung die meisten Möglichkeiten. Sie hat dabei zwei Ausrichtungen, die gewöhnlich miteinander verbunden sind. Die eine orientiert sich an der in Wettbewerbsspielen erforderlichen Vorwegnahme (Antizipation) der Reaktion des Partners (Perspektivenübernahme), die andere beinhaltet die Vorausplanung der Handlungsschritte (z. B. Spielzüge) selbst. Da Regelspiele fast ausschließlich im sozialen Wettbewerb zwischen zwei und mehr Partnern durchgeführt werden, bedeutet die richtige Vorwegnahme möglicher Handlungsschritte des Partners einen Vorteil für die Planung der eigenen Schritte.

Die Perspektivenübernahme beginnt schon beim einfachen Versteckspiel, wenn das suchende Kind die Perspektive der Spielpartner übernimmt und deren Versteck-

Abb. 2: Zeichnen als planvolles Vorgehen. Vom unbekleideten zum bekleideten Menschen

„Mentalität“ kennt. Beim Knobeln ist die Perspektivenübernahme ebenfalls hilfreich, zugleich wird das Verdecken oder Täuschen der eigenen Absicht bedeutsam. Letzteres spielt beim Pokern eine Hauptrolle. Die Vorwegnahme möglicher Reaktionen der Spielpartner ist vor allem bei Karten- und Brettspielen notwendig. Je nach Abstraktheitsgrad aber muß man mehr und mehr von persönlichen Eigenarten absehen und die generellen Handlungsmöglichkeiten einkalkulieren. Manche Spiele sind soweit festgelegt, daß alle Spielzüge vorweggenommen werden können. Das Mühlespiel z. B. ist immer zu gewinnen, wenn man als erster beginnt. Dagegen ist das beim Schachspiel aufgrund seines hohen Komplexitätsgrades nicht möglich. Ideale Regelspiele sind solche, bei denen man nicht gewinnt, weil der Partner Fehler macht, sondern weil man aufgrund der richtigen Einschätzung der Züge des Partners einen Spielvorteil erringt.

Besonders komplex wird die Perspektivenübernahme im Mannschaftsspiel, bei dem jedes Mitglied der Mannschaft einen gemeinsamen Plan bzw. eine Strategie übernehmen muß, die auf den Gegner angewandt wird. Gut eingespielte Mannschaften können auf nonverbale Zeichen hin neue gemeinsame Vorgehensweisen schlagartig einsetzen und dadurch den Gegner überraschen. Beim Strategienwechsel wird natürlich auf ein Repertoire an eingespielten Strategien zurückgegriffen.

Der zweite Aspekt, die eigene Handlungsplanung, erreicht selbst wieder eine große Vielfalt im Regelspiel. Beginnen wir mit Abzählversen als Beispiel. Gute Planer sind in der Lage, mit dem Abzählen so zu beginnen, daß die Wahl auf sie trifft bzw. daß sie bei unerwünschten Konsequenzen nicht gewählt werden. Sie kennen die Anzahl der Handlungsschritte (Abzählwörter) und legen sie auf die Zahl der Beteiligten um. Bei Ratespielen wie dem 20-Fragen-Spiel geht es um eine ganz andere Art der Planung, nämlich der kategorialen Einengung bis hin zu dem vom Spielpartner gedachten Gegenstand, z. B. Einteilung in lebendige vs. physikalische Objekte, Tiere vs. Pflanzen, fliegend vs. nicht fliegend (bzw. Einteilung in Gattungen und Arten) etc.

Regelrechte Spielpläne gibt es bei Sportspielen, die auch als Strategien bezeichnet werden können. Man lockt etwa den Tennisspieler ans Netz heran, um danach den Ball in eine entfernte Ecke zu plazieren. Bei Brettspielen, vor allem dem Schachspiel, gibt es bekanntlich in der Tradition des Spiels festgelegte Eröffnungen, ebenso Spielabschnitte während oder am Ende des Spiels, für die Zugfolgen relativ festliegen. Der gute Spieler verfügt über ein großes Repertoire an solchen Plänen, vermag aber dennoch neue abgewandelte Zugfolgen zu planen, wenn es die Spielsituation erfordert. Gerade im Schachspiel zeigt sich besonders klar, was in Bezug auf früher dargestellte Spielformen gesagt wurde: Planung entsteht nicht aus dem Nichts als plötzlicher Entwurf, sondern muß auf ein Wissen an gespeicherten Plänen oder Handlungsstrukturen zurückgreifen.

Zusammenfassung

Abschließend läßt sich zum Planungsaspekt des Spiels folgendes festhalten:

1. Im Spiel gelangen Kinder früher und intensiver zu planendem Handeln als außerhalb des Spiels, vor allem, weil sie (zumindest in unserer Kultur) von „ernsthaften" Alltagshandlungen, die Planung erfordern würden, ferngehalten werden.
2. In komplexen Regelspielen ist das Planungsniveau im Regelfall höher als im Alltag von Beruf, Familie und Freizeit. Diese Überlegung gilt bei vielen Berufen und Alltagsaufgaben auch für andere kognitive Leistungen, wie vor allem dem Problemlösen.
3. Daraus folgt nicht unbedingt, daß Spiel ein Feld der Übung und des Lernens für Ernstsituationen ist, da bekanntlich hohe Spielniveaus nicht mit hohen kognitiven Leistungen im Beruf korrespondieren müssen. Eher läßt sich sagen, daß das Spiel (neben den früher angedeuteten Entlastungs- und Verarbeitungsfunktionen) kompensatorische Bedeutung haben kann: kognitive Progression im Spiel, wenn der Alltag hauptsächlich aus wenig anspruchsvoller Routine besteht, kognitive Regression, wenn der Arbeitsalltag hohe kognitive Anforderungen stellt. Letzteres läßt sich manchmal bei Schulkindern beobachten, die auf niedrigem Niveau, etwa sensomotorisch, agieren (z. B. Herumspielen mit dem Bleistift).

Kapitel 9

Zur Spielzeugkultur

Der Gegenstandsbezug im vorliegenden Teil des Buches umfaßt theoretisch viel mehr als nur Spielgegenstände. Dennoch verdienen sie besondere Beachtung, da sie spätestens im 20. Jahrhundert eine grundsätzliche Veränderung erfahren haben: sie sind zu Konsumgegenständen geworden, präsentieren sich als ungeheuere Warenflut, in der das Kind, das von allen Seiten beschenkt wird, zu ertrinken droht. Eine wichtige „Überlebenstechnik" des Kindes besteht daher darin, den weitaus größten Teil seines Spielzeugs nicht zu beachten und sich nur mit einigen wenigen Spielgegenständen zu beschäftigen. Wehe ihm, wenn ihm das nicht gelingt! Es wird frühzeitig eine Haltung einnehmen, die der Markt am Konsumenten so schätzt: die kurze Beschäftigung mit attraktiven neuen Gegenständen, die aber bald an Anziehungskraft verlieren und neuen, noch attraktiveren Waren weichen müssen.

Die Forderung der meisten Spielexperten nach gutem Spielzeug wird bereitwillig von den Herstellern aufgegriffen, aber nur dann, wenn das Spielzeug Gewinn bringt. Mit diesem und mit anderen Phänomenen muß man sich beschäftigen, wenn man die Rolle des Spielzeugs für die Entwicklung des Kindes analysieren will.

Die Spielwaren und alle Gegenstände, die Kinder außerdem noch als Spielzeug benutzen, bilden eine eigene Kultur. Kultur wird hier verstanden in dem weiter oben definierten Sinne als die von Menschen gemachte Umwelt. In dieser Spielzeugkultur gibt es komplexe Beziehungen zwischen Hersteller und Konsument, zwischen den Kindern und dem Spielzeug in Gestalt der besonderen Art der Nutzung und des handelnden Umganges und schließlich zwischen Eltern bzw. anderen Bezugspersonen als Spender des Spielzeugs und den Kindern als dessen Empfängern.

Die Wechselwirkungen in dieser Kultur sollen Gegenstand dieses Kapitels sein, wobei zu bemerken ist, daß die folgende Darstellung nicht mehr auf operationalisierbare eng umgrenzte Konzepte zurückgreifen kann, weil eben dadurch der Blick für größere Zusammenhänge verstellt bleibt, wie die gegenwärtige Spielforschung eindrucksvoll, aber auch deprimierend zeigt. Wir werden uns dabei mit Gedanken von Brian Sutton-Smith kritisch auseinanderzusetzen haben, die er in seinem Buch „Toys as Culture" (1986) niedergelegt hat. Er gehört zu den wenigen, die sich mit diesem Thema auseinandergesetzt haben.

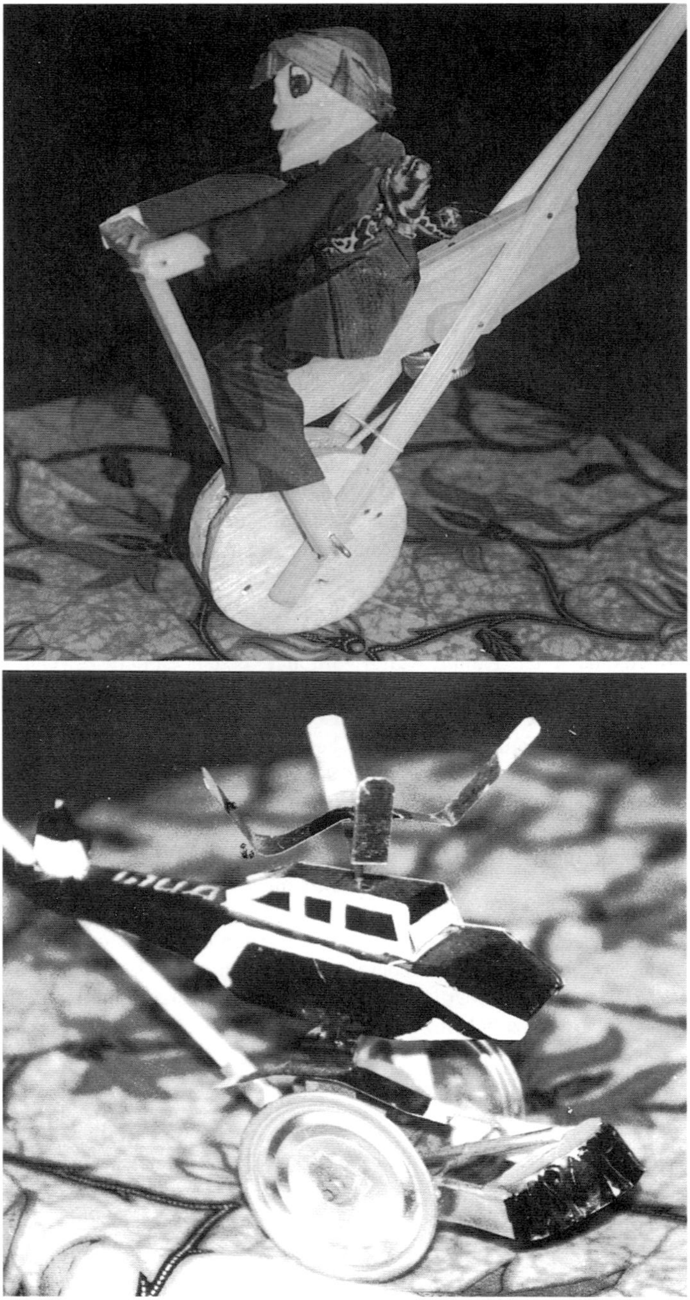

Selbstgefertigtes Spielzeug aus Indonesien (Aufnahme: Astrid Löbell)

9.1 Zur historischen Entwicklung und der kulturellen Spezifität des Spielzeugs

Im Vergleich zu den heutigen Spielzeugmengen gab es früher vergleichsweise wenig Spieldinge. Sutton-Smith (1986) behauptet sogar, daß das Spielzeug eine Erfindung der modernen Zeit sei und die Kinder früherer Jahrhunderte überhaupt kein Spielzeug besessen hätten. „Die vorherrschende Natur des Spiels durch die Geschichte hindurch war ein Spiel mit anderen, nicht ein Spiel mit Spielzeug ... Daher ist die Geschichte des Spiels in der Hauptsache eine Geschichte ohne Spielzeug für Kinder" (op. cit., S.26).

In der Tat waren Spielsachen noch zu Beginn dieses Jahrhunderts für die Mehrzahl der Kinder eine kostbare Rarität. Man vergleiche etwa Peter Roseggers Beschreibung seiner Kindheit (Rosegger, 1914). Aus dieser Schilderung wird deutlich, wie sich Kinder halfen, deren Eltern zu arm waren, um Spielzeug zu kaufen. Rosegger bastelte sich sein Spielzeug selbst, errichtete aus Papierschnipsel ganze Städte und fertigte mit einfachsten Mitteln kleine Bildchen.

Der historische und der Kulturvergleich zeigen bei sorgfältigerer Prüfung, daß es schon in prähistorischer Zeit Spielzeug gab, aber daß wohl das gemeinsame Spiel viel stärker im Vordergrund stand als heute. Im folgenden greifen wir unter anderem auf Darstellungen von Rumpf und Erich (1922-25), Gröber (1928) und Brunner (1950) zurück.

Aus der jüngeren Steinzeit sind kleine Tongefäße, Tontierchen und puppenähnliche Gebilde erhalten. In vorgeschichtlichen Kindergräbern fand man kleine keramische Lärminstrumente (Klappern, Pfeifen und Rasseln), die wohl zugleich magische Bedeutung hatten und böse Geister vertreiben sollten. Magische Bedeutung haben auch heute noch manche Spielsachen in Zentralafrika. Im Ägypten des zweiten vorchristlichen Jahrtausends gab es bereits bewegliches Spielzeug, wie Krokodile und Löwen mit beweglichen Unterkiefern. Puppen aus Holz, Ton, Knochen und Gips mit beweglichen Gliedmaßen waren bei allen antiken Mittelmeervölkern bekannt. Auf griechischen Vasen und Schüsseln finden sich häufig Darstellungen von Kindern mit Spielzeug. Holz- und Tontierchen gab es seit langem bei den Lappen, und Messingpferdchen werden als Spielzeug in der altnordischen Sage erwähnt.

Im Mittelalter sind demgegenüber weniger Spielsachen bekannt. Es gibt Ritter und Pferde aus glasiertem Ton (13. Jh.), und aus dem fünfzehnten Jahrhundert sind bereits Schaukelpferde erhalten. Um diese Zeit wird Nürnberg Mittelpunkt eines ausgedehnten Spielzeughandels. Die Produktion von Spielzeug in Nürnberg-Fürth, in Thüringen (z. B. Sonneberg), im Erzgebirge und in Württemberg ist Jahrhunderte alt und keineswegs eine Errungenschaft der Neuzeit. Bis vor dem Ersten Weltkrieg war Deutschland führend im Spielzeugexport und wurde danach von den USA abgelöst. Wer in japanischen Kaufhäusern nach Spielzeug sucht, wird auch heute noch vorwiegend deutsche Produkte finden.

Die deutsche Tradition der Spielzeugproduktion darf daher nicht darüber hinwegtäuschen, daß Spielzeug hauptsächlich von wohlhabenden Bürgern für ihre Kinder gekauft wurde. Aber dennoch zeigen die historischen Beispiele, daß der Gegenstandsbezug konstitutiv für das Spiel zu sein scheint.

Immer dann, wenn Spielzeug nicht industriell oder zumindest handwerklich gefertigt vorliegt, sorgen die Kinder selbst für ihr Spielzeug oder lassen sich von den unmittelbaren Bezugspersonen mit Spielzeug versorgen. In Schwarzafrika fertigen die Kinder selbst eine Vielzahl von Spielsachen aus Abfallprodukten und stellen sie ihren jüngeren Geschwistern zur Verfügung. Bekannt geworden sind die aus Draht gefertigten Autos, die man im aufrechten Gang schieben kann. In ungarischen Kindergärten konnte der Verfasser Spielzeug, wie Omnibus, Schaukel, Kinderhaus, besichtigen, das von den Vätern der Kinder gebastelt worden war. In vielen Kulturen gibt es kein industriell gefertigtes Spielzeug. Als ein Beispiel für viele sei eine Arbeit zum Spiel in Afghanistan angeführt, die eine Sammlung dort üblicher Spiele vorstellt und auch zum Thema Spielzeug Stellung nimmt (Sadri, 1987). Der Autor stellt fest: „...von der Perspektive der Industriegesellschaft aus gesehen scheint es so, als ob die afghanischen Kinder kein Spielzeug hätten. Tatsache ist, daß sie kein Spielzeug haben, das man in Geschäften kaufen kann. Ihr Spielzeug besteht vielmehr aus allem, was sich in ihrer Umgebung findet, vorausgesetzt, die Erwachsenen tolerieren dies" (op. cit., S.243).

Einige Beispiele mögen die Herstellung und Verwendung von Spielgegenständen in Afghanistan beleuchten. Die Kinder benutzen für Bewegungsspiele Reifen oder Räder, ähnlich wie bei uns früher die Kinder einen Holzreifen durch Schlagen vorwärtsbewegt haben. Als Material dienen Einzelräder des Fahrrads, Eisenringe aus alten Autorädern, Blechdosendeckel, Fahrradreifen und Holzdeckel. Der Fortbewegungsmechanismus ist jeweils verschieden: eine Stange, ein Draht mit Haken oder ein Stäbchen zum Antreiben. Im Winter, wenn die Kinder häufiger zu Hause sind, wird gerne ein Verkaufsspiel gespielt, an dem sich auch die Erwachsenen beteiligen. Zu dieser Zeit gibt es Zitrusfrüchte, aus deren Schalen eine Waage gebastelt wird.

> „Bei der Vorbereitung zu diesem Spiel sind die Großeltern willkommene Helfer. Um eine Waage zu bauen, braucht man mindestens zwei Tage Zeit, da man als Waagschalen zwei bereits ausgehöhlte und getrocknete Orangenschalen braucht. Außerdem benötigt man eine Stange, acht kurze und zwei lange Schnüre, ein Stück Wolle oder Stoff als 'Zünglein and der Waage' und mehrere Steine als Gewichte. Für das Inventar des Ladens sammeln die Kinder große und kleine Flaschen und Dosen, in denen sie Waren aufbewahren können. Verkauft werden getrocknete Früchte ..., Körner, Holz und Kohle" (op. cit., S. 110f.).

Vor dem Winteranfang renovieren die Erwachsenen den eigenen Backofen im Hof oder den Gemeindebackofen. Von dem Ton, der übrigbleibt, formen die Kinder einen kleinen, aber funktionstüchtigen Backofen und backen darin entweder echtes Brot oder aus Ton geformte Fladen. Von den verbleibenden Resten der Tonmasse werden von den Kindern Kindergeschirr, Tierfiguren und anderes Spielzeug geformt (op. cit., S. 120).

Natürlich gibt es auch Kochspiele, wobei die Mädchen auf ihrem eigenen Herd echtes Essen kochen oder fiktiv mit symbolisiertem Feuer, Sand und Lehm als substituierte Speisen und einem selbstgefertigten Topf Kochen spielen. Immer sind mehrere Kinder am Spiel beteiligt, die dann auch zu essen bekommen.

Konstruktionsspiele wie das Formen von Gegenständen aus Ton oder Lehm oder wie das Basteln von maschinenartigen Gebilden (Räder, Autos) und Falten von Gegenständen aus Zeitungspapier (wie bei uns auch) sind in Afghanistan sehr verbreitet, da kaum vorgefertiges Spielzeug zur Verfügung steht. Manchmal dienen auch lebende Objekte als Spielzeug. So fangen die Jungen im Herbst Libellen, befestigen an einem Bein einen Faden und lassen die Insekten dann fliegen. Derjenige Spieler gewinnt, dessen „Flugzeug“ am höchsten und weitesten geflogen ist (op. cit., S. 148).

Die magische Verbindung von Gegenstand und Besitzer zeigt sich in dem Spiel „Barats Braut“.

Im Barat-Monat, dem Monat vor dem Fastenmonat Ramadan, spielen die Mädchen vor allem auf dem Lande dieses Spiel. Ein verschleiertes Mädchen sitzt in der Mitte, die anderen Mädchen um es herum. Jede Spielerin legt einen persönlichen Gegenstand in einen Korb, wobei das verschleierte Mädchen nicht sehen kann, von wem die Gegenstände stammen. Eine Mitspielerin rezitiert Verse, die entweder Glück oder Unglück bedeuten. Das verschleierte Mädchen zieht bei jedem Vers einen Gegenstand blind aus dem Korb. Die Besitzerin hat je nach der Bedeutung des aufgesagten Verses in der Zukunft Glück oder Unglück zu erwarten (op. cit. S. 156).

Auf die magische Bedeutung von Spielgegenständen kann hier nicht näher eingegangen werden. Es gibt jedoch genug historische (s.o.) und kulturvergleichende Hinweise, daß manche Spielgegenstände die Kinder zugleich schützen sollten, sei es als Talisman oder als Medium der Verbindung zu übernatürlichen Mächten. Eine gewisse Verwandtschaft zu dieser Funktion von Spielgegenständen findet sich in den Devotionalien der Wallfahrtsorte. Kinder lieben Miniaturabbildungen von Heiligen, kleine silberne Kreuze und Heiligenbildchen und glauben wie teilweise die Erwachsenen, die solche Orte besuchen, an die helfende oder heilende Wirkung dieser Gegenstände. Für Kinder sind sie aber zugleich eine Art Spielzeug, das sie sammeln wie alle übrigen Gegenstände aus Andenkenläden auch (venezianische Gondeln, Nachbildungen von Statuen, Tempeln oder Kirchen etc.).

Überblickt man die von Sadri gesammelten Spiele aus Afghanistan, so zeigen sich Merkmale im Spielverhalten, die mehr oder weniger für alle traditionellen Kulturen gelten.

1. Fast alle Spiele werden gemeinsam gespielt. Das Kind ist im Spielverhalten wie in allen übrigen Tätigkeiten in die Beziehungen zu anderen Personen miteingebunden.
2. Die Trennung zwischen Kindern und Erwachsenen wird im Spiel weniger scharf gezogen als bei uns. Die Erwachenen spielen, wenn es ihre Zeit erlaubt, genauso ernsthaft oder lustvoll mit wie die Kinder selbst. Dies entspricht aber dem gesamten sozialen Leben, an dem die Kinder in viel stärkerem Maße teilhaben als bei uns.
3. Manche Spiele tragen realitätsnähere Züge als bei uns. So legt man beim Verkaufsspiel (s.o.) großen Wert auf eine funktionierende Waage, der Backofen soll auch im Spiel seine Funktion erfüllen, und Kochen und Essen werden ebenfalls teilweise realistisch, d. h. mit echten Nahrungsmitteln, gespielt. Spiel ist in diesen Fällen stärker in das Alltagshandeln integriert. Die realitätsgetreue Nachbildung der sozialen Wirklichkeit zeigt sich unter anderm im Hochzeitsspiel, in dem die gesamte Zeremonie möglichst detailliert nachgespielt wird.
4. Rollenspiele mit relativ festgelegten Regeln und Regelspiele dominieren. Kinder spielen stärker reglementiert als bei uns, wobei aber die Einhaltung der Regeln freiwillig und mit hoher Motivation geschieht. Auch hier zeigt sich die Nähe zur

Gesamtkultur, in der Rituale und festgelegte Ordnungen wesentlich wichtiger sind als in modernen demokratischen Gesellschaften.

Insgesamt wird deutlich, daß das Spiel isomorphe Züge zur Gesamtkultur trägt und nur aus dieser heraus verstanden werden kann. Dies gilt natürlich auch für das Spiel in westlichen Kulturen, die gegenüber traditionalistisch-kollektiven Kulturen auch als individualistische Kulturen bezeichnet werden (Triandis, 1989). In der Tat bewirken die Spielsachen in unserer Kultur eine Individualisierung und bis zu einem gewissen Grad eine Isolierung der Kinder, wie der nächste Abschnitt zeigen soll.

9.2 Individualisierung und soziale Vereinzelung durch Spielzeug

Sutton-Smith (1986) behauptet, daß das Spielzeug eine relativ moderne Erfindung sei, die mit der Industrialisierung und der hohen Wertschätzung von Einzelleistungen (Erfindungen, Entdeckungen) einherging. Bereits die Sozialisation des Kleinstkindes ist auf Selbständigkeit und Alleineinkönnen ausgerichtet (s. hierzu die Forschung zur Sozialisation der Leistungsmotivation, z. B. Heckhausen, 1989). Die Säuglinge schlafen schon frühzeitig getrennt von den Eltern und verbringen auch im Wachzustand bald einige Zeit allein im Bettchen, Laufstall oder im Zimmer, wenn sie sich der Nähe der Bezugsperson sicher sind. Angehörigen von eher kollektiven Kulturen erscheint das westliche Sozialisationsverhalten fast grausam. So zeigten sich Gusii-Mütter aus Kenia empört über das ihnen per Video gezeigte Verhalten amerikanischer Mütter, die ihre Kinder erst etwas schreien ließen, bevor sie sie aufnahmen (LeVine, 1989).

Das Spielzeug, so argumentiert Sutton-Smith, soll die Entwicklungsaufgabe des Alleineinkönnens unterstützen. Einerseits vermittelt das Spielzeuggeschenk dem Kind die Botschaft: Wir, deine Eltern lieben dich und beschenken dich daher. Andererseits lautet der Auftrag: Nun spiel auch schön allein (Sutton-Smith, 1986, S. 53). Spielzeug dient als Trost für die Kinder, wenn die Eltern nicht zur Verfügung stehen. Kinder haben im Spielzeug etwas, das sie an die Eltern erinnert und andererseits ihr Handeln fesselt. Dies geht weit über das Übergangsobjekt im Sinne Winnicotts hinaus. Das Spielzeug, das Kinder bis vor dem Schuleintritt erhalten, ist vorzugsweise Spielzeug zum Alleinspiel. Es besitzt, sofern es überhaupt attraktiv für Kinder ist, subjektive Valenz und verhindert häufig auch das soziale Spiel, da die Partner nur störend wirken.

Daher ist es wichtig, in diesem für das Spiel zentralen Zeitabschnitt sozial anregendes Spielzeug zu schenken. Hendrickson et al. (1981) haben bei amerikanischen Kindern den bevorzugten Gebrauch verschiedener Spielsachen beobachtet. Dabei ergaben sich krasse Unterschiede hinsichtlich des solitären und sozialen Spiels. Spieltiere wurden zu 75%, Puzzles zu 84%, Formlegeplatten zu 100% im Einzelspiel verwendet, hingegen Bücher zu 76%, Bälle zu 96%, Puppenkleider zu 100% und Plattenspieler zu 81% im gemeinsamen Spiel bzw. kooperativ genutzt. Eckerman & Whatley (1977) beobachteten, daß kleine Kinder dazu neigten, allein zu spielen, wenn Spielzeug zur Verfügung stand, sich aber an anderen Kindern orientierten, wenn es kein Spielzeug gab. Möglicherweise hängt dies aber auch mit dem Anreiz zur Exploration des Spielzeugs zusammen. Es wurden in dieser Untersuchung keine Kontrollbedingungen eingeführt.

Wir werden in Teil 3 zeigen, daß es auch beim singulären Spiel einen sozialen Bezug gibt, zumindest zu den Spielzeugherstellern, die ihre Ideen in das Spielzeug gelegt haben. Diese Ideen werden vom Kind im Umgang mit dem Spielgegenstand entschlüsselt und zu Handlung revitalisiert. Der nächste Teil des Buches wird anhand von Beispielen zeigen, wie über Spielzeug, das eher für Einzelspiel gedacht ist, die Interaktion mit der kompetenten Bezugsperson in Gang kommt, so daß sich sagen läßt: Über den Spielgegenstand werden Sozialbeziehungen aufgebaut, die den gemeinsamen Gegenstandsbezug zum Inhalt haben.

Gleichwohl regt Spielzeug zur langen und intensiven Einzelbeschäftigung an, wie wir zuvor beschrieben haben, und kann bereits die Aufmerksamkeit von 1;6 Jahre alten Kindern länger als 30 Minuten in Anspruch nehmen (Beobachtungen aus unserer Längsschnittstudie). Für die in unserer Kultur geforderten Aufgaben ist diese frühe solitäre Beschäftigung mit Gegenständen zweifellos eine gute Vorübung. Wenn andererseits das Kind mit dem Gegenstand alleingelassen wird, kann es keine großen Fortschritte machen. Kompetente Partner müssen es lehren, adäquat damit umzugehen. Wir werden dies unter dem Begriff der Zone nächster Entwicklung (Kap. 16) abhandeln.

9.3 Der Spielzeugmarkt: Unterschiedliche Klassen von Spielzeug

Im folgenden wollen wir einige Spielzeugklassen bilden, die sich aus der Gesamtkultur ergeben, d. h. die in dem Universum von Handlungsmöglichkeiten unserer Kultur als Gegenstandsklassen existieren. Diese Einteilung erhebt keinen Anspruch auf Vollständigkeit, zumal schon morgen eine neue Klasse von Spielzeug auf den Markt kommen kann. Sie soll vielmehr demonstrieren, daß Kinder durch das Angebot der Kultur (der Spielzeugkultur) den Umgang mit Gegenständen praktizieren, wie sie es als Erwachsene tun werden.

Vielfachnutzung von Gegenständen

Spielforscher und Spielpädagogen schätzen Gegenstände am höchsten, die vom Kind in vielfacher Weise genutzt werden können. So dienen kleine Holzstäbchen den Kindern der Himbas, einem Viehzüchterstamm, als Spielvieh, das sie auf die Weide treiben. Ebenso können Steine oder Holzstückchen von unseren Kindern in ähnlicher Weise verwendet werden. Am häufigsten ist die vielfältige Nutzung natürlicher Dinge wie Steine, Holz oder Pflanzen beim Spiel im Freien, z. B. im Urlaub am Strand, wo Sand, Steine und evtl. noch Holz alle Funktionen eines Bauwerkes samt menschlichem und tierischem Inventar erfüllen müssen. Die Mehrfachnutzung von Vorgefertigtem folgt, wie bereits erwähnt, einer gewissen Gesetzmäßigkeit. Erst werden Gegenstände exploriert, und wenn ihre Merkmale hinreichend bekannt sind, kommt es zum Symbolspiel (Hutt, 1966). Die pädagogische Zielsetzung einer vielfältigen Nutzung von Gegenständen im Spiel führte zur Bevorzugung einfacher geometrischer Gegenstände wie Würfel, Kugel und Quader (Fröbel, 1937).

Untersuchungsergebnisse zum Umgang mit realitätsnahem und nicht-realistischem Spielzeug zeigen relativ einheitliche Befunde: Das nicht-realistische Spielzeug regt die Phantasietätigkeit im Sinne einer Umdeutung und damit Mehrfachnutzung dieser Gegenstände an, während beim Umgang mit realitätsnahem Spielzeug (s. nächster Abschnitt) stärker die Funktion, für die das Spielzeug gedacht ist, bevorzugt wird (Einsiedler, 1991; Rubin, Fein & Vandenberg, 1983; McLoyd, 1983). Einsiedler (op. cit., S. 95) kennzeichnet den Unterschied als „Objektimitation" bei realitätsnahem und „Objekttransformation" bei realitätsfernem Spielzeug.

Replika

Viele Spielsachen sind Miniatur-Nachbildungen von Objekten, die in unserer Kultur existieren: Autos, Bagger, Eisenbahn, Puppen, Kochgeschirr, Puppenmöbel und -kleider, Kaufladen, Tiere etc. Die Genauigkeit der Nachbildung variiert von äußerster Präzision (z. B. bei elektrischen Miniatur-Eisenbahnen) bis zu stark stilisierten Gegenständen (z. B. Stoffpuppen der Rudolf-Steiner-Pädagogik). Kinder praktizieren zumindest an der Oberfläche ihres Handelns symbolisch oder relativ realitätsnah die Tätigkeiten, die zu den Gegenständen gehören. Sie gehen mit den Replika im großen und ganzen so um, wie die Erwachsenen mit den wirklichen Gegenständen, für die diese Replika stehen. Auf diese Weise werden sie mit der Gesamtkultur vertraut und lernen vor allem, daß der Umgang mit materiellen Objekten in unserer Kultur erwünscht und attraktiv ist (als Konsum von Waren).

Werkzeuge

Eine große Gruppe von Spielzeug besteht aus Werkzeugen, die Zielen außerhalb des Umgangs mit den Spielgegenständen dienen. Zu ihnen gehören Bausteine, Plastilin, Farbstifte und Papier, Lego- und Technik-Baukästen und Sportgeräte aller Art. Eine Gruppe solcher Werkzeuge steht im Passungsverhältnis zu Bewegungsreaktionen des Körpers. Eine Rutsche (die heute häufig an das Bett des Kindes montiert wird) oder eine Wippe ermöglichen Körperreaktionen, die Körper und Gerät zu einer Einheit bzw. zu einem System vereinigen. Das Kind benutzt auch Gegenstände, die für diesen Zweck nicht unbedingt gedacht sind, wie Plastilin, Sand oder Wasser (amorphe Gegenstände, s. Abschn. 19.1, Teil 4). Sie dienen neben den ihnen sonst zugedachten Funktionen als Umwelt, die mit dem Körper eins wird: sich im Sand wälzen oder darin einbuddeln, im Wasser plantschen, beim Plastilin die Anpassung des Materials an die Hand oder die Wange genießen.

Eine zweite Gruppe von Spielgegenständen der Werkzeugklasse dient als Verbesserung der Werkzeugfunktion des Körpers. Mit Skiern läßt sich besser den Berg herabgleiten als mit Schuhen (die ebenfalls schon ein Werkzeug sind), mit dem Surfbrett oder dem Segelboot kann sich der Körper über das Wasser bewegen, mit dem Schläger kann der Ball rascher und weiter befördert werden als mit Arm und Hand, mit dem Kettcar kann das Kind sich rascher und flüssiger fortbewegen als zu Fuß, mit dem Hammer wird die Kraft des Armes und der Hand verstärkt usw. Kleine Kinder benutzen Spielsachen oder andere Objekte in ihrer Werkzeugfunktion, wenn sie mit ihnen klopfen und sie durch den Raum werfen.

Schließlich gibt es die Gruppe von Spielgerät, an die man zuerst denkt, wenn es um Werkzeug geht: Geräte zur Herstellung eines Werkes. Für kleine Kinder sind Bleistift und Malstifte, mit denen sie auf Papier Spuren und später Abbildungen hinterlassen, ideale Werkzeuge. Schäufelchen und Eimer werden zum Einfüllen und zum Transport benutzt, Baukästen fordern zur Errichtung von Bauwerken auf, und mit Plastilin lassen sich Nachbildungen (Replika) von richtigen Gegenständen herstellen wie Speisen, Figuren, Tiere etc. Wichtig ist, daß die Funktion auch bei relativ klarer Festlegung durch den Hersteller variieren kann. Das Kind mag den gleichen Gegenstand das eine Mal als Objekt im Symbolspiel, das andere Mal als Werkzeug verwenden.

Spielpädagogen meinen, daß gutes Spielzeug möglichst vielseitig verwendbar sein soll, damit der Phantasie des Kindes Freiraum gegeben ist (Moosmann, 1975; Flitner, 1988; Scheuerl, 1991). Diese seit Fröbel (Ausgabe 1937) vertretene Auffassung ist in ihrem Absolutheitsanspruch sicherlich nicht richtig, sondern muß im Kontext der umgebenden Kultur und im Zusammenhang mit der Thematik, die das Kind beschäftigt, gesehen werden (s. dazu Teil 4). Werkzeuge vermitteln mehr Macht über die Umwelt, aber auch, wenn man an Sportgeräte denkt, mehr Möglichkeiten der Verschmelzung mit der Umwelt. Beidesmal wird das Selbst intensiver erlebt und eine Daseinssteigerung erfahren (s. auch Teil 4).

Maschinen

Maschinen sind Werkzeuge besonderer Art. Sie übernehmen Funktionen von Lebewesen (die Kraft von Pferden, die Arbeitsleistung von Menschen) und bewegen sich selbsttätig. Mit dem Siegeszug der Maschine seit den letzten vierhundert Jahren ist die Faszination, die von Maschinen ausgeht, stetig gewachsen. In die kindliche Spielwelt sind Maschinen als sich selbst bewegende und regulierende Objekte simultan eingezogen, erst vereinzelt, dann als Strom attraktiver Geräte. Früher waren Kinder fasziniert von Figuren, die sich in Szenen sakralen oder profanen Inhalts bewegten, wobei ein Glöckchen läutete und Lichter erstrahlten. Heute werden sie von Video-Spielen und Computern gefesselt. Dazwischen liegen die Spielsachen, die sich durch elektrischen Antrieb oder durch ein Uhrwerk (heute kaum mehr zu finden) bewegen. Von ferngesteuerten Personenautos zu ferngesteuerten Segel- und Motorflugzeugen bis hin zur sprechenden und einnässenden Puppe sind Maschinen fester Bestandteil der Spielwelt geworden und scheinen sie mehr und mehr zu beherrschen. Was macht die Attraktivität von Maschinen aus? Im Arbeitsleben ist es die enorme Arbeitserleichterung, die sie durch die Übernahme von Arbeit effektiv und in nie geahntem Tempo gewähren. Dies trifft jedoch beim Spiel nicht zu.

Maschinen, so meint Sutton-Smith (1986), sind eben mehr. Sie werden vielfach als Nachbildung der göttlichen Schöpfung gedeutet, als Übernahme der Mechanik und Dynamik des Weltgeschehens. Diese Einstellung findet man keinswegs nur als historische Kuriosität, sondern in der jüngsten Computerforschung zur Simulation des menschlichen Wahrnehmens und Denkens. Die Maschine ist für viele ein Beweis, daß wir in die Geheimnisse der Schöpfung eingedrungen sind und nun selbst Schöpfungen zustandebringen. In der Science Fiction wie in der technischen Realität ist der menschenähnliche oder den Menschen überlegene Roboter Gegenstand der Spekulation und der Forschung.

Für die Kinder werden Maschinen immer selbstverständlicher. Kinder interessieren sich meist gar nicht mehr für die komplizierte Funktionsweise, sondern für den Effekt, den man mit ihnen erzielen kann. Videospiele, in denen die sensomotorische Geschicklichkeit geübt wird, fesseln, weil sie den Effekt des eignen Handelns unmittelbar zurückmelden und die Verbesserung der geforderten Geschicklichkeit an der Zahl der Treffer direkt abgelesen werden kann. Die neuen Abenteuerserien, die als Software auf dem Computer zur Verfügung stehen, beziehen das spielende Kind (oder den Erwachsenen) in eine Welt ein, in der sie selbst zum Hauptakteur dieser Welt werden (Näheres s. Abschn. 19.4). Computer- und Videospiele bilden den Höhepunkt einer jahrhundertelangen Entwicklung zu solitärem Spielzeug, in dem bestimmte Funktionen trainiert werden. Videospiele sind die beste Vorübung für die Welt von morgen, in der am Arbeitsplatz rasch und zuverlässig auf Bildschirmsignale reagiert werden muß. Jungen (sie sind bei solchen Spielen in der Überzahl) werden besser als die heutige Erwachsenengeneration in der Lage sein, Maschinen über Tastatur und Bildschirm zu steuern, seien es Produktionsmaschinen oder Kriegsmaschinen (z. B. Zielabwurf von Bomben).

Video- und Computerspiele sind Spielzeug, mit dem die Spielenden willentlich und zielgerichtet lernen. Sie wollen ihre Leistung verbessern, in den schon traditionellen Videospielen die sensomotorische Koordination, in den Abenteuerspielen die Bewältigung (fiktiv) gefährlicher Situationen. Andererseits, so meint Sutton-Smith, gibt es kein Spielgerät, das den Spielenden so sehr zu beherrschen und abhängig zu machen vermag wie der Computer. Hier trifft das Bild vom Zauberlehrling, der den Zauberstab nicht mehr kontrollieren kann, am eindrucksvollsten die gegenwärtigen Befürchtungen (s. Volpert, 1985). Wir werden später zu dieser Ansicht noch Stellung beziehen (s. Teil 4).

Regelspiele

Gegenwärtig existiert ein großer Markt für sog. Gesellschaftsspiele. Es handelt sich um Regelspiele, in denen zwei oder mehr Spieler nach vorgegebenen Regeln um den Sieg kämpfen. Solche Spiele reichen von Brettspielen bis zu komplizierten Abenteuerspielen, in denen nach einem Regelwerk eine Vielzahl von Rollen gewählt werden kann. Die meisten der Spiele sind aggressiver Natur, in ihnen geht es darum, den Spielpartnern Besitz wegzunehmen oder sie auf andere Weise symbolisch zu schwächen. Fritz (1982) hat zwei solcher Spiele („Galaxis“ und „Wolf im Schafspelz“) nach einer Reihe von Kriterien untersucht und unter anderem festgestellt, daß das elektronische „Galaxis“ höhere Werte im Bereich Spieldynamik (z. B. Handlungspotential, Spielfluß, Interaktivität) erhielt, während das Brettspiel „Wolf im Schafspelz“, das von der Struktur her eine ähnliche Aufgabenstellung aufweist, besser im Bereich „Anforderungscharakter" (z. B. schnelles Verständnis, Übersichtlichkeit, Anschaulichkeit) abschnitt. Dies ist zugleich ein Beispiel für eine empirisch fundierte Evaluation von Spielzeug. Man mag die Kriterien akzeptieren oder nicht, sie sind operationalisiert und prüfbar gemacht.

Viele dieser Regelspiele, vom einfachen „Memory" bis zum Kapitalisten-Spiel „Monopoly" können von extrem altersheterogenen Gruppen gespielt werden, die sich z. B. aus dem Kind, den Jugendlichen, den Eltern und Großeltern zusammensetzen. Vielleicht liegt darin ihr Hauptvorteil.

Immaterielle Spielgegenstände

In allen Kulturen gibt es Geschichten, Märchen, Sagen, Verse, Sprachspiele, deren Erzählen und Weitererzählen ein wichtiger Teil der Spielkultur von Kindern sind. Es wäre verfehlt, sie nicht zum Spiel zu rechnen, da sie in manchen Kulturen über den Gebrauch materieller Gegenstände dominieren. Sie besitzen außerdem die genannten drei Grundmerkmale des Spiels: Selbstzweck (Erzählen um des Erzählens willen), Realitätsumwandlung (Märchen- und Sagenwelt) und ritualisierende Wiederholung (Kinder wollen eine Geschichte oft hören und zwar in genau der gleichen Version wie zuvor).

Heute sind die Bezugspersonen als Geschichtenerzähler etwas in den Hintergrund zugunsten von Tonkassette, Videoband und Fernsehserie getreten. Die Vermittlung von Inhalten als besondere Form des Spiels ist jedoch geblieben.

Die Verse und Sprachspiele, die als Regelspiel Verwendung finden, sollte man ebenfalls unter diese Rubrik einordnen, da sie ohne materielle Gegenstände auskommen, die ideellen (symbolischen) Gegenstände andererseits als zentralen gemeinsamen Bezugspunkt haben. Viele dieser Spiele, vor allem Singspiele und Kreisspiele, werden auch heute noch von einer Kindergeneration auf die nächste überliefert, ohne daß Erwachsene eingeschaltet werden. Dieser Vorgang der Weitergabe der Kinderkultur war früher bei uns wesentlich stärker ausgeprägt. Er findet in anderen Kulturen, in denen häufiger in altersheterogenen Gruppen gespielt wird, auch heute noch statt.

Super-Verbund-System

In einer Kultur, in der Kinder in materiellen Waren förmlich ertrinken, kann es nicht ausbleiben, daß Geschichten materielle Beigaben erhalten, wie die Figuren zu Sesame Street oder von Masters und Mask. Zu berühmten Filmen gibt es bereits wieder neue Geschichten in Form von Computer-Spielen, die nun von den Spielern selbst mitgestaltet werden können (z. B. Teenage Mutant Ninja Turtles).

Besonders die Horrorfiguren erschrecken Eltern und Spielpädagogen, während sie wie alle grotesk überzeichneten Spielfiguren (z. B. Dinosaurier) von den Kindern heiß geliebt werden. Ohne hier wertend Stellung zu nehmen (vgl. Einsiedler, 1991, S. 173f), sei auf das kulturelle Gesamtphänomen aufmerksam gemacht. Die raffinierte Kombination von Film (der gewöhnlich die Helden und Objekte einführt), Comic-Heftchen, Figuren und Spielgegenständen, die es zu kaufen gibt, macht ein Supersystem aus. Zu ihm gehört heute als neues Element das Abenteuerspiel am Computer (s. auch Abschn. 19.4 in Teil 4).

Das wirklich Erschreckende sind nicht einmal so sehr die Horrorfiguren, sondern die allgegenwärtige Wirkung solcher Mediensysteme, die auf legaler Basis (sie sind urheberrechtlich sogar besonders geschützt) die Welt von Kindern und Jugendlichen beherrschen können. Insofern, so ließe sich sarkastisch feststellen, symbolisieren Horrorfiguren das dahinterstehende Verkaufssystem, das immer mehr Personen in seinen Bann zieht und einen ständig wachsenden Anteil des Einkommens in Anspruch nimmt. Dieses System bildet eine Macht, die keine Horrorvision, sondern schreckliche Realität ist.

9.4 Gesetze des Spielzeugmarktes

Damit sind wir bei der Frage angelangt, in welcher Weise der Spielzeugmarkt die Realität der Gesamtkultur, insbesondere des ökonomischen Systems, widerspiegelt. In unserer Kultur wird auf Neuheit hin sozialisiert: Die Wirtschaft lebt davon, daß der Konsument möglichst viele neue, nutzlose Dinge kauft, weil der Umgang mit ihnen als angenehm, lustvoll, ja erfüllend erlebt wird. Dieser Trend existiert in mindestens der gleichen Ausprägung beim Spielzeugmarkt. Vielfach läßt sich zwischen dem Spielzeug Erwachsener und dem von Kindern nicht mehr trennen (Lego, elektrische Eisenbahn, Computer, Fußball).

Die Kinder lernen auf diese Weise nicht nur frühzeitig Waren zu konsumieren und verschwenderisch mit der Umwelt umzugehen, sondern auch, ihr Selbstwertgefühl mit Spielgegenständen zu verbinden. Kinder, die ein bestimmtes modisches Spielobjekt nicht besitzen (Barbie-Puppe, Game-Boy), leiden unter diesem Mangel und fühlen sich im Vergleich zu anderen Gleichaltrigen minderwertig. Natürlich ist die Selbstdefinition durch Gegenstände im Erwachsenenalter noch viel ausgeprägter. Gegenstände sind mit Status und Selbstwertgefühl eng verbunden (Auto, Kleidung). Damit zeigt sich erneut Strukturgleichheit zwischen Spielzeugmarkt und generellem Warenmarkt.

Der Spielzeugmarkt, so meint Sutton-Smith (1986), verführt zur Abhängigkeit von immer neuen Gegenständen. „Unter diesem Aspekt kann man uns vorwerfen, daß wir sie (die Kinder) in eine Massenfreizeit einführen, wo Millionen von Menschen trotz Langeweile und Ausbeutung in ihrem Arbeitsleben permanent stimuliert werden durch die stets wechselnden Freizeitspektakel in Fernsehsendungen, Filmen, Messen, Supermärkten, Paraden, Karnevalsveranstaltungen etc.“ (op. cit., S. 187f).

Der „Objektfetischismus“ (Marx, 1975), zu dem schon kleine Kinder sozialisiert werden, kann aus keiner Perspektive gutgeheißen werden. Hier treffen sich wohl Kritiker aus allen Lagern in ihrer einhelligen Ablehnung. Ein durch externe Güter bestimmtes und von ihnen abhängiges Selbst kann nicht wünschenswertes Entwicklungsziel sein. Wir können zwar in die Kraft des Kindes setzen, das sich durch seine Spontaneität und spezifische Problemlage noch von Konsumzwang und Überstimulation freispielen kann, doch ist nicht einzusehen, daß die Kinder permanent zum Opfer eines gnadenlosen Kampfes um Marktanteile werden. Allmählich beginnt auch in der

Öffentlichkeit diese Diskussion, vor allem ausgelöst durch die Flut von Gewalt und Terror, denen die Kinder durch die Medien ausgesetzt sind.

Resumierend kann man festhalten, daß die Gesetze des Spielzeugmarktes denen des Gesamtmarktes entsprechen, nur daß sie hier gravierendere Folgen haben, weil sie Spiel als Freizeitbeschäftigung mit Nervenkitzel und Erregung durch die Präsentation des Neuen deklassieren.

In Tab. 4 sind die von Sutton-Smith (1986) diskutierten Perspektiven von Spielzeug zusammengestellt, wobei der Autor den Bedeutungshorizont der jeweiligen Perspektive durch Konnotationen abzustecken versucht hat. Zu den vorherrschenden Spielideologien sind einige Bemerkungen nötig. Die humanoide Projektion bezieht Sutton-Smith auf große Stoff- oder Pelztiere, die schon wegen ihrer Größe (oft sind sie größer als das Kind) ein atypisches Spielzeug darstellen. Sie dienen seines Erachtens als Ersatz für lebende Partner. In sie wird vom Kind Menschenähnlichkeit hineinprojiziert. Man kann diesen Vorgang durchaus auf kleinere Kuscheltiere oder auf lebendige Tiere, die dem Kind als Spielpartner dienen, ausdehnen.

Neuheit dient unter dem technologischen Aspekt der Information (z. B. Computer), unter dem Marktaspekt jedoch der Distraktion, also dem Ablenken der Aufmerksamkeit von bisherigen Gegenständen. Rollenübernahme und Täuschung ist die Spielintention, die vor allem den zahlreichen auf dem Markt befindlichen Regelspielen zugrundeliegt, und wird deshalb in dieser Spalte aufgeführt.

Tabelle 4: Spielzeugkontexte nach den Perspektiven: Familie, Technik, Bildung und Markt (nach Sutton-Smith, 1986, S. 245)

Familie	Technik	Bildung	Markt
Geschenke Bindung Gemeinschaft Verpflichtung Trennung Trost Alleinsein	Maschine Determination Autonomie Werkzeug Rationalität Kosmos Komplexität	Lernen Erkennen Stimulierung Erkundung Arbeit Bewältigung Leistung Fortschritt Ausdauer	Unterhaltung Macht Besitz Konsum Massenproduktion Idealisierung
	Zentrale Thematik		
Intime Beziehungen	Kontrolle über das Schicksal	Wachstum und Fortschritt	Macht und Ideologie
	Vorherrschende Spielideologie		
Kindlichkeit	Rationalität	Nützlich vs. unnütz	Rollenübernahme (Täuschung)
Humanoide Projektion	Neuheit (Information)	Imagination	Neuheit (Distraktion)

Zusammenfassung

Spielgegenstände gab es zu allen Zeiten und in allen Kulturen. Außerhalb der westlichen Konsumgesellschaft werden und wurden Spielsachen jedoch häufig selbst hergestellt. Zudem benutzten und benutzen Kinder außerhalb der westlichen Kultur Alltagsgegenstände und Naturdinge (Steine, Pflanzen, Holz, Lehm etc.) wesentlich häufiger als unsere Kinder. Die Vielfachnutzung und damit häufige Umdeutung von Objekten ergibt sich dabei zwangsläufig.

In westlichen Kulturen werden Kinder mit Spielwaren überschüttet, was es ihnen unmöglich macht, sich mit jedem einzelnen Gegenstand intensiver zu beschäftigen. Sie werden damit frühzeitig in die Ideologie des Konsums und der raschen Zuwendung zu neuen attraktiven Gegenständen eingeführt.

Als auf dem Markt befindliche Spielzeugklassen haben wir neben den vieldeutigen und nicht primär für das Spiel zur Verfügung stehenden Objekten Replika, Werkzeuge, Maschinen, Regelspiele, Begleitmaterialen zu den Medienverbundsystemen, aber auch ideelle Gegenstände wie Geschichten, Verse, Sprachspiele u.ä. unterschieden. Diese Spielzeugklassen haben funktional die gleiche Bedeutung wie die korrespondierenden Gegenstandsklassen in der Gesamtkultur und führen das Kind somit in den späteren Gebrauch von Gegenständen ein. Die Hauptziele dabei sind adäquater Gegenstandsgebrauch, Lernen mit Gegenständen und Konsum von Gegenständen.

Die bei der Spielwarenproduktion wirksamen Marktgesetze gefährden die menschliche Entwicklung im Spiel wie außerhalb des Spiels, da sie die Selbsteinschätzung des Kindes an den Besitz oder Gebrauch von attraktiven Spielgegenständen binden und external das Verhalten des Kindes steuern, anstatt ihm selbst den Hauptanteil vergegenständlichender Aktivität zu überlassen.

Teil 3

Spiel als soziales Handeln: Der gemeinsame Gegenstandsbezug im Spiel

Kapitel 10
Beschreibung und Begriffsbestimmung

10.1 Beschreibung

Die bisherige Analyse des Gegenstandsbezugs im Spiel sowie seine Bedeutung für die Entwicklung insgesamt hat erbracht, daß der gemeinsame Gegenstandsbezug eine Schlüsselposition einnimmt. Was ist damit gemeint?

Reife soziale Interaktion verläuft gewöhnlich als Bezug zu einem gemeinsamen Objekt. Dies kann ein materieller Gegenstand, ein gemeinsames Thema oder ein gemeinsames Ziel sein. Sprachliche Kommunikation, die geläufigste Form der Interaktion, kann nur gelingen, wenn die Gesprächspartner über das Gleiche, eben den gleichen Gegenstand, sprechen. Man kann davon ausgehen, daß das Gemeinsame am Gegenstandsbezug niemals alle Aspekte des Objekts abdeckt. Die Partner erzielen allenfalls über eine Teilmenge der Eigenschaften (Handlungsmöglichkeiten) Konsens. Dieser „gemeinsame Nenner" ist aber die Voraussetzung für eine gelingende Interaktion. Als generelle Formel für den gemeinsamen Gegenstandsbezug kann stehen:

$S1 \rightarrow O \leftarrow S2$

Zwei Subjekte (S1 und S2) beziehen sich handelnd (→) auf das gleiche Objekt.

Die *Art der Beziehungen* der Akteure zum gemeinsamen Gegenstand ist entweder gleich oder komplementär. Beim gemeinsamen Tragen eines Balkens ist die Handlung des Tragens für alle gleich. Beim Befestigen eines Wandschrankes, bei dem ein Partner den Gegenstand hält, der andere die Löcher für die Schrauben markiert, haben wir komplementäre Handlungen vor uns. Wenn Rollenhandeln mit im Spiel ist, überwiegt der Typus des komplementären Gegenstandsbezugs, denn die Rollen schreiben die Arbeitsteiligkeit des gemeinsamen Gegenstandsbezuges vor. Beispiele aus dem Kinderspiel: Wippen, Schaukeln und Karussellfahren sind gemeinsame Gegenstandsbezüge mit gleichen Handlungen, das Verkaufsspiel stellt den gemeinsamen Gegenstandsbezug durch komplementäre Handlungen (Einkaufen – Verkaufen) her.

Manche gemeinsamen Objektbezüge scheinen einseitig gerichtet, vor allem die Beziehung Lehren – Lernen bzw. Vormachen – Nachmachen. Der eine Partner vermittelt den Gegenstand, der andere Partner nimmt ihn in sich auf. Wir können diese Art des Bezugs durch das – später noch genauer zu behandelnde – Begriffspaar Vergegenständlichung und Aneignung beschreiben. Die lehrende Person vergegenständlicht ihr Wissen, indem sie es mitteilt, veranschaulicht oder in beobachtbare Handlung umsetzt. Die lernende Person eignet an, indem sie den Gegenstand des Lehrens bei sich nachkonstruiert und als Wissen speichert. Die Wiedergabe und Reproduktion des Gelernten kann wiederum als Vergegenständlichung aufgefaßt werden.

Eine weitere Bedingung für den gemeinsamen Gegenstandsbezug ist *das Abstim-*

men der Handlungen. Beim Balkentragen müssen die Träger gleichzeitig hochheben und wieder absetzen. Beim Wippen sind die Handlungen der Partner ebenfalls gleich, aber sie erfolgen in zeitlichem Wechsel von Abstoßen und „Fliegen". Ähnliches gilt für manche spätere Sportspiele wie z. B. Tennis. Im Mannschaftssport sind die Handlungen in viel komplexerer Weise aufeinander bezogen. Beim Einkaufsspiel greifen die Handlungen des Verlangens und Bereitstellens, des Bezahlens und Kassierens ineinander.

Auch bei rein sprachlicher Interaktion wie Gesprächen und Diskussionen läßt sich das Ausmaß des gemeinsamen Gegenstandsbezugs bestimmen. Dorval und Eckerman (1984) haben beispielsweise bei verschiedenen Altersgruppen (Siebenjährigen bis Erwachsenen) freie Gespräche aufgezeichnet und eine Entwicklung beobachtet, die von unbezogenen Gesprächsbeiträgen bei den Jüngsten bis zu optimalem gemeinsamen Gegenstandsbezug, vorwiegend bei den ältesten Gruppen, führt.

10.2 Begriffsbestimmung

Jede Form sozialer Interaktion kann (vielleicht mit Ausnahme von der Mutter-Kind-Interaktion in den ersten Lebensmonaten) handlungstheoretisch als gemeinsamer Gegenstandsbezug definiert werden. Er besteht darin, daß die Interaktionspartner immer über „Gegenstände" aufeinander einwirken, wobei die Wechselwirkungen qualitativ sehr unterschiedlich sein können. Sie lassen sich aber wieder durch die Art der Beziehung zum Gegenstand und durch die Art des Gegenstandes bestimmen.

Um mit letzterem zu beginnen: Gegenstände sind gemäß der Einteilung Poppers (1973) nach den „drei Welten" *materielle Objekte*, vor allem Gebrauchsgegenstände, *psychische Phänomene* und in Gesetzen und Strukturen geordnetes *kulturelles Wissen*, letzteres wiederum bestehend aus Sachwissen (vor allem aus Natur- und Geisteswissenschaft, Technik und Recht) und Werten sowie sozialer Konvention, die meist sprachlich und begrifflich nicht klar festgehalten sind. Die Gegenstände können rein sprachlich repräsentiert sein (wie etwa in Diskussionen), materiell zugegen sein (wie im Spiel mit Gegenständen sowie in deren gemeinsamer Herstellung) oder situativ präsent sein (wie die Einhaltung gesellschaftlicher Konventionen bei einem Empfang oder im Konzert).

Die Arten der Beziehung zum Gegenstand lassen sich ebenfalls systematisieren. Sie sind bezüglich der Gerichtetheit auf den Gegenstand *gleich* (Modell des gemeinsamen Hebens und Tragens) oder *komplementär* (Modell Arbeitsteilung am Gegenstand), bezüglich der Fokussierung *objektzentriert* (Interesse und Ziel gelten dem Gegenstand selbst) oder *partnerzentriert* (das Interesse gilt dem Partner, der Gegenstand ist nur Mittel zum Zweck) und bezüglich der Regeln zur Herstellung und Aufrechterhaltung des Gegenstandsbezuges *konservativ* (Nutzung vorhandener Regeln) oder *innovativ* (Neuschaffung von Regeln).

Damit ein gemeinsamer Gegenstandsbezug aufrechterhalten werden kann, müssen also immer Regeln der Interaktion von allen Beteiligten eingehalten werden. Dies ist zugleich der Grund, warum gerade im Spiel der gemeinsame Gegenstandsbezug so vielfältig entwickelt wird.

Kapitel 11

Der gemeinsame Gegenstandsbezug im Spiel: Ein Überblick

11.1 Sensomotorisches Spiel

Da ein generelles Merkmal des Spiels die Wiederholung und das Ritual ist, muß das Spiel auch in all seinen Formen diese Regelhaftigkeit der Interaktion herbeiführen. Beginnen wir mit sensomotorischen Spielen. Bruner und Sherwood (1985) konnten zeigen, wie das Kind unter einem Jahr die Regeln des Guck-Guck-Spiels übernimmt. Die regelhafte Wiederholung des Zyklus: Verschwinden und Auftauchen macht erst die Erwartung, Erregungssteigerung und Spannungslösung möglich. Das Kind steigt in diesen Zirkel ein. Die Fokussierung ist auch in diesem frühen Alter teils partnerzentriert (etwa beim eben erwähnten Spiel) oder gegenstandszentriert (etwa beim Zeigen der Effekte eines Spielzeugs). In den Nachahmungsspielen zwischen Mutter und Kind (Papoušek, Papoušek & Harris, 1987) sind die Reaktionen gleich, bei Lenkungsversuchen der Eltern, auf die das Kind mit Hinwendung reagiert, komplementär. Der gemeinsame Gegenstand schließlich besteht bei frühen Interaktionsspielen oft noch nicht explizit, doch wird er in der zweiten Hälfte des ersten Lebensjahres mehr und mehr eingeführt. Dabei sollen nach Beobachtungen Mütter eher die Einführung von Gegenständen vornehmen als Väter, die bevorzugt motorische Spiele mit den Kindern spielen (Lamb, 1981). Natürlich handelt es sich in diesem frühen Alter immer um materielle Gegenstände, und die bevorzugten Spiele sind Geben-Nehmen, Zeigen-Verstecken.

Hier noch ein Beispiel eines gemeinsamen sensomotorischen Spiels (Papoušek, Papoušek & Harris, 1987).

> In Deutschland wird etwa ab vier Monaten von der Pflegeperson gerne mit dem Säugling „Hammele, Hammele, stuz!“ gespielt, das das Zusammenstoßen zweier Hammel spielerisch imitiert. Die Pflegeperson nähert ihr Gesicht dem Kind, wobei sie „Hammele, Hammele..“ mehrfach wiederholt. Nach einer kleinen Pause stößt sie sacht mit dem Kopf des Kindes zusammen und sagt „stuz!“, wobei sie lacht. Abb. 3 demonstriert die Frequenz und Amplitude der mütterlichen Stimme bei vier Wiederholungen. Man sieht, daß nicht nur die Bewegungsabfolge, sondern auch der Stimmductus sich wiederholt.

11.2 Symbolspiel (Als-ob-Spiel)

Im Symbolspiel (auch Illusions-, Fiktions- oder Phantasiespiel) werden die Regeln des Umgangs mit dem Gegenstand und den beteiligten Akteuren übernommen. Gewöhnlich zeigen kompetente Partner die Skripts und das Kind ahmt sie nach, etwa: Füttern, Baden, oder: Benennen und Umblättern beim Bilderbuch-Anschauen.

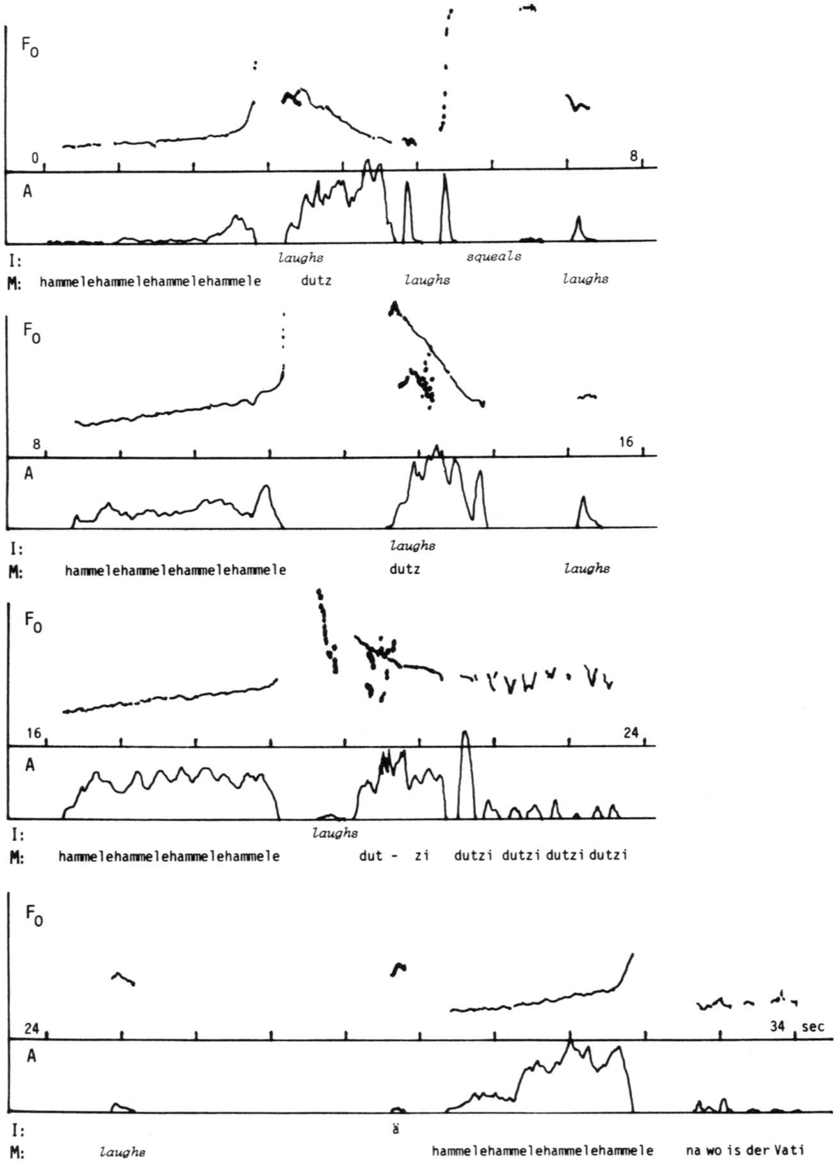

Abb. 3: Frequenz und Amplitude von sprachlichen Äußerungen der Mutter beim Spiel „Hammele, Hammele, stuz!“ Papoušek, Papoušek & Harris. 1987, S. 240

Folgendes Beispiel der Spielinteraktion zwischen Mutter und ihrem Kind im Alter von 1;9 Monaten demonstriert dieses Vorgehen (K: Kind; M: Mutter; Aufnahme: Eva Nagy; Protokoll: Birgit Mieruch).

K steht mit Babypuppe im Arm auf und sieht sich suchend um
K: „Oschabet?"
M: „Was? Ach so, wo ist das Bett!"
M stellt kleines Puppenbett vor K hin
M: „Da ist das Bett! Aber da paßt ja nur die kleine Puppe rein. Die große müssen wir hier in das Bett legen"
M tippt auf das Bett
K geht zum Kopfende vom Bett
K: „Da heia machen"
K legt Babypuppe in das Bett
M: „Oh, jetzt tut sie aber schön heia machen. Dann kriegt sie eine Flasche und dann sagen wir 'Gute Nacht, Puppe!'"
K führt Fläschchen zum Mund von Babypuppe
M: „Kriegt sie auch ein Gute-Nacht-Bussi?"
K gibt Babypuppe einen Kuß
M: „Dann tun wir sie zudecken, und dann tut sie schlafen"
K führt Fläschchen zu Mund von Babypuppe
K steht auf und sieht sich suchend um
M: „Wo ist die Decke?"
K: „Da!"
K hebt Lätzchen vom Boden auf
M: „Ein bißchen klein ..."
K legt Lätzchen auf Babypuppe
M: „So, die Puppe schläft jetzt, hm?"
M streicht über die Augen der Babypuppe
K steht vor dem Bett und schaut auf Babypuppe

Beide Partner entfalten das Skript des Zubettbringens. Die Mutter hilft immer dann, wenn das Kind den nächsten Handlungsschritt nicht kennt, wobei aber die Spielidee vom Kind kommt. Als Ersatz für eine realitätsnahe Decke benutzt das Kind das Lätzchen, aber diese kreative Symbolhandlung wird durch die Frage der Mutter „Wo ist die Decke?" initiiert. Das folgende Beispiel zeigt das gleiche Kind bei Störungen des gemeinsamen Gegenstandsbezuges. Das Kind möchte zum wiederholten Male die Puppe baden oder auf andere Weise mit Wasser umgehen, z. B. die (Spiel-)Kanne benützen. Mutter und Versuchleiterin versuchen, es davon abzubringen. (K: Kind; M: Mutter; Aufnahme: Eva Nagy; Protokoll: Birgit Mieruch).

K: „Baden, baden"
Vl: „Baden? Die ist doch schon so sauber"
K legt Babypuppe in Wanne
M: „Das haben wir doch jetzt schon gemacht, hm?"
K: „Baden!"
K versucht Babypuppe in die Wanne zu legen
M: „Sollen wir einmal die Kiste mit den Bausteinen hierher holen?"
K hantiert mit Babypuppe und Wanne; Wanne fällt auf den Boden
K macht Anstrengungsgeräusche

K: „Oh … Baden!“
K steht auf und schaut sich um
K: „O se slase“
Vl: „Hier ist die Flasche“ „Suchst du die Flasche?“
K nimmt Fläschchen von Vl
K schüttelt Fläschchen
K schmeißt Fläschchen weg
K macht unzufriedenes Gesicht
K: „Auch net“ (auch nicht)
M: „Auch net?“
K nimmt den Topf vom Boden
K dreht sich um
K: „So, tanne“
M: „Die Kanne ist schon weg, die haben wir schon eingepackt“
K geht zu Koffer
K hebt Deckel von Koffer
M: „Du sollst nicht wieder alles auspacken, Pia!“
K lehnt sich in Koffer
M: „Pia!“
K zieht Tüte mit Holzspielzeug aus Koffer
K schüttet Tüte mit Holzspielzeug auf dem Boden aus

Insgesamt läßt sich für den gemeinsamen Gegenstandsbezug beim Symbol-(Phantasie-)spiel sagen, daß sich die Partner (vorzugsweise ein kompetenterer Partner und das Kind) auf eine Deutung des Gegenstandsbezuges einigen. Erleichtert wird dieser Vorgang dadurch, daß sich der Erwachsene den kindlichen Wünschen leicht anpassen kann, sowohl bezüglich der Handlungsziele als auch hinsichtlich der Umdeutung bzw. Substitution von Gegenständen. Eben weil Kinder des gleichen Alters eher auf ihrer Spielidee beharren, entstehen oft Schwierigkeiten beim gemeinsamen Gegenstandsbezug. Immerhin zeigt das früher beschriebene Beispiel aus einer Kinderkrippe, in dem zwei Kinder einen Waschkorb als Wiege benutzen, daß Kinder schon frühzeitig zu einer Verständigung kommen können. Hier erfolgte eine Einigung auf einen gemeinsamen Gegenstandsbezug, die Beziehungen sind sogar schon komplementär: ein Kind läßt sich wiegen, das andere führt aktiv den Vorgang des Wiegens aus.

11.3 Parallelspiel

Vor dem eigentlichen Rollenspiel gibt es eine Form des Spiels, die in der neueren Spielliteratur kaum mehr beachtet wird, gleichwohl eine wichtige Übergangsfunktion einnimmt: Das Parallelspiel (s. z. B. Schmidtchen & Erb, 1976). Kinder spielen oft nebeneinander, beobachten sich gegenseitig, greifen aber nicht in das Spiel des anderen ein. Generelles Schema:

$$S1 \rightarrow O1$$
$$S2 \rightarrow O2$$

Für den späteren Aufbau eines gemeinsamen Gegenstandsbezugs ist vor allem die Situation wichtig, in der zwei oder mehr Kinder mit den gleichen Gegenständen spie-

Parallelspiel

Rollenspiel

len. Die Transformation in den gemeinsamen Bezug gelingt dann, wenn Handlungsfunktionen am Gegenstand entdeckt werden, die sich ergänzen, komplementär zueinander sind oder in anderer Weise erlauben, daß zwei (oder mehr) Personen sich auf den gleichen Gegenstand beziehen können. Parallelspiel ist keineswegs nur auf das frühe Alter beschränkt, sondern findet sich durchaus relativ häufig noch im Vorschulalter. So fanden Parten und Newhall (1943), deren Ergebnisse schon von Schmidtchen und Erb (1976) berichtet wurden, bei zwei- bis zweieinhalbjährigen Kindern das Parallelspiel als häufigste Spielform. Es hielt sich aber auch noch bei 4 1/2-jährigen und war immer noch häufiger anzutreffen als kooperatives Spiel. Diese relative Häufigkeit hängt aber mit dem Setting zusammen, in dem die Kinder beobachtet wurden, nämlich dem Kindergarten oder ähnlichen Einrichtungen. Im häuslichen Umkreis oder in Situationen, in denen wenige Kinder miteinander spielen, gelingt soziales Spiel häufiger.

Das Parallelspiel bereitet das kompliziertere soziale Spiel, vor allem das Rollenspiel, in mehrfacher Hinsicht vor. Zunächst einmal besitzt der Gegenstand im Parallelspiel noch subjektive Valenz. Das Kind ist von ihm angezogen und benötigt ihn allein für seine Handlungen. So sitzen Kinder in einem von den Vätern gebastelten hölzernen Bus, wobei jedes Kind sein eigenes Steuer hat und „fährt". Oder ein Kind will Dreirad fahren und wird von einem anderen bedrängt, das ebenfalls das Gefährt haben möchte. Die Erzieherin schlichtet häufig den Streit, indem sie dem zweiten Kind ebenfalls ein Fahrzeug anbietet. Beide Kinder fahren umher und beobachten sich gegenseitig. Die subjektive Valenz als Hindernis für den gemeinsamen Gegenstandsbezug und als Auslöser für ein ansatzweise auftretendes Parallelspiel zeigt die bereits in Abschn. 5.1 beschriebene Szene von zwei kleinen Kindern auf dem Spielplatz.

P. (3;3 Jahre) schaufelt Sand in seinen Bagger. Ein zweites, jüngeres Kind nähert sich und greift nach dem Bagger. P. wehrt sich und gibt dem anderen Kind stattdessen ein Spielauto. Das andere Kind entfernt sich und beschäftigt sich mit dem Auto, während P. es beobachtet, gleichzeitig aber mit dem Bagger weiter hantiert. Schließlich führt die Mutter das andere Kind her und verlangt, daß es P. das Auto zurückgebe.

Die subjektive Valenz des Baggers hindert P., das andere Kind miteinzubeziehen, er ist jedoch bereit, ein vergleichbares Spielzeug (Auto) herzugeben, und so manipulieren beide eine Weile in einiger Entfernung mit vergleichbaren Objekten. Die Interaktion besteht in der Beobachtung des anderen (in diesem Fall vorwiegend durch P).

Als zweites Merkmal vorbereitenden gemeinsamen Gegenstandsbezugs läßt sich beim Parallelspiel eine besondere Form der Interaktion feststellen. Die Kinder beobachten ihr Tun wechselseitig und imitieren sich. Sie lernen vom anderen dessen Umgang mit dem Gegenstand kennen und probieren die beobachtete Handlungsmöglichkeit am eigenen Gegenstand aus. Ein Untersuchungsbeispiel mag dies beleuchten.

Morrison und Kuhn (1983) fanden bei kontrollierten Spielsituationen, daß bei Kindern im Alter von vier bis sechs Jahren die wechselseitige Beobachtung zunahm. Das Spiel bestand aus der Konstruktion einer Rollbahn, auf der man Kugeln hinabrollen konnte. Die Autoren unterschieden dabei sieben Niveaus des Konstruktionsspiels. Kinder, die Spielpartner mit höherem Konstruktionsniveau beobachten konnten, verbesserten ihr Niveau im Lauf des Spiels. Wer aber Partner hatte, die gleich oder niedriger im Spielniveau waren, profitierte nicht, sondern blieb auf seinem Niveau oder sank sogar auf ein niedrigeres Niveau ab.

Während des Spiels andere zu beobachten, ist bei größeren Gruppen eine wichtige Strategie, da die Interaktion dort erschwert und mit größeren Konflikten und Ängsten verbunden ist (s. auch Schmidt-Denter, 1987).

Damit wird deutlich, daß ein drittes Kriterium für das Parallelspiel zutrifft: das gemeinsame Handeln. Das Handeln, das nebeneinander herläuft, zeigt bereits eine gewisse Koordination: die Bezüge zum Objekt werden parallelisiert. Da jedes Kind noch seinen eigenen Gegenstand hat, gelingt diese Koordination leicht, etwaige Fehler schlagen nicht zu Buche.

11.4 Rollenspiel

Im Rollenspiel wird der gemeinsame Gegenstandsbezug durch die Handlungsmuster abgestützt, durch welche die Rollen definiert sind. Um Rollenspiele gemeinsam zu spielen, müssen die Beteiligten zumindest die Handlungsmuster ihrer eigenen Rolle, aber auch mindestens die Handlungsmuster eines weiteren Partners kennen. Dieses augenscheinlich sehr komplizierte Geschäft vereinfacht sich, wenn wir wieder die Begriffe des Schemas und Skripts zu Hilfe nehmen. Im Rollenskript ist bereits die Funktion mehrerer Rollen enthalten. Das einfache Badeskript enthält die Mutter als Akteur und das Baby als Rezipienten. Das Doktorspiel beinhaltet Arzt und Patient (manchmal auch die Schwester oder Sprechstundenhilfe) sowie gewöhnlich die Eltern des kindlichen Patienten. Im Skript des Arztes ist nicht nur die Behandlung (Abhören, Verbinden, Spritzen), sondern auch die Mitteilung der Diagnose an die Eltern sowie Begrüßung und Verabschiedung enthalten.

Eine zweite Komponente, die gemeinsames Rollenspiel erleichtert, ist die fiktive Verwandlung der eigenen Person in einen Rollenträger. Dadurch, daß man in eine Rolle schlüpft, spielt man statt seiner selbst einen anderen Akteur, und obwohl die Rolle eigentlich zum Zwecke der Ichsteigerung gewählt wird (s. Teil 4), bedeutet sie doch eine Dezentrierung im Sinne Piagets, also eine Lösung von der egozentrischen Erkenntnishaltung.

Eine dritte Komponente, die den gemeinsamen Gegenstandsbezug im Rollenspiel erleichtert, bilden die Regeln des Rollenskripts. Der Rollenträger muß sich an diese Regeln halten, sonst würde er nicht mehr die gewünschte Rolle spielen. Nur wenn alle Beteiligten solche Regeln einhalten, kann der gemeinsame Gegenstandsbezug aufrechterhalten werden.

Im Rollenspiel verändert sich der Gegenstandsbezug selbst in mindestens zweierlei Richtung. Nicht mehr einzelne Gegenstände sind das Ziel gemeinsamer Handlungen, sondern das Spielthema, die Spielidee (das Sujet). Damit ist der Gegenstand bereits etwas recht Komplexes geworden, ein Handlungsmuster, in dem Rollen, Handlungen und Gegenstände als (meist hierarchische) Sequenz geordnet sind. Der gemeinsame Gegenstandsbezug „Einkaufen spielen“ beinhaltet vorab mindestens zwei Rollen (Verkäuferin und Kunde) sowie zwei reziproke Handlungen (Verkaufen – Einkaufen). Meist handelt es sich aber um ein komplexeres Skript (Begrüßung, Preise erfragen und nennen, bezahlen, herausgeben, Verabschiedung). Die einzelnen gegenstandsbezogenen Handlungen sind mindestens auf einer Zwei-Ebenen-Hierarchie angeordnet, dem Spielthema und der konkreten Handlung. Letztere wird durch das Spielthema bestimmt und ordnet sich ihm unter.

Im nachfolgenden Beispiel hat das jüngste Kind (Martina, 3 Jahre) noch Schwierigkeiten, sich ins Rollenspiel einzufügen, obwohl es selbst bestimmte Rollen übernehmen möchte. Es wechselt im Spiel von der Ebene des gemeinsamen Spielthemas zu einzelnen Gegenständen und vergißt sozusagen vorübergehend, das Spiel weiterzuführen (Aufnahme und Protokoll: Angelika Steinmaßl und Mitra Herawi). Die Szene schließt an den in Abschn. 5.1 beschriebenen Ausschnitt an:

Katharina: (schaut in ihren Einkaufskorb und plötzlich geht sie schnell wieder zurück, indem sie schreit): „Geld, Geld, Geld!“ (will ihren Geldbeutel öffnen, der Korb fällt hinunter, sie nimmt ihn und stellt sich bereit zum Zahlen),

Martina: (während sie mit der Kasse spielt): „Aber das hast du noch, schau!“

Katharina: (schaut in ihren Geldbeutel): „Pfennig brauche ich!“ (während sie wartet, singt sie vor sich hin)

Martina: (gibt ihr aus der Kasse Geld): „Da!“

Katharina: (zahlt ihre Einkäufe, ohne zu fragen, wieviel es gekostet hat): „Aber paß auf! ... Bitte! ... (laut, meint dabei die Kasse): „Nicht zumachen!“ (sieht ein Geldstück, das im Laden liegt, zu Martina, laut): „Hui, meine hingefallene Mark!“

Martina: (kümmert sich im Moment um ein Fläschchen, aus dem sie trinken möchte)

Katharina (laut): „Nicht trinken! ... Da ist noch eine hingefallen. Bitte heb das auf!“

Martina: Erledigt das, hält dabei das Fläschchen noch in der Hand)

Martina besitzt noch wenig Wissen über die Rolle der Verkäuferin, aber sie händigt doch die Ware (z. B. einen Krug) aus. Am Ende der kleinen Szene entdeckt Martina ein Fläschchen. Der Gegenstand hat so großen Aufforderungscharakter, daß das Kind seine Rolle vernächlässigt und auch nicht auf die Aufforderung Katharinas, die zu Boden gefallene Mark aufzuheben, achtet. Der Einzelgegenstand erhält vorübergehend subjektive Valenz und stört den allgemeineren Gegenstandsbezug. Im weiteren Spielverlauf will Martina eine Nudeldose öffnen und ist davon trotz der Regelhinweise der anderen Partnerinnen nicht abzubringen. Katharina selbst gibt in obiger Szene vorübergehend den Gegenstandsbezug auf, als Manuela ihren Korb nehmen will (s. Szenenanfang in Abschn. 5.1).

11.5 Regelspiel

Im Regelspiel gibt es zwar immer konkrete Gegenstände wie Tennisschläger und -ball, Brett und Figuren, Spielkarten etc., aber sie sind nicht das Eigentliche am Spiel, sondern nur notwendiger Bestandteil. Wichtiger und als Gegenstand vorgeordnet ist die Regel, denn ohne sie gäbe es kein Spiel. Aber auch die Regel ist (zumindest meist) nicht die Hauptsache am Spiel. Es ist vielmehr darauf gerichtet, zu gewinnen, allerdings mit dem Risiko der Niederlage. Je mehr Geschicklichkeit ein Regelspiel verlangt, desto stärker rückt die Fähigkeit der Spieler in den Vordergrund. Ein versierter Spieler kann nicht gegen einen Novizen spielen, sondern braucht einen ebenbürtigen Gegenspieler. In diesem Falle wird das Sich-Messen an den eigenen Fähigkeiten zum Hauptgegenstand des Spiels. Die Gesamtstruktur des Regelspiels läßt sich wie folgt darstellen:

$$S1 \rightarrow F1 \rightarrow R \rightarrow O \leftarrow R \leftarrow F2 \leftarrow S2$$

Zwei oder mehr Partner (S) beziehen sich unter Einsatz ihrer speziellen Spielfähigkeit (F) nach festgelegten Regeln (R) auf ein Spielobjekt (O). Da die Fähigkeit des Spielers ihn selbst und seinen Status repräsentiert, läuft das typische Regelspiel auf einen Vergleich der Personen hinaus. Letztlich ist die ganze Persönlichkeit des Gewinners „besser" als die des Verlierers. Der Gewinner erhebt sich über den Verlierer und kostet, solange der Spielrahmen besteht, oft auch darüber hinaus, den Status der Selbsterhöhung aus. Unter diesem Aspekt ist der eigentliche Gegenstand des Regelspiels der soziale Vergleich, auch in Ernstsituationen ein wichtiger Vorgang (Festinger, 1956).

Somit haben wir im Regelspiel eine Vierebenen-Hierarchie von gemeinsamen Gegenstandsbezügen vor uns: konkrete Gegenstände des Spiels (Ball, Figuren, Karten), die Spielregeln, die Fähigkeiten bzw. Fertigkeiten und die Personen als Ganzes. Auf keine dieser Ebenen kann verzichtet werden und jede ist auch für den Spieler attraktiv.

Zunächst einmal motiviert der gegenständliche Charakter des Spiels, also Schläger und Ball, Fußball und Tor, Brett und Figuren, Spielkarten etc. Zugleich ist aber auch die Regel, die das Spiel bestimmt, attraktiv. Das Spannende ist ja gerade, mit den Objekten gemäß der Regel, also in mehr oder minder stark ritualisierter Form umzugehen. Beide Aspekte des Spiels verschmelzen zu einem gemeinsamen Gegenstand. Die eigenen Fertigkeiten sind ebenfalls nicht losgelöst vom konkreten Gegenstand und den spezifischen Regeln, sondern auf sie gerichtet. Phänomenologisch erlebt der Spieler Involviertheit in das Spiel als Konzentration auf die Spieletappen und die Spielgegenstände. Fähigkeit ist hier definiert durch die enge Beziehung zu Spielobjekt und -regel. Sie hat nichts mit Leistungen außerhalb des Spiels zu tun, d. h. auch sie ist in den gemeinsamen Gegenstandsbezug integriert. Der Akteur schließlich, der sich mit dem Spielpartner mißt, erlebt sich als Gegenüber, Urheber und Verantwortlicher für den eigenen Gewinn. Der Vergleich mit dem Partner ist aus den Spielhandlungen herausgehoben und besteht in einem Bewertungs- und Vergleichsprozeß des Spielstandes bzw. aktueller Spielhandlungen. Damit ist diese oberste Ebene des Gegenstandsbezuges abgehoben von den bisherigen und läßt sich folgendermaßen symbolisieren:

$$S1 \overset{\leftarrow}{\rightarrow} (F1 = F2) \overset{\leftarrow}{\rightarrow} S2$$

Zwei (oder mehrere) Partner vergleichen eine aktuelle Leistung (summarisch der eigenen Fähigkeit F zugeschrieben) und melden sich das Ergebnis zurück, was in eine Selbstbewertung einmündet.

Da viele Regelspiele auch eine Zufallskomponente (z. B. Würfeln) haben, stellt sich die Frage nach der Rolle dieses Faktors im gemeinsamen Gegenstandsbezug. Zufall, sofern er zugunsten des Spielers ausfällt, wird als Glück interpretiert. Glück aber schlägt der Spieler seiner eigenen Fähigkeit oder Person zu, man bezeichnet ihn als „Glückspilz" und attribuiert ihm, wenn er etwa im Roulett gewinnt, eine besondere Begabung, etwa die des Hellsehers. Oft wird sogar die durchaus reale Fertigkeit, die den Spielgewinn herbeigeführt hat, der „Glückssträhne" des Spielers zugewiesen. Jedenfalls sieht sich der Spieler veranlaßt, auch Zufallsereignisse seinem Können bzw. der Gunst höherer Mächte zuzuschreiben. Damit wird die Attributionsmatrix von Weiner (1980) zumindest teilweise vom Spieler modifiziert. Glück ist nicht mehr ein rein externaler Faktor, sondern wird Bestandteil der eigenen Fähigkeit bzw. der Bevorzugung durch das Schicksal (Liebling der Götter) und damit Bestandteil der eigenen Person. Permanenter Verlust im reinen Glücksspiel bedeutet für den Spieler daher auch eine Wertminderung seiner Persönlichkeit, die er durch fortgesetztes Spiel auszugleichen sucht.

Am Ende dieses Überblicks wird deutlich, wie sich die Valenz des Gegenstandsbezuges mit aufsteigender Reihe des Spiels wandelt. Beim Parallelspiel steht noch die subjektive Valenz des Gegenstandes im Vordergrund, weshalb das Nebeneinanderher-Spielen eine Strategie darstellt, konfliktfrei eine Form sozialen Handelns zu ermöglichen. Beim Rollenspiel siegt die objektive Valenz des Gegenstandes. Sie wird durch die Rolle geradezu erzwungen. Die Rolle selbst besitzt objektive Valenz und mit ihr alle Gegenstandsbezüge, die die Rolle vorschreibt. Da der Akteur in der Rolle zum „alter" wird, vermag er sich (wenn auch am Anfang nur unter Schwierigkeiten) von der subjektiven Valenz der Gegenstände zu lösen. Das Regelspiel schließlich erfordert den Aufbau abstrakter Valenz. Nicht mehr inhaltlich fixierte Handlungen an konkreten Gegenständen und nicht mehr inhaltich bestimmte Rollen stehen im Vordergrund, sondern die Interaktion nach formalisierten Regeln. Die Personen werden zu austauschbaren Akteuren ebenso wie die Gegenstände beliebige Gestalt annehmen können. Was bleibt, sind die Valenz des Regelwerkes und das inhaltsleere Ziel, einen Sieg zu erringen.

11.6 Die Entwicklung des Sozialspiels: ein Untersuchungsbeispiel

Die bisherige Darstellung macht deutlich, daß die dargestellten Spielarten, die einen gemeinsamen Gegenstandsbezug voraussetzen, sich in der oben angegebenen Reihenfolge entwickeln. Exakt lassen sich solche Annahmen aber nur in Längsschnittuntersuchungen prüfen, in denen sich beobachten läßt, ob ein einzelnes Kind tatsächlich verschiedene Etappen des gemeinsamen Spiels in einer bestimmten Reihenfolge durchläuft. Diese Frage wurde von Howes und Matheson (1992) untersucht. Sie führten zwei Längsschnittstudien durch. Die erste Studie umfaßte 48 Kinder aus der Mittelschicht und Arbeiterschicht im Alter von 13-24 Monaten zum ersten Meßzeitpunkt. Das gemeinsame Spiel der Kinder wurde sechsmal in sechsmonatigem Abstand, jedesmal an zwei verschiedenen Tagen, erfaßt, so daß die Kinder bis ins Vorschulalter hinein beobachtet wurden.

Dabei zeigte sich folgende Reihenfolge des Sozialspiels: Parallelspiel ohne wechselseitige Beachtung, Parallelspiel mit wechselseitigem Augenkontakt, einfaches Sozialspiel (Kinder sprechen miteinander und bieten sich Gegenstände an), komplementäres und reziprokes Spiel (Kinder nehmen einfache handlungsdeterminierte wechselseitig abhängige Rollen ein, wie Jagen und Verfolgen, Suchen und Verstecken), kooperatives soziales Fiktions-(Illusions)spiel (Partner spielen Rollen in einem fiktiven Rollenspiel) und komplexes soziales Fiktionsspiel (Kinder spielen soziale Rollen unter Einsatz von Metakommunikation). Mit dieser Einteilung wird vor allem das oben skizzierte Rollenspiel weiter ausdifferenziert, allerdings ohne dessen höhere Formen und ohne das Regelspiel, dessen komplexere Formen erst auf das Rollenspiel folgen würden.

Wichtig bei diesen Ergebnissen ist neben dem allmählichen Auftreten höherer Formen des Sozialspiels mit fortschreitendem Alter der Befund, daß auch die ältesten der untersuchten Kinder immer noch häufiger einfachere Formen des Sozialspiels realisieren, wie etwa das Parallelspiel. Tab. 5 mag dies an einigen ausgewählten Ergebnissen demonstrieren. Wie man sieht, ist der Anteil des komplexen Rollenspiels auch bei der ältesten Gruppe relativ gering. Dies liegt zum Teil daran, daß nur das unbeeinflußte spontane Spiel der Kinder erfaßt wurde, nicht aber Spielszenen, in denen kompetentere Spielpartner (ältere Kinder, Erwachsene) mitwirkten.

Tabelle 5: Mittlere Häufigkeit des Auftretens verschiedener Formen des Sozialspiels bei einer längsschnittlich beobachteten Gruppe (nach Howes & Matheson, 1992; ausgewählte Ergebnisse)

	Alter in Monaten					
	13–15	19–23	24–29	30–35	36–41	42–47
Parallelspiel ohne Blickkontakt	29,5	31,7	39,9	27,4	32,6	21,3
Parallespiel mit Blickkontakt	25,7	41,9	42,3	48,0	39,1	31,5
einfaches Sozialspiel	11,7	17,7	10,6	20,5	33,2	37,5
komplementäres Sozialspiel	4,6	7,6	19,3	15,4	28,9	36,1
kooperatives Als-ob-Spiel	0	0,2	0,8	15,0	21,8	26,9
Komplexes Rollenspiel	0	0	0	1,3	4,6	15,2

Kapitel 12

Frühe Formen des gemeinsamen Gegenstandsbezuges

Im folgenden werden wir zeigen, wie sich der gemeinsame Gegenstandsbezug im frühkindlichen Spiel entwickelt. Damit soll zum einen deutlich werden, wie bedeutsam Spiel für den Aufbau dieses zentralen Handlungsmusters ist, zum andern kann durch die Erfassung der Genese des gemeinsamen Gegenstandsbezuges das Phänomen selbst und seine Struktur besser verstanden werden.

12.1 Vorsprachlicher gemeinsamer Gegenstandsbezug

Bruner (1975) nennt aufgrund seiner Beobachtung von Kleinstkindern Etappen in der Mutter-Kind-Interaktion, die auf den Spracherwerb vorbereiten. Diese Etappen sind zugleich auch Schritte hin zum gemeinsamen Gegenstandsbezug. In einer ersten Etappe lernt das Kind, den Akteur vom Objekt zu unterscheiden. Damit wird das Objekt aus dem Gesamtkontext bereits herausgelöst. In einem nächsten Schritt werden das Objekt und sein Name durch Aufmerksamkeitslenkung fokussiert. Die Mutter zeigt einen Gegenstand und benennt ihn. So assoziiert das Kind noch vor dem Sprachverständnis Laute mit Gegenständen. In einem dritten Schritt, der zeitlich wohl nicht klar vom zweiten geschieden ist, führt die Mutter mit dem Gegenstand, auf den sie die Aufmerksamkeit gelenkt hat, Handlungen durch. Damit wird die Routine „Schau hin – tu etwas!“ eingeübt. In der nächsten Etappe lernt das Kind die Unterscheidung von Frage und Aufforderung am Tonfall der Stimme, so daß zur Aufmerksamkeitslenkung die erwünschte Handlung spezifiziert werden kann. Schließlich sind alle diese bislang beschriebenen Prozesse in Spielhandlungen eingebettet, die allmählich komplexer werden. Ein typisches Spiel, das den gemeinsamen Gegenstandsbezug besonders initiiert, ist das Wo-da-Spiel. Die Mutter oder Pflegeperson verbirgt einen Gegenstand und ruft „Wo ist ...(die Puppe, der Ball, die Blume)?“ Das Kind vokalisiert und zeigt erregt auf das Versteck. Die Mutter holt den Gegenstand hervor und zeigt ihn: „Da ist...!“, worauf sich die Spannung löst und das Kind lachend vokalisiert.

Dieser Prozeß, den Bruner hier charakterisiert, entwickelt die Handlungsgrammatik (Fillmore, 1968), insbesondere aber die Herauslösung des Gegenstandes aus dem Handlungszusammenhang mit dem Zweck, ihn in einen neuen, gemeinsamen Bezug zu stellen. Es gibt noch einen anderen Entwicklungsprozeß, der den gemeinsamen Gegenstandsbezug aufbauen hilft: der Umgang mit Objekten im gemeinsamen Handeln.

Eine frühe Form dieses Umganges ist das Geben-Nehmen-Spiel. Das Kind reicht der Bezugsperson ein Objekt. Diese nimmt es und gibt es wieder zurück. Oft gibt es auch das einseitige Geben-Spiel: das Kind reicht der Bezugsperson einen Gegenstand nach dem andern, ohne die Rückgabe zu verlangen. Ein Spezialfall des Geben-Nehmens ist das wechselseitige Zurollen des Balles. Die absichtliche Unterbrechung des Spiels durch Zurückhaltung des Balles wird mit Lachen begleitet.

Wie bereits erläutert, sind manche Gegenstände so konstruiert, daß sie den gemeinsamen Gegenstandsbezug verlangen (Wippe, Schaukel, Karussell) oder zumindest begünstigen (Kletterbaum, Spielhaus). Bei diesen Objekten wird der gemeinsame Bezug frühzeitig aufgebaut und verstanden (internalisiert).

12.2 Eine Handlungsgrammatik des gemeinsamen Gegenstandsbezuges

Im folgenden sollen einige Grundformen des frühen gemeinsamen Gegenstandsbezuges als Handlungsgrammatik dargestellt und erläutert werden. Die Pfeilrichtung zum Objekt hin deutet Vergegenständlichung und Manipulation am Gegenstand an, die Pfeilrichtung auf das Subjekt hin stellt Prozesse der Aneignung (z. B. Wahrnehmung, Lernen, Verstehen) dar. S1 ist das Kind, dessen Entwicklung bzw. aktuelle Leistung beschrieben werden soll, S2 ist der Spielpartner, anfänglich meist eine erwachsene Bezugsperson. Pfeile von einem Subjekt zum andern stellen die Informationsübertragung dar, wobei das Objekt in Klammern mit angefügt ist, da sich die Informationsvermittlung auf Gegenstände bezieht und somit den gemeinsamen Gegenstandsbezug nur verkürzt darstellt. Eingerahmte Subjekt-Objekt-Beziehungen entsprechen einem Klammerausdruck in der Algebra und drücken die vorgeordnete Zusammengehörigkeit aus.

Auf diese Weise lassen sich einfache Handlungen, aber auch komplexe Handlungsmuster in einer Art Grammatik darstellen, die der sprachlichen Grammatik entspricht. Diese Handlungsgrammatik dient im vorliegenden Zusammenhang der genaueren Darstellung des gemeinsamen Gegenstandsbezuges. Sie erlaubt einen besseren Vergleich zwischen unterschiedlichen Formen des gemeinsamen Objektbezugs. In Abb. 4 sind Einzelhandlungen dargestellt. Beim *Zeigen* macht S2 das Kind (S1) auf einen Gegenstand (O) aufmerksam. Das Hindeuten wird als Vergegenständlichung klassifiziert, daher führt der Pfeil weg von S2; das Kind, das den Gegenstand betrachtet, eignet an: Der Pfeil führt in Richtung S1. Die Direktverbindung S2 – S1 verläuft genaugenommen auch über ein „Objekt", nämlich den deiktischen Ausdruck (schau!). Analog sind die weiteren Beispiele zu lesen. Um Mehrdeutigkeiten zu vermeiden, ist der jeweilige Handlungsinitiator durch einen Kreis gekennzeichnet.

Benennen durch den Erwachsenen: Der Doppelpfeil von S2 nach O beschreibt das Hinzeigen und das Benennen, beides verstanden als Formen der Vergegenständlichung.

Benennen durch das Kind: Hier laufen die Pfeile in entgegengesetzter Richtung. Das Erblicken und Erkennen sind Aneignungsprozesse, das Benennen ist wiederum eine Vergegenständlichung.

Geben und Nehmen: Die Umrahmung deutet die vorgeordnete Zusammengehörigkeit von S und O an. Im Falle des Besitzes eines Gegenstandes dominiert Aneignung, der Pfeil verläuft in Richtung S. Wenn S1 dem Partner S2 einen Gegenstand, mit dem

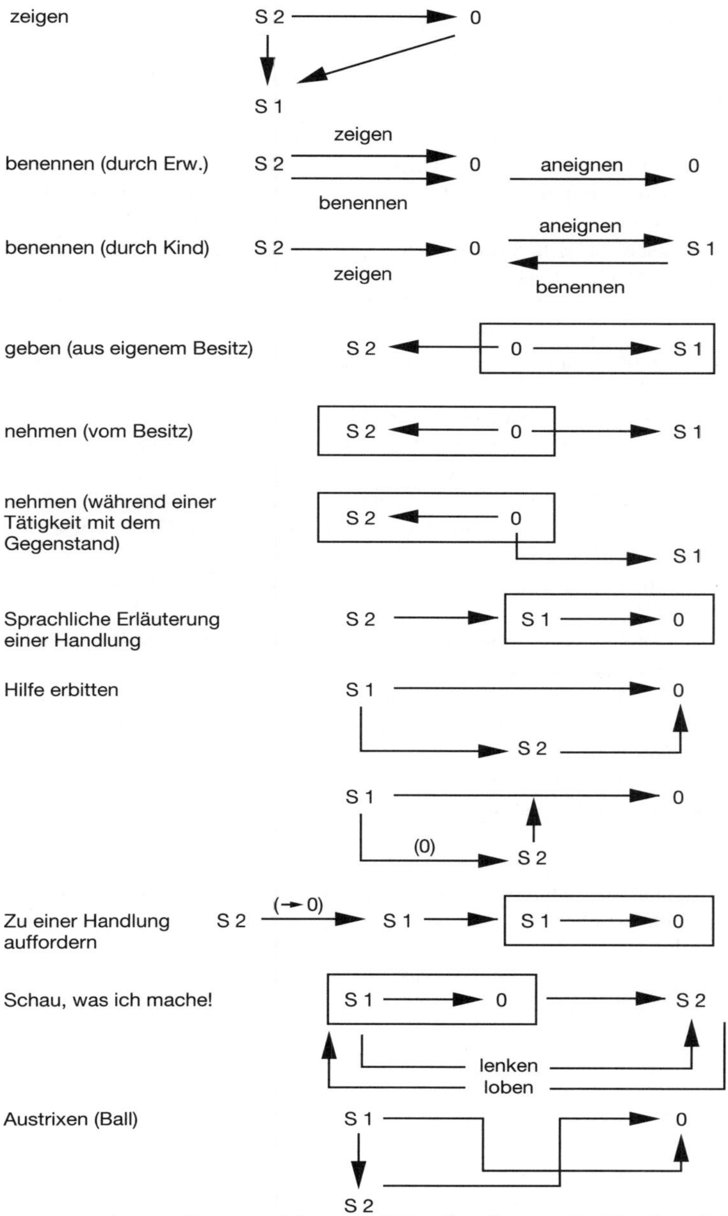

Abb 4: Der gemeinsame Gegenstandsbezug bei Einzelhandlungen (der Handlungsinitiator ist durch einen Kreis gekennzeichnet)

dieser gerade spielt, wegnimmt, so geschieht dies während eines Vergegenständlichungs-Prozesses, der Pfeil verläuft in Richtung O.

Sprachliche Erläuterung der Handlung: S2 vergegenständlicht sprachlich die Beziehung S1 → O.

Hilfe erbitten: Wenn ein Kind eine gewünschte Tätigkeit am Objekt nicht ausführen kann, erbittet es häufig die Hilfe der Erwachsenen. Die Unterstützung kann am Objekt selbst einsetzen (z. B. Flasche öffnen) oder an der Tätigkeit (z. B. Ratschläge geben oder die Handlung mit unterstützen). Sowohl das Ersuchen um Hilfe von S1, als auch die Hilfeleistung von S2 sind Formen der Vergegenständlichung, daher führt die Pfeilrichtung weg von S.

Zu einer Handlung auffordern: S2 übermittelt an S1 als „Gegenstand" (O) die Information, die Handlung S1 → O auszuführen.

Eine Handlung (Leistung) voller Stolz zeigen: Das Kind lenkt die Aufmerksamkeit des Partners auf seine Handlung (S1 → O) in der Absicht, von ihm gelobt zu werden bzw. ihn an der eigenen Freude teilhaben zu lassen.

Austricksen: Bei einem 21 Monate altem Kind haben wir bereits einen recht komplexen gemeinsamen Gegenstandsbezug gefunden, das Austricksen des Partners. Ein Junge legt einen Ball vor die Füße der Mutter und ruft: „Schieß!" Als die Mutter zum Kicken ansetzt, kommt er ihr zuvor und schießt den Ball weg. Dies ist eine absichtliche Handlungsblockade beim anderen. Dessen Handlungsabsicht dem Gegenstand gegenüber wird durchkreuzt, indem der Akteur selbst die beabsichtigte Handlung ausführt.

Es wird deutlich, daß die hier gewählte Darstellungsform keine Rückschlüsse auf mögliche dahinterliegende mentale Prozesse zuläßt. Austricksen kann einerseits der Versuch sein, den Partner in einen falschen Glauben zu versetzen (der Ball steht zum Schießen zur Verfügung), andererseits eine gelernte Routine sein (dem Vater nachgeahmt). Im ersteren Falle hätten wir komplexe mentale Prozesse vor uns, die nicht vor dem vierten Lebensjahr zu erwarten sind (Perner, 1991), im anderen Falle nur eine Reiz-Reaktions-Koppelung. Insofern ähnelt eine Handlungsgrammatik der Sprachgrammatik: einfachste wie kompliziertestе Sachverhalte lassen sich durch die Subjekt-Prädikat-Objekt-Relation darstellen.

In Abb. 5 sind die allgemeine Handlungsstruktur von Skripts (a) und das Verkaufsspiel als exemplarischer Fall eines Skripts (b) dargestellt. Ein Skript besteht aus mehreren Handlungsabschnitten, in denen sich die Beteiligten in regelhafter, d. h. abgestimmter Form auf einen „Gegenstand" beziehen. Beim Verkaufsspiel werden Begrüßung und Verabschiedung als direkte S1 – S2 – Verbindungen mit eingeklammertem Objekt dargestellt. (O) symbolisiert den Gruß, die Pfeile die Übermittlung. Die einzelnen Segmente des Skripts brauchen nach dem bisher Gesagten nicht weiter erläutert zu werden. Wichtig ist jedoch, daß zumindest einer der beiden Partner das Skript kennen muß. Er kann dann den anderen Akteur informieren bzw. belehren. Der gemeinsame Gegenstand ist hier das gesamte Skript bzw. der jeweilige Abschnitt des Skripts, der gerade ausagiert wird.

In Abb. 6 wird demonstriert, daß man auch das Als-ob-Spiel handlungsgrammatikalisch darstellen kann. Substituierte Objekte werden zwischen eckige Klammern gestellt, die ohne äußeres Pendant vorgestellten Objekte werden als eckige Klammern

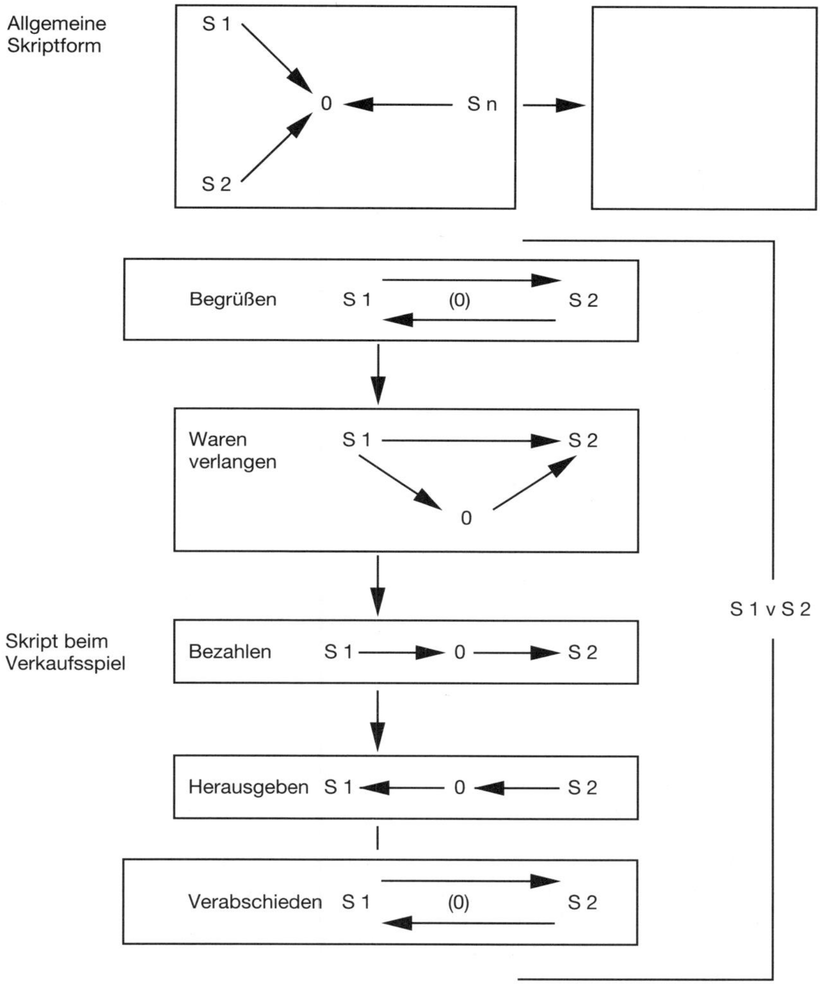

Abb. 5: Darstellung von Skripts (der Handlungsinitiator ist durch einen Kreis gekennzeichnet).

mit Leerraum symbolisiert. So findet sich beim fiktiven Trinken im ersten Beispiel noch ein reales Objekt aber keine Flüssigkeit mehr, im zweiten Beispiel ist auch der Trinkbecher substituiert. Der Pfeil vom vorgestellten Getränk zum Subjekt stellt die Schluckbewegung des Kindes dar, die Grundform von Aneignung überhaupt.

Die meisten Fiktionen werden anfangs durch Erwachsene eingeführt. Das Kind imitiert fiktive Handlungen, wie unser Beispiel aus einer Längsschnittbeobachtung zeigt. Die Mutter füttert die Puppe und sagt: „Das schmeckt aber der Puppe, die Pup-

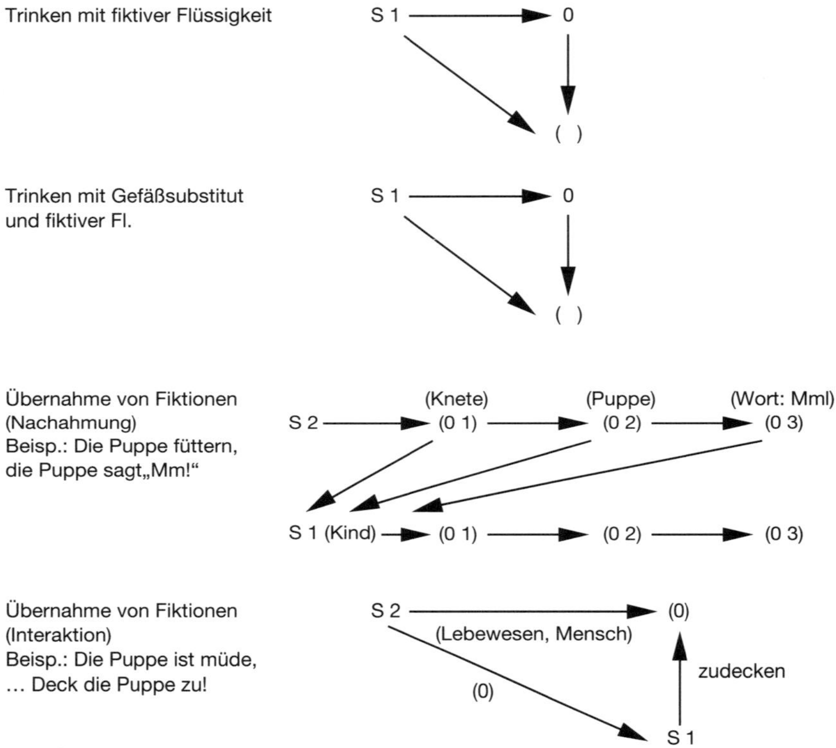

Abb 6: Der gemeinsame Gegenstandsbezug beim Als-ob-Spiel (der Index des eingekreisten Akteurs kennzeichnet die zeitliche Sukzession).

pe macht Mmm!“ Als Nahrungssubstitut dient Knete, die Puppe ist ein Substitut für ein reales Baby und seine Äußerung „Mmm“ wird stellvertretend von der Mutter übernommen. Das Kind muß sowohl die Gesamthandlungen als auch die Substitutionen und damit die gleichen Deutungen übernehmen, wenn es selbst diese Spielsequenz ausführen will.

Das letzte Beispiel der Abb. 6 ist häufiger anzutreffen. Hier geschieht die Übernahme von Fiktionen interaktiv während des gemeinsamen Spiels. Zu Beginn des in Abschnitt 11.2 präsentierten Beispiels regt die Mutter das Spiel an, indem sie vorgibt, daß die Puppe müde sei, und schlägt vor, sie zuzudecken. Das Kind sucht nach einer Decke, nimmt ein Lätzchen und deckt die Puppe damit zu. In der Darstellung der Abb. 6 erhält die Puppe (stellvertetend für ein Baby) die Eigenschaft „müde“. Das Kind eignet sich diese Mitteilung sowie den Vorschlag „Zudecken”(O) an und handelt demgemäß (Vergegenständlichung).

12.3 Als-ob-Spiel als gemeinsamer Gegenstandsbezug: eine alternative theoretische Erklärung

Eines der erstaunlichsten Phänomene in der frühen menschlichen Entwicklung ist die Veränderung der Realität in der Vorstellung des Kindes zu einem Zeitpunkt, da es eben erst Vorstellungen von der Realität aufbaut. Wenn es vorgibt, aus einer leeren Tasse Tee zu trinken, so benutzt es die Vorstellung von Flüssigkeit, die gar nicht vorhanden ist, und verfügt gleichzeitig über die realitätsadäquate Vorstellung von Wasser. Je mehr es im Als-ob-Spiel fiktive Handlungen und Gegenstände einfügt, desto mehr kommt es zum Mißbrauch von Vorstellungen. Wieso führt dieser Mißbrauch das Kind nicht in Verwirrung und wieso bricht das Verhalten angesichts eines reichhaltigen Phantasiespiels nicht zusammen?

Leslie (1987) versucht dieses Dilemma aufzulösen, indem er auf die Strukturgleichheit von Fiktionsspiel und Verständnis mentaler Prozesse (theories of mind) hinweist. Mentale Prozesse oder Zustände sind beispielsweise Glauben, Meinen, Wünschen und Erwarten. Die Aussage „Der König von Frankreich ist schlecht" ist für sich genommen sinnlos, d. h. realitätsinadäquat, da Frankreich keinen König hat. Anders verhält es sich mit der Feststellung „Hermann glaubt, daß der König von Frankreich schlecht ist". Als wahr bzw. realitätsbezogen gilt nicht mehr, ob es einen König von Frankreich gibt, sondern, daß eine Person die Aussage „der König von Frankreich ist schlecht" für wahr hält.

Die Kennzeichnung einer Aussage als mentalen Zustand (glauben, wünschen, erwarten) *entkoppelt* sie von der Realität in dreifacher Weise. Erstens wird der Bezug zur Realität außerhalb des mentalen Zustandes undurchsichtig. Es ist nicht klar, in welcher Beziehung die geglaubte Aussage „Der König von Frankreich ist schlecht" zur Realität steht. Zweitens impliziert die in den Rahmen des mentalen Zustandes eingebettete Aussage nicht logisch deren Wahrheit. Wenn jemand eine Aussage glaubt bzw. für wahr hält, muß sie nicht wahr sein. Der König von Frankreich muß nicht schlecht sein. Drittens impliziert die eingebettete Aussage nicht logischerweise die Existenz ihrer Objekte. Der König von Frankreich muß nicht existieren, auch wenn dies jemand glaubt.

Wer daher mentale Zustände versteht, begreift auch diese drei Kennzeichen und wer mit mentalen Zuständen adäquat umgehen kann, vermag Aussagen in der geschilderten Weise zu entkoppeln. Dies gilt nun in gleicher Weise für die im Spielhandeln erzeugten Fiktionen. Primäre Vorstellungen, also solche, die Ausschnitte von Realität, vor allem Gegenstände, repräsentieren, sind transparent. Fiktive Vorstellungen, etwa die von Flüssigkeit angesichts einer leeren Tasse, sind undurchsichtig, verdeckt. Sie sind Vorstellungen von Vorstellungen oder Metarepräsentationen (Pylyshyn, 1978).

Leslie sieht als grundlegenden Vorgang beim Fiktionsspiel das Kopieren einer primären Vorstellung in eine Metarepräsentation an. Auf diese Weise kann die primäre Vorstellung fortbestehen und wird nicht mißbraucht. Wie in der Sprache wird sie als „Ausdruck" markiert. Der Ausdruck wird Teil eines anderen Systems und verliert seine Semantik. „Das ist eine Banane" wird beispielsweise als „Ausdruck" entkoppelt und kann nun in der Metarepräsentation in den Ausdruck „diese Banane ist ein Telefon“ umgeformt werden. Innerhalb des Rahmens der Fiktion erhalten Metarepräsentationen die allgemeine Form:

FIKTIVE SITUATION:
Agent – Informationsbeziehung – „Ausdruck“

Damit meint Leslie im Anschluß an Bateson (1972), dessen Erklärung auch bei uns als Ausgangspunkt diente (s. Teil 1, Kap.2), daß in der Metarepräsentation der Fiktion ein eigener Rahmen gebildet wird. Die Informationsbeziehung ist also die Fiktion „ich tue so als ob, als wäre..“ Es gibt aber auch andere Informationsbeziehungen, etwa „Hermann glaubt“ oder „Ich verstehe“. Der Agent ist das Kind selbst oder eine andere Person, die mit dem Kind ein Fiktionsspiel macht. Der „Ausdruck“ steht in Anführungszeichen, wird also zitiert, d. h. er stellt eine entkoppelte beliebige Vorstellung dar. In unserem Bananenbeispiel ist der Agent „Ich“, die Informationsbeziehung „tue so“ und der Ausdruck „Diese Banane ist ein Telefon“. Ein anderes Beispiel: Das Kind sieht eine leere Tasse auf dem Tisch stehen und transformiert diese wahrgenommene in eine fiktive Situation:

FIKTIVE SITUATION:
Ich tue so: *diese leere Tasse1*
sie1 enthält Wasser

Die Wahrnehmung bzw. Vorstellung „leere Tasse“ wird in der Metarepräsentation zu dem neuen zweizeiligen „Ausdruck“. Die mit 1 indizierten Wörter bilden den *Anker* für die Transformation. Er dient dem Kind als Vorstellungsstütze für die Beziehung zwischen Realität und fiktiver Situation. Das erklärt auch, warum jüngere Kinder realitätsnahe Substitute bevorzugen und erst allmählich realitätsfernere Objekte verwenden können, bis sie schließlich ganz auf Gegenstände oder äußere Handlungen verzichten.

Der entscheidende Punkt ist nun Leslies Annahme, daß die Herstellung einer Fiktion eine frühe Form des Verständnisses mentaler Prozesse, also einer „theory of mind“ darstellt. Wie bereits angedeutet, könnte ein Rahmen auch als „Ich verstehe“ oder als „Sie glaubt“ gebildet werden, der ebenfalls den Aufbau von Metarepräsentationen und die Entkoppelung verlangt.

Allerdings treten die meisten Leistungen des Verständnisses mentaler Prozesse deutlich später auf. Zwischen 2;8 und 3;0 Jahren verwenden Kinder etwa sieben mentale Ausdrücke richtig: wissen, denken, erinnern, „spielen“ (im Sinne von ‚pretend‘)

und träumen. Das Verstehen der Situation des falschen Glaubens (false belief: die Vorhersage, was jemand tut, der etwas falsch „weiß") und das Verständnis für Täuschung scheint sogar erst mit 4 Jahren gebildet zu werden (Perner, 1991; Sodian, 1991; Wellman, 1985). Das Fiktionsspiel taucht aber bereits im zweiten Lebenssjahr auf.

Die Ursachen für den unterschiedlichen Zeitpunkt, zu dem die einzelnen Leistungen der Metarepräsentation auftreten, liegen zum einen in Unterschieden der erforderlichen Kapazität. So muß das Kind in der Situation des falschen Glaubens Schlußfolgerungen ziehen, die von einer primären Vorstellung der Episode zur primären Vorstellung verlaufen, was eine andere Personen sehen und nicht sehen kann, die schließlich bis zu der entkoppelten Vorstellung führt, was der andere über die Episode glaubt. Zum andern mag noch das Verständnis des ontologischen Status mentaler Zustände eine Rolle spielen. Während Kinder (etwa mit 3 Jahren) verstehen, daß die Vorstellung einer Banane nicht eßbar ist, wohl aber die real vorhandene Banane, erkennen etwas ältere Kinder, daß trotz dieses ontologischen Status von mentalen Prozessen diese reale Ursachen und reale Auswirkungen haben. So hat der falsche Glaube, die Schokolade befände sich an einer bestimmten Stelle, seine Ursache in der Vertauschung des Platzes während der Abwesenheit des Akteurs und seine Auswirkung in dessen Suche an der falschen Stelle (Leslie, 1987).

Das Kind begreift im zweiten Lebensjahr sukzessive die Fiktion anderer im Umgang mit Gegenständen. Wenn die Mutter die Puppe „badet" oder „füttert", so versteht das Kind, daß hier Baden oder Füttern vorgetäuscht werden. Dieses Verstehen wird dann möglich, wenn es den von der Mutter gebildeten Spielrahmen der FIKTIVEN SITUATION für sich übernimmt. Zahlreiche Beobachtungen legen nahe, daß das Kind zuerst Fiktionen bei sozialen Partnern beobachtet und dann erst für sich aufbaut. Lange bevor es fiktiv spielt, führt die Bezugsperson Fiktionen ein, indem sie beispielsweise vorgibt, das Essen, das ihr das Kind in den Mund steckt, schmecke gut ("Mm!"). Oder sie behauptet, die Puppe sei schmutzig und müsse gebadet werden oder der Bär sei müde und wolle schlafen. Einen Schritt früher werden die Objekte, vor allem Stofftiere und Puppen verlebendigt, man läßt sei herumwandern oder auffällig reagieren. Sicherlich sind solche Interaktionen zunächst nur Formen des gemeinsamen Funktionsspiels, aber mehr und mehr stellen sich mentale Elemente ein.

Leslie (1987) sieht hier eine analoge Beziehung zur frühen Kommunikation zwischen Bezugsperson und Kind. Wenn das Kind unmittelbar das Verhalten der Bezugsperson beeinflussen will, entspricht dies dem Funktionsspiel bzw. sensomotorischem Spiel. Will das Kind jedoch den mentalen Zustand der Bezugsperson ändern, dann entspricht dies strukturell dem Fiktionsspiel. Die Veränderung des mentalen Zustandes kann bedeuten, daß die Bezugsperson verstehen soll, was das Kind tun möchte, daß die Bezugsperson bewertet, was das Kind vollbracht hat oder daß die Bezugsperson die Gefühle des Kindes teilt, sich beispielsweise mit ihm freut. Letzterer Fall liegt in einem von uns beobachteten Beispiel vor, in dem das Kind seiner Kusine zeigt, was es an der Rutsche macht und sie an seiner Freude teilhaben lassen möchte.

Auch hier ist die Beeinflussungsrichtung wechselseitig. Die Bezugsperson möchte z. B., daß das Kind sich über etwas freut, oder ekelt, worüber sie selbst Freude oder Ekel zum Ausdruck bringt. Man kann gut beobachten, wie Kinder solche Gefühlsreaktionen mit Erstaunen und anfangs verständnislos beobachten, dann aber „verstehen", was die Bezugsperson meint, ohne dabei unbedingt dasselbe Gefühl zu empfinden. Ein eindrucksvolles Beispiel dürfte das Verständnis von Verboten sein. So bezeichnet ein 15 Monate altes Kind Gegenstände als „heiß", die es nicht berühren darf. Es verbindet einen unangenehmen mentalen Zustand mit der Handlung an einem Gegenstand (Berühren des Herdes). Sobald sich zeigt, daß Verbote nicht nur behavioristisch als Reiz-Reaktions-Koppelung funktionieren, sondern sprachlich vorneweg mit einem Etikett ("heiß") versehen werden, kann man von einem zumindest rudimentären Verständnis mentaler Zustände ausgehen.

Gegen Leslies Erklärung ist Kritik geäußert worden. Harris und Kavanaugh (1993) führten eine Serie von Experimenten durch, die einerseits vom Kind Leistungen verlangen, die in Leslies Ansatz wohl zu hohen Aufwand erfordern würden, andererseits eine einfachere Erklärung zulassen, die von den Autoren alternativ angeboten wird.

Ihrer Meinung nach müssen nicht die primären Repräsentationen in den Fiktionsrahmen kopiert werden, sondern die fiktive Episode, die gespielt werden soll, erfährt umgekehrt eine Etikettierung als vorübergehender Handlungsrahmen. Dieser Rahmen (oder dieses Etikett) kann auf einen einzelnen Gegenstand oder auf eine Gruppe von Gegenständen bezogen werden. Das Etikett liest sich beispielsweise als: „Während dieser Episode enthält diese Teekanne Tee" oder „Während dieser Episode sind die gelben Bausteine Bananen".

Wählt man die Spielepisode (das Sujet) als etikettierte Vorstellung (d. h. als Deutungsrahmen), so erklären sich auch die fiktiven Spielhandlungen folgerichtig. Soll beispielsweise der Teddybär gefüttert werden, kann der gelbe Baustein als Banane etikettiert werden. Soll der Teddybär gebadet werden, mag der gelbe Baustein als Seife dienen. Solche Etikettierungen haben nur Gültigkeit in der fiktiven Welt. Sobald diese verlassen wird, verschwindet auch das Etikett und der Baustein ist wieder das, was er in der primären Repräsentation immer war. Es kann zu keinem Vorstellungsmißbrauch kommen, weil die Etikettierung nur für die Dauer der Episode gilt. Das heißt aber nicht, daß solche realitätsverändernden fiktiven Episoden gänzlich vergessen werden. Sie können im Gegenteil im Langzeitspeicher aufbewahrt und wieder aktualisiert werden. Aber erst bei ihrer Aktualisierung kommt es erneut zur Etikettierung von Gegenständen.

Die Experimente der Autoren weisen auch das Verständnis kausaler Transformationen beim Symbolspiel nach. Wenn Kinder einen Erwachsenen beobachten, der fiktive Flüssigkeit eingießt, etwas davon verschüttet und fiktive Zahnpasta auf eine Banane schmiert, können sie die kausalen Folgen ins Handeln einbeziehen. So ist der Tisch, auf den fiktive Flüssigkeit geschüttet wurde, „naß" und die Banane, beschmiert mit fiktiver Zahnpaste, ungenießbar. Also müssen auch für die Auswirkungen von Handlungen mit fiktiven Gegenständen Etikettierungen geschrieben werden (der Tisch ist naß, die Banane ungenießbar, die Kanne leer). Die Autoren diskutieren zwei Wege, wie dies vor sich gehen könnte.

Der erste Weg führt über die bildhafte Vorstellung. Wenn wir einen Pantomimen

beobachten, so vermeinen wir die Handlungen an den fiktiven Gegenständen förmlich zu sehen. Ähnlich mag das Kind beim Zuschauen des Gießvorganges und des fiktiven Verschüttens sich anschaulich vorzustellen, was mit dem Tisch passiert. Dies ist allerdings nur möglich, wenn schon diesbezügliches Wissen über die Konsequenzen des Verschüttens vorhanden ist.

Der zweite Weg, den die Autoren als Möglichkeit sehen, besteht darin, daß die etikettierte Information einen schlußfolgernden (propositionalen) Prozeß steuert. Das Kind, dem das Verschütten vorgetäuscht wird, sieht die Flüssigkeit nicht, sondern „weiß" ganz einfach, was nun passiert. Man kann sich leicht beide Wege kombiniert vorstellen: das propositionale Wissen über Verschütten oder Verschmutzen geht einher mit mehr oder minder intensiven Vorstellungen. Die Handlungen von Schauspielern und Pantomimen führen bekanntlich beim Zuschauer zu visuellen Vorstellungen, so daß sich Wissen und „Einbildung" zu einem Erlebnis vereinen.

Die theoretische Erklärung von Harris und Kavanaugh hat gegenüber Leslies Ansatz den Vorteil, daß sie einfacher ist und beim Kind weniger an kognitiven Leistungen voraussetzt. Der Verständnisvorgang der beobachteten Spielhandlung wird selbst aber zu wenig expliziert. Die Kinder mußten sozial kognitive Leistungen einsetzen, wenn sie verstehen wollten, was der Erwachsene die Tiere mit fiktiven Gegenständen tun ließ. Sie mußten also den vereinbarten Rahmen mit den Etikettierungen verstehen, die der Erwachsene entworfen hatte. Damit aber sind sie in ihren Leistungen schon wieder sehr nahe an Metarepräsentationen, also an Vorstellungen über Vorstellungen der Erwachsenen. Allerdings verlangen diese Repräsentationen nicht den komplizierten Kopiervorgang wie im Modell von Leslie.

Fragt man nach der Gemeinsamkeit beider Modelle, so läßt sich sagen: Beide haben die Annahme zur Konsequenz, daß das Fiktionsspiel aus einer bestimmten Form des gemeinsamen Gegenstandsbezuges resultiert und nicht, wie etwa Piaget annahm, eine solitäre Konstruktionsleistung des Kindes darstellt. Nur durch soziale Interaktion in Form des gemeinsamen Gegenstandsbezuges vermag das Kind Metarepräsentationen und Rahmen wie „ich spiele" (ich tue so als ob), „ich verstehe", „ich freue mich" aufzubauen. Die Einzelschritte hin zum Fiktionsspiel sind jedoch noch unbekannt. Aber die neuen empirischen Befunde und deren Interpretation bestätigen Wygotskis Grundannahme über höhere mentale Prozesse. Sie entstehen aus sozialen Interaktionen oder, handlungstheoretisch ausgedrückt, aus gemeinsamen Gegenstandsbezügen (s. Abschn. 16.1).

Kapitel 13
Metakommunikation

13.1 Zur Funktion der Metakommunikation

Spiel bedeutet, wie wir sahen, den Wechsel der Realitätsebene. Man begibt sich in einen Rahmen, innerhalb dessen die neue Realitätsebene gilt (Bateson, 1972). Sobald mehrere Partner beteiligt sind, erfordert dieses Hinüberwechseln Vereinbarungen oder zumindest Signale, die außerhalb des Rahmens „Spiel" getroffen werden. Dies geschieht durch Formen der Metakommunikation. Metakommunikation stellt also den Spielrahmen her und erhält ihn während des Spiels aufrecht. Lassen wir uns diesen Vorgang wieder an einem Beispiel vor Augen führen (Aufnahme und Protokoll: Christine Feil, Rita Schlegel).

Spielteilnehmer: Anna (A) (7 Jahre)
Cornel (C) (4 Jahre)
Christine (CH) (Studentin)

C hat das Friseurspiel vorgeschlagen und den Koffer, der Spielmaterial enthält, geholt. A kommt hinzu und stellt einen Stuhl bereit.
A: „Ich bin der Friseur!"
C: „Nee, ich!"
A: „Wer will, setzt sich hin, und dann muß ich....Zuerst...Quatsch...Zuerst ich und dann du."
C: „Ja...Nee!"
Ch zieht Stuhl herbei, turnt auf dem Stuhl herum.
A: „Hinsetzen!"
C: „Friseur!"
A: „Nein, aber...Mach erst mal mit, Christine." Zu C: „Wir sind jetzt zwei, wir arbeiten zusammen!"
Ch setzt sich auf den Stuhl
A holt den Kamm und fängt an, Ch zu kämmen. „Ich mach' das jetzt, zuerst kämmen."
C: „Ich bin auch ein Friseur!"
A: „Du sitzt immer an der Kasse."
C: „Nee."
A: „Nicht?"
C: „Nein, der Christine Locken machen." Beide beschäftigen sich mit Christines Haar.

Das jüngere Kind macht den Spielvorschlag und das ältere weist sich danach die Rolle der Friseuse zu. Das jüngere Kind ist damit nicht einverstanden und möchte auch Friseuse sein, schließlich hat es die Spielidee eingebracht. A versucht den Konflikt zu lösen, indem beide Kinder „zusammenarbeiten" und die Erwachsene die zu behandelnde Kundin spielt. Auch die Rollenzuweisung als Kassier wird von C abgelehnt, so daß beide sich am Haar der „Kundin" zu schaffen machen. Dadurch ist für alle Beteiligten der gemeinsame Gegenstandsbezug hergestellt. Man beachte aber, daß entscheidende Fakten einfach durch Handeln geschaffen werden. A wartet das Einverständnis von C nicht ab, sondern beginnt Ch sofort zu kämmen. C seinerseits nimmt die Aufgaben des Kassiers nicht an, sondern beschäftigt sich auch mit Ch's Haar. Diese Aktionen wirken als nonverbaler Hinweis, welche Rollen eingenommen werden.

Nicht nur das Eintreten ins Spiel und seine Fortführung, sondern auch sein Abschluß wird meist durch Metakommunikation markiert. Im einfachsten Falle sagt der Spielpartner: „Ich spiele nicht mehr mit." Häufig wird die Kommunikation auf die Rolle bezogen: „Ich bin jetzt nicht mehr der Vater (Räuber, Polizist)". In einem von uns aufgezeichnetem Ritter-Räuber-Spiel wurde das Skript so vereinbart, daß der Räuber nach langer Verfolgung und heftigen Kämpfen gefangengenommen wird. Es zeigt sich aber, daß der den Räuber verkörpernde Junge aus dem Gefängnis ausbricht und weiterkämpfen will. Als er das zweite Mal eingesperrt wird, ruft ein Junge, zur Kamera gewandt: „Ende, das Spiel ist aus!". Erst damit stellt er sicher, daß die Spielaktivitäten abgeschlossen sind. Diese Absicherung war nötig, da das Kampfgetümmel immer ernster wurde und aus dem Kampfspiel eine echte Rauferei zu werden drohte.

Die Metakommunikation muß, wie schon angedeutet, nicht immer verbaler Natur sein. Sie kann auch aus Ausdruckssignalen bestehen, aus denen die Teilnehmer die Spielnatur des Geschehens erkennen können. Ein typisches Beispiel hierfür ist das Raufen oder Kämpfen im Spiel (rough-and-tumble play). Blurton-Jones (1985, orig. 1967) hat es bereits bei Kindergartenkindern beobachtet und deutliche Unterschiede zum Ernstkampf festgestellt. Er registrierte folgende typische Reaktionen: Rennen, jagen und fliehen, ringen, auf- und niederspringen, mit offener Hand schlagen, ohne richtig zuzuschlagen, mit einem Gegenstand schlagen, ohne richtig zuzuschlagen, den andern auf eine weiche Unterlage werfen bzw. als „Unterlegener" fallen und lachen. Das Lachen wird als Lächeln mit offenem Mund, bei dem die Zähne nicht zu sehen sind, bezeichnet, ähnlich dem Ausdruck von spielerisch kämpfenden jungen Chimpansen. Im Ernstkampf schlagen die Kinder mit geschlossener Faust, bleiben auf der Stelle, runzeln die Stirne und schreien. Das typische Lächeln unterbleibt.

Ähnliche Beobachtungen haben über zwanzig Jahre später Pellegrini und Galda (1989) gemacht. Wichtig ist dabei, daß sowohl Erwachsene als auch sozial weniger kompetente Kinder den Scheinkampf nicht vom echten Kampf unterscheiden können. Die Erwachsenen (z. B. Lehrer auf dem Schulhof) schreiten ein, beteiligte, aber den Scheinkampf nicht erkennende Kinder sind entweder ängstlich zurückgezogen oder reagieren mit aggressivem Kampf. Die Folge ist, daß sie nun erst recht abgelehnt werden. Der Verfasser erinnert sich an eine Raufszene in einem Heim, in der zwei Jugendliche in einen typischen Scheinkampf verwickelt waren. Der Heimleiter, der zufällig dazukam, drohte mit Entlassung, eine Drohung, die gottlob nicht wahrgemacht wurde. Natürlich darf der Scheinkampf nicht mit der heute mehr und mehr um sich greifenden Brutalität verwechselt werden.

13.2 Arten sprachlicher Metakommunikation im Spiel

Garvey und Berndt (1977) unterscheiden folgende metakommunikative Botschaften:

(1) Erwähnung von Rollen	andere:	„Wirst du eine Braut sein?“
	selbst:	„Ich bin eine Frau bei der Arbeit“
	beide:	„Wir können beide Ehefrau sein“
(2) Nennung eines Plans	andere:	„Tu so, als ob du Pudding nicht magst“
	selbst:	„Ich fahr’ jetzt zum Einkaufszentrum“
	beide:	„Wir müssen essen, das Essen ist fertig“
(3) Nennung von Gegenständen	umformen:	„Das ist der Zug.“ (legt Koffer auf Sofa)
	erfinden:	„Das ist jetzt Käse“ (deutet auf ein Holzstück)
(4) Nennung eines Settings	umformen:	„Das ist eine Höhle“ (deutet auf Holzgerüst)
	erfinden:	„Wir sind da“ (an einem imaginären Picknickplatz)

In dieser Einteilung finden wir die Handlungsgrammatik Akteur – Handlung – Gegenstand wieder, wobei „Plan“ eher auf Handlungen und „Settings“ eher auf Gegenstände bezogen ist. Was in dieser Einteilung aber nicht auftaucht, ist die prinzipielle Funktion der Metakommunikation, nämlich die Schaffung des Spielrahmens. Die Einteilung bezieht sich haupsächlich auf die Metakommunikation innerhalb des Spiels. Eine tiefergehende Analyse stammt von Griffin (1984). Sie fand in der Durchsicht metakommunikativer Äußerungen ein Kontinuum von Mitteilungen, die ganz innerhalb des Spielrahmens blieben, bis zu solchen, die völlig außerhalb des Spielrahmens standen. Abb.7 vermittelt einen Überblick.
Im folgenden sollen die Termini kurz erläutert werden.

Ausagieren. Während der Spielhandlung selbst wird mitgeteilt, was man gerade spielt, wie im obigen Beispiel der beiden „Friseusen”, die ihren Wunsch ohne endgültige Vereinbarung einfach ausspielen.

Versteckte Kommunikation. Sie ist intentional und entwickelt das Spiel weiter, ohne explizit eine weitere Vereinbarung oder Anordnung zu treffen.

Beispiel: In dem oben erwähnten Friseurspiel ist nach einiger Zeit C der Kunde und setzt sich auf den Stuhl.

C fängt an zu wippen
A: „Aufhören!“
C steht auf, A hält ihn, sie rangeln miteinander.
A: „Sie sind jetzt zum Friseur gekommen oder nicht?“

A versucht den jüngeren C zum Mitspielen zu veranlassen, indem sie ihn erinnert: „Sie sind zum Friseur gekommen oder nicht?“

Unterstreichen. Eine Handlung wird verbal kommentiert oder beschrieben. Im Friseurspiel befeuchtet A Ch’s Haare mit den Händen und sagt: „Schön strubbelig, schön naß wird das!“ und: „Hier ist das Waschpulver, Waschpulver.“ Später sucht A

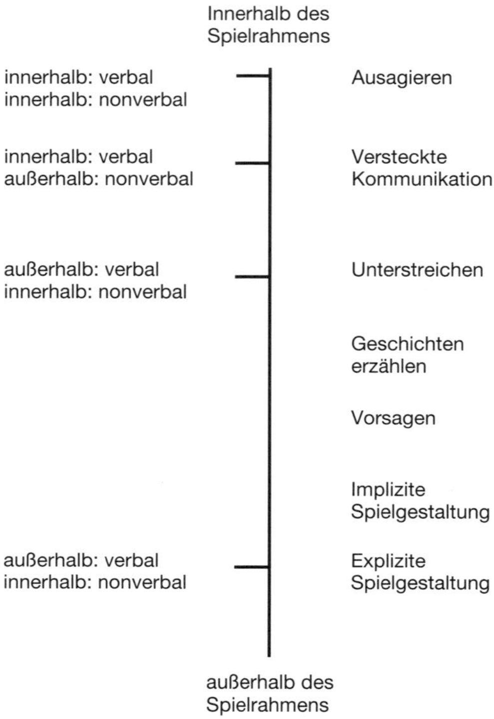

Abb. 7: Das Kontinuum der Metakommunikation von innerhalb bis außerhalb des Spielrahmens (Griffin, 1984, S. 80)

den Kamm, der hinuntergefallen ist: „Wo ist der denn jetzt auf einmal? …suchen… suchen". Die Comic-artige Benennung einer Tätigkeit (suchen) ist typisch für das „Unterstreichen".

Geschichten erzählen. Ein Handlungsvorgang wird mehr erzählt als ausagiert, wobei das Kind in eine Art Singsang verfällt und seine Beschreibungen mit einem „und" verbindet. In dem weiter oben beschriebenen Kaufladenspiel beschäftigt sich K mit der Kasse, indem sie Geld aus dem Geldbeutel in die Kasse legt. Sie summt dabei und sagt wiederholend: „Ich muß erst noch ein bißchen da rein tun".

Vorsagen. Manchmal bricht ein Spieler aus dem Spielrahmen aus und teilt mit veränderter Stimme etwas mit. Die Botschaft bezieht sich gewöhnlich direkt auf die laufende Handlung. Als im Friseurspiel C den Kunden spielen soll (was er nicht gerne tut), sagt A: „C, du bist dran!" C geht zu Ch und spritzt sie naß. A: „Hör auf, Haare zu waschen! Setz' Dich hin! Nein, C, du mußt jetzt schon gescheit spielen!"

Implizite Spielgestaltung. Durch Äußerungen wird der Spielrahmen näher bestimmt und Figuren und Handlungen näher festgelegt. Dies geschieht aber ohne die explizite Anweisung „Wir spielen jetzt…" oder „Du sollst jetzt der und die sein" bzw. „Wir tun jetzt so, als ob ich der und der bin“. In dem Friseurspiel (s.o.) erklärt erst A: „Ich bin der Friseur”, dann C: „Nee, ich!“ Später: „Mach erst mal mit Ch. Wir sind jetzt zwei, wir arbeiten zusammen.“ Bei dieser Spielgestaltung bewegen sich die Kinder deutlich außerhalb des Spielrahmens, er wird durch die Vereinbarungen erst festgelegt. Im Gegensatz zum „Vorsagen“ werden bei der impliziten Spielgestaltung größere Einheiten des Spieles und der Rahmen überhaupt festgelegt bzw. vorgeschlagen. Dabei gibt es oft Konflikte, wie obiges Friseurbeispiel gezeigt hat. Alle Spieler müssen sich auf eine gemeinsame Rollenverteilung einigen.

Als in dem Verkaufsspiel (s.o.) die Mutter mitspielt und auch den kleinen B als Begleiter mit einbezieht, möchte das älteste Kind (Manuela) plötzlich auch Verkäuferin sein. Katharina und Martina wehren sich und Katharina sagt: „Nee, drei kann man gar nicht, zwei!“ Manuela: „Doch!“ K: (laut) „Nein, zwei!“ Mutter: „Dann hilft mir Martina beim Einkaufen.“ Nimmt ihre Hand. „Komm, du mußt mir helfen, mir sagen, was ich für den Kuchen brauche!“ Martina (lachend zur Mutter): „Ich werde dein Kind sein!“

Explizite Spielgestaltung. Auf dieser Ebene der Metakommunikation werden explizite Spielvorschläge gemacht. Sie enthalten die Formulierung: „Wir spielen jetzt…“ oder „Du sollst jetzt der …/die… sein“ bzw. „Jetzt tun wir so, als ob…“. Im einfachsten Fall kann ein Kind den Spielrahmen herstellen, indem es (z. B. zum Erwachsenen) sagt: „Ich will jetzt mit dir spielen“.

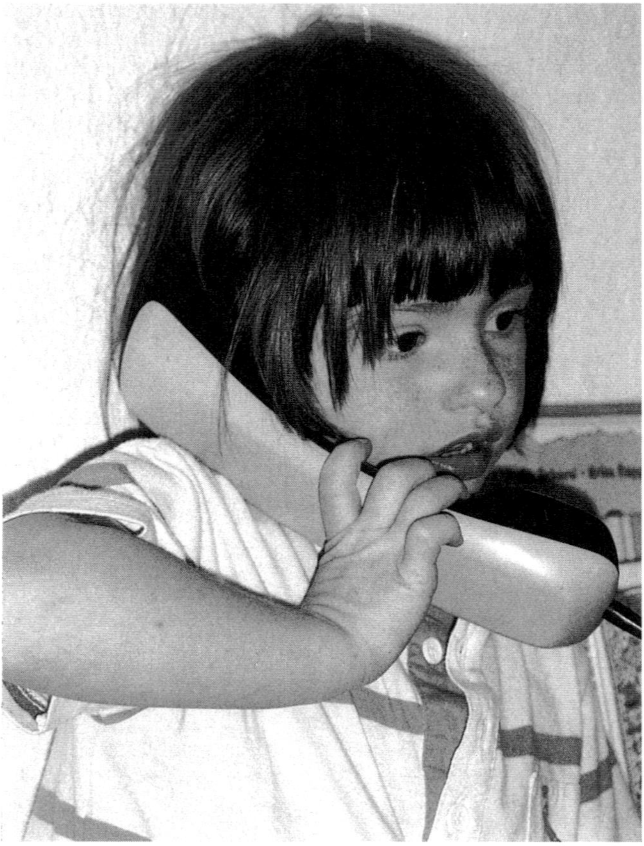

Fiktives Telefonieren (s. S. 128)

Kapitel 14

Die Entwicklung der Kommunikation im gemeinsamen Spiel

Es mag verwundern, daß die Behandlung der Kommunikation innerhalb des Spielrahmens erst nach der Behandlung der Metakommunikation erfolgt. Jedoch entspricht dies der Logik des Spiels, da zunächst vereinbart werden muß: Dies ist Spiel, bevor Kommunikation innerhalb des Spielrahmens stattfinden kann.

14.1 Frühe Kommunikationsspiele

Beginnen wir wieder mit frühen Kommunikationsspielen im ersten Lebensjahr, wie „Hammele stutz" oder dem Guckguck-Spiel. Papoušek, Papoušek und Harris (1987) beobachteten bei zwei- bis vier Monate alten Säuglingen vokale Interaktionen zwischen Eltern und Kind, die sie als vokale Spiele bezeichnen. Sie kennzeichnen dieses Spiel durch eine sich wiederholende Kette von Lauten aus dem Repertoire des Kindes, das von einem der beiden Partner (Mutter oder Kind) produziert wird und keinen anderen Zweck hat, als miteinander zu spielen. „Spiel" kann diese Interaktion insofern genannt werden, (1) als sie sich in einer gelösten Situation ereignet, (2) aus frei kombinierten und variierten Subroutinen besteht, (3) Mittel und Zweck nicht miteinander verbindet, (4) wenigstens zeitweise einem Szenario (einer regelhaften Abfolge) gehorcht und (5) Spaß bereitet. Fast alle untersuchten Kinder ließen sich auf solche vokalen Spiele ein, wobei die Zahl der Spielepisoden von 21 bei zwei Monate alten Kindern, auf 41 bei drei Monate alten und auf 66 bei vier Monate alten Kindern anstieg. 82% der vokalen Spiele wurden vom Kind begonnen, weshalb die Eltern viel häufiger das Kind nachahmten als umgekehrt. Es gab keine wesentlichen Unterschiede zwischen Vater und Mutter als Spielpartner des Kindes. Die für das Spiel typische positive emotionale Gestimmtheit zeigte sich im vokalen Ausdruck des Vergnügens (ca. 63% der Episoden) und im Lachen (ca. 31%), das mit 10 Monaten auftritt (Sroufe, 1979). Interessanterweise nahm die wiederholende Lautbildung bei den Kindern über die Beobachtungszeit von drei Monaten hinweg ab, während sie bei den Eltern gleichblieb.

Dies entspricht einer Veränderung des interaktiven Spiels in der zweiten Hälfte des ersten Lebensjahres. Die Bezugspersonen spielen nun bevorzugt ritualisierte, regelhafte Sequenzen, wie die bereits erwähnten Sprachspiele, die in einem lustvollen Höhepunkt enden (Hoppe, hoppe, Reiter: nach hinten kippen; Hammele, Hammele stuz: mit den Köpfen zusammenstoßen). Die Sprache wird dabei schrittweise an eine äußere Handlung gekoppelt, so daß das Kind die wechselseitige Stützung der taktilen oder kinästhetischen Erfahrung mit dem (unverstandenen) sprachlichen Laut erfährt.

Dies zeigt sich besonders in einem fränkischen Interaktionsspiel, bei dem die Großmutter (Fräle) die Stiege hinaufsteigt und verschiedene Handlungen ausführt:

> Fräle geht die Bodestiegn nauf (Partner „läuft" mit zwei Fingern den Arm des Kindes hoch). Da bleibt's hockn (Halt auf der Schulter). Geht ä bißle weiter nauf, läutet an der Glockn (Ziehen am Ohr). Geht ä bißle weiter nauf (Finger wandern zur Stirn), klopft an (Klopfen an der Stirn). Herein! Guten Tag (Ziehen an der Nase).

Diese Spiele werden später vom Kind mitgesprochen bzw. mitgesungen, so daß man von Duetten (Papoušek et al., 1987) sprechen kann. In unserer Längsschnittstudie tauchten unter anderm „Pitsche, Patsche, Peter" und „Häschen in der Grube" als gemeinsame Singspiele auf. Sie bilden eine Zwischenform des gemeinsamen Gegenstandsbezuges, den wir auch in ganz kurzen Episoden, z. B. bei der Imitation von Tieren beobachten. Die Bezugsperson sagt „Die Ente macht quak – quak", das Kind imitiert und beide wechseln sich ab oder vokalisieren gemeinsam.

Was aber ist der Gegenstand dieser Interaktion? Es ist die Handlung, das Tun selbst. Die Handlung wird aus dem Verhaltensstrom herausgehoben, indem die Mutter oder das Kind per Metakommunikation die gewünschte Tätigkeit anregt. Das Kind sagt „Hoppe Reiter", die Mutter antwortet: „Wollen wir Hoppe Reiter machen?" und beginnt das Spiel. Durch diese Benennung und metakommunikative Vereinbarung wird die Tätigkeit selbst zum Gegenstand des gemeinsamen Bezugs. Erst dann beginnt die für dieses Spiel spezifische Form der ritualisierten Kommunikation.

Eine besondere Kommunikationsstruktur gibt es bei den „Benennungsspielen". Mutter oder Kind deuten auf einen Gegenstand und benennen ihn. Diese Struktur ist beim Bilderbuchanschauen besonders augenfällig (s. Abschnitt 16.3). Hier zunächst zwei andere Beispiele einer Mutter-Kind-Interaktion (Alter des Kindes 1;9 Jahre, Aufnahme und Protokoll: Eva Nagy).

Kind exploriert Puppe. Mutter fragt „Wo sind die Zehen?" Kind zeigt sie richtig. Mutter fragt: „Wo sind die Hände?" Kind zeigt wieder richtig. Kurz zuvor sagt das Kind „Bauch", „Puppi" und „Popipip", indem es an der Scheide der Puppe tastet. Mutter: „Ja, das ist der Popo."

> Etwas später werden Personen benannt:
> Mutter:"Tu mal den Nucki raus und ruf den Papa!"
> Kind: „Baba"
> Mutter: „Papa"
> Kind: „Baba"
> Mutter: „Wie rufst du den Papa?"
> Kind: „Wäne" (Werner)
> Mutter: „Wie heißt die Oma? Mit A..."
> Kind: „Alma"

Durch solche Benennungen werden Gegenstände fixiert und handhabbarer gemacht, weil Namen auch auf nicht sichtbare Objekte bezogen werden können und weil der geplante Umgang mit Objekten vorweg ausgedrückt werden kann.

Weitaus häufiger aber sind handlungsbegleitende kommunikative Sprechakte. Das Kind beschäftigt sich mit Gegenständen, Mutter (bzw. Bezugsperson) und Kind begleiten die Handlung durch Sprache. Folgende Beispiele demonstrieren, wie die

Handlung durch Sprache aufrechterhalten und weitergeführt wird (Junge: 1;6 Jahre; Aufnahme und Protokoll: Eva Nagy).

Kind hantiert mit einem Spiellaster, dessen Laderaum durch einen Deckel mit verschieden geformten Öffnungen abgedeckt ist. Es wirft mehrere Murmeln ins Auto: „Da".
Mutter: „Das ist ein Laster" (wirft auch Murmeln hinein).
Versuchsleiterin: „Alle Murmeln ins Auto, ja?"
Kind: „Auto" (wirft mehrmals Murmeln ins Auto).
Mutter und Versuchsleiterin loben das Kind.
Kind: (wirft weitere Murmeln ins Auto) „Auto, alle!"
Versuchsleiterin: „Alle rein, ja."

Etwas später:

Kind: (holt mit Hilfe der Mutter Murmeln aus dem Laster, faßt Deckel an) „Da, da, da."
Versuchsleiterin: „Willst du es wieder rausholen?"
Mutter: „Mußt du es aufmachen, mach den Deckel auf!"
Kind: (entfernt den Deckel und holt Murmeln heraus)
Mutter: „Und jetzt machst du es wieder zu?"
Kind: (wirft Murmeln ins Auto und reicht Mutter den Deckel) „Mama, Mama!"
Mutter: „Soll ich wieder zumachen?" (sie hilft dem Kind, den Deckel einzuschieben, indem sie die Hand des Kindes führt).

An diesem Beispiel wird die handlungsstützende Funktion der Sprache gut sichtbar. Im nächsten Beispiel sind Benennung und Handlungssteuerung miteinander verknüpft (Mädchen: 1;9 Jahre; Aufnahme: Eva Nagy; Protokoll: Birgit Mieruch).

Kind nimmt Puzzle, in dessen Löcher die passenden Bilder gesteckt werden können, von der Wand. Mutter setzt sich zum Kind auf den Boden.
Mutter: „Das haben wir schon lange nicht mehr gemacht."
Mutter: „Wo sind denn die Teile, schauen wir einmal."
Kind: „It da" (nicht da)
Mutter: „Doch, die passen schon, ein paar sind schon da."
Kind: (nimmt Bild von der Mutter) „Eine Sieben" (eine Ziege).
Mutter: „Nein, das ist keine Ziege, das sind Radieschen, ne."
Kind: (schaut auf Bild, dann zur Versuchsleiterin und hebt das Bild auf) „ Adieschen" (Radieschen).
Mutter: „Radieschen sind das, hm...Guck mal, wo die reinkommen!"
Kind: (versucht, Bild in das richtige Loch des Puzzles zu stecken).
Mutter: (zur Versuchleiterin) „Das kann sie noch nicht, das ist reiner Zufall, das ist nämlich schon ein bißchen kompliziert."
Kind: „Eine Bine" (Birne oder Biene)
Mutter: (legt Kind Apfelbild hin) „Wo ist der Apfel?"
Kind nimmt Apfelbild, schaut auf Puzzle, klopft mit dem Apfelbild auf richtiges Loch: „Da!"
Mutter: „Ja richtig, und jetzt tu es mal rein!"
Kind: (versucht Apfelbild in richtiges Loch zu stecken)
Mutter: „Andersherum drehen!"

Auf diese Weise vervollständigt das Kind das Puzzle mit Hilfe der Mutter. Bei jedem Teil wird der auf ihm abgebildete Gegenstand benannt.

14.2 Vom Partner als Objekt zum Partner als Subjekt

Wie läßt sich nun die Entwicklung der Kommunikation etwas allgemeiner beschreiben? Unter anderem lassen sich zwei Hypothesen zugrundelegen.

Die Hypothese des verbalen Diskurses (Kaye, 1982) deutet die soziale Stimulierung in der frühen Kindheit als eine Reihe stützender, rahmenbildender Strategien, die drei Funktionen erfüllen: Sie erleichtern die Interaktion zwischen Eltern und Kind, sie erleichtern die Exploration des Kindes und das Training seiner motorischen Geschicklichkeiten, und schließlich vermitteln sie dem Kind Universalien und kulturspezifische Konventionen der Sprache (op. cit., S. 6). Diese Strategien werden uns noch näher im nächsten Abschnitt (Zone nächster Entwicklung im Spiel) beschäftigen. Die verbale Reaktion der Bezugsperson auf das kindliche Verhalten kann als Rückbezug definiert werden, der zum einen eine unmittelbare Antwort, zum anderen ein Signal für das Kind darstellt, daß eine Antwort erwartet wird. Kaye und Charney (1980) beobachteten solche Rückbezüge in 70% der verbalen Reaktionen Erwachsener auf kindliches verbales und nonverbales Verhalten.

Die zweite Hypothese läßt sich als Hypothese des sozialen Spiels bezeichnen. Mueller und Lucas (1975) beschreiben die Interaktion zwischen Gleichaltrigen in der frühen Kindheit durch zwei aufeinanderfolgende Stufen. Zunächst behandeln sich die Peers gegenseitig wie andere Objekte auch. Die Struktur wäre also die des Gegenstandsbezugs, wobei der Partner Objekt ist:

$$S1 \longrightarrow O2$$
$$S2 \longrightarrow O1$$

Die Kinder betasten sich oder schauen sich an. Auf der nächsten Stufe entwickeln die Peers jedoch reziproke und komplementäre Interaktionsmuster. Aus den eher proximalen Beziehungen werden distale Beziehungen, so wie zwischen Kind und Erwachsenem auch.

Da in Alltagssituationen, die im Regelfall Spielsituationen sind, viele Bedingungen zusammenwirken, muß man die Rolle der sprachlichen Beiträge Erwachsener bzw. gleichaltriger Spielpartner experimentell isolieren. Eine originelle Untersuchung stammt von Dunham et al. (1991). Sie konfrontierten die Kinder (Zweijährige) nicht mit einem menschlichen Partner, sondern mit einem Roboter, über dessen Lautsprecher ein Versuchsleiter mit dem Kind kommunizierte. Die Mutter des Kindes, die zuvor über den Versuch instruiert worden war, befand sich mit im Raum. Der „Roboter“ war ca 1/2 Meter hoch und bewegungslos. Er flößte den Kindern keine Angst ein. Die Kinder erlebten den Roboter unter einer von zwei Versuchsbedingungen: der Roboter gab entweder Antworten, die sich auf die verbalen Äußerungen und das Verhalten des Kindes bezogen (reziproke Antworten) oder er gab Antworten, die nichts mit den Aktionen und Äußerungen des Kindes zu tun hatten (nicht reziprok). Zur Kontrolle der Bedingungen gab der Roboter die gleichen Antworten, die er in der reziproken Situation einem anderen Kind gegeben hatte. Tab. 6 gibt ein Beispiel wieder.

Die Ergebnisse zeigen, daß der adäquat Rückmeldung gebende Roboter bei den Kindern unmittelbare Äußerungen auslöste und daß diese Äußerungen weitgehend aufs gemeinsame Thema (im Beispiel der Tab. 6: Uhr und Schwein) bezogen waren.

Damit kann als erwiesen gelten, daß die typischen erweiternden Äußerungen des Partners und dessen Rückbezug eine, vielleicht die ausschlaggebende Rolle für die auf den gemeinsamen Gegenstand (das Thema, Ziel) bezogene Kommunikation spielen: Das Kind antwortet mit themenbezogenen Inhalten.

Tabelle 6: Das Verhalten des „Roboters" in der reziproken (auf das Kind eingehenden) und in der nonreziproken (beliebige Antwort anbietenden) Situation (nach Dunham et al., 1991)

	Reziproke Situation		nonreziproke Situation
Kind zeigt Roboter eine Spielzeuguhr.			
Roboter:	DAS IST EINE UHR	Roboter:	DAS IST EINE UHR
Kind:	UHR	Kind:	gibt keine Antwort.
Roboter:	JA, EINE UHR	Roboter:	JA, EINE UHR
Kind:	GUCK; GUCK, EIN ROSA SCHWEINCHEN	Kind:	versucht, Tablett des Roboters zu nehmen. FEST!
Roboter:	DU MÖCHTEST, DASS ICH ES ANSCHAUE?	Roboter:	DU MÖCHTEST, DASS ICH ES ANSCHAUE?
Kind:	Zeigt Roboter ein Plastikschweinchen, SCHWEINCHEN	Kind:	Gibt keine Antwort
Roboter:	IST DAS EIN SCHWEINCHEN?	Roboter:	IST DAS EIN SCHWEINCHEN?
Kind:	Zeigt Roboter wieder das Schweinchen und sagt: SCHWEINCHEN!	Kind:	Gibt keine Antwort

Die verbale Kommunikation beim gemeinsamen Gegenstandsbezug wird offenkundig durch die „naive" Didaktik der erwachsenen Partner gefördert und ist ohne sie nicht möglich. Wenn der Partner nicht angemessen, d. h. auf den gemeinsamen Gegenstand bezogen, antwortet, bevorzugt das Kind wieder die frühere Ebene des visuellen und körperlichen Kontaktes. So wurde der Roboter in der reziproken Situation wie ein belebtes Wesen behandelt (s. obiges Beispiel in Tab. 6), während er in der nonreziproken Situation eher als Objekt fungierte (z. B. Betasten des Roboters, Wegnehmen des Tabletts u.ä.).

14.3 Skripts als Stütze für Kommunikation im Spiel

Skript und Dauer der Kommunikation

In Abschn. 8.2 haben wir die Bedeutung von Skripts für die Verlängerung von Handlungssequenzen kennengelernt. Sie bilden auch beim gemeinsamen Spiel den Rahmen für Interaktion. Sofern die Beteiligten ein gemeinsames Spielskript kennen, sind sie in der Lage, das Spiel lange aufrechtzuerhalten und in sprachlicher Kommunikation zu bleiben. Nelson und Seidman (1984) prüften den Einfluß von Skripts auf die

Länge der Kommunikation. Sie bildeten in Kindertagesstätten gleichgeschlechtliche und gemischt-geschlechtliche Dyaden (Alter: 50 bis 58 Monate), die am ersten Tag mit Spielobjekten zum Kochen (Schalen, Teig, Nudelholz, Kuchenblech), am zweiten Tag mit Schaufel, Eimer, Becher und Löffel im Sand und am dritten Tag mit zwei Spieltelefonen spielten. Dabei wurde die Hypothese, daß Skripts die Kommunikation stützen, klar bestätigt. Bei der ersten Spielsituation diente die Essensvorbereitung, bei der zweiten die Geburtstagsparty und bei der dritten die Planung eines Besuchs als Skript. Die kurzen Gespräche bezogen sich erwartungsgemäß nicht auf Skripts, sondern auf Wünsche nach Gegenständen oder Materialien oder drückten negative Stimmungen aus.

In einer zweiten Versuchsanordnung spielten Dyaden von gleichaltrigen Kindern (insgesamt zwischen 36 und 45 Monaten) im Sandkasten mit diversen Sandspielgeräten. Die Kinder wählten als Skript „Kuchen backen" oder „Geburtstagsparty". Nur im Rahmen dieser Skripts kam es zu längeren Wechselgesprächen, während der Umgang mit materiellen Objekten nur von kurzen sprachlichen Interaktionen begleitet wurde. Die Autoren folgern aus ihren Beobachtungen drei Strategien bei der Gesprächsführung: (1) Beibehalten des Diskurses, entweder bilateral, indem beide Partner den sprachlichen Inhalt des anderen wiederholen oder unilateral, wobei ein Partner eine Idee oder einen Inhalt äußert, den der andere sprachlich wiederholt; (2) aktueller Diskurs, der sich auf konkrete Handlungen mit Objekten (auch abwesenden) bezieht und (3) „Drehbuch-Diskurs", der am häufigsten beim gemeinsamen Phantasie- bzw. Rollenspiel auftritt. Da das Skript als gemeinsamer Rahmen existiert, können auf seiner Grundlage auch neue Episoden entwickelt werden, das Skript kann also transformiert werden. Gerade letztere Möglichkeit ist für die Weiterentwicklung des gemeinsamen Gegenstandsbezugs wichtig, denn nun steht die Sprache als Medium für die Repräsentation dieses Gegenstands (Themas, Sujets) zur Verfügung, weshalb der Gegenstand viel leichter in neue Thematiken transformiert werden kann. Dieser Prozeß vollzieht sich vor allem (1) als Angleichung der Wünsche der Beteiligten, (2) wenn die Beteiligten nach Abwechslung suchen, zugleich aber das Spiel aufrechterhalten wollen.

Fiktives Telefonieren

Im folgenden soll der Fortschritt im skriptbezogenen Spiel am Beispiel des Telefonierens näher erläutert werden. Als Beobachtungsgrundlage dienen wiederum Kinder aus unserer Längsschnittstudie. Als Standardsituation wurde von der Versuchsleiterin bzw. von der Mutter das Telefonieren mit Spielzeugtelefonen eingeführt bzw. angeregt. Dazu ist zu bemerken, daß alle Kinder mit dem echten Telefon schon früher adäquate Handlungen (Hören, ins Telefon sprechen) durchführen konnten als mit dem Spieltelefon. Dies liegt daran, daß letzteres viel mehr an Vorstellungskraft, d. h. Handlungssymbolisierung und Repräsentationsleistung erfordert als ein richtiges Telefon. Das Kind muß sich vergegenwärtigen, daß in der fiktiven Telefon-Situation der sichtbare Partner nicht anwesend und Informationen nur durch die ins Telefon gesprochene Sprache möglich sind. Außerdem kennt der Partner in der Fiktion des Telefonierens nicht die Situation des Kindes und muß über sie informiert werden.

Die Analyse über sechs Beobachtungszeitpunkte (vierteljährlich von 1 1/2 bis 2 3/4 Jahren) erbrachte vier Komplexitätsniveaus des Skripts.

Auf *Niveau 1* wird nur die Handlungsfunktion des Telefons erkannt und genutzt: An der Wählscheibe drehen, Hörer abheben und an den Kopf halten, Hallo sagen (sofern das Kind schon spricht).

Auf *Niveau 2* werden Sprechformeln des Skripts übernommen, vor allem „Hallo“ und „Tschüß“. Weiterhin tauchen stereotype Wechselgespräche auf, in denen auf eine Frage („Wo ist x?“) immer die gleiche Antwort folgt (“Daheim”). Telefonieren gewinnt beinahe den Charakter einer Litanei. Es ist aber noch nicht zu erkennen, daß zu einem Partner gesprochen wird.

Auf *Niveau 3* spricht dann das Kind zu einem realen oder fiktiven Partner oder übernimmt selbst die Funktion eines fiktiven Partners (z. B. des abwesenden Vaters). Während dies auf Niveau 3a meist nur durch die Nennung von Namen geschieht, kommt es auf Niveau 3b bereits zu Mitteilungen, dies aber nur in Form einseitiger Kommunikation bzw. als Antwort auf gezielte Fragen des Spielpartners.

Auf *Niveau 4* kommunizieren die telefonierenden Partner in einer fiktiven Situation, die aber meist noch nicht explizit vereinbart ist, und sprechen miteinander über fiktive oder reale Inhalte.

Auf *Niveau 5* schließlich besteht eine ausgebaute Kommunikation, die Partner stellen per Metakommunikation eine fiktive Situation her. Sie sind in der Lage, sich in die Position des anderen zu versetzen, der trotz Anwesenheit im gleichen Raum „nicht wissen kann”, was beim kommunizierenden Partner geschieht. Sie berichten ausführlich über erfundene oder reale Geschehnisse. Das folgende Beispiel beginnt mit der Darstellung von *Niveau 3* (Protokoll: Anne Lucht). Für Niveau 2 ist im übernächsten Abschnitt (Zone nächster Entwicklung) ein Beispiel dargestellt.

Bereits mit eineinhalb Jahren spricht N mit einem fiktiven Partner (Niveau 3a): Die Versuchsleiterin gibt dem Kind ein Spielzeugtelefon und sagt „Wollen wir einmal telefonieren?“ Kind nimmt den Hörer ans Ohr und sagt „Hallo, Dida!“
Vater: „Da ist N dran.“
Etwas später fragt die Mutter: „Willst du die Oma anrufen?“
Kind: „Hallo, ain“
Mutter: „Ist die Oma daheim? Ja, hast du sie gehört?“
Kind: „Ja.“ Nimmt den Hörer wieder ans Ohr und sagt „Hallo“.
Kind: „Idida dan (da ist die N dran)“.

Erst bei der vierten Messung (mit 2;3 Jahren) konnte das Niveau 3b beobachtet werden:
Mutter: „Hallo, ist die N dran?“
Kind nickt
Mutter: „Sag doch mal was, ich hör’ dich nicht!“
Kind: „Hallo“.
Mutter (nach einigem hin und her): „Du, hast in so einen großen Koffer reingeschaut“
Kind: (nach kurzer Pause) „Ja.“
Mutter: (nach einigen Unterbrechungen) „Erzähl mal, was in dem Koffer drin war.“
Kind manipuliert mit Telefon und Telefonschnur.
Mutter: „Du, war da ein Krokodil drin?“
Kind: „M-m, kein Krokodil.“
Mutter: „Was war denn da drin?“

Kind: „Hab da kein Krokodil gesehen."
Nach einigen Versuchen mit dem Spieltelefon, in denen das Kind mit der Mutter spricht, bringt die Mutter ein richtiges Telefon, das aber nicht angeschlossen ist. Es zeigt sich, daß das Kind viel lieber mit dem echten Telefon umgeht.
Kind wählt und drückt Knopf des echten Telefons: „Hallo." Schaut Mutter an.
Mutter: „Wer ist denn da?" lächelt Kind an.
Kind: „Die Mama".
Mutter: „Die Mama? Und was macht denn die N?"
Kind: „Die telefoniert".
Mutter: „Mit wem denn?"
Kind: „Mit der Mama".
Hier beschreibt das Kind die augenblickliche Situation des Telefonierens mit der Mutter. Aber Telefonieren als Austausch von Informationen, Weitergabe von Aufträgen oder Äußerung von Wünschen gelingt noch nicht.
Bei der fünften Messung (mit 2;6 Jahren) läßt sich bereits eindeutig Niveau 4 feststellen:
Kind legt den rechten Arm um die Schulter der Puppe, greift mit der linken Hand nach dem Spieltelefon, hält Puppe den Hörer ans Ohr und wählt mehrfach. „Wer ist dlan? (dran)?" Schaut Mutter fragend an. „Komm telefonieren, dein Telefon klingelt!"
Mutter: „Ach so." Greift nach dem echten Telefon, hebt ab und schaut Kind an: „Mit wem telefonier ich denn?"
Kind: „Mit der Anna." (Name der Puppe)
Mutter: „Mit der Anna? Hallo, Anna, was machst du denn grad?"
Kind: „Telefonieren lassen".
Mutter: „Bist du gerade bei der N, Anna?"
Kind schaut Puppe an.
Mutter: „Anna, wo bist denn du?"
Kind schaut Mutter an, hebt Puppe seitlich an sich gedrückt hoch.
Mutter: „Bist du bei der N?.... Hallo, Anna!"
Kind: „Sie sagt schon was."
Mutter: „Ich hör aber nichts. Anna, ich versteh dich nicht, du mußt ein bißchen lauter reden."
Kind antwortet nicht, schaut Mutter an.
Mutter: „Anna, laß mal die N ans Telefon!"
Kind lächelt, wartet.

In dieser Szene wird vom Kind in nonverbaler Metakommunikation eine fiktive Situation hergestellt, in der die Puppe mit der Mutter telefoniert. Das Kind übernimmt aber nicht den Sprechpart der Puppe und möchte, daß die Mutter die Fiktion übernimmt, die Puppe sprechen zu hören. Die Mutter geht jedoch darauf nicht ein. Die Durchsicht der Protokolle zeigt, daß das Kind eine gewisse Abneigung hat, die bei jeder Aufnahme induzierte Standardsituation des Telefonierens zu spielen. Es versucht immer wieder, sich dieser Art der Kommunikation zu\entziehen und sagt z. B. wenn das Spiel-Telefon klingelt: „Niemand dran". Der Versuch, die Puppe als Partner einzuführen, stellt möglicherweise ebenfalls eine Methode dar, die Mutter auszutricksen und sich dem Gespräch zu entziehen. Dies ändert sich auf *Niveau 5*, auf dem nun ausdrücklich die fiktive Situation vereinbart wird (6. Messung, Alter: 2;9 Jahre):

Zunächst schlagen Mutter und Vater vor, sich so zu plazieren, daß das Kind die Mutter während des Gesprächs nicht sehen kann, und erklären dies auch dem Kind. Die Mutter sagt, sie sei jetzt in Eglfing bei der Oma und N in München. N aber setzt durch, daß sie in Eglfing ist und die Mutter zu Hause.
M: „Hallo, wer ist denn da?"

K läßt Telefon andauernd klingeln. „Ich klingel doch."
M: „Wo bist du?"
K: „In Eglfing."
M: „In Eglfing, und ich paß auf die Babys auf. Was machst denn du in Eglfing?"
K läßt Telefon weiter klingeln. „Klingel ich."
M: „Da klingelst du, hast du denn die Eglfinger Oma gesehen?"
K: „Ja." Läßt Telefon klingeln.
M: „Und den T und den B?"
K: „Ja."
M: „Und mit wem spielst du?"
K: „Mitm T, mitm B und mit der S."
M: „Mit der S. Und was macht die Oma?!
K läßt Telefon klingeln. „Macht Küchendienst."
M: „Die macht Küchendienst!" (lacht) „Und der Opa macht nix?"
K: „Nein."
M: „Ooh, und was ist sonst noch los?"
K: „Nur Fernsehen."
M: „Wer tut fernsehen?"
K: läßt Telefon klingeln.
M: „Sag, wer tut denn fernsehen?"
K: „Der Opa."
M: „Der Opa, na dann ist's recht.."
....

Das Gespräch wird weitergeführt und dreht sich um die Babys, die zu Hause geblieben sind. Das Kind gibt der Mutter auf deren Fragen hin Anweisung, wie die Babys zu versorgen seien. Die Bemühungen des Kindes, das Spieltelefon während des Gesprächs fortwährend klingeln zu lassen, können als zusätzliche stützende Maßnahme gewertet werden, die Fiktion des Telefonierens über die große Entfernung hinweg aufrechtzuerhalten.

Zusammenfassung

Die Analyse des gemeinsamen Gegenstandsbezugs unter dem Aspekt der Kommunikation innerhalb des Spiels hat erbracht, daß das gemeinsame Spiel vom physikalischen Gegenstandsbezug zum Spielthema (Sujet) als gemeinsamem Gegenstand voranschreitet. Diese Entwicklung zeigt sich zunächst in der Interaktion mit kompetenten Partnern, die das Sujet und das dazugehörige Skript vermitteln. Später zeigt es sich in der Interaktion mit Gleichaltrigen, denn diese müssen dasselbe Skript kennen und die Fähigkeit, im Rückbezug zu antworten, erworben haben. Andererseits engagieren sich Gleichaltrige viel häufiger in einem relativ frühen Alter im gemeinsamen Spiel, während Mütter eher als Beobachter fungieren und nur hie und da helfend eingreifen (Dunn & Dale, 1984). Im nächsten Abschnitt wird zu zeigen sein, daß der gemeinsame Gegenstand als Sujet bzw. Spielthema durch die Rolle und die mit ihr zu beachtenden Regeln eine weitere Ausdifferenzierung erfährt.

Das Schusserspiel: einfache Regeln (s. S. 135)

Kapitel 15

Die Bedeutung der Regel beim gemeinsamen Gegenstandsbezug im Spiel

Die bisherige Darstellung des gemeinsamen Gegenstandsbezugs im Spiel weist auf eine zentrale Bedeutung der Regel bzw. Regelhaftigkeit hin. Welche Funktion hat die Regel im Spiel und wie entwickelt sich das Regelverständnis?

Wygotski (1933) hat bereits die zentrale Rolle der Regel für das Spiel hervorgehoben. „Es gibt kein Spiel ohne Verhaltensregeln und ohne ein spezifisches Verhalten des Kindes zu den Regeln" (op. cit., S. 446). Zur Verbindung zwischen der fiktiven (eingebildeten) Situation und der Regel sagt Wygotski (op. cit., S. 447):

> Ich glaube, wo es eine eingebildete Situation im Spiel gibt, dort gibt es auch eine Regel. Nicht im voraus formulierte und sich im Verlaufe des Spiels ändernde Regeln, sondern Regeln, die sich aus der eingebildeten Situation ergeben. Deshalb ist es einfach unvorstellbar, daß ein Kind in der eingebildeten Situation sein Verhalten nicht der Regel unterordnet.... Im Spiel ist das Kind frei, aber es ist eine illusionäre Freiheit.

Während in der „eingebildeten Situation" die Regel noch verborgen ist, liegt sie im Regelspiel offen. Die Veränderung vom Symbol- und Rollenspiel zum Regelspiel sieht Wygotski daher in doppelter Weise. Zum einen wird die zunächst verborgene oder implizite Regel offen oder explizit, zum anderen wird die zunächst explizite eingebildete Situation zu einer verborgenen Situation. Auch im Regelspiel wird eine fiktive Situation geschaffen, z. B. die des Angreifers und Verteidigers. Sich in ein Regelspiel zu begeben heißt ja, eine andere Realitätsebene, etwa die des ritualisierten Wettkampfes, einzunehmen.

Die Allgegenwart der Regel im Spiel und ihre Funktion für gemeinsames Spielhandeln sollen im folgenden auf verschiedenen Ebenen des gemeinsamen Gegenstandsbezuges herausgearbeitet werden.

15.1 Ritual und regelmäßige Wiederkehr

Die im letzten Abschnitt beschriebenen frühen Kommunikationsspiele leben von einem regelgeleiteten Ablauf, der den Spannungsbogen Erregung – Höhepunkt – Entspannung hervorruft. Durch die regelhafte Wiederkehr des Ablaufs kann das Kind das Geschehen vorwegnehmen und Erwartungen aufbauen. Bei der Wiederholung des Spiels erwartet es den gleichen lustvollen Effekt, den es zuvor erlebt hat (Kitzeln im „Kitzelspiel", Erblicken des Partners im Guck-guck-Spiel, das Plumpsen im Hoppe-Reiter-Spiel etc.). Dies führt dazu, daß das Kind die Wiederholung des Spiels begehrt und nicht genug davon bekommen kann. Heckhausen (1963/64) nennt diesen Erregungsablauf beim Spiel Aktivierungszirkel.

Wir haben bereits früher festgestellt, daß in den Kommunikationsspielen die Interaktion selbst der Gegenstand des Spiels ist, auf den sich beide Partner beziehen. Nun läßt sich noch präziser sagen, daß es die Regel bzw. das Ritual ist, welches den Fokus des gemeinsamen Spiels bildet. Der gleichbleibende Ablauf ist es, der vom Kind gewünscht wird. Dies zeigt sich auch in Ritualen außerhalb des Spiels, z. B. beim Zubettgehen, beim Geschichtenerzählen oder beim Essen.

Damit wird deutlich, daß Wiederkehr und Ritual nicht nur mit dem Aktivierungszirkel zu tun haben, sondern ein generelleres verhaltensleitendes Prinzip darstellen. Piaget (1983, Orig. 1932) beschreibt solche Rituale bei seiner eigenen Tochter im Alter von 10-12 Monaten und kennzeichnet die Freude an der Wiederholung von festen Handlungsabläufen als typisch für manche Spiele auch bei Drei- und Vierjährigen. Piaget schreibt den Kindern ein „Regelbewußtsein“ zu, grenzt dies allerdings vom späteren Regelverständnis ab. Das psychische Pendant der Vorliebe für regelmäßig wiederkehrende Handlungsabläufe wird bereits von Karl Bühler (1922) als Regelbewußtsein bezeichnet. So zeigt sich regelhaftes Handeln sowohl im frühen Einzelspiel als auch im Sozialspiel. Es hat den Anschein, als würden sich beide Wurzeln des Regelverständnisses und der Vorliebe für Regelhaftigkeit nebeneinander her entwickeln. Einerseits zeigen alle frühkindlichen Handlungen die Wiederholungstendenz, vor allem in den Kreisreaktionen (aktives Herbeiführen eines Effektes). Andererseits ist die regelhafte Wiederkehr auch das wichtigste Prinzip im sozialen Spiel der frühen Erwachsenen-Kind-Interaktion.

Für das Sozialspiel in der frühen Kindheit wird die Funktion des Rituals und der Wiederholung unmittelbar einsichtig. Nur so kann die Interaktion längere Zeit aufrechterhalten werden. Dabei ist es in zunehmendem Maße das Kind, das den Wunsch nach Wiederholung äußert. Im vorsprachlichen Stadium errät die Mutter bzw. sonstige Bezugspersonen, ob das Kind eine Fortsetzung des Spiels wünscht. So dient die Regelhaftigkeit sozialer Interaktionen deren Aufrechterhaltung und später, wenn das Kind das Spielritual bereits kennt, auch der Herstellung sozialer Interaktion. Der Spielcharakter dieser Interaktion gewährleistet, daß sie als lustvoll erlebt wird, und vermag so die positive Grunderfahrung des Sozialkontaktes zu stabilisieren.

Besonders bemerkenswert dabei erscheint, daß schon in diesem frühen Alter gilt, was für spätere Entwicklungsabschnitte selbstverständlich ist: Die impliziten Regeln der Kommunikationsspiele leiten die Handlungen der Spielpartner. Das Kind, das in diesem Alter noch weit davon entfernt ist, längere Handlungsketten aufgrund eines eigenen Planes auszuführen, vermag dies bereits, indem es sich an die Regeln des Kommunikationsspieles hält.

Ritualisierte Interaktion gibt es auch in der Sprache. Garvey (1974, zit. nach Rubin, Fein & Vandenberg, 1983, S. 723) beobachtete typische Abläufe der Kommunikation in Gesprächen kleiner Kinder, z. B.:

A	B
1. Wiedersehn, Mami!	Wiedersehn, Mami!
Wiedersehn, Mami!	Wiedersehn, Mami!

2. Hallo, ich heiße	Hallo, ich heiße
Herr Esel	Herr Elefant
Hallo, ich heiße	Hallo, ich heiße
Herr Tiger	Herr Löwe
3. Ich muß in die Arbeit	Du bist schon in der Arbeit
Nein, bin ich nicht	
Ich muß in die Schule	Du bist schon in der Schule
Nein, bin ich nicht	

Der Gesprächswechsel ist bei 1. und 2. durch Symmetrie, bei 3. durch Asymmetrie gekennzeichnet. Das Gespräch wird durch implizite Regeln geleitet, die sich vor allem darauf beziehen, wann der Partner an die Reihe kommt. Der Wortwechsel unter 3. erfolgt bereits auf einem höheren Niveau, da der erste Sprecher zu der Äußerung des Partners Stellung beziehen muß. Im vorliegenden Zusammenhang ist für uns nur der Charakter des Rituals bedeutsam.

15.2 Das Spielthema (Sujet) als Regelwerk

Bereits in Abschn. 8.2 konnte gezeigt werden, daß Kinder besser in der Lage sind, Spielhandlungen aufrechtzuerhalten, wenn sie einer Spielidee folgen. So sei an das von Elkonin (1980) mitgeteilte Experiment erinnert, in dem L, die Essen zubereiten spielt, an dieser Idee auch dann noch festhält, als man Puppen und Möbel entfernt. Auch die Umdeutung und Substitution von Gegenständen gelingt leichter – und für jüngere Kinder nur dann –, wenn ein Spielthema vorhanden ist. Das Sujet enthält implizit Handlungsregeln, die das Verhalten der Kinder leiten. Das Kind entwirft sich entweder selbst ein Spielthema oder übernimmt es von andern, und von nun an bestimmt das Thema das Handeln. Wie aber ist dies möglich?

Ein Mechanismus wurde bereits genauer beschrieben: das Spielskript. In den meisten Fällen besitzt das Kind ein Skript für ein Thema, das es ausspielen will. Das Skript enthält als schematisierte Handlungsfolge in sich die Regeln, nach denen gehandelt wird. Das Umsetzen des Skriptes in Handlung kann als Orientierung an Regeln verstanden werden.

Damit sind wir bei dem zweiten grundlegenderen Phänomen angelangt: warum erlegt sich das Kind, das die Freiheit des Spiels genießen könnte, den Zwang auf, nach Regeln zu handeln? Wygotski (1933) behauptet sogar, daß sich das Kind nur im Spiel, nicht aber in der Alltagsrealität nach Regeln verhält. Wenn es z. B. ein Kind „spielt“ und die Mutter die „Mutter“ spielen soll, verändert es sein Verhalten und spricht in der allgemeineren Rolle des Kindes zu einer Mutter, die ihrerseits eine allgemeinere Rolle repräsentiert. Letztlich können wir die Frage nach der Unterwerfung unter die Regel in der Freiheit des Spiels noch nicht beantworten. Ein Versuch soll in Teil 4 unternommen werden. Auf der Beschreibungs- und Erklärungsebene, auf der wir uns jetzt befinden, kann jedoch bereits gesagt werden, daß das Kind mit dem

Spielthema und den damit verbundenen Skripts auch Kontrolle ausüben kann. Dies mag folgendes Beispiel erläutern (Mädchen: 1;9 Jahre; Protokoll: Birgit Mieruch).

M: „Schau mal, E, jetzt habe ich eine tolle Idee, du kannst deine Puppe in den Babysitz reintun, hm?" Stellt Babysitz auf den Boden.
K schaut M zu, reibt sich die Augen.
M geht aus dem Zimmer und holt zwei Puppen. „Da können deine Puppen jetzt Heia machen." Legt Puppen in den Babysitz.
K schaut Mutter zu. „Sudecken".
M: „Zudecken, die Puppe, so". Legt auf jede Puppe ein Kissen.
K geht zum Babysitz. „Anallen" (anschnallen).
M: „Anschnallen willst du die auch, das brauchst du doch garnicht, oder?"
K: „Anallen schon." Hantiert am Babysitz.
M: „Schon anschnallen, zu Schlafen?"
K schaut auf Babysitz.
M: „Die haben aber jetzt ein schönes Bett, hm?"
K hantiert mit Gurten vom Babysitz, versucht Gurte zu schließen. „Anallen"... „Mama machen".
M schließt Gurt, wobei sie ihre Handlungen sprachlich begleitet.

Die Mutter schlägt das Zubettbringen vor, nachdem das Kind zuvor eine vom älteren Bruder gebastelte Maus in einer Spitzerdose mit Hilfe der Mutter „zu Bett" gebracht hat. Das Thema wird also weiterverfolgt, wobei das Kind darauf besteht, die Puppe auf dem Babysitz festzuschnallen, und die Mutter dazu bewegt, diese für es selbst noch zu schwere Handlung durchzuführen. Das Skript, das Kind vor Abfahrt im Babysitz festzuschnallen, steuert den gemeinsamen Gegenstandsbezug. Es ist dem Kind zu diesem Zeitpunkt bereits bekannt und wird von beiden Seiten dazu benutzt, die Spielinteraktion aufrechtzuerhalten. Das Kind setzt das Thema des Schlafengehens noch weiter fort und veranlaßt die Mutter zu allen entsprechenden Handlungen. Der Hintergrund dieser Szenenfolge ist übrigens, daß das Kind bereits sehr müde ist, sich ständig die Augen reibt und die Mutter stellvertretend für es selbst, Maus bzw. Puppen zu Bett bringen läßt.

Generell läßt sich sagen, daß auf dem Weg über das Skript das Verhalten der Erwachsenenperson und das des Kindes koordiniert werden kann. Das Kind vermag aber auch frühzeitig, wie bereits erläutert, sein Verhalten besser zu regulieren, wenn es eine Spielidee hat. Leistungen, die außerhalb des Spiels noch nicht möglich sind, gelingen bereits, wenn sie im Rahmen einer Spielidee stehen. Ein Beispiel stellt die Telefonszene mit N (s.o.) dar. Erst als die Eltern eine Situation herstellen, in der sie sich fiktiv an verschiedenen Orten befinden und den Blickkontakt zwischen den Sprechpartnern verhindern, gelingt dem Kind die fiktive Kommunikation auf der höchsten Ebene (Niveau 5).

Ein zweites eindrucksvolles Beispiel teilt Elkonin (1980) mit. Er ließ drei- bis fünfjährige Kinder eine Serie von Versteckspielen ausführen, wobei das eine Mal lediglich die Instruktion gegeben wurde, sich zu verstecken und keinen Laut von sich zu geben, damit man nicht gefunden würde, während das andere Mal die Verstecksituation in ein Rollen- bzw. Fiktionsspiel eingekleidet war. Eine Version war das

Spiel „Katze und Maus“. Dem Kind wurde gesagt, es sei ein Mäuschen und würde von der Katze gesucht, die sehr Hunger hätte. Wenn das Mäuschen ganz still sei, würde es nicht gefunden werden. Die Dreijährigen konnten sich bei dem nicht eingekleideten Versteckspiel nicht der Regel unterordnen, sondern verrieten sich sofort. Dagegen war bereits etwa die Hälfte der Kinder gleichen Alters in der Lage, sich regelangepaßt beim eingekleideten Spiel zu verhalten und ihr Versteck nicht zu verraten (op. cit. S. 379). Elkonin fand ähnliche Ergebnisse beim Laufen auf Kommando. Die Dreijährigen konnten die Instruktion nicht einhalten, erst auf Kommando zu laufen, sondern rannten sofort los. Ließ man sie hingegen einen Zug oder einen Dampfer spielen, so gelang es ihnen viel besser, sich erst nach dem zweiten bzw. dritten Signal (“Tuut!”) in Bewegung zu setzen.

Im Alter von drei bis vier Jahren macht es den Kindern noch Schwierigkeiten, das Verhalten nach einer expliziten Regel zu richten, während das Verhalten durch die „eingebildete“ Situation schon erstaunlich gut reguliert werden kann.

Willens-(volitions)psychologisch ergibt sich hier ein interessantes Phänomen, das ebenfalls Elkonin herausgearbeitet hat. Das Kind vermag seine Handlungen im Spiel mit Hilfe des Regelwerkes, das das Spielthema (Sujet, eingebildete Situation) vorgibt, bereits zu einem Zeitpunkt zu regulieren, da dies durch externe Anweisungen oder durch direkte steuernde Zielvorstellungen noch nicht möglich ist. Es bleibt zu klären, woran dies liegt. Es sind mehrere Erklärungen dafür möglich, warum explizite Regeln schwerer eingehalten werden können. Entweder kann das Kind eine explizite Regel noch nicht verstehen, oder es kann sie verstehen, aber nicht einhalten. Es kann auch daran liegen, daß es zu wenig stützende Hinweisreize für regelgeleitetes Handeln erhalten hat. Letztere Alternative erscheint am wahrscheinlichsten. In der fiktiven Situation der Spielidee werden die Handlungen durch den Gesamtrahmen gestützt. Ein Kind, das einen Zug spielt, ist nicht mehr es selbst, sondern in einen anderen Gegenstand verwandelt. Züge befolgen bestimmte Regeln, sie fahren nur auf ein (bzw. mehrere) Signale hin ab. Schließlich ergibt die Gesamthandlung für das Kind einen Sinn und ist stark motivierend, während das Handeln gemäß einer Instruktion eine isolierte (dekontextualisierte) Aufgabe darstellt, die für das Kind noch keinen Sinn ergibt. Hier sind aber noch gezielte Untersuchungen nötig, um Klarheit zu schaffen.

Spielidee und Handlung bilden somit zwei Ebenen der Handlungsregulation. Die Spielidee (fiktive oder eingebildete Situation) enthält Regeln, nach denen sich die unmittelbaren Handlungen orientieren. Die Handlungen ihrerseits greifen auf ein Repertoire von bereits erworbenen und großenteils automatisierten Fähigkeiten zurück, die sie zur Einhaltung der Regel nutzen. Tab. 7 verdeutlicht dies am Beispiel des Spiels „Katze und Maus“.

Tabelle 7: Handlungsregulation durch ein Spielthema am Beispiel des Versteckspiels „Katze und Maus“

Spielidee (Sujet):	Die Maus versteckt sich vor der Katze, damit sie nicht gefressen wird.
Implizite Regeln:	Die Maus ist klein und daher in Gefahr. Die Katze ist hungrig und sucht daher die Maus. Regel: Sich verstecken und ruhig verhalten.
Handlung:	Sich ein Versteck aussuchen und dort ruhig verhalten = regelgeleitetes Verhalten.
Fertigkeiten:	Kontrolle der Motorik, Unterdrücken der Bewegungs- und Sprechimpulse sowie des Wunsches nach sozialem Kontakt.

15.3 Regelgeleitetes Handeln im Rollenspiel

Das Fiktions- (Symbol-)spiel stellt eine notwendige Vorübung für das Rollenspiel dar, weil Rollenspiele nur realisiert werden können, wenn die Beteiligten auf der Basis eines gemeinsamen Skripts fiktiv agieren. Dazu benötigen sie ein gewisses Wissens-Repertoire. Die latenten Regeln der Skripts werden zu komplexeren Regeln im Rollenspiel. In seiner ausgebauten Form stehen, wie bereits erläutert, nicht mehr Handlungen, sondern Beziehungen zwischen den Rollenträgern im Vordergrund. Das Regelwerk umfaßt also neben Vorschriften für konkretes Handeln Vorschriften für die Aufgaben der Rolle insgesamt und für die Beziehungen zwischen den Rollen.

Elkonin erforschte die Entwicklung des Regelverständnisses im Rollenspiel, indem er Verstöße gegen die Handlungsabfolge und Verstöße gegen die Rolle induzierte. Ein Verstoß gegen die Handlungsfolge war beispielsweise im Familienspiel die Vertauschung der Reihenfolge der Gänge beim Essen (Suppe nach den Buletten). Ein Verstoß gegen die Rolle bestand beispielsweise beim Straßenbahnspiel in der Vertauschung der Rolle des Schaffners mit der des Fahrers. Weiterhin wurde das Verhalten der Kinder im freien Spiel beobachtet.

Elkonin folgert aus den Befunden vier Stadien des Regelverständnisses im Rollenspiel.

In einem ersten Stadium gibt es noch keine Regeln, weil das Kind auch noch keine Rollen spielen kann. Die Handlung wird durch den augenblicklichen Impuls bzw. Wunsch geleitet. In Abschn. 5.1 wurde dies mit der subjektiven Valenz des Spielgegenstandes erklärt.

Im zweiten Stadium existiert für das Kind zwar noch keine eindeutige Regel, aber die implizite Regel der Rolle siegt im Konfliktfall bereits über den unmittelbaren Wunsch. Die objektive Valenz des Gegenstandes (hier auch der Rolle) siegt über die subjektive Valenz.

Im dritten Stadium herrscht schon eindeutig die Regel vor, aber sie reguliert noch nicht vollständig die Handlungen. Ein intensiver aktueller Wunsch kann das Rollenverhalten durchbrechen. Hinweise auf den Verstoß genügen aber gewöhnlich, um das Verhalten zu korrigieren und in regelgeleitetes Handeln zurückzuführen.

Im vierten Stadium schließlich dominiert die Regel. Der Konflikt zwischen Regel und aktuellem Wunsch wird zugunsten der Regel bewältigt. Verstöße werden nicht geduldet.

Diese Reihenfolge gehorcht selbstverständlich der sachimmanenten Logik (Heckhausen, 1964). Sie ist nicht streng altersgebunden, sondern hängt in ihrer Abfolge von der Komplexität des Rollenspiels (bei komplexeren Spielen tritt diese Reihenfolge später auf) und der Schwere der Regelverstöße ab (geringfügige Verstöße werden nicht beachtet). Zudem werden Regelverstöße in altersheterogenen Gruppen anders gehandhabt als in altershomogenen Gruppen (die Älteren tolerieren leichter die Verstöße der Jüngeren als Gleichaltrige untereinander).

Abschließend sei noch das Beispiel eines Verkaufsspiels zwischen Tanja (6;6 Jahre) und Martin (5;7) angeführt, beide, allerdings aus verschiedenen Gründen, in einer schulvorbereitenden Einrichtung an der Schule für Sprachbehinderte. Spielutensilien: Kasse mit acht Tasten, Sichtanzeige für Beträge etc., Geld (Scheine und Münzen), Waren (leere Verpackungsschachteln mit Bildern der Ware, Obst aus Pappmaché), Geldbeutel, Einkaufstüte, Papier und Bleistift, Verkaufstisch und Regal (Videoaufzeichnung und Protokoll: Ulrike Wieneke und Heidi Körner).

Zunächst ist Tanja Kunde und Martin der Verkäufer. Das Spiel folgt einem einfachen Skript und ist schnell beendet. Als die Versuchleiterin fragt „Wie könnt ihr weiterspielen?", antwortet Martin: „Daß sie nochmal vorbeikommt und was vergessen hat." Wiederum ist das nächste Spiel kurz, da nur eine Ware gekauft wird. Nun schlägt Tanja vor: „Daß ich nochmal komme und in ein anderes Geschäft gehe." Auf diese Weise folgen weitere Spielvorschläge, um das Verkaufsspiel fortzuführen. Erst nach der fünften Szene schlägt Tanja einen Rollentausch vor, der nach kurzem Zögern von Martin akzeptiert wird. Nach drei weiteren Spielszenen erfolgt wiederum ein Rollentausch, bis schließlich ein letztes Spiel, in dem wiederum Martin der Käufer ist, die Gesamtsequenz abschließt.

Schon aus der Metakommunikation zur Fortsetzung des Spiels ist die Einhaltung von Regeln ersichtlich. Die Vorschläge bewegen sich innerhalb des Sujets und werden von daher begründet (z. B. „sie hat etwas vergessen"). In den Spielszenen hält sich Tanja, die insgesamt differenzierter spielt, genauer an die Regeln der jeweiligen Rolle und versucht durch metakommunikatives Handeln (weniger durch Sprache) Martin zur Einhaltung des Skripts zu bewegen. Dies gelingt auch, denn Martin selbst bringt ebenfalls regelorientierte Vorschläge zur Fortsetzung des Spiels ein. Der Gesamtablauf und die Dauer des Spiels sind nur möglich, weil das Regelwerk der Verkaufssituation handlungsleitend ist.

Besonders interessant sind die letzten beiden Szenen, in denen Martin als Käufer alles aufkaufen will. Gegen Ende der vorletzten Szene ergibt sich folgender Spielverlauf:

M: „Ach ja, ich muß noch bezahlen.“ Packt ein.
T: „Jetzt kaufst du dann nichts mehr!“
M: „Jetzt kauf ich alles ein!“
T: „Kommen Sie später nochmal vorbei?“
M: „Später komme ich nochmal.“ Nimmt Börse und gibt Geld: „Hier!“
T: „Danke schön.“ Öffnet Kasse, tippt zweimal und legt Geld ein.
M: „Wiedersehn!“

Letzte Szene:
M: „So.“
T: „Guten Tag!“
M: „Ich möchte jetzt noch alles, was da ist.“.. „Auch von da!“ Deutet auf Paket.
T nimmt Paket. „Das kostet .... Was möchten Sie noch?“
M: „Das alles, was hier ist, das alles!“
T: „Nein, komm, sag gescheit!“
M: „Dann noch das da.“ Zeigt auf Paket.

T bietet nun von sich aus weitere Waren an, die M alle kauft und gleich zahlt.
M packt ein. „Ich will bitte das alles noch!“ Zeigt auf Obst.
T: „Also schön!“ Nimmt das Obst. „Das alles?“
M: „Ja, alles!“
T tippt ein. „Zweiundzwanzig Mark fünzig.“
M: „Gleich alles”, schaut auf Kassenzahl, sucht in der Geldbörse, legt Geld hin. „So.“
T öffnet Kasse und legt Geld ein, gibt Geld zurück.
M: „Ich kann nicht mehr viel einkaufen, hab gar kein Geld mehr schon.“

Martin befolgt die Regeln des Skripts, wenn er den ganzen Laden leerkaufen will, und führt so das Spiel zum endgültigen Abschluß. Als ihn die Spielpartnerin metakommunikativ ins „Du“ zurückfallend, korrigiert (“nein, komm sag gescheit”), versucht er, von den vorhandenen Waren der Reihe nach alles zu kaufen, indem er die Gesamtmenge einer Warenklasse nennt (“ich will bitte das alles noch!“ zeigt aufs Obst). Die Waren erhalten abstrakte Valenz, es geht nur noch darum, alle zu kaufen. Dies entspricht der umgekehrten Tendenz eines früher (Abschn. 5.3) beschriebenen Kindes, das als Verkäufer dem Kunden alle Waren aufschwatzt, um das gesamte Geld in seinen Besitz zu bekommen („jetzt hab ich alla Geld!“).

15.4 Orientierung an expliziten Regeln im Regelspiel

Bislang haben wir uns vorwiegend mit Regeln beschäftigt, die implizit im Spielthema stecken. Beim Rollenspiel zeigte sich, daß die Regeln schon teilweise bewußt verwendet werden, jedoch sind sie integrativer Bestandteil der Rollen und eng mit inhaltlichen Aspekten verknüpft. Im Regelspiel jedoch tritt die Rolle nur noch in sehr abstrakter Form auf, während die Regel explizit und zum eigentlichen Gegenstand des gemeinsamen Handelns wird. Piaget (1983, Orig. 1932) charakterisiert den Übergang vom Ritual zur Regel folgendermaßen: „Sobald ein Ritual einem Kind durch Erwachsene oder Ältere, vor denen es Achtung empfindet..., aufgezwungen wird, oder sobald ein Ritual ... sich aus der Zusammenarbeit zweier Kinder ergibt, gewinnt es für das Bewußtsein des Subjekts eine neue Eigenschaft, diejenige der Regel“ (op.

cit., S.46). Im Anschluß an Bovet und Durkheim unterscheidet Piaget die Regel von der Regelhaftigkeit durch ihren verpflichtenden Charakter. Das Individuum unterwirft sich der Regel, die damit die Forderung nach Gehorsam erhebt. Regeln werden bei Piaget zu einem sozialen Phänomen. In der Tat erscheint es vorteilhaft, diese Perspektive einzunehmen, denn bereits implizite Regeln sind soziale Konstruktionen, die das Kind durch den Erwerb von Skripts und Rollenvorschriften übernimmt. Obwohl Regelspiele erst im Schulalter an Bedeutung gewinnen, vermag das Kind schon viel früher Regeln zu verstehen und richtig auszuführen. Allerdings ist dies, wie wir bereits sahen, zunächst nur möglich, wenn die Regel in einen Kontext eingebettet ist. Dabei gilt es zu unterscheiden zwischen dem Regelbewußtsein und der Fähigkeit, die Regel zu beschreiben oder gar zu definieren.

Konflikt zwischen Regel und Handlungsimpuls

Das Vorhandensein eines Regelbewußtseins läßt sich dann annehmen, wenn das Kind einen Konflikt zwischen Regel und unmittelbarem Handlungsimpuls austrägt. Erinnert sei an das von Wygotski (1933) berichtete Experiment von Noll, in dem die Kinder Bonbons erhielten, die aber im Spiel etwas anderes darstellten. Sofern die Kinder sich die fiktive Bedeutung der Bonbons zu eigen machten und sie nicht aufaßen, unterwarfen sie sich bereits der Regel und besaßen demzufolge Regelbewußtsein. Ähnliches gilt für die in den Spielkontext des Zugfahrens eingebettete Regel des Loslaufens nach zweifachem Signalton. Sofern die Kinder den aktuellen Impuls des Loslaufens unterdrücken und sich der Regel unterwerfen können, kann man bei ihnen auf Regelbewußtsein schließen. In einem Versuch mit Kindern im Alter von 3 bis 7 Jahren prüfte Elkonin (1980) systematisch den Konflikt zwischen unmittelbarem Handlungsimpuls und der Unterordnung unter die Regel.

Die Kinder dachten sich gemeinsam mit der Erzieherin eine Handlung aus, die von der abwesenden Versuchsleiterin erraten werden sollte, z. B. ein Eimerchen holen, eine Blume pflücken und daran riechen. Die Spielregel bestand also darin, die ausgedachte Handlung nicht zu verraten. Der unmittelbare Impuls der Kinder war, der Versuchsleiterin sofort die Lösung mitzuteilen. Die jüngsten Kinder (ca. 3-4-jährige) befanden sich auf einer ersten Stufe, auf der der Sinn des Spiels in der Interaktion mit der Versuchsleiterin bestand. Es wird bereits verstanden, daß man selbst etwas weiß, was die Versuchsleiterin nicht weiß, und die Kinder behaupten auch zuvor, daß sie nichts sagen werden. Wenn aber die Versuchsleiterin provozierend fragt oder nahe an der Lösung ist, teilen die Kinder sofort die Lösung mit.

Auf einer zweiten Stufe erkennen die Kinder (mit ca. 4 bis 5 Jahren), daß der Sinn des Spiels darin besteht, die gedachte Handlung nicht zu verraten. Das Verhalten ist nun durch den Konflikt zwischen Unterordnung unter die Regel und dem Wunsch nach Mitteilung geprägt. Die Kinder schauen auf den fraglichen Gegenstand oder geben andere helfende Hinweise und sind erleichtert und erfreut, wenn die Versuchsleiterin endlich die Handlung erraten hat. Sie zeigen aber auch Stolz darüber, etwas zu wissen, was die Versuchsleiterin erst raten muß.

Auf der dritten Stufe (bei ca. 6- und 7jährigen) siegt die Regel über den Handlungsimpuls. Der Konflikt zwischen Regel und Impuls ist nicht mehr so deutlich ausgeprägt. Die Kinder halten sich selbst dann an die Regel, wenn die Erzieherin den Raum verläßt. Die Regel wird zu einer Verpflichtung, die unabhängig von äußerer Kontrolle gilt. „Die äußere Regel wird zu einer inneren Verhaltensregel“ (Elkonin, 1980, S. 390).

Regelverständnis im Wettstreit

Ein zweiter Weg des Nachweises von Regelbewußtsein ist die Beobachtung des Verhaltens im Wettstreit. Wenn Kinder miteinander in Wettstreit treten und dabei eine Aufgabe gemäß bestimmter Regeln bewältigen, existiert bereits Regelbewußtsein. Ein illustratives Beispiel bieten die Untersuchungen von Heckhausen und Roelofsen (1962) zur Genese der Leistungsmotivation. Die Kinder bauten im Wetteifer mit einer Versuchsleiterin einen Turm mit Hilfe einer Anzahl von Ringen, die auf eine Stange zu stecken waren. Die Versuchleiterin ließ das Kind in einer vorgegebenen Reihenfolge gewinnen und verlieren. Dieses Experiment, das nur unter dem Aspekt der Leistungsmotivation entworfen und ausgewertet wurde, ist zugleich ein Regelspiel, bei dem die Schnelligkeit den Gewinner bestimmt. Kinder unter 2;3 Jahren verstanden die Wetteifersituation noch nicht, hatten aber Spaß an der Vollendung des Turms. Zwischen 2;3 und 3;6 Jahren zeigten sich deutliche Anzeichen von Wetteifer. Die Kinder zeigten Stolz beim Gewinnen und Beschämung beim Verlieren. Man kann diese Befunde auch als Aufbau des Regelbewußtseins deuten, denn die einfache Regel, schneller zu sein als der Partner, dominiert über das unmittelbare Handlungsziel, einen Turm zu bauen. Von nun an wird das Turmbauen auch nur Mittel zum Zweck. Die Zahl der gebauten Türme wächst mit dem Alter bis zu fünfeinhalb Jahren an (danach gibt es keine Steigerung mehr), da das Kind sich in der Wiederholung der Handlung Gewinnchancen ausrechnet.

Hier zeigt sich ein bei Regelspielen generelles Phänomen: der starke Impuls zur Wiederholung des Spiels, ein Phänomen, das auch im Erwachsenenalter fortbesteht, z. B. beim Kartenspiel. Der Reiz liegt in der für die meisten Regelspiele geltenden Rahmenregel, unter Einhaltung von Verhaltensvorschriften zu gewinnen oder zu verlieren. Gerade die Regel ist es, die dem Gewinnenden Selbsterhöhung und Identitätssteigerung beschert. Eine Erfahrung, die außerhalb des Regelspiels nicht in so klarer und eindeutiger Form erlebt werden kann.

Damit erklärt sich auch der merkwürdige Zusammenhang zwischen den Anforderungen, die eine Regel stellt, und der Attraktivität des Spiels. Schon Wygotski (1933) stellt fest: „…je härter sie (die Regel) ist, je mehr sie dem Kind abverlangt, je strenger sie die Tätigkeit des Kindes kontrolliert, umso anstrengender und spannender wird das Spiel“ (op. cit., S. 464). Er nennt wiederum Noll (ohne Literaturangaben), der die Spielregeln beim Krocketspiel sukzessive erleichterte. Die Kinder verloren das Interesse am Spiel, sobald die Regeln fortfielen. Im Gegensatz zum Alltagsleben bevorzugen Kinder (und auch Erwachsene) ein klares und differenziertes Regelsystem beim Spiel.

Regelverständnis in der Theory-of-mind Forschung

Regelbewußtsein spielt auch eine Rolle bei den jüngsten Forschungen zur Entwicklung der Fähigkeit des Kindes, andere in falschen Glauben zu versetzen (Theory-of-mind-Forschung). Die Aufgaben werden gewöhnlich in ein Spiel eingekleidet, das entweder implizite oder explizite Regeln enthält. In einer von Chandler et al. (1989) entwickelten Aufgabe geht es darum, die Spuren, die zu einem Schatz führen, zu verwischen und den Räuber zu täuschen, ihm also falsche Angaben über den Ort des Schatzes zu machen. Sodian (1991) hat die Untersuchungen Chandlers mit einer Gegenbedingung kontrolliert, indem sie zusätzlich zum Räuber den König einführte, dem man die Lage des Schatzes verraten sollte. Ihre Untersuchungen zeigten, daß Kinder unter 3;6 Jahren nicht in der Lage waren, den Räuber zu täuschen. In diesen Untersuchungen zur Prüfung des Verständnisses von Vorstellungen und Denkvorgängen (s. auch Perner, 1991) hat man bislang noch nicht zwischen Regelverständnis und Verständnis psychischer Vorgänge (theory of mind) unterschieden. Letztlich ist aber zum Verständnis dieser Versuchsanordnung ein Regelverständnis der Versuchsperson für das „Spiel" erforderlich. Immerhin können die Experimente auch als Beleg für den Aufbau des Regelbewußtseins gelten, da ohne dieses die gestellten Fragen nicht beantwortet werden können.

Stadien des Regelbewußtseins

Piaget (1983) unterschied anhand der Analyse des Murmelspiels drei Stadien des Regelbewußtseins.

1. Stadium: Individuelle Riten. Das Kind entwirft sich selbst Schemata für seine Handlungen. Es existieren jedoch keine verpflichtenden Regeln. Dennoch mag das Kind, das ständig bestimmten Ordnungen unterworfen wird, meinen, daß es gewissen Regeln beim Umgang mit Murmeln folgen muß. „Es werden also die Anfänge des Regelbewußtseins selbst in einem so begrenzten Gebiet wie dem des Murmelspiels durch die Gesamtheit des geistigen Lebens des Kindes bedingt" (op. cit. S. 69).

2. Stadium: Egozentrisches Stadium des Regelverständnisses. Von diesem Stadium an erfaßte Piaget das Regelbewußtsein mit drei Fragen, nämlich: Kann man die Regeln ändern? Sind die Regeln immer so gewesen wie heute? und: Wie sind sie entstanden? Regeln werden nachgeahmt und gelten als heilig und unantastbar. Sie stammen vom Vater und anderen Autoritäten und bleiben unverändert. Die Unterwerfung des Kindes unter die Regel führt noch nicht zur Kooperation im Spiel, „sie erzeugt lediglich eine Art Mystik, ein ungenaues Gefühl kollektiver Teilnahme" (op. cit., S. 79). Piaget meint allerdings, daß das Spielverhalten im Übergang dem Regelbewußtsein vorauseilt und Regelspiele ohne korrespondierendes Regelbewußtsein möglich sind.

3. Stadium: Regeln als Ergebnis von Vereinbarungen. Die Regeln können geändert werden, wenn die Teilnehmer sich darauf einigen. Sie sind im Laufe der Zeit entstanden und wurden oder werden laufend abgewandelt.

In der Einteilung von Piaget wird die heute gängige Unterscheidung zwischen deklarativem und prozeduralem Wissen nicht deutlich. Es gibt allenfalls eine Alles-

oder-Nichts-Einteilung. Im ersten Stadium existiert noch kein Wissen über Regeln. Ab dem zweiten Stadium ist ein solches, wenn auch verzerrtes Wissen vorhanden. Daher müssen zur Ergänzung die Untersuchungen von Elkonin (s.o.) herangezogen werden, der Regelverstöße im Rollenspiel induzierte. Der Verweis auf Verstöße ist zugleich ein Hinweis auf das Regelbewußtsein des Spielakteurs.

Analysiert man konkretes Spielverhalten, so zeigt sich der Hauptfortschritt in der Beherrschung des Regelspiels im Grundschulalter. Piaget selbst teilt seine Beobachtungen zum Regelverhalten im Murmelspiel in vier Stufen ein. Riemann (1987) untersuchte bei Kindern der ersten bis dritten Klasse das Dame- und Dominospiel und unterschied fünf Niveaus des regelgeleiteten Spiels. Elkonin (1980) beobachtete Regelverständnis und Regelverhalten beim Hüpfspiel und unterscheidet ebenfalls fünf Niveaus.

Das Regelverständnis hat also über die von Piaget gezeigten Aspekte hinaus eine Reihe von Facetten. Einfache Regelspiele wie Memory beherrschen Kinder im Vorschulalter ohne weiteres, und sie verstehen die Regeln auch soweit, daß sie durch sprachlich formulierte Korrektur eingreifen können. Im folgenden Beispiel wird demonstriert, wie ein Kind (Bud), das die Regeln des Memory kennt, immer wieder zu schwindeln versucht, um zu gewinnen. Man muß dabei beachten, daß die Hauptregel, nämlich am Ende den größten Stoß Karten zu haben, natürlich erhalten bleibt, so daß der Gewinn dennoch als Sieg über die anderen innerhalb des Regelspiels interpretiert werden kann (Aufnahme und Protokoll: Ursula Hofmann).

In einem Memory-Spiel, an dem B (5), G (5) und M (8) teilnehmen, versucht B immer wieder, mehr als zwei Karten aufzuheben. Einmal rechtfertigt er sich: „Das darf man schon, weil das mein Lieblingsbild ist.“ Eine andere Strategie B’s besteht darin, eine Karte aufzuheben, wenn er nicht an der Reihe ist. Am häufigsten hebt er einfach mehr Karten als zulässig auf, z. B. zweimal zwei hintereinander. Wenn er auf die Regel verwiesen wird (M moniert öfters), geht er nicht darauf ein oder beharrt auf seinem Recht. Folgender Ausschnitt mag die Interaktion beleuchten (Ziffer: Anzahl der aufgedeckten Karten, a: Aufdecken, z: Zudecken, + bedeutet, daß die zweite Karte zur ersten paßt):

B 2a+ , 2a2z
G: „Oh nein!“
B greift nach nächster Karte
M: „Du darfst nicht gucken!“
B 2a2z
M 2a2z (zieht vor G, der eigentlich an der Reihe wäre)
G zu B „Du kommst!“ (übersieht, daß er ausgelassen wurde)
B 2a+, 2a2z. „Ich hab mehr als ihr.“
B 2a2z
G: „Der B ist viel besser als ich.“
M singt
B: „Hahaha, ich darf nochmal!“
G: „M, wie heißt das erste Lied?“
M: (singt) „Good morning, good morning.“
B: „Darf ich nochmal?“
M: „Nein, hahaha.“

B: „Nix nanana! Ich darf nochmal."
M: „Nein!"
B: „Doch!"
M: „Nein!"
B: „Doch, du kannst nach Hause, Bikabika."
G: „Jetzt mach, B!"
B: „Bin ich?" Wirft zwei Karten auf den Boden, 2a2z
G: „Ja, du bist nochmal."
B: „Weißt du was, darf ich noch eine?" 2a2z.
G: „Ja, siehst du doch!" .. „Jetzt bin ich dran!" 2a2z

In dieser kurzen Episode übertritt B viermal die Regel, wobei er von G unterstützt und von M korrigiert wird. B ist sich der Regelverletzung bewußt und will sie durch Fragen („Darf ich noch eine?") oder Behauptungen („Ich darf nochmal") rechtfertigen. Zuvor begründet er seine Regelverletzung mit der ad hoc aufgestellten Regel „Das darf man schon, weil das mein Lieblingsbild ist". Der ganze Spielverlauf ist durch die Korrektur der Regelverletzungen B's durch M und die Toleranz bzw. Unaufmerksamkeit von G sowie durch ein starkes Engagement und den Wunsch zu gewinnen bei B gekennzeichnet. B begibt sich nicht außerhalb des Regelspiels, sondern versucht, durch Zustimmung der Partner, Rechtfertigung der Regelüberschreitung oder Einführung von Ad-hoc-Regeln innerhalb des Rahmens des Regelspiels zu gewinnen, was ihm auch gelingt.

Regelspiele mit Wettbewerbscharakter haben im Grundschulalter bis ins Jugendalter hinein eine stark handlungsleitende Tendenz. Eifermann (1971, s. auch Einsiedler, 1990) analysierte das Spiel von mehreren tausend Schulkindern auf Pausehöfen in Israel. Er fand beim Regelspiel eine ständige Zunahme bis zum Alter von zehn Jahren und danach eine stetige Abnahme bis zum fast gänzlichen Verschwinden. Wenn auch solche Beobachtungen zeit- und kulturgebunden sind, so steht fest, daß Regelspiele im Grundschulalter und in den ersten darauffolgenden Jahren eine besondere Bedeutung haben.

Wie stark die Regel wirken kann, zeigen Arbeiten von Wildegger-Lack (1987), die teilweise vom Verfasser angeregt wurden. Wildegger-Lack arbeitete mit sprachbehinderten Kindern und versuchte, Sprachtraining mit Hilfe des Spiels durchzuführen. Die Kinder konnten aber kaum dazu bewegt werden, in Rollenspielen mehr zu sprechen als im normalen Kontext. Im Gegenteil, sie wichen in nonverbales Verhalten und in die Produktion nachahmender Geräusche (Motorbrummen beim Autofahren) aus. Dies änderte sich schlagartig bei der Einführung von Regelspielen, bei denen das Kind im Wettstreit mit der Versuchsleiterin durch Würfeln eine Figur über ein Spielfeld zu bewegen hatte. Auf bestimmten Feldern mußten Aufgaben des Lesens, der Auswahl von Wörtern und des Auffindens des orthographisch richtig geschriebenen Wortes gelöst werden, um weiterzukommen. Die Kinder spielten solche Spiele mit großem Eifer und unterwarfen sich ohne Murren den Regeln, die von ihnen sprachliche Leistungen abverlangten. Das übergeordnete Motiv, nach objektivierbaren Kriterien zu gewinnen, setzt sich stärker durch als die „reaktive" Hemmung bei anstrengenden Sprech- und Rechtschreibübungen.

Zusammenfassung

Abschließend läßt sich die Funktion der Regel für den gemeinsamen Gegenstandsbezug im Spiel folgendermaßen kennzeichnen.

Regel und Regelhaftigkeit sind Grundelemente des Spiels und bilden die entscheidende Rahmenbedingung für die Herstellung und Aufrechterhaltung des gemeinsamen Gegenstandsbezugs im Spiel. Die Regel wirkt als externe und später als interne Kontrollinstanz für das Spielhandeln und gewährleistet auf diese Weise die gegenseitige Abstimmung der Spielhandlungen bei den beteiligten Spielpartnern. Das Kind unterwirft sich offenkundig nur im Spiel gerne den Regeln, dort wirken sie spannungssteigernd, während Spiele ohne Regeln oder Regelhaftigkeit uninteressant werden. Die Frage, warum das so ist, haben wir allerdings noch nicht beantwortet.

Kapitel 16

Die Zone nächster Entwicklung im Spiel

16.1 Zum Begriff

Gerade die Betrachtung des Spiels verstellt leicht den Blick dafür, daß die Mehrzahl der sozialen Interaktionen des Kindes asymmetrisch ist: das Kind spielt mit kompetenteren Partnern, von denen es lernt. Das „Lehren" der kompetenten Partner beginnt schon im ersten Lebensjahr. Die Eltern erweisen sich im Normalfall als sehr geschickt und verfügen über eine implizite Didaktik. Das jeweilige Spielniveau des Kindes ist daher keineswegs ein Naturprodukt, sondern resultiert aus der Interaktion mit kompetenten Partnern und wird dadurch zu einem kulturellen Phänomen. Für die Beschreibung dieser frühen und informellen Form des Lehr-Lern-Prozesses eignet sich das von Wygotski stammende Konzept der Zone nächster Entwicklung (ZNE) wohl am besten. Er versteht darunter die Distanz zwischen dem aktuellen Entwicklungsniveau, definiert durch die Leistungen selbständigen Problemlösens, und dem potentiellen Niveau, das unter der Anleitung Erwachsener oder kompetenter Gleichaltriger erreicht werden kann (Wygotski, 1978, S.86).

In den achtziger Jahren wurde das Konzept erneut aufgegriffen und weitergeführt (Wertsch, Minick & Arns, 1984; Rogoff, 1986; Valsiner 1987, Gallimore 1992; Oerter, 1992). „Die allererste Quelle für die Entwicklung der inneren individuellen Eigenschaften der Persönlichkeit des Kindes ist die Zusammenarbeit (wobei dieses

Wort im weitesten Sinn zu verstehen ist) mit anderen Menschen“ (Wygotski, 1987, S. 85). Diese „Zusammenarbeit“ entspricht unserem Konzept des gemeinsamen Gegenstandsbezugs. Indem die Partner das Kind bewußt oder unabsichtlich fördern wollen, regen sie neue und schwierigere Handlungen an.

Die Zone nächster Entwicklung umreißt daher den Leistungsbereich oberhalb des gegenwärtigen Entwicklungsniveaus, den das Kind sich als nächstes aneignen wird. Der Weg führt dabei von der Bewältigung einer Aufgabe durch Instruktion und andere Formen der Unterstützung seitens kompetenter Partner zu ihrer selbständigen Meisterung.

Drei Typen von Zonen nächster Entwicklung sollten unterschieden werden. Der erste Typus umfaßt alle Formen intentionaler Instruktion, also sowohl informelle wie formelle Erziehung. Wenn die Mutter das Kind lehrt oder ihm bei einem Vorhaben hilft, findet Entwicklung auf der Zone nächster Entwicklung ebenso statt wie in einem Unterricht, der der Entwicklung „vorauseilt”, wie dies Wygotski fordert. Der zweite Typus stellt eine Form der Entwicklungsförderung dar, die eine stimulierende Umgebung herstellt. In westlichen Kulturen sind stimulierende Objekte beispielsweise Bücher, Konstruktionsspielzeug, Malutensilien usw. Der dritte Typus der Zone nächster Entwicklung ist das Spiel selbst, mit dem wir uns im folgenden ausschließlich befassen werden.

Zuvor sollen jedoch noch zwei von Valsiner (1987) eingeführte Konzepte vorgestellt werden, die wir benötigen, um die Entwicklungsförderung im Spiel besser darstellen zu können: die Zone freier Bewegung und die Zone geförderter Handlung.

Die Zone freier Bewegung „kennzeichnet das, was zu einer gegebenen Zeit für das Kind verfügbar ist. Die Grenzen der Zone freier Bewegung werden laufend neu organisiert. Dies kann vom Kind selbst oder dem Erwachsenenpartner oder von beiden zugleich geschehen. Die Zone freier Bewegung wird stets durch Grenzen und Zwänge eingeengt, die von den Eltern (Lehrern) und dahinterliegend der Kultur gesetzt werden“ (Valsiner, 1987, S. 232, übers. vom Verf.). Eines der von uns längsschnittlich beobachteten Kinder spielte beispielsweise gerne mit Wasser und versuchte, möglichst viele Spielhandlungen wie Baby füttern, Flasche geben usw. mit echtem Wasser durchzuführen. Das Kind fütterte beispielsweise die Puppe, die die Flüssigkeit unten wieder ausschied; die Flasche wurde mit Wasser gefüllt und dann in eine andere umgefüllt usw. Die Mutter duldete relativ großzügig den Umgang mit Wasser, mußte aber doch Grenzen setzen, um die Wohnung zu schonen. Sie schlug dem Kind andere Möglichkeiten vor, wie am Spielzeughahn in der Puppenküche „Wasser“ zu holen.

Die *Zone geförderter Handlung* ist ein „Satz von Aktivitäten, Gegenständen oder Handlungsfeldern in der Umwelt, auf die hin die Handlungen des Kindes gefördert werden“ (op. cit., S.100, übers. vom Verf.). In unserem Beispiel besteht die Zone geförderter Handlung in Tätigkeiten des Fütterns der Puppe und später des Toilettengangs. Alle nötigen Gegenstände stehen zur Verfügung oder werden zusätzlich bereitgestellt (so das Töpfchen, auf das die Puppe gesetzt wird).

In dieser Situation besteht die Zone nächster Entwicklung in der Förderung von Fertigkeiten und Kompetenzen innerhalb der Spielsituation „Pflege der Puppe“. Die Förderung geschieht dabei nicht innerhalb eines isolierten Bereiches wie beim schulischen Training, sondern auf vielen Gebieten, wie der sprachlichen Benennung der Handlung, der Erklärung der fiktiven Handlungen, der Aufmerksamkeitslenkung und der Hilfe bei konkreten Handlungsversuchen (wie dem Öffnen der Flasche). Dies zeigt auch, warum es vorteilhaft ist, von „Zone“ zu sprechen.

Das Konzept der ZNE erweitert eine zentrale entwicklungspsychologische Annahme, nämlich die konstruktivistische. Seit Piagets Gesamtwerk ist es zu einer Selbstverständlichkeit geworden, die wesentlichen Anteile der menschlichen Entwicklung den aktiven Konstruktionsleistungen des Individuums zuzuschreiben. Dies gilt besonders für den Aufbau kognitiver Leistungen, allem voran dem Aufbau der Erkenntnis von Selbst und Welt. Der hier vertretene handlungstheoretische Ansatz legt jedoch zugrunde, daß die Leistung des Konstruierens eine gemeinsame Aufgabe von kompetenten Partnern und dem Kind bzw. dem Heranwachsenden darstellt. Diese Annahme bildet die Voraussetzung für den gemeinsamen Gegenstandsbezug. Das Prinzip des Konstruktivismus muß daher durch das Konzept der Co-Konstruktion ergänzt werden (Valsiner, 1989).

In seiner strengsten Form leitet es sich aus der kulturhistorischen Schule ab. Wygotski erklärt die Entwicklung psychischer Funktionen als Internalisierung vormals externer sozialer Interaktion und formuliert ein generelles genetisches Gesetz der kulturellen Entwicklung:

„In der Entwicklung des Kindes tritt jede höhere Funktion zweimal in Szene – einmal als kollektive Tätigkeit, das heißt als interpsychische Funktion, das zweite Mal als individuelle Tätigkeit, als innere Denkweise des Kindes, als intrapsychische Funktion“ (Wygotski, 1987, S. 302).

Alle höheren psychischen Funktionen sind nach Ansicht Wygotskis internalisierte (angeeignete) Beziehungen sozialer Art. Sie machen die Struktur der Persönlichkeit aus. Der soziale Charakter höherer psychischer Funktionen wird also als etwas qualitativ anderes angesehen als einfache, basale Funktionen. Da man den Internalisierungsvorgang am besten als gemeinsame Konstruktionsleistung (Co-Konstruktion) erklären kann, wird dieser Vorgang zum entscheidenden Prozeß der Sozialisation und der Übernahme des kulturellen Wissens.

Die ZNE und damit auch die beiden Komplementärzonen zeigen im Spiel Besonderheiten, die uns im folgenden ausschließlich beschäftigen werden.

Spiel erzeugt nach Meinung Wygotskis (1966, zitiert nach Valsiner, 1987) die Zone nächster Entwicklung, in der das Kind sich auf das Niveau oberhalb des aktuellen Entwicklungsstandes begibt. Wygotski sagt dazu (1933, S. 462):

„Das Verhältnis zwischen Spiel und Entwicklung ist vergleichbar dem Verhältnis zwischen Unterricht und Entwicklung. Das Spiel geht mit Veränderungen der Bedürfnisse einher und mit allgemeinen Veränderungen des Bewußtseins. Das Spiel ist Quelle der Entwicklung und schafft die Zone der nächsten Entwicklung... und dadurch gelangt es auf das höchste Niveau der Entwicklung..“

An anderer Stelle beschreibt er das Spiel als Zone nächster Entwicklung in der folgenden Weise:

„Das Spiel erzeugt die Zone nächster Entwicklung des Kindes... Das Spiel enthält in einer komprimierten Form, ähnlich dem Brennpunkt eines Vergrößerungsglases, alle Entwicklungstendenzen; im Spiel versucht das Kind gewissermaßen einen

Sprung über das Niveau seines gewöhnlichen Verhaltens zu machen“ (Wygotski, 166, S. 74; zit. nach Valsiner, 1987, S. 65).

Da aber Spiel oft auf niedrigerem Niveau als dem bereits erreichten stattfindet, muß diese Aussage spezifiziert werden. Vor allem bildet Spiel einen idealen Rahmen für Entwicklungsförderung auf der nächsthöheren Entwicklungsebene, wenn Kinder mit kompetenten Partnern interagieren. Dies entspricht auch der allgemeinen Definition der ZNE (s.o.).

16.2 ZNE als Herstellung und Aufrechterhaltung des Spielrahmens

Aus dem bisher Gesagten wird deutlich, daß man nicht jede geglückte Hilfestellung als Zone nächster Entwicklung bezeichnen sollte. Vielmehr geht es bei der ZNE um die Schaffung und Aufrechterhaltung eines Rahmens, innerhalb dessen die Handlungen des Kindes im Entwicklungsniveau angehoben werden können. Erwachsene und Kind stellen gemeinsam oder in Einzelinitiative eine Eingrenzung, ein „Gerüst“ her, das die Einzelhandlungen aufeinander bezieht und stützt. Diesen Prozeß nennen Ninio und Bruner (1978) daher auch „scaffolding“(Gerüstbauen, Einrüsten).

Die wichtigste Form der Rahmenbildung im Spiel ist die Einführung und Aufrechterhaltung eines Spielthemas (Sujets). Es folgt zunächst ein Beispiel aus der ersten Beobachtung eines Kindes der Längsschnittuntersuchung (weiblich, Alter: 1;6. Aufnahme und Versuchsleiterinnen(Vl): Eva Nagy, Birgit Mieruch. Protokoll: Birgit Mieruch)

Vl: „Wollen wir die Puppe mal auf den Topf setzen?“
K nimmt Puppenflasche, die neben Töpfchen auf dem Boden liegt
K: „Dinken, dinken“ (trinken)
M: „Trinken soll die Puppe?“
K nickt, schaut dabei erst zu Vl, dann zu M
K geht mit Puppenflasche zu M
M: „Hast du auch Durst?“
K (noch einmal): „Dinken“ (trinken)
K nimmt M bei der Hand, geht mit M zu Babypuppe, die auf dem Boden liegt
M: „Was denn? Na, gib ihr halt was zu trinken.“
K nimmt kleine Puppenflasche, die neben Babypuppe auf dem Boden liegt
K (in jeder Hand eine Puppenflasche haltend): „Dinken“
K führt kleine Puppenflasche zu Mund von Babypuppe
M: „Ja”, macht Trinkgeräusche
K führt Puppenflasche zu Mund von Babypuppe
M begleitet Handlung von K mit Trinkgeräuschen
K steht beide Flaschen in der Hand behaltend auf und geht um M herum
K nimmt kleine Puppenflasche kurz in den Mund
M: „Und, hat's schon ausgetrunken?“
K geht zu Vl, die im Türrahmen steht
K hält Puppenflasche zu Vl hin, schüttelt Puppenflasche kurz, schaut auf Puppenflasche
K: „Dinken“
Vl”: „Sollen wir es mit Wasser vollmachen? Vielleicht bei der Kleinen, die hat ein Loch?“

K: „Wassa“
Vl zu K: „Ja, tun wir da mal Wasser rein, ja?“
M zu K: „Gib’s mal der Frau N.“
Vl nimmt kleine Puppenflasche von K und geht mit K aus dem Zimmer
K läuft in das Zimmer: „Bassa“ (Wasser)
M zu K: „Soll die Puppe was trinken, hm?“
K läuft wieder aus dem Zimmer zu Vl, die im Bad steht und Wasser in die Puppenflaschen füllt
M zu Vl: „Ist ganz aufgeregt.“
K (im Bad): „Bassa“
Vl (im Bad): „Ja gleich“
K kommt mit gefüllten Flaschen wieder zurück
M: „Ooooh, jetzt kriegt aber die Puppe was zu trinken, hm. Gibst du das jetzt der Puppe?“
K hockt sich neben Babypuppe, führt kleine Puppenflasche zu Mund von Babypuppe, die auf dem Boden liegt
M: „Schön in den Mund rein, ja.“
M macht Trinkgeräusche: „Hm, das schmeckt aber der Puppe fein.“
K führt Puppenflasche zu Mund von Puppe
M macht Trinkgeräusche: „Jetzt hat die Puppe aber schön getrunken, hm?“

Szene: Puppe auf den Topf setzen
Vl drückt Wasser in den Mund von Babypuppe
Vl setzt Babypuppe auf das Töpfchen
Wasser läuft aus Babypuppe unten heraus und in das Töpfchen
K sieht zu Vl und Babypuppe
M: „Oh, und dann geht es aufs Töpfchen und dann macht sie Pipi auf den Topf. Hast du das gesehen? Die Puppe tut trinken und dann macht sie Pipi auf den Topf.“

Der Verlauf des Protokolls zeigt, daß die Initiative eindeutig beim Kind liegt. Es will die Puppe mit echtem Wasser füttern. Versuchsleiterin und Mutter unterstützen das Vorhaben. Das anfangs von der Versuchsleiterin angeregte Spiel, die Puppe aufs Töpfchen zu setzen, wird nicht aufgegriffen. Das Kind übernimmt auch später dieses Sujet nicht, als die Versuchsleiterin die Puppe aufs Töpfchen setzt, sondern fährt (nach der hier wiedergegebenen Szene) mit der Handlung des Zu-Trinken-Gebens fort. Die Stützung der Trinkszene durch die Erwachsenen zeigt Charakteristika, die überindividuell und übersituativ gleich sind:

- Lautliche Untermalung der Handlung (M macht Trinkgeräusche),
- Erfragen der Handlung bzw. Handlungsabsicht (M: Trinken soll die Puppe?)
- Sprachliche Ergänzung oder Richtigstellung (K: Dinken, dinken! M: Trinken soll die Puppe?)
- Handlungsaufforderung (M: Na, gib ihr halt was zu trinken!)
- Sprachliche Beschreibung der Handlung (Vl zu K: Ja, tun wir mal da Wasser rein!)
- Kennzeichnung des Abschlusses einer Handlung (M: Jetzt hat die Puppe aber schön getrunken, hm?)
- Benennung eines seelischen Zustandes oder eines psychischen Merkmals (M: Hmm, das schmeckt aber der Puppe fein! – Hast du die lieb, die Puppe?)
- Erklärung eines Vorganges oder Sachverhaltes (Als das Wasser nach Füttern der Puppe unten in den Topf hinausfließt, sagt M: „Hast du das gesehen? Die Puppe tut trinken und danach macht sie Pipi auf den Topf”).

- Unterstützung der materiellen Handlung (Wasser im Bad holen).
- Aufmerksamkeit steuern (M: Hast du gesehen? s.o.)

Alle diese Einzelmaßnahmen stehen nicht für sich, sondern erfolgen im Rahmen der Spielidee „Der Puppe zu trinken geben". Diese vom Kind stammende Idee ist der von den Erwachsenenpersonen gestützte Rahmen, innerhalb dessen einzelne Hilfen angeboten werden.

Dies wird im nächsten Beispiel noch deutlicher. Es stammt aus einer Aufnahme des gleichen Kindes drei Monate später (Vl und Protokoll wie oben).

M: „Tust du uns mal was Schönes kochen, hm?
K steht auf und geht zu Vl
Vl gibt K einen Topf: „Da!"
M: „Was kochst du uns denn? Was gibt es denn heute zu essen?"
K nimmt Löffel und rührt mit Löffel im Topf
Vl: „Hmmm! Kochst du etwas Leckeres? Darf ich einmal probieren?"
Vl nimmt zweiten.Löffel, steckt ihn in Topf und führt ihn zum Mund
Vl: „Mmm, das ist aber lecker!"
K nimmt kleinen Deckel und versucht ihn auf Topf zu legen (paßt nicht)
K drückt Hand mit kleinem Deckel kurz auf den Boden von Topf
M: „Und was ist das, S, was du da kochst?"
K schaut auf kleinen Deckel: „Zumachn."
V1: „Da ist der Deckel."
V1 bietet K Deckel an
K nimmt Deckel von Vl und legt ihn auf Topf
M: „Was kochst du denn da, S, hm?"
K schaut auf Topf
Vl kreist mit Hand über Topf: „Schschsch!"
K nimmt Deckel von Topf
M: „Was gibt es heute mittag zu essen?"
K rührt kurz mit Löffel in Topf und legt Deckel auf Topf
M zu Vl's: „Sonst kocht sie immer Nudeln oder Salat oder Ketchup oder Kartoffeln."
K dreht an Deckel und schaut vor sich hin
Vl nimmt Topf: „Wollen wir eine Nudelsuppe machen?"
K hält Löffel in der Hand und schaut zu Vl
Vl schöpft mit Löffel vom Teller in den Topf: „So, da sind die Nudeln."
Vl macht Kippbewegung mit Tasse über Topf
Vl: „Pschschsch! Wasser."
Vl bewegt Finger über Topf
Vl: „Gewürze."
Vl: „Und jetzt machen wir es zu."
Vl legt Deckel auf Topf: „Jetzt wird es heiß! Schsch!"
Vl kreist mit Hand über Topf: „Jetzt fängt es an zu kochen, schsch!"
Vl: „Jetzt mal aufmachen und rühren."
Vl öffnet den Deckel und rührt mit Löffel
Vl: „Mal probieren", führt Löffel zum Mund
Vl: „Magst du auch einmal probieren? Hmm, lecker, hmm."
K geht mit Löffel in Topf und rührt, steckt Löffel in Mund
V1: „Mmmm, ist die gut!"
K rührt mit Löffel in Topf, nimmt zweiten.Löffel in die Hand

K legt Löffel weg, rührt mit Löffel in Topf
Vl: „Jetzt ist es fertig. Gibst du mir mal etwas auf den Teller?“
K nickt
Vl: klopft mit Löffel auf Teller
K faßt an Teller und zieht Teller zu sich
Vl: „Ist das für dich? Und noch einmal etwas auf den Teller für die Puppe, die Puppe hat Hunger.“
Vl klopft mit dem Löffel auf Teller
K nimmt Teller Vl aus der Hand und schiebt diesen zu Babypuppe hin
Vl: „Gibst du ihr zu essen?“
M: „Und was hast du jetzt Tolles gekocht?“
K: „Nudeln.“
M und Vl: „Nudeln!“
M: „Und was noch?“
K robbt zu kleinem Fläschchen und versucht, es zu öffnen
K: „Schau mal.“
Vl: „Ja, ich schau.“
K: „Aufmachn.“
Vl nimmt kleines Fläschchen von K: „Soll ich es dir aufmachen?“
deutet auf Babypuppe: „Die Puppe hat noch so Hunger, die Puppe muß erst noch ihre Nudelsuppe essen.“
Vl führt Löffel zum Mund von Babypuppe und macht Schmatzgeräusche
K schaut zu Vl und stellt Teller neben sich
K führt Löffel in Topf und rührt damit im Topf

Diesmal wird die Spielidee von der Mutter vorgeschlagen und vom Kind, das mit der Versuchsleiterin zu spielen wünscht, aufgegriffen. Die Kochszene ist nicht neu für das Kind (M: Sonst kocht sie immer Nudeln oder Salat oder Ketchup oder Kartoffeln). Das Kind erfährt aber die Spielsituation neu, weil die Versuchsleiterin andere Details einführt. Das Kind beobachtet die Versuchsleiterin aufmerksam und richtet sich nach ihren Anweisungen. Im Gegensatz zur ersten Video-Aufnahme gibt das Kind die Idee, die Flasche mit in das Spiel einzubeziehen, wieder auf und setzt das Kochen, auf–Teller–Verteilen und Füttern fort, obwohl die Partnerin gleich auf das Kind eingeht und beim Aufmachen des Fläschchens helfen will. Das Kind erscheint weniger spontan als das erste Mal, es ist mehr daran interessiert, mit der Partnerin zu spielen und den von dieser aufgebauten gemeinsamen Gegenstandsbezug aufrechtzuerhalten. Auf diese Weise bleibt das Stützsystem bzw. der Rahmen konsistent.

Die Durchsicht der Protokolle unserer Längsschnittstudie sowie Untersuchungen von vielen anderen Autoren legen die Vermutung nahe, daß das Symbolspiel nicht spontan in der Entwicklung des Kindes auftaucht, sondern von den Bezugspersonen eingeführt wird.

In den von uns beobachteten Spielszenen gab es fast keine symbolisierende Handlung des Kindes, die von den Bezugspersonen nicht im Sinne eines Symbolspiels kommentiert oder mit Vorschlägen versehen worden wäre. Dies gilt auch für andere Spielaktivitäten, wie Puzzle zusammensetzen, kneten und bauen oder motorischen Spielen. Als systematische Fehlerquelle kommt allerdings die Aufnahmesituation in Betracht, die bewirkte, daß die Mütter (bzw. Väter) das Kind permanent zu Spielhandlungen anregten oder das Spontanspiel des Kindes weiterführen wollten.

Piaget (1969) war noch der Meinung, daß Symbolspiel wie überhaupt die Leistungen des Umgehens mit Symbolen und Vorstellungen aus der spontanen Aktivität des Kindes allein entstünden, und daß dessen Handeln Ungleichgewicht erzeuge, das durch Aktivität auf höherer Ebene wieder zum Gleichgewicht führen würde (im Symbolspiel allerdings in Form einseitiger Assimilation). Man kann aber die Hypothese vertreten, daß ohne soziale Interaktion und ohne die Errichtung einer ZNE solche Leistungen, insbesondere das Als-ob-Spiel, nicht auftreten.

In der Tat läßt sich in bezug auf die Häufigkeit und das Niveau des Symbolspiels eine große Variationsbreite beobachten. Es gibt kulturelle und subkulturell bedingte Unterschiede. In manchen Subkulturen wird Phantasiespiel regelrecht unterdrückt und der realistische Umgang mit Gegenständen verlangt, so z. B. in den fünfziger Jahren bei den nordafrikanischen und kurdischen Einwanderern nach Israel (Feitelson, 1977). Dunn und Wooding (1977, zit. nach Einsiedler, 1989) fanden große Unterschiede im Spielverhalten zwischen englischen Kindern der Mittel- und Unterschicht. Besonders bezüglich der Anregung zum Symbolspiel und der Umdeutung von Gegenständen regten Unterschichteltern die Kinder kaum an. Dazu ein Beispiel für die Andersartigkeit von Spiel anhand einer konkreten Neck-Situation in benachteiligten Bevölkerungsschichten. Eine schwarze Mutter in New York neckt ihre dreijährige Tochter und bringt sie dazu, sich sprachlich und körperlich zur Wehr zu setzen. Stolz kommentiert sie das Verhalten des Kindes: „Ist sie nicht prima, die kann sich wehren!“ (Miller, 1982).

Dennoch gibt es auch in dieser Szene ein fiktives Spiel, das ein gewisses Ritual aufweist. Beiden Partnern bleibt bewußt, daß das Necken Spaß und Spiel sein soll. Doch ist dieses Spiel auf einen anderen Realitätsbereich bezogen: den des täglichen Kampfes und sich Behauptens in einer feindlichen Umgebung.

Insgesamt läßt sich sagen, daß Phantasie- bzw. Symbolspiele in den meisten Kulturen auftauchen, vielfach im Lebensalter erst Jahre später (s. z.B. Leacock, 1971, für Kinder aus Dörfern in Sambia).

Der Aufbau des Symbol- und Rollenspiels ist demzufolge als Co-Konstruktion aufzufassen. Der entscheidende Schritt dabei ist die gemeinsame Konstruktion des Spielrahmens bzw. Spielthemas. Im folgenden wird dies an jeweils einem Beispiel für unterschiedliche Spielformen demonstriert.

- Motorische und sensomotorische Spiele: Spielen wir Häschen in der Grube?
- Symbol-(Phantasie-)spiel: Wir spielen jetzt Kochen.
- Rollenspiel solitär: Bist du jetzt der Papa?
- Rollenspiel sozial: Wir spielen Doktor.
- Regelspiel: Willst du Memory spielen?
- Konstruktionsspiel: Wir bauen einen Turm (ein Haus etc.)!

Alle Anregungen können auch vom Kind ausgehen, sie werden im frühen Alter dann oft als Einwortsatz vorgebracht (Kochen! – Papa!). Nach wie vor gilt aber, daß dieser Rahmen sich in einem gemeinsamen Gegenstand „materialisieren“ muß, wenn die ZNE aufrechterhalten werden soll. Beim Symbolspiel sorgen die Replika oder umgedeutete Objekte, beim Memoryspiel das dazugehörige Bildmaterial, beim Kneten und Bauen das entsprechende Formungsmaterial etc. für die Erfüllung dieser Forderung. Später können sichtbare Gegenstände wegfallen, sie werden dann nur noch gestisch oder sprachlich repräsentiert.

In den nächsten Abschnitten sollen einige typische Situationen herausgegriffen werden, bei denen wir Prozesse der ZNE beobachtet haben. Davon waren zwei Standardsituationen: Das Buchanschauen und das fiktive Telefonieren.

16.3 ZNE beim Buchanschauen

Das Buchanschauen ist ein „Spiel" besonderer Art, das auf einem für westliche Kulturen spezifisch für Kinder hergestellten Gegenstand, dem Bilderbuch, beruht. Bezugsperson und Kind schauen gemeinsam ein Bilderbuch an, das den gemeinsamen Gegenstandsbezug für eine bestimmte ritualisierte Form von Interaktion bildet, in der sich typische Handlungen wie Umblättern, Zeigen und Benennen wiederholen.

Bereits Ninio und Bruner (1978) beobachteten anhand eines Einzelfalls das Interaktionsmuster beim gemeinsamen Buchanschauen („Buchlesen"). Sie fanden vier Handlungsabschnitte, die regelhaft auftauchten:

1. Aufmerksamkeitslenkung oder Appell (Schau mal!)
2. Fragen (Was ist das da?)
3. Benennung (Das ist ein…)
4. Rückmeldung (Ja, ein, eine…)

Je nach Entwicklungsstand übernimmt dabei das Kind mehr oder weniger an Handlungsschritten. Anfangs ist das Nachsprechen des Namens des abgebildeten Gegenstandes die einzige Handlung des Kindes, sie stellt allerdings auch das Minimum der Interaktion auf der ZNE dar. Zuvor kann die Rahmensituation „Buchanschauen"

noch nicht aufgebaut (co-konstruiert) werden. Die letzte Entwicklungsetappe in der obigen Sequenz ist die Übernahme der Handlungsschritte 1 bis 3 vom Kind, das von sich aus die Aufmerksamkeit der Mutter auf das Bild lenkt, benennt, die Rückmeldung abwartet und umblättert. In der Spielrealität allerdings gestaltet sich das Buchanschauen nach der ersten von Bruner und Ninio untersuchten Etappe meist komplexer. Es bleibt nicht bei der Benennung des Gegenstandes, sondern die Bezugsperson erzählt etwas über den Gegenstand und bezieht dabei in der Regel frühere Erfahrungen des Kindes mit ein. In unseren Längsschnittbeobachtungen ließen sich drei Ebenen der ZNE mit wachsender Komplexität und Abstraktion der Kommunikation unterscheiden (Erarbeitung zusammen mit Ursula Hofmann und Eva Nagy).

1. *Dekontextualisierung*. Diese Ebene entspricht der oben beschriebenen Form des Buchanschauens. Die abgebildeten Gegenstände sind im Bilderbuch durch ihre Zweidimensionalität und ihre Herauslösung aus dem Gesamtzusammenhang dekontextualisiert. Das Kind erfaßt sie isoliert und verbindet mit ihnen durch die Benennung einen Namen. Auf diese Weise erhalten die Gegenstände eine herausgelöste vorläufige Bedeutung. Der Zeitpunkt, zu dem diese Leistung als gemeinsame Konstruktion gelingt, ist recht verschieden. Bei der Mehrzahl der Kinder trat sie bereits mit 1;6 Jahren oder mit 1;9 Jahren auf. Ein Kind zeigte erst mit 2;3 Jahren die erste verbale Reaktion, obwohl es schon ganze Texte zu verstehen schien. Von seiten des Kindes kommen zunehmend mehr Aktivitäten ins Spiel, die Anteile der Interaktion übernehmen.

2. *Neukontextualisierung*. Nun beginnt die Bezugsperson, das benannte Objekt in einen neuen Kontext zu stellen, indem sie es auf etwas Bekanntes zurückzubezieht.

Beispiel: Ein Junge blättert mit 1;9 Monaten selbständig um, deutet auf einzelne Bilder bzw. abgebildete Gegenstände und vokalisiert hinweisend „Dat da." Auf die Frage der Mutter kann das Kind bereits die richtige Benennung wiedergeben. Dies entspricht noch der ersten Ebene. Nun bleibt die Mutter jedoch bei einem abgebildeten Objekt, z. B. Beeren und erläutert: „Beeren, na, die ißt du doch gerne!" Bei einem späteren Bild, auf dem ein Mähdrescher dargestellt ist, bemerkt sie: „Wir haben auch einen gesehen beim Opa, ne?"

Die Neukontextualisierung erfolgt also gewöhnlich als Einbettung in den kindlichen Erfahrungshorizont. Die Bezugsperson stellt eine Verbindung der abgebildeten Szene bzw. des Gegenstandes zum Wissen des Kindes her. Der Vorgang läßt sich gedächtnispsychologisch mit Hilfe der Begriffe des episodischen und semantischen Gedächtnisses beschreiben. Das Kind verfügt über Erfahrungsinhalte, die als Muster im zeitlichen und räumlichen Erlebniszusammenhang abgespeichert sind (episodisches Gedächtnis). Im semantischen Gedächtnis sind demgegenüber Inhalte nach Bedeutungszusammenhängen, nach begrifflicher Ordnung und nach Wissensbereichen klassifiziert (Brown, 1975). Beim Vorgang der Neukontextualisierung ruft die Bezugsperson Inhalte aus dem episodischen Gedächtnis des Kindes ab und verbindet diese mit dem benannten Bild zu einer neuen Gedächtniseinheit, die nun zu einem Element des semantischen Gedächtnisses wird. Das Kind erfährt einen ihm zumindest sporadisch bekannten Sachverhalt, der als getrenntes Wissen über den Gegenstand abgespeichert wird. Mit 2;3 (4. Messung) Jahren konnte diese Ebene der ZNE bei den meisten Kindern beobachtet werden. Wiederum kann das Kind allmählich auch schwierigere Teile des Vorgangs, wie die Neukontextualisierung eines abgebildeten Gegenstandes selbst vornehmen (Beispiel s. u.).

3. Kontextintegration. Auf einer dritten Ebene der ZNE, die allerdings nur dann hergestellt werden konnte, wenn der Inhalt des Buches dies ermöglichte, integriert die Bezugsperson die Bilderfolge zu dem Gesamt-Kontext der dargestellten Geschichte. Die Bilder erhalten auf diese Weise eine neue Funktion. Sie bilden visuelle Anker eines Geschehens, das dem Kind nur noch verbal mitgeteilt wird. Kontextintegration in diesem Sinne wird erst möglich, wenn das Kind die vorausgegangene Dekontextualisierung bereits gut beherrscht, also mit vorgestellten Objekten und Handlungen, die aus dem bisherigen Erfahrungszusammenhang herausgelöst sind, flexibel umgehen und aus diesen Elementen mit Hilfe der äußeren Wahrnehmungsstütze die Geschichte als Kontext nachkonstruieren kann.

Beispiel: Vater und Tochter (2;3) schauen gemeinsam ein Bilderbuch an. Das Kind wünscht ausdrücklich, daß der Vater ihm vorliest. Er sträubt sich mit der Begründung, die Geschichte sei zu lang. Das Kind besteht aber auf seinem Wunsch ("nicht zu lang!") und der Vater beginnt seufzend. Während des Vorlesens folgt das Mädchen aufmerksam der Geschichte und stellt Warum-Fragen. Später zeigen sich Vater und Tochter einzelne Bilder, die Tochter stellt dabei selbst neue Kontexte (Ebene 2) her, indem sie zu den Bildern aus ihrer Erfahrung erzählt (z. B. über ihre Angst vor Spinnen und Bienen).

Man erkennt, daß auf dieser Ebene der Vorgang der Kontextualisierung einen qualitativen Sprung macht. Aus der Bildfolge wird eine Geschichte erschlossen, deren Zusammenhang als Sequenz sprachlich formulierter Handlungen und Zustände dem Kind nur teilweise verständlich sein kann. Interesse und Freude an diesem Vorgang resultieren vermutlich aus verschiedenen Quellen, von denen zwei aus den Beobachtungen als wahrscheinlich angesehen werden können: (a) das Ritual des Vorlesens selbst mit fortlaufender sprachlicher Sequenzierung; (b) Das Erschließen des Textes durch Fragen, die ihrerseits einer Art ritualisiertem Wechsel gehorchen (Text – Warum-Fragen – Antworten – neuer Text).

Ad a) Vorlesen als Ritual wird bei der Zeremonie des Zubettgehens wichtig und später als genaue wortgetreue Wiedergabe des Textes, den das Kind so und nicht anders hören will, bestimmte Höhepunkte, aber auch Ausdrücke erwartet und das Ende der Geschichte als Entspannungsmoment erlebt.

Ad b) Das in das Geschichten-Erzählen eingebettete Frage-Antwort-Spiel kann sich verselbständigen und hat dann die gleiche Form wie die späteren Sprachspiele mit den Warum-Fragen. Das Fragen während des Erzählens (Vorlesens) kann sich andererseits innerhalb des Kontextes bewegen und macht die ZNE besonders wirksam, weil neue Sachverhalte erschlossen werden und die Geschichte als Ganzes zunehmend besser verstanden werden kann. Gedächtnispsychologisch ausgedrückt, wird der zuvor elementare Aufbau des semantischen Gedächtnisses durch die Konstruktion komplexer semantischer Einheiten, eben der Geschichten, erweitert.

Der Gesamtverlauf der Förderung auf der ZNE beim Buchanschauen stellt sich nach unseren Beobachtungen als Umwandlung konkreter Gegenstände und Handlungen in sprachlich kodierte Gegenstände und Handlungen dar. War anfangs die sprachliche Benennung nur eine zusätzliche Stütze zur Herauslösung des Gegenstandes durch seine isolierte Wahrnehmung (Ebene 1), kehrt sich der Vorgang auf Ebene 2 bereits um: Das Reizmuster des Bildes dient als Stütze für das semantische Verständnis und für die Speicherung im semantischen Gedächtnis. Dieser Vorgang der Versprachlichung von Handlung setzt sich auf der dritten Ebene als komplexer Prozeß fort. Nun dienen die Bilder zusätzlich zu ihrer bisherigen Funktion als externe Stütze für die Sequenzierung sprachlicher Inhalte: Die Aufeinanderfolge der Bilder korrespondiert mit dem Fortgang der Geschichte.

16.4 ZNE beim fiktiven Telefonieren

Die Standardsituation des Telefonierens erbrachte, wie bereits früher erläutert, fünf Niveaus der Handlungskomplexität und Kommunikation. Analysiert man die Förderung auf der ZNE bei diesen Niveaus, so zeigen sich wiederum strukturelle Unterschiede. Die Vermittlung des Handlungsskripts selbst (Hörer abnehmen, Wählscheibe drehen, Hallo sagen) kommt dabei nicht zur Sprache. Wir beginnen mit der Vermittlung kommunikativer Akte beim Telefonieren.

1. Ebene der ZNE: Einführung von Sprechformeln. Auf Niveau 1 (Skripthandlungen des Telefonierens ohne Kommunikation) versucht die Bezugsperson, das Kind zum Dialog zu bewegen, wobei dem Kind Sprechformeln vorgeschlagen werden.

Beispiel : Junge, Alter 1;9 (Aufnahme und Protokoll: Eva Nagy).
K: „Hallo!“ wählt und nimmt den Hörer ab.
M: „Hallo, C, hörst du mich?“
K geht zur Mutter, nimmt ihr Telefon und hält beide Hörer. Gibt Unmutslaute von sich.
E: (Kusine, etwas älter): „Hörst du mich?“
M gibt einen Hörer E und einen K. „Einer für dich und einer für E.“ … „Hallo, E!“
K: „Hallo, hallo!“
M: „Ada, ada.“
K: „Ada, ada.“ hält dabei den Hörer nicht mehr ans Ohr.
M: „Du mußt den Hörer ans Ohr halten, so!“ hilft mit der Hand.
K: „Hallo, Hallo!“
M: „Sag, morgen gehn wir baden!“
K beißt ins Kabel und wird von der Mutter auf andere Tätigkeiten gelenkt.

Die Mutter benutzt neben der Aufrechterhaltung der Situation als Handlungsrahmen zwei Strategien, die Einführung der etwas älteren Kusine als Partnerin und das Vorsprechen von Grußformeln bzw. Mitteilungen. Erst als die Kusine das Telefon hat, spricht das Kind „Ada, ada“ nach. Die Aussage „morgen gehn wir baden“ ist allerdings für das Kind, das sich noch im Stadium des Einwort-Satzes befindet, viel zu schwer zum Nachsprechen. Für den kurzen Zeitpunkt des Nachsprechens erreicht das Kind eine Leistung auf Niveau 2.

2. Ebene der ZNE: Auf einer nächsten Ebene der ZNE geht es darum, die Fiktion des Telefongesprächs auszubauen und dadurch ein Wechselgespräch „durchs Telefon“ in Gang zu bringen. Wie bereits früher erläutert, ist dieser Schritt für das Kind schwierig, weil es den Gesprächspartner vor Augen hat und gegen den Augenschein handeln muß. Kinder im zweiten Lebensjahr, die bereits echte Telefonerfahrung haben und durchs richtige Telefon sehr wohl mit Partnern sprechen können, sind dazu beim Spieltelefon nicht in der Lage und weigern sich sogar, auf diese Weise in Kommunikation zu treten. Das folgende Beispiel zeigt die Bemühungen der Mutter, (a) die Fiktion des Gesprächs zu fördern und (b) das Kind zum Erzählen über sich bzw. andere Personen anzuregen.

Beispiel: Mädchen, 1;6 Jahre (Protokoll und Auswertung: Joachim Rexer)
K dreht Wählscheibe
M: „Hm, hallo."
K dreht Wählscheibe
M: „Hm?"
K: „Hallo!"
M: „Hallo, J, ich bin die Oma!"
K: „M-m" (nein)
M: „Wo ist denn die Oma?"
K deutet auf den Hörer an M's Ohr. „Da."
M: „Die Oma, wo ist denn die?"
K deutet auf Telefonkasten bei der Mutter. „Da."
M: „Im Telefon, ja."
Hintergrundinformation: Das Kind telefoniert am richtigen Telefon oft mit der Oma und gibt vermutlich an, wo Omas Stimme herkommt. Etwas später:
K nimmt Hörer 1 und reicht ihn M. „Mama".
M: „Mama hallo machen?"
K (weinerlich) „Mama."
M lacht „Ja, J auch was sagen?"
K nimmt Hörer 2 von der Schulter und betrachtet ihn.
M: „Hallo, J!"
K hält Hörer 2 in den Händen und betrachtet ihn. „Hallo, J!" Hält sich den Hörer wieder ans Ohr und schaut weg von der Mutter.
M: „Wo ist denn die Lea?"
K: „Daim" (daheim).
M: „Daheim? Und der Pauli?"
K: „Heim."
M: „Auch daheim?"
K: „Ja".
M: „Ist der Pauli krank?"
K: „Ja." Nimmt Hörer vom Ohr und betrachtet ihn. „Heim."
M: „Daheim, hm. Und die Moni?"
K hält Hörer ans Ohr. „Heim."
M: „Daheim."
K: „Ja."
M: „Und wo ist der Tommy hin?"
K: „Hmm" (unverständlich)
M: „Wo ist denn der hin?"
K: „Auto."
M: „Mit dem Auto weg?"
K: „Ja."
M: „Ja, und der Papa?"
K: „Heim" (weiteres unverständlich)
M: „Wo ist der?"
K hält Hörer auf die Schulter, schaut zur Mutter. „Heim."

M: „Wo ist denn der hin?“
K: „Auwak.“ (?)
M: „Wo ist der hingefahren?“
K berührt mit Zeigefinger Wählscheibe. „Auto.“
M: „Mit dem Auto, aha, arbeiten.“

Zunächst versucht die Mutter, die Fiktion zu fördern, indem sie sich als Oma ausgibt. Das Kind geht jedoch nicht darauf ein, sondern bringt zum Ausdruck, daß die Oma beim Telefonieren aus dem Telefon spricht. Später will das Kind selbst telefonieren, errichtet also von sich aus die ZNE. Das Kind antwortet zunächst rein imitatorisch (Hallo, J), geht aber dann auf die Wo-Fragen der Mutter nach anderen Spielkameraden und nach dem Vater ein, indem es mit „Daheim“ antwortet. Da es sich offenkundig noch im Stadium des Einwortsatzes befindet, vermag es auch nur jeweils mit einem Wort zu antworten. Größere Wortgebilde bleiben unverständlich.

Die Szene verdeutlicht eindrucksvoll die ZNE. Es kommt zu einem ritualhaften Wechselgespräch, das der von Garvey (1974) beschriebenen dritten Form der Interaktion entspricht (s. Abschnitt 15.1, Bedeutung der Regel). Die stereotype Wiederholung „Daheim“ auf die stereotype Frage „Wo ist ...?“ gewährleistet die Aufrechterhaltung der fiktiven Kommunikation, was man auch daran erkennt, daß das Kind den Hörer wieder ans Ohr hält. Die schwierigere, weil emotional weit bedeutsamere Frage nach dem Vater unterbricht den Ablauf. Das Kind nimmt den Hörer vom Ohr und schaut die Mutter an, geht aber dann auf die Frage ein. In späteren Szenen (nach drei bzw. sechs Monaten) fragt die Mutter nach Tätigkeiten. Statt „Wo ist...“ lautet die Frage nun „Was macht der/die... ?“ Auch dann finden wir eine stereotype Antwort des Kindes, nämlich „Nichts”, hinter der aber mehr steckt (s. Kap. 4). Im Wesentlichen wird aber durch diese Methode allein kein Fortschritt erzielt, obwohl das Kind sprachlich wesentlich kompetenter ist. Das Kind weigert sich ganz offenkundig, Gespräche dieser Art über das Telefon zu führen. Wir finden ein ähnliches Verhalten auch bei anderen Kindern dieses Alters.

Um zu einer neuen Ebene der Förderung zu gelangen, bedarf es einer Umstrukturierung der Gesamtsituation, die vom Kind als interessante und glaubwürdige Fiktion akzeptiert wird.

3. Ebene der ZNE: Informationsaustausch in einer fiktiven Rahmensituation. Auf Niveau 4 und 5 des fiktiven Telefonierens gelingt, wie bereits beschrieben, die Mitteilung längerer zusammenhängender Sachverhalte, wobei das Kind die Position des Partners einnehmen kann, der diese Sachverhalte in der fiktiven Situation nicht kennt, wohl aber in der realen, weil er im Raum zugegen ist. Die Spielthematik muß also so gestaltet sein, daß die Sprechpartner sich an verschiedenen Orten befinden. Als Beispiel wählen wir eine Szene, in der Vater und Mutter per Metakommunikation eine solche Situation herstellen.

Beispiel: Mädchen, 2;9 Jahre (Aufnahme: Eva Nagy und Ursula Hofmann; Protokoll: Anne Lucht). Der erste Teil der Szene wurde bereits in Abschnitt 14.3 beschrieben)
M schlägt erst vor, daß sie in Eglfing bei der Oma sei und K zu Hause bei den Babys (Puppen).
K: „Mag doch da in Eglfing sein.“
M:"Bist du in Eglfing? Dann geh ich zu deinen Babys und paß auf sie auf, o.k.?“
K nickt.

M steht auf, geht in den Raum. „Also, dahinten ist Eglfing, hinter der Couch."
K krabbelt hinter die Couch, setzt sich und nimmt Hörer in die Hand.
M: „Du mußt mich aber anrufen, weil ich hab nichts zum Klingeln!"

Es folgt nun das bereits früher wiedergegebene Gespräch über die Tätigkeit von Oma und Opa. Danach wechselt der Ort, und die Mutter bezieht sich auf die Situation zu Hause:

M: „Möchtest du wissen, wie's deinen Babys geht?"
K: „Ja."
M: „Muß ich mal schauen. Wo sind sie denn? Was hast du denn überhaupt für Babys, den Bär?"
K: „Ja, den kleinen."
M: „Der schläft. Aber die Puppe, das Mäderl-Pupperl schläft net. Meinst, ich soll der was zu trinken geben?"
K: „Ja."
M: „Was trinkt denn die? A Breiflascherl oder an Tee, was möcht denn die?"
K krabbelt hinter dem Sofa vor, das Telefon vor sich herschiebend. „An Tee – A Breiflascherl." Rutscht hinter das Sofa zurück und läßt Telefon klingeln.
M: „A Breiflascherl braucht die. Dann mach ich ihr jetzt eins, oder?"
K: „Nee, ich hab schon eins gemacht!"
M: „Ach, du hast schon eins hergerichtet. Und soll ich ihr das geben?"
K: „Ja."

Hier gelingt die Fiktion, daß beide Partner weit voneinander entfernt sind. Das Kind läßt offensichtlich das Telefon immer wieder klingeln, um die Verbindung nicht zu unterbrechen und unterstreicht damit die metakommunikativ vereinbarte Situation. Diese wird auch durch die Einwilligung der Mutter erleichtert, daß das Kind am entfernten Ort weilt. Dadurch kann das Kind eher die Fiktion des Entferntseins aufrechterhalten. Dies ist analog zum Rollenspiel zu sehen: Es fällt leicht, jemand anderen, und schwer, sich selbst als Rolle zu spielen (s. Abschnitt 6.3, Stufen der frühen sozialen Kognition im Spiel).

Innerhalb dieses Rahmens kann sich das Kind nach Eglfing versetzen und auf die Fragen der Mutter antworten. Sie werden so gestellt, daß sie auf die Erfahrung (das episodische Gedächtnis) des Kindes zurückgreifen. Umgekehrt ist es nun dem Kind möglich, die häusliche Situation getrennt von sich zu sehen und der Mutter Anweisungen für die Babypflege zu geben. Die Mutter bezieht sich auf beide Orte des fiktiven Geschehens, den Ort des Kindes und den der Mutter. Die leichtere Aufgabe folgt in diesem Falle zuerst: das Kind soll über seine Umgebung berichten. Dies wird durch gezielte Fragen nach Personen erreicht. Nur durch das Insistieren der Mutter kommt das Kind zum Bericht über die Tätigkeit von Oma und Opa, wobei beide Ebenen, die Gesamtsituation und die Frage nach den Tätigkeiten einzelner Personen als „Gerüst" wirken.

Der Bezug zum zweiten Ort, nämlich dort, wo das Kind in der Fiktion nicht ist, gestaltet sich anders. Hier fragt die Mutter das Kind um Rat, und es kommen konkrete Vorschläge. Im ersten Fall (in „Eglfing") braucht das Kind nur aus seinem Wissen (episodischen Gedächtnis) zu reproduzieren, im zweiten Falle („zu Hause") erfindet es neue Aktivitäten, analog zu einem Symbol- bzw. Phantasiespiel, nur daß dieses nun ausschließlich in Form sprachlichen Informationsaustausches geschieht.

Zusammenfassung

Die Ebenen der ZNE beim Telefonspiel weisen analog zum Buchanschauen strukturelle Verschiedenheiten auf, die in Tab.8 im Überblick zu sehen sind. Wir haben nur zwischen drei Ebenen unterschieden, obwohl jeweils eine spezifische Struktur der ZNE bei allen fünf Niveaus des fiktiven Telefonierens gefunden werden kann. Die fiktive Situation führt auf Ebene 1 noch zu keiner Leistungssteigerung, hier kann nur das Skript vermittelt werden, einschließlich der sprachlichen Formel „Hallo", sofern das Kind schon Wörter sprechen kann. Auf Ebene 2 versuchen die Beteiligten, die Fiktion auf die Partner (M: „Ich bin die Oma"; K: „Papa") oder das Gespräch zu beziehen („Wo ist…? Wer ist da? Was macht …?"). Auf Ebene 3 wird die Fiktion auf die Gesamtsituation (an verschiedenen Orten sein) erweitert und aufrechterhalten. Analog dazu steigern sich die Ansprüche an das Kommunikationsniveau. Während anfangs als Kompetenz das Einwortsatz-Stadium ausreicht, muß das Kind auf der letzten Ebene bereits grammatikalisch angemessen einfache Sätze produzieren können. Neben diesen spezifischen Förderungsstrategien demonstriert besonders das letzte Beispiel eindrucksvoll die allgemein zu beobachtende Sprachförderung der Erwachsenenperson durch korrigierende Wiederholung und Erweiterung der Aussage des Kindes.

Tabelle 8: Die drei Ebenen der ZNE beim fiktiven Telefonieren

	Fiktion	Kommunikation	Sprachniveau des Kindes
Ebene 1	Vermittlung und Kontrolle des Skripts	Vorsagen, zu Sprechformeln anregen	Einwortsatz
Ebene 2	Fiktion wird auf Partner oder Gesprächssituation bezogen	Formelhafte (ritualartige) Wechselgespräche	Einwortsatz Mehrwortsatz
Ebene 3	Fiktion wird auf Gesamtsituation ausgedehnt und aufrechterhalten	Wechselgespräche mit Informationsaustausch	einfache Grammatik richtige Sätze

16.5 Die Konstruktion der ZNE durch Peers

Eine Eigenart der ZNE im Spiel besteht darin, daß nicht nur Erwachsene das Kind auf die nächsthöhere Ebene bringen können, sondern auch andere Kinder (Peers). Spiel wird häufig – wenn nicht gar am häufigsten – durch Kinder als Spielpartner ingang gebracht und weitergeführt. Im folgenden soll untersucht werden, unter welchen

Bedingungen gemeinsames Spiel von Kindern eine ZNE erzeugt und welche Mechanismen dabei wirksam sind.

Anregung zum gemeinsamen Phantasiespiel durch Peers

Zunächst beschäftigen wir uns mit der Frage, ob ältere Geschwister stärker als die Eltern zum gemeinsamen Spiel motivieren. Dunn und Dale (1984) analysierten das Spielverhalten von Kindern aus 20 Familien, die ungefähr gleichanteilig der Mittel- und Unterschicht angehörten. Die Kinder waren 22-30 Monate alt und hatten alle ein älteres Geschwister im Alter von vier bis fünf Jahren. Der auffälligste Unterschied zwischen dem Verhalten der Mutter als Spielpartner und dem des Geschwisters bestand in der Form der Spielbeteiligung. Während die Mütter vorwiegend als „Beobachter" fungierten, die das Spielgeschehen kommentierten, lobten oder durch Vorschläge zu bereichern versuchten, waren die älteren Geschwister komplementäre Akteure, d. h. sie führten mit dem Kind in einer komplementären Rolle, die zu der vom Kind eingenommenen paßte, gemeinsame Phantasiespiele durch. Spiele mit verteilten Rollen wurden nur im gemeinsamen Spiel der Geschwister beobachtet. So schlug die ältere Schwester z. B. ein Familienspiel vor, in dem sie als Mutter, der kleinere Bruder als Vater und noch eine Puppe als „Baby" mitspielten.

Die eigenen Längsschnittbeobachtungen zeigen, daß für Kinder das Spiel mit älteren Geschwistern bzw. mit anderen Kindern sehr attraktiv ist. Sie versuchen, auf dem ihnen möglichen Niveau Anschluß an die Spielaktivität des kompetenteren Kindes zu erhalten. Die Anregung zu höheren Spielniveaus durch Kinder als Spielpartner gelingt allerdings gewöhnlich nur, wenn das fördernde Kind einen Kompetenzvorsprung hat, der sich meist auch in einem deutlichen Altersunterschied bemerkbar macht.

Erfinden und Teilhaben an einer Phantasiewelt

Verfolgt man das gemeinsame Spiel von Kindern im späteren Alter, so scheint es noch einen Unterschied zwischen den Erwachsenen und dem Kind als Partner zu geben. Mit Erwachsenen haben die Symbolspiele (Phantasiespiele) mehr den Charakter des Als-ob (as-if), während bei Gleichaltrigen der Charakter des Was-wenn (what-if) im Vordergrund steht. Beim Als-ob werden reale Handlungen fiktiv ausgeführt (statt trinken, so tun, als ob man trinkt), beim Was-wenn wird die reale Welt in eine fiktive überführt. Beim gemeinsamen Spiel von Kindern werden neue Fiktionen (Phantasiewelten) geschaffen, die zum Teil wieder aus Fernsehserien oder Bilderbüchern stammen. Das liegt auch daran, daß die Interaktion mit Gleichaltrigen oder etwas Älteren erst ab drei Jahren bedeutsamer wird, während die Spielförderung von seiten der Erwachsenen besonders im zweiten und dritten Lebensjahr wichtig ist. Im folgenden soll ein Beispiel der Ad-hoc-Konstruktion von Phantasiewelten bei zwei Jungen (6;3 und 5;9) demonstriert werden, die zusammen aus dem Weltspiel von Charlotte Bühler „Eine Welt" aufbauen sollen. Während des Bauens werden immer wieder Themen des Phantasiespiels aufgegriffen und das Konstruktionsspiel verwandelt sich in ein Rollen- bzw. Symbolspiel (Aufnahme und Protokoll: Astrid Löbell).

Das Spielmaterial besteht aus Häusern, Bäumen, Menschen-Figuren, Haustieren, wilden Tieren etc.

A: „Ich fahr zum Tierarzt, weißt du warum?"

B: „Warum?"

A: „Meine Katze muß eine Nummer ins Ohr kriegen" (Hintergrund-Information: A hat eine Katze zu Hause, die beim Tierarzt kurz zuvor eine Nummer ins Ohr appliziert bekommen hat).

B: „Von mir ist das Kroko (Krokodil), das Kroko des is krank…"

A: „Meines nicht, meine kriegt eine Spritze und eine Nummer ins Ohr, dann muß sie ganz lang bleiben (gemeint ist zu Hause)."

….. etwas später:

A: „Ich muß jetzt zum Tierarzt mit meinem Gorilla und der Schlange."

B: „Und ich muß mit meiner Kuh und mit meinen zwei Hühnern zum kranken… zum Tierarzt, die sind krank."

A: „Mein Gorilla ist krank… er hat sich beim Bananenessen einen Zahn ausgebissen. Was kann man da machen? Und die Schlange hat sich aufgeblasen und aufgetan…"

B: „Soll ich sagen, was meine zwei Hühner gemacht haben? Die.. die .. (stottert)."

A: „,.. die Ohren …"

B: „Die ham so Ohrenweh, weißt, so Ohrenweh ham die."

A greift zunächst die eigene Erfahrung mit der Katze beim Tierarzt auf und spielt das Ereignis nach. B geht ebenfalls auf das Thema Tierarzt ein, sein Tier, das Krokodil ist jedoch krank. Er greift also das übliche Skript Tierarzt - Krankheit auf. A übernimmt das Krankheitsthema für den Gorilla und die Schlange. Daraufhin sucht B nach einer Krankheit für seine Hühner, wobei ihm A behilflich ist (…die Ohren..). Das Bauspiel geht auf diese Weise immer wieder in ein Phantasiespiel über, bei dem für kürzere oder längere Zeit ein gemeinsamer Gegenstandsbezug hergestellt wird. A erweist sich dabei meist als Initiator und versucht B immer wieder zu einem gemeinsamen Thema anzuregen.

Hier wie in den übrigen Szenen zeigt sich bereits klar, daß zwei Personen mehr an Einfällen und Handlungen zusammenbringen als nur eine und daß dadurch eine wechselseitige Befruchtung erfolgt, die von den unterschiedlichen häuslichen Erfahrungen mitgespeist wird.

Noch ausgeprägter zeigt sich die ZNE im gemeinsamen Spiel freilich, wenn eine

Gesamtidee von beiden Spielern getragen wird. Dies entspricht der Herstellung einer Gesamtsituation, wie wir sie bei der ZNE in der Erwachsenen-Kind-Interaktion kennengelernt haben.

Das folgende Beispiel (zwei Mädchen, A: 5;10; B: 5;5) beinhaltet wiederum eine Szene aus dem Weltspiel (Aufnahme und Protokoll: Astrid Löbell).

Die Welt soll in einem Sandkasten errichtet werden, der im Zimmer steht. Bauen mit vorgegebenen Objekten und Figuren ist für die Mädchen etwas Ungewöhnliches, was sich in der Deutung der Szene auswirkt.
A:„... 'n Sandkasten in der Wohnung hab ich noch nicht gesehen... Achtung, ich muß jetzt die Kühe da leider reintun.., daß sie aus dem Weg sind. Oh, die Menschen kommen auch schon rein, noch mehr Menschen rein... Ui, ne Palme! Ne Palme muß auch rein. Ganz tief drinnen. Ist des 'ne Wüste?"
Vl: „Sieht so aus."
A: „Mm, glaub auch. ... Ui, da sind Soldaten, glaub' ich!"
B: „Ich hab sie dahin gestellt."
A: „Die ersinken ja, und einer ist da schon ganz ersunken. Guckt nur noch der Kopf raus – wie bei dem Artéju, wo er alleine durch den Matsch geht und dann kommt der Glücksdrache und hilft ihm" (erzählt noch weiter aus der „Unendlichen Geschichte")...

(Etwas später:)
B: (hält eine Katzenfigur) „Miau!"
A: (hat eine Menschenfigur) „Der ist aber schwer!"
B: „Komm."
A: „Hey, guck mal, der Frau hilft niemand, auch wenn sie ersinkt."
B: „Hast sie ja dahingestellt."
A: „Mm, die ersinkt aber...., wenn ihr niemand hilft... die... hört mich einfach nicht. Und dann müssen wir dareingehen. Ich geh auch in echt rein (gemeint ist in den Sand steigen). In echt... aber das sind keine echten Palmen... Häuser. Häuser in der Wüste.."
Vl: „Meinst du, das gibt's nicht?"
A: „Doch, doch, gibt's schon, weiß ich... Ach, dann ham die alle nichts zu trinken."
A holt den See, B den Fluß, der als Straße gedeutet wird. Beide bauen und plazieren See und „Straße".
A: „Des is jetzt die Straße einfach."
B: „Wart, ich tu mal den Baum da hoch!"
A: „Aber manche haben Sand da reingeworfen, einfach... in den See."
B: „Macht doch nichts!"
A: (stellt Auto in den Sand) „Guck, und da fährt einfach ein Auto da in der Wüste... Spinnt das? Spinnt ganz schön."
B: „Ich tu mal Menschen rein."
Das Bauen wird fortgesetzt, später steigt A, gefolgt von B, selbst in den Sandkasten und durchquert „die Wüste."
A: „Wir sind in der Wüste! Wa, ich muß ganz schön vorsichtig gehen in der Wüste, wa...u!"
(A's „Durchquerung" ist länger als B's).

Das Kind A deutet, angeregt durch „Die unendliche Geschichte", den Sandkasten samt Aufbau als Wüste, während B prosaisch immer wieder auf die Realität des Bauens verweist (Hast sie ja da hingestellt), aber sich dennoch bereitwillig in die Fiktion begibt und mit A schließlich „die Wüste" durchquert. B nimmt damit teil an der Phantasiewelt von A einschließlich deren Erzählungen aus der „Unendlichen Geschichte."

Wir finden also bei der von Peers hergestellten ZNE ähnliche Strategien wie in der Erwachsenen-Kind-Interaktion, allen voran die Umdeutung in eine fiktive Gesamtsituation (Wüste). Auch bei Einzelszenen wird häufig ein gemeinsamer Interpretationsrahmen (Tierarzt) gefunden. Der Tendenz nach zeigen unsere Beobachtungen des Spielverhaltens auf verschiedenen Altersstufen die von Bretherton (1984) postulierten Unterschiede zwischen Erwachsenen und Kindern als Spielpartner. Die Erwachsenen bevorzugen häufiger Szenen, in denen Realität nachgespielt wird (Kochen, Säuglingspflege etc). Die Kinder regen stärker phantastische Spiele an, die mit der Alltagsrealität nichts zu tun haben: Geschichten aus den Medien oder aus Erzählungen der Erwachsenen, Kämpfe, Ad-hoc-Handlungen, die durch das Spielmaterial angeregt werden (durch die Wüste gehen, Sand als „Schnee" auf Häuser und Menschen rieseln lassen).

Der Aspekt der Förderung auf der ZNE läßt sich mit Hilfe der Konzepte der Zone freier Bewegung (ZFB) und der Zone geförderter Handlung (ZGH) vertiefen. In eher geringem Umfang beobachtet man in den bisherigen Beispielen eine Einengung der ZFB, sie ist etwa dann in obigen Beispielen gegeben, wenn einer der Partner den andern aufs Bauen verweist und seine Aufmerksamkeit und Handlungen auf die gestellte Aufgabe (eine „Welt" zu bauen) einengt. Viel häufiger beobachtet man dagegen die Ausweitung der ZFB. Alle Kinder, die am Weltspiel teilnahmen (insgesamt 8 Kinder aus zwei Kulturen, s. Löbell, 1991), beschränkten sich nicht nur auf die Aufgabe des gemeinsamen Bauens einer Welt, sondern benutzten das Spielmaterial zu Phantasie- und Rollenspielen, verwendeten den Sand als attraktives Material bei Umdeutungen der Spielszene (Sand als Wüste, als Schnee, Regen, Wurfgeschoß etc.). Das bedeutet, daß das Handlungsfeld erweitert wird. Zwei trauen sich mehr als einer, Handlungsideen von zwei Seiten erweitern den Spielraum mehr als nur von einer Seite und: Beobachtung des Partners regt zur Nachahmung an.

Bezüglich der Zone geförderter Handlung (ZGH) lag der Schwerpunkt der bisherigen Beispiele im Bereich der Phantasieanregung. Die Gegenwart des Partners veranlaßt dazu, die eigene Vorstellungswelt offen zu legen. Die Partner wiederum nehmen, wie wir sahen, oft recht bereitwillig die Vorstellungswelt auf und bauen sie mit aus. Die Art der geförderten Handlung besteht also hier in imaginativer Tätigkeit, einer Form verinnerlichter Handlung, die zu diesem Entwicklungzeitpunkt weder von Eltern, noch Erziehern und Lehrern in ähnlicher Weise gefördert wird, da sie viel zu wenig lebensnah ist und wenig mit den Aufgaben des realen Lebens in der Kindheit zu tun zu haben scheint. Dieser Punkt wird uns in Teil 4 noch weiter beschäftigen.

Förderung sozialer Kompetenz

Eine Fülle entwicklungspsychologischer Literatur weist der Gruppe Gleichaltriger bereits im Vorschulalter eine entscheidende Rolle für den Aufbau sozialer Kompetenz zu (Piaget, 1983; Doise & Palmonari, 1984). Für den vorliegenden Zusammenhang ist die Beantwortung zweier Fragen wichtig: (1) Wird soziale Kompetenz überhaupt im Spiel gefördert? (2) Gibt es dabei eine ZNE, die das aktuelle Entwicklungsniveau durch Interaktion anhebt? An zwei Beispielen sollen typische Prozesse innerhalb der ZNE erläutert werden, denen wir aufgrund unseres Datenmaterials allgemeinere Geltung zuschreiben können. Das erste Beispiel ist ein Interaktionsausschnitt zweier Jungen (A: 5;8; B: 5;3) aus dem Weltspiel (Aufnahme und Protokoll: Astrid Löbell).

A arbeitet konzentriert und konstruktiv am Aufbau einer Welt, während B schon vorher aussteigen und mit einer Ballwurfscheibe spielen will. Dies wird ihm von der Versuchsleiterin unter Hinweis, fertig zu bauen, verwehrt. B deutet allmählich mehr und mehr die Sandkastenszenen in ein Areal des Kampfes und der Zerstörung um, woran ihn A zu hindern versucht.

A: „Ich hab gerade ein Hochhaus gebaut."
B: „Jetzt, pch (schießt mit Sand)."
A: „Der soll da stehn, ein Hochhaus."
B: „Jetzt soll's a bisserl ersinken, A! Pch.. pch.. pch, mei o mei, was ist denn da los, der schießt ja jeden Tag….."
A: „Auf die Hühnchen schießt der.."
B: „Des ist gut, wenn der auf die Hühnchen schießt…"
A: „O, was ist denn das? Ach, der kommt dahin!"
B: „Pch… pch"
A: „Das ist nicht gut, daß der auf die Hühnchen schießt."
B: „Lustig ist es aber.. pch!"
A: „Aber nicht gut!"
B: „Ja, lustig aber nicht gut."
A: „Wegen der Federn."
B: „Der bekommt immer ein Huhn auf, gell?"
A: „Hörst du mal auf, ja?"
B: „Was?"
A: „Kannst du mal aufhören?"
B schießt weiter…
(etwas später:)
B: „Ja, es soll regnen… ein Regensturm soll es sein! Da soll ja a Regensturm rausschießen aus seiner Kanone, ok?"
A: „O. K,. aber denk dran mal, guck mal, die kippen alle um, die armen Hühnchen! So, jetz komm, jetzt hör bitte auf mit dem Sand!"
B: „Der schießt halt noch so rum mit dem Sand.."
A: „Er macht, was ihm Spaß macht, oder?"
B: „Genau."
A: „Aber…"
B: „Und wenn ma's gerne will, rumschießen will, dann darf man's auch…"
A: „Hat der keine Frau?"
B schüttelt den Kopf.
A: „Doch, Männer ham Frauen…"
B: „Ja, der hat keine Frau, weil sonst erschießt der ja die Frau!"
(Etwas später:)
A: „So, das reicht jetzt, sonst wird ja alles noch voller Sand."
B: „Der schießt ja und nicht ich!"
A: „Wer schießt denn?"
B: „Der macht des, drin…"
A: „Komm, der soll, wann hat der denn frei? Heute oder morgen?"
B: „Morgen!"
A: „Der soll heute frei haben."
B: „M-m." (Verneint).
A: „Warum nicht?"
B: „Morgen hat er immer frei, nur am nächsten Tag..pch…"

Diese Szene, die natürlich nicht zufällig ausgewählt wurde, stimmt nachdenklich, weil sie ein Gleichnis für die menschliche Dialektik von Zerstörung und Aufbau abgibt. Das aus den zwanziger Jahren stammende Weltspiel, das wir aus Gründen der Vergleichbarkeit einsetzen mußten, enthält auch Soldaten und Kriegsgerät. Worin soll in der Interaktion zwischen diesen beiden Kindern die Förderung auf der ZNE bestehen? Ist sie im Gegenteil nicht durch das Mißlingen des gemeinsamen Gegenstandsbezugs gekennzeichnet? Und doch schaffen sich beide Partner wechselseitig eine ZNE, der eine (A), indem er Initiativen erfindet, um den andern von seinem Zerstörungswerk abzuhalten, und den andern dazu zwingt, Argumente für sein aggressives Verhalten zu suchen. Der andere (B), indem er den Partner auf dessen Vorhaltungen hin Begründungen liefert, die A zwingen, sich neue Möglichkeiten der Verhinderung von B's Aggression auszudenken. Freilich, A profitiert mehr. Als die Metakommunikation (B, hör auf!) nichts hilft, versucht er, durch rollenimmanente Regeln auf B einzuwirken. Als der Versuch mißlingt, dem Übeltäter eine Frau zuzuschreiben und damit durch Verantwortung für eine Familie das Schießen zu beenden, will A den Partner dazu bewegen, dem Schießwütigen einen freien Tag zu geben.

Diese Bemühungen zeigen kreatives Problemlöseverhalten von A, das ohne den Handlungskonflikt nicht denkbar wäre. Aber auch B muß sich rechtfertigen und nach Begründungen innerhalb des Spielrahmens suchen. Auf diese Weise halten beide trotz gegenteiliger Zielsetzungen am gemeinsamen fiktiven Rahmen des Spiels fest. Trotz des massiven Vorgehens von B kommt kein Streit und keine Aggression zwischen den Partnern auf. Dieses hohe Niveau der Konfliktbereinigung ist oft nicht einmal bei Erwachsenen anzutreffen. Es drängt sich hier unmittelbar eine pädagogische Überlegung auf: Kinder, die bei der Bearbeitung von Konflikten nicht allein auf die ZNE gelangen, können durch Rahmenbedingungen, etwa den Verweis auf Einhaltung von Rollenvorschriften im Spiel, von außen Unterstützung erfahren, ohne daß direkte Eingriffe in den Konflikt nötig wären.

Im nächsten Beispiel ist die Interaktion zwischen zwei verschiedenaltrigen Kindern bei einem Verkaufsspiel festgehalten. Zwei Mädchen (9 und 5 Jahre) spielen abwechselnd Verkäuferin und Kundin, wobei das ältere Mädchen (K1) dem jüngeren Kind (K2) auf verschiedenste Weise das Skript vermitteln will. Im vorliegenden Beispiel spielt das ältere Mädchen ein fünfjähriges Kind, das selbst noch nicht so genau das Skript kennt (Bezahlen, Waren) und Objekte verlangt, die einem kleinen Kind geläufig sind. (Protokoll: Achim Wentzel)

K1 (mit verstellter kindlicher Stimme): „Grüß Gott."
K2 blickt K1 an
K1 wiegt den Oberkörper, schlenkert mit linker Hand eine Einkaufstasche
K1 (mit kindlicher Stimme): „Haben Sie was für Taschengeld?"
K1: „Ich krieg nämlich immer nur Taschengeld."
K1 blickt auf das Warenregal, K2 folgt ihr mit dem Blick
K1 greift aus Korb auf Ladentheke eine Schachtel und hält sie in die Höhe
K1: „Sind die teuer?"
K1 schüttelt leicht den Kopf
K2: „Mm." (Nein)
K1: „Das ist gut. Dann nehm ich so eins und die Smarties."
K1 deutet mit rechtem Zeigefinger auf eine Stelle im Warenregal

K1 (mit normaler Stimme): „Da mußt du immer da hinter schauen, wo die Smartiespackung ist.“
K2 greift in die gezeigte Schublade im Regal
…
K1 entfernt sich auf Knieen rutschend, während sie K2 noch nachblickt
K1: „Auf Wiedersehen.“
K1 (normale Stimme): „Fällt dir da nichts auf, wenn das Kind jetzt geht?“
K1 dreht sich mit ganzem Oberkörper zu K2 zurück
K1 (mit Nachdruck): „Na des Geld!“
K2: „Ja.“
K1: „Du mußt rufen!“
K2: „Geld z'rück!“
K1 rutscht zur Ladentheke zurück
K1 (gleichzeitig) (mit Kinderstimme): „Ach so, mein Geld, ach ja.“
K1 (mit Kinderstimme): „Wieviel kostet das da?“
K2: „Drei Mark.“

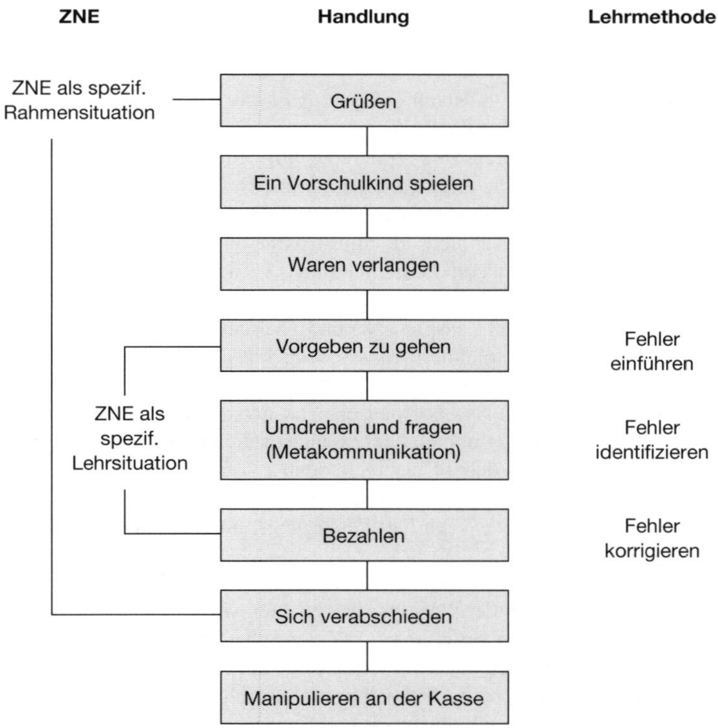

Abb. 8: Zwei Ebenen der Zone nächster Entwicklung (ZNE) in einem Einkaufsspiel zwischen einem 9jährigen und einem 5jährigen Mädchen (Erläuterungen siehe Text).

Am Beispiel dieser Szene soll das Typische der ZNE-Struktur beim Rollen- (Phantasie-)spiel dargestellt werden. Die Handlungssequenz der Szene ist in Abb. 8 wiedergegeben. Die kompetente Partnerin fördert ihre Mitspielerin auf zwei Ebenen: (1) die Schaffung einer spezifischen Rahmensituation, (2) die Schaffung einer spezifischen Lehrsituation. Die Rahmensituation wird durch die Rolle eines kleinen unkundigen Kindes als Kundin geschaffen. Dadurch erreicht das Mädchen dreierlei: (a) Es begibt sich auf die gleiche Kompetenzebene mit dem jüngeren Kind; (b) es nennt Waren, die das jüngere Kind aus eigener Erfahrung kennt (Kaugummi etc.) und (c) das jüngere Kind kann dem älteren gegenüber bisher im Spiel gelerntes Skriptwissen einsetzen (wenn es vorgibt, ohne Bezahlung gehen zu wollen).

Die spezifische Lehrsituation besteht im vorliegenden Beispiel in drei Schritten: (a) Einführung eines Fehlers (Vortäuschen, ohne Bezahlung gehen zu wollen); (b) Identifikation des Fehlers (Metakommunikation: Fällt dir da nichts auf, wenn das Kind jetzt geht? … Na, das Geld!) und (c) Fehlerkorrektur durch Ausführen der richtigen Handlung (Bezahlen und Kassieren).

Zusammenfassung

Wir sind weit entfernt, eine vollständige Systematik der Förderung auf der ZNE im Spiel vorzulegen. Ein solches Bemühen erscheint auch nicht sehr sinnvoll, da die kulturelle und individuelle Vielfalt von Förderungsmöglichkeiten sonst leicht verlorengeht. Alle bisherigen Beispiele und deren kategoriale Beschreibung haben erstens erbracht, daß es beim Spiel mindestens zwei Ebenen der Förderung auf der ZNE gibt: (a) die Schaffung eines Spielrahmens als Sinnstruktur für die beteiligten Akteure, (b) die Herstellung von spezifischen Lehrsituationen, in denen die Partner auf einem höheren Leistungsniveau Ergebnisse erzielen wollen. Diese beiden Komponenten der ZNE gelten für unterschiedlichste Spielarten und Thematiken.

Zweitens erweist sich die Spielthematik selbst als konstitutiv für die ZNE. Sie kann sich um die Schaffung eines Werkes drehen (Konstruktionsspiele, siehe auch unsere Befunde zum Weltspiel), im Symbolspiel eher an der Alltagsrealität orientiert sein (siehe das Beispiel des Telefonierens) oder phantastische Inhalte ins Zentrum rücken. Wie bereits erläutert, gibt es dabei Entsprechungen zwischen der Einführung realistischer Thematiken durch den erwachsenen Partner und phantastischer Themen durch die Peers. Allerdings handelt es sich hier keineswegs um einen ausschließlichen Zusammenhang.

Drittens spielen die Kompetenzen der beteiligten Partner eine nicht unerhebliche Rolle. Auf seiten der fördernden Personen beobachten wir eine Variationsbreite hinsichtlich (a) des didaktischen Geschicks (z. B. der Schaffung einer Rahmensituation, des Erfindens neuer Aufgaben, die vom lernenden Partner mit gewisser Hilfestellung bewältigt werden können), (b) der Empathie und sozialen Kognition (Diagnose des Leistungsstands, Erkennen der Bedürfnisse und Emotionen des Spielpartners).

Auf seiten des Kindes variieren vor allem die Aktivität und Kreativität. Passive, wenig initiative Kinder brauchen sehr viel mehr Anregungen auf der ZNE von kompetenten Partnern, während aktive Kinder sehr viel stärker am Gelingen der Förderung auf der ZNE beteiligt sind und selbst konstruktive Einfälle mit einbringen.

Viertens erweist sich das Spielmaterial als bedeutsame Variable. In allen bisherigen Beispielen war das Material bei der Gestaltung der ZNE maßgeblich beteiligt. Beim Bilderbuchanschauen kann die höhere Ebene der ZNE nur erreicht werden, wenn das Buch als Geschichte aufgebaut ist und der Schritt von der Abbildung zur Erzählung möglich wird. Beim Weltspiel war für alle Kinder der Sand ein Material, das die Phanasiehandlungen entscheidend mitbestimmte („Wüste“, Sand als Schnee, Sand als Wurfgeschoß)

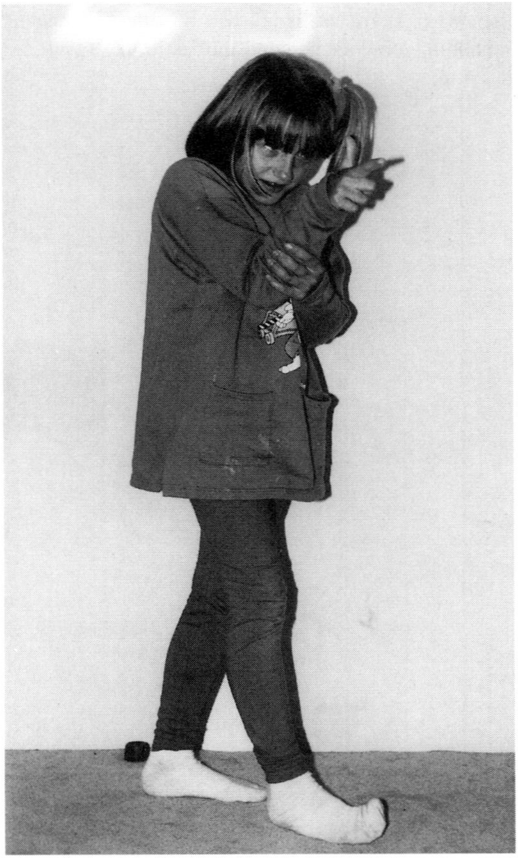

Teil 4

Warum spielen Kinder?
Der übergeordnete Gegenstandsbezug

Spiel ist eine merkwürdige Beschäftigung, besonders weil sich die Spieler mit Gegenständen befassen, die etwas anderes als sonst bedeuten, und weil sie sich in fiktiven Welten bewegen, die Außenstehenden merkwürdig vorkommen müssen. Was bewegt Kinder zum Spiel, warum spielen sie oft so „versunken“ und warum wird Spiel zum Selbstzweck? Diese Fragen dürfen nicht mit der möglichen Entwicklungsfunktion des Spiels verwechselt werden. Man kann hundertfältig zeigen, daß Spiel fördert (zur Kritik s. aber Sutton-Smith, 1986), muß jedoch zugleich feststellen, daß Kinder ausdrücklich nicht spielen, um zu lernen. Zunächst wollen wir einige Antworten auf die Warum-Frage, die zugleich die Motivationsfrage ist, kennenlernen und uns sodann einer handlungstheoretisch orientierten Erklärung zuwenden.

Kapitel 17

Einige wichtige Erklärungsversuche

17.1 Psychoanalytische Erklärungen

Die wohl folgenreichsten Antworten auf die Warum-Frage stammen von Sigmund Freud selbst, obwohl er keine Theorie des Spiels entwickelt und sich nur im Rahmen anderer Themen (Lustprinzip, Humor und Witz) mit dem Spiel beschäftigt hat.

Erfüllung von Triebwünschen

In seinen frühen Werken legte Freud den Schwerpunkt auf die wunscherfüllende Funktion des Spiels. Es erlaubt dem Kind, den Zwängen der Realität zu entfliehen und ermöglicht das Ausleben tabuisierter Impulse, vor allem aggressiver Bedürfnisse. Die Wunscherfüllung gehorcht dem Lustprinzip, das im Spiel, vor allem im Phantasiespiel, über das Realitätsprinzip siegt, weil es sich nicht um die äußere Wirklichkeit zu kümmern braucht. Außerhalb des Spiels jedoch regiert das Realitätsprinzip und kontrolliert mit Hilfe des erstarkenden Ichs die ausschließlich dem Lustprinzip gehorchenden Tendenzen des Es (Freud, 1908). Erreicht wird die Wunscherfüllung durch unmittelbares Ausleben des tabuisierten Impulses in der Schutzzone des Spiels oder durch Identifikation mit mächtigen Personen, die entweder bewundert, geliebt und verehrt oder aber gefürchtet werden. Im ersteren Falle spricht man von der anlehnenden Identifikation, im letzteren Falle von der Identifikation als Abwehrmechanismus. Die „Identifikation mit dem Aggressor" erreicht durch die Hereinnahme der Merkmale der bedrohlichen Person den Abbau der Gefahr: nun kann sie nicht mehr von außen gefährlich werden.

Im Spiel müßten, sofern diese Hypothese stimmt, mächtige Personen mit ausgeprägt guten und bösen Merkmalen häufiger als Rolle auftauchen als weniger markante Personen. Diese Frage ist bereits von Peller (1952) untersucht worden. Sie fand, daß die Kinder vor allem Erwachsene nachahmten, denen sie Liebe und Bewunderung entgegenbrachten. Weiterhin imitierten sie gefürchtete Personen, was Peller als Versuch wertete, die eigenen Ängste durch Identifikation mit dem Aggressor abzubauen. Eine dritte Gruppe bildeten Objekte, die sich im Status unter dem Niveau der nachahmenden Kinder befanden, wie Babys und Tiere. Die Autorin deutet dies als Regression, also als Rückkehr auf ein früheres Entwicklungsniveau und damit zur infantilen Lustbefriedigung.

Im Zusammenhang mit der Wunscherfüllung spielt die Katharsishypothese eine zentrale Rolle. Sie besagt im psychoanalytischen Denken Freuds, daß durch erneutes Ausleben früherer Probleme bzw. von unerlaubten Triebwünschen eine „Reinigung" erfolgt, die den Patienten von seinen Ängsten befreit (Freud & Breuer, 1895). Die Katharsis-Hypothese ist unter anderem von Menninger (1960) auf das Spiel angewandt worden. Er betont wie die meisten anderen Autoren die entspannende Wirkung des Spiels bei aggressiven Impulsen. Die Katharsis-Annahme wurde auch von Dollard, Doob, Miller, Mowrer und Sears (1939) ihrer Triebtheorie zugrundegelegt. Für sie reduzieren die in einem Bereich, also etwa im Spiel, ausgelebten Affekte die Wahrscheinlichkeit affektiver Impulse in anderen Lebensbereichen. Diese Annahme ist fast ausschließlich für aggressives Verhalten überprüft und dort heftig kritisiert worden. Es stellt sich meist heraus, daß aggressives Verhalten im Spiel das Aggressionspotential der Kinder generell erhöht und nicht verringert (z. B. Feshbach, 1956; Bandura, 1969; ausführlichere Darstellung s. Schmidtchen & Erb, 1976).

In ihrer allgemeineren Fassung geht die Katharsis-Hypothese auf die griechische Antike zurück und besagt nach Aristoteles (Poetik, Kap.6), daß Menschen durch Musik, aber auch durch die Tragödie eine Reinigung ihrer Affekte erfahren. In der Tragödie werden vor allem Furcht und Mitleid auf das rechte Maß durch die „erleichternde Entladung" gebracht (Bernays, 1859/60). Dieser allgemeinere Aspekt der Katharsis ist – außer in Fallbeschreibungen psychoanalytisch orientierter Autoren – für das Spiel noch kaum untersucht worden. Einer der Hauptvertreter dieser Form der Katharsis-Hypothese ist Zulliger, der dem Spiel „reinigende Kräfte" zuschreibt und dies durch seine Erfahrungen mit Kindern und Jugendlichen (vor allem Heiminsassen) belegt (1970).

Meisterung, Bewältigung

Die unmittelbare Wunscherfüllung im Spiel bleibt nach Freud einem relativ kurzem Lebensabschnitt in der kindlichen Entwicklung vorbehalten, da die fortschreitende Entwicklung des Ich eine rationale Auseinandersetzung mit der Realität mit sich bringt und die irreale Wunscherfüllung nicht mehr zuläßt. Aber Freud sieht das Spiel noch in einem anderen Zusammenhang, nämlich dem des Wiederholungszwangs. Diese Idee wurde schon frühzeitig von Wälder (1933) aus dem Freudschen Gedankengut für das Spiel ausgearbeitet. Er setzt sich mit dem Phänomen auseinander, daß Kinder oft unangenehme Situationen (z. B. Arztbesuch) wiederholt nachspielen. Diese gegen das Lustprinzip verstoßende Tendenz erklärt er als allmähliche Bewältigung der aktuell erlebten negativen Affekte durch wiederholtes Ausspielen der Problemsituation. Der dabei wirksame Mechanismus wurde von Freud als Wiederholungszwang beschrieben, der einerseits das Individuum zur Wiederholung bestimmter (unangenehmer) Handlungen veranlaßt, andererseits dadurch eine Bewältigung der traumatischen Erfahrung, die mit diesen Handlungen verknüpft ist, ermöglicht. „Das Ich, welches das Trauma passiv erlebt hat, wiederholt nun aktiv eine abgeschwächte Reproduktion desselben, in der Hoffnung, deren Ablauf selbständig leiten zu können. Wir wissen, das Kind benimmt sich ebenso gegen alle ihm peinlichen Eindrücke, indem es sie im Spiel reproduziert; durch diese Art, von der Passivität zur Aktivität überzugehen, sucht es seine Lebenseindrücke psychisch zu bewältigen." (Freud, 1926, S. 226) An anderer Stelle bemerkt Freud: „Man sieht, daß die Kinder alles im Spiele wiederholen, was ihnen im Leben großen Eindruck gemacht hat, daß sie dabei die Stärke des Eindruckes abreagieren und sich sozusagen zu Herren der Situation machen." (Freud, 1920, S. 226). „Beim Kinderspiel glauben wir es zu begreifen, daß das Kind auch das unlustvolle Erlebnis darum wiederholt, weil es sich durch seine Aktivität eine weit gründlichere Bewältigung des starken Eindruckes erwirbt, als beim bloß passiven Erleben möglich war. Jede neuerliche Wiederholung scheint diese angestrebte Beherrschung zu verbessern." (op. cit., S. 245). An anderer Stelle sagt Freud: Das Spiel der Kinder dient auch als Methode, der passiven Erfahrung ein aktives Gegenstück hinzuzufügen (Freud, 1932, S. 202).

Wälder (1933) fügt diesen Ideen nichts Neues hinzu, elaboriert sie aber weiter für das Spiel. Nach seiner Meinung spielt das Kind (abgesehen von dem rein lustvollen Spiel) traumatische Erfahrungen bzw. „starke Eindrücke" solange durch, bis sie aufgearbeitet sind. Damit gehört auch für die Psychoanalyse das Spiel zu den Assimilationsprozessen, die sukzessive zur kognitiv-emotionalen Bewältigung unverarbeiteter Erlebnisse führen. Diese Erklärung läßt sich auch heute noch aufrechterhalten. In einem späteren Abschnitt werden wir sie anhand von Beispielen beleuchten. Auch Eriksons Ansicht über die Funktion des Spieles ist psychoanalytisch beeinflußt. „Es dient dazu, Erlebnisse symbolisch zu wiederholen, die in der Vergangenheit nicht ausreichend bewältigt wurden und das, was passiv erlebt wurde, aktiv meistern zu lernen" (Erikson, 1978, S. 34)

Von der Psychoanalyse leitet sich die Bedeutung des Spiels für Therapie und Heilung kindlicher Störungen her (Klein, 1932, 1955; Anna Freud, 1949; Axline, 1947; Winnicott, 1973; Schmidtchen, 1991).

17.2 Wygotski und Piaget

Wygotski (1933) befaßte sich – wenn auch nur skizzenhaft – so doch systematisch mit dem Spiel. Er versucht, die Spieltätigkeit des Kindes aus seiner Bedürfnislage heraus zu erklären. Sie ist nach Ansicht Wygotskis widersprüchlich. „Einerseits entwickeln sich bei ihm (dem Kind) viele Bedürfnisse, die sich zwar nicht sofort realisieren lassen, jedoch als Wünsche bestehen bleiben. Andererseits bleibt bei ihm fast völlig die Tendenz erhalten, die Wünsche sofort zu realisieren" (op. cit. S. 443). Die „unrealistischen" Wünsche beinhalten vor allem, groß und mächtig sein zu wollen wie die Erwachsenen und deren attraktive Tätigkeiten ausführen zu können. Die Wartezeit bis zum Erwachsenenalter ist viel zu lange, aber auch kleinere Wünsche wie Anerkennung oder Bevorzugung bei den Eltern zu gewinnen, können oft nicht sofort erfüllt werden, z. B. weil ein kleineres Geschwister die Aufmerksamkeit in Anspruch nimmt. Andererseits gilt, daß kleine Kinder nicht wie ältere in der Lage sind, ihre Bedürfnisse aufzuschieben. Dies ist empirisch auch sorgfältig untersucht worden (z. B. Mischel, 1971). Angesichts der scheinbar aussichtslosen Lage, in der sich das Kind befindet, bietet sich das Spiel als Lösungsstrategie an. „Auf die Frage, weshalb das Kind spielt, kann es nur die Antwort geben, das Spiel ist als eingebildete, illusionäre Realisation unrealisierbarer Wünsche zu verstehen" (Wygotski, 1933, S. 443).

Beim Spiel handelt es sich zwar um die Verwirklichung von Wünschen, meist jedoch nicht von Einzelwünschen, sondern nach Ansicht Wygotskis um verallgemeinerte Affekte. Groß und stark sein zu wollen wird zu einem allgemeinen Wunsch, der auf verschiedenste Weise im Spiel illusionär verwirklicht werden kann. Geschwisterrivalität mag zum allgemeinen Wunsch führen, sich gegenüber dem Rivalen (der Rivalin) durchzusetzen. Wichtig erscheint für unsere spätere Darstellung noch ein dritter Aspekt bei Wygotski. „Das Vorhandensein … verallgemeinerter Affekte im Spiel bedeutet … nicht, daß das Kind selbst die Motive begreift, die es zum Spiel veranlassen, daß ihm bewußt wird, warum es zu spielen begann. Darin unterscheidet sich das Spiel wesentlich von der Arbeit und anderen Tätigkeitsarten“ (op. cit., S. 444).

Piagets Ansichten über das Spiel werden häufig verkürzt wiedergegeben, da man sich entweder auf die Stufen des Symbolspiels oder auf die Rolle des Regelspiels für das moralische Urteil konzentriert. Piaget bietet jedoch auch Erklärungen dafür an, warum Kinder spielen.

Ausgangspunkt seiner Erklärungsversuche ist die Definition des Spiels als reiner oder überwiegender Assimilationsvorgang, was im Gegensatz zu Intelligenzprozessen ein Ungleichgewicht bedeutet. Warum begibt sich das Kind in dieses Ungleichgewicht, das doch nach der generellen Theorie Piagets nach Umstrukturierung und Herstellung eines Gleichgewichtszustandes verlangt? Piaget beantwortet diese Frage für das sensomotorische und für das Symbolspiel unterschiedlich. Erworbene Handlungsschemata werden aus reiner Funktionslust, aus Freude an der Assimilation wiederholt. Piaget beobachtete nach typischen Zirkulärreaktionen (z. B. Herbeiführen eines Geräuscheffektes durch Schütteln einer Rassel) spielerisches Verhalten in der Weise, daß „…nachdem es (das Kind) sehr ernsthaft eine große Aufmerksamkeit und ein echtes Bemühen um Akkommodation bezeugt hat, in der Folge seine Verhaltensweise aus reinem Vergnügen wiederholt, wobei seine Mimik ein Lächeln oder gar Lachen zeigt und wobei das Warten auf die Resultate fehlt, das so charakteristisch für die Zirkulärreaktion ist“ (Piaget, 1969, S.121). Die Wirklichkeit wird an das Ich angepaßt, ein Vorgang, der für das Kind lustvoll ist, weil es ohne neue Anstrengungen Verhaltensweisen wiederholen kann und damit in die Lage versetzt wird, „sich seine eigenen Fähigkeiten zu beweisen und sich die ganze Welt mit diesen Fähigkeiten zu unterwerfen“ (op. cit. S.209). Die „Anpassung der Wirklichkeit an das Ich“ steht im Zentrum des sensomotorischen Spiels, aber auch des Symbolspiels.

Piaget versucht zu erklären, warum der Symbolismus im Spiel auftaucht. Warum bleibt das Spiel nicht sensomotorische Übung oder intellektuelles Probieren? Die Antwort sucht Piaget in dem Vorgang der Angleichung der Wirklichkeit an das Ich. „Folglich ist die Assimilation der Wirklichkeit an das Ich wegen des Ungleichgewichts seines Denkens für das Kind eine vitale Bedingung für Kontinuität und Entwicklung“ (op. cit., S. 214). Er beleuchtet dies von den beiden Seiten des Symbolismus her, von der Bedeutung und vom Zeichen. „Vom Gesichtspunkt des Bezeichneten aus erlaubt das Spiel dem Kind, die erlebten Erfahrungen wieder zu durchleben und tendiert eher zu einer Befriedigung des Ich als zu einer Unterwerfung unter die Wirklichkeit. Vom Zeichen aus gesehen, bietet der Symbolismus dem Kind eine lebendige und dynamische persönliche Sprache, die unentbehrlich ist, um seine subjektiven Erfahrungen auszudrücken, die nicht in die kollektive Sprache übersetzt werden können“ (op. cit., S. 214f). Das Symbolspiel ist auf die Befriedigung des Ich ausgerichtet und erzeugt eine individuelle Wahrheit, die die unpersönliche kollektive Wahrheit unberücksichtigt läßt. Das Spiel als willentliche Illusion (Groos, 1901) ist

„die Abwehr dagegen, daß die Welt der Erwachsenen und die allgemeine Wirklichkeit das Spiel stören, um sich an einer Wirklichkeit, die man für sich selbst hat, zu erfreuen.... (op. cit. S. 216). Diese Wirklichkeit „wird einfach geglaubt, weil sie die Welt des Ich ist und weil das Spiel die Funktion hat, diese Welt gegen die erzwungene Akkommodation an eine allgemeine Wirklichkeit zu verteidigen" (op. cit., S. 216).

Die Beziehungen zur Psychoanalyse sind eklatant und zeigen, daß Piaget trotz seiner kognitivistischen Perspektive die Prozesse der Assmilation und Akkommodation tiefgehend, ganzheitlich und in die Gesamtpersönlichkeit des Kindes integriert versteht. Dies entspricht auch dem Ausgangspunkt seiner Überlegungen über einen Organismus, der durch Interaktionsprozesse ein Passungsverhältnis von Individuum und Umwelt herstellt.

Kapitel 18

Eine handlungstheoretische Erklärung: Der übergeordnete Gegenstandsbezug

Die bislang vorgestellten Ansätze sind nach wie vor fundamentale Erklärungsmöglichkeiten, die sich nicht gegenseitig ausschließen, sondern ergänzen. Wir werden in einem späteren Abschnitt ihre Gültigkeit an empirischen Befunden zu belegen versuchen. Dennoch wünscht man sich einen theoretischen Rahmen, der es erlaubt, die unterschiedlichen Sichtweisen zu verbinden, ohne ihren Erklärungswert aufzugeben. Im folgenden wird dies in drei Schritten versucht. Zunächst gilt es, das Spiel und seine Motivation in Handlungen generell einzuordnen, damit deutlich wird, daß das Spiel trotz seiner Besonderheiten den allgemeinen Prinzipien des Handelns gehorcht. Sodann werden zwei dialektische Begriffspaare vorgestellt, die die Dynamik des Spiels (wie des Handelns überhaupt) beschreiben und dessen Sinnhaftigkeit erklären sollen.

18.1 Drei Ebenen der Handlung (Leontjew)

Leontjew (1977), von dem wir bereits den Gegenstandsbezug als Merkmal von Handlung übernommen haben, unterscheidet drei Ebenen der Tätigkeit (wir bevorzugen den in der westlichen Psychologie geläufigeren Begriff Handlung). Die oberste Ebene ist die Tätigkeitsebene, ihr ist das Motiv des Handelns zugeordnet. Sie liefert den Sinn der Handlung, ist aber dem Akteur nicht bewußt, zumindest meist sprachlich nicht präzisierbar. Die mittlere Ebene bildet das zielgerichtete Handeln, das dem Akteur bewußt ist, d. h. er kennt sein Ziel und er weiß um sein Handeln. Die unterste Ebene bilden die Operationen. Sie werden als Routinen verstanden, die automatisiert sind bzw. bereits beherrscht und als Mittel für die Erreichung von Handlungszielen eingesetzt werden. Sie sind meist nicht bewußt, da sie zu rasch ablaufen, haben aber den Vorzug, daß sie Energie und Platz im Arbeitsspeicher sparen (Case, 1984).

Wir haben uns bislang mit der mittleren und unteren Ebene des Handelns befaßt, d. h. untersucht, wie Kinder im Spiel gegenstandsbezogen handeln und unter Einsatz von Routinen absichtsvoll bestimmte Ziele verfolgen. Nun geht es um die Frage, *warum* Kinder im Spiel bestimmte Ziele verfolgen. Leontjew behauptet, daß all unserem Handeln eine sinnstiftende Tätigkeitsebene vorgeordnet ist. Sie liefert den subjektiven Sinn als auch die objektive Bedeutung menschlichen Tuns. Der subjektive Sinn bezieht sich auf die Bedeutung des Handelns für das Subjekt selbst und dient der Befriedigung des Ich (Piaget) bzw. den nicht bewußten Motiven des Spiels (Wygotski) und den uneingestandenen Triebwünschen des Es (Freud). Tab. 9 zeigt die drei Ebenen der Tätigkeit im Überblick.

Tabelle 9: Die drei Ebenen der Tätigkeit nach Leontjew (1977). Im vorliegenden Text wird der Begriff „Handlung" bevorzugt.

Handlungsebene	Funktion	Bewußtheit
Tätigkeit	Motiv	nicht oder wenig bewußt
Handlung	Ziel	bewußt
Operation	Mittel	nicht bewußt (automatisiert)

Die „Sinnebene" als Prototyp höherer geistiger Tätigkeit wird in der Motivationsforschung ausgeklammert oder unbefriedigend beantwortet. Dafür gibt es zwei verschiedene Gründe. Zum einen glaubt man, Handlungen und Handlungsziele hierarchisch ordnen zu können, so daß das oberste Ziel gleichzeitig dem Motiv der Tätigkeit entspricht und keine qualitativ neue Ebene nötig ist. Zum andern fühlt sich die akademische Psychologie unbehaglich beim Umgang mit nicht bewußten Wünschen und Motiven und bevorzugt Größen, die emprisch gut operationalisierbar sind. In einem späteren Abschnitt soll gezeigt werden, daß das Nichtwissen eigener Motive nicht identisch ist mit unbewußten Wünschen einer Tiefeninstanz, sondern auch andere Wurzeln haben kann.

Zum ersteren Argument der Hierarchisierung von Zielen muß gesagt werden, daß diese Sichtweise den qualitativen Sprung zur Tätigkeitsebene nicht berücksichtigt. Es soll nicht geleugnet werden, daß die Annahme von nur drei Ebenen des Handelns eine starke Reduktion bedeutet (schließlich bedeutet alles Theoretisieren eine Reduktion), aber es erscheint notwendig, zwischen dem Ziel sowie den auf das Ziel ausgerichteten Aktivitäten auf der einen und der Ursache, warum dieses Ziel bedeutsam ist, auf der anderen Seite zu unterscheiden. Leontjew (1977) hat das Verhältnis von Tätigkeit zu Handlung durch die Austauschbarkeit der Handlung erläutert. Verschiedene Handlungen und die damit verbundenen Ziele können dem gleichen Motiv, allgemeiner der gleichen „Daseinsthematik" (Thomae, 1968) dienen, während ein- und dieselbe Handlung verschiedenen Motiven bzw. Tätigkeiten zugeordnet werden kann. Wygotskis Begriff von den verallgemeinerten Affekten im Spiel (s.o.) zielt auf das gleiche Phänomen ab: es geht weniger um das Ausspielen spezifischer Affekte und Wünsche (die noch eher mit den Zielen der Handlungsebene korrespondieren), sondern um das in spezifischen Erfahrungen steckende allgemeinere Problem, bei Kindern etwa das Problem des Erwachsenwerdenwollens. Im Prinzip beinhaltet die Motivationspsychologie natürlich auch diese Möglichkeiten, doch konzentriert sie sich auf andere Fragen (Heckhausen, 1989).

Für das Spiel wird die Tätigkeitsebene besonders wichtig, weil wir auf Schritt und Tritt beobachten, daß sich das Kind nicht im Klaren ist über die Motive seines Spiels, im Gegenteil, sobald der Hintergrund des Spielhandelns klar wird, kann das Spiel meist nicht weitergeführt werden. Hierzu ein Beispiel: Ein Kind drückt seine Eifersucht gegenüber dem jüngeren Bruder im Spiel in der Weise aus, daß es auf einem kleinen Stoffbären herumtrampelt, ihn mehrfach mit dem Spieltraktor überfährt, ihn sodann für tot erklärt und ihn dem Mutterbären (einem großen Stofftier) mit den

Worten auf den Schoß legt: „Da hast du den kleinen Bären, er ist noch nicht ganz tot!“ Der latente Wunsch, den Bruder zu beseitigen, kann nicht direkt ausgedrückt oder bewußt werden. So benutzt das Kind die aggressive Spielhandlung, um sein Bedürfnis (Motiv) zu befriedigen oder – wie man es auch ausdrücken kann – seine Thematik auszuagieren. Im folgenden wird letztere Formulierung bevorzugt.

Damit sind wir bei der Frage angelangt, ob der bisher verfolgte theoretische Ansatz des gegenstandsbezogenen Handelns weiter trägt oder aufgegeben werden muß. Führt man die Logik des Gedankengangs weiter, so bildet die Sinnebene oder Motivationsebene in der oben verstandenen Bedeutung den *übergeordneten Gegenstandsbezug* (künftig meist als *ÜG* bezeichnet). Gegenstand des Handelns ist nicht allein der konkrete materielle Gegenstand und nicht allein die Spielthematik etwa des Kochens, Pflegens oder Autofahrens, sondern eine Daseinsthematik, eine existentielle Thematik. Allgemein ist der übergeordnete Gegenstand also die eigene Existenz in der Welt.

Diese anspruchsvolle Kennzeichnung des übergeordneten Gegenstandes unseres Handelns ist keineswegs esoterisch oder überzogen. Er muß vielmehr als Hintergrundthematik schon frühzeitig unterstellt werden. So postuliert die Attachment-Forschung beim Kind ein „inner working model”, das frühe Selbst- und Umwelterfahrung zu einem generellen Handlungsmodell verbindet, ohne das bereits das Kleinkind nicht geordnet und vorhersagbar reagieren könnte (Bretherton & Waters, 1985). Von da an wird menschliches Wissen immer differenzierter in einem Weltbild, das auch die Stellung der eigenen Person beinhaltet, zusammengeordnet. Die Entwicklungspsychologie hat Aspekte dieser Selbst- und Weltmodelle systematisch untersucht, z. B. als Aufbau und Konstruktion der Realität überhaupt (Piaget, 1973), als Entwicklung des Selbstbildes, als Entwicklung sozialer Kognition, als „Theorien“ über Erziehung und Entwicklung (Sigel, 1985), als Entwicklung des Menschenbildes (Oerter, 1993) und generell als Aufbau von Wissen (Mandl & Spada, 1988).

Jede menschliche Handlung ist eingebettet in ein „internes Arbeits- oder Wirkmodell”, sie ereignet sich im Rahmen einer Weltanschauung, innerhalb derer man als Akteur sein Handeln als sinnvoll empfindet. Dieses Verhältnis im Individuum ist nie völlig stabil und ein für allemal im Lot, sondern Spannungen und Bedrohungen unterworfen. Für das Kind im Alter des Bindungsverhaltens bedeutet das Sich-Entfernen der Mutter eine Bedrohung. Für das Vorschulkind führt der Kontakt mit Gleichaltrigen zu einer Revolution der Weltsicht, da es etwas über die Gleichheit und Gleichbehandlung anderer erfährt. Für den Jugendlichen wird das Selbst zum zentralen Problem und muß in eine neue qualitative Struktur überführt werden. Damit erwächst aus dem Ich-Umwelt-Verhältnis immer von Neuem die Thematik, die als übergeordneter Gegenstandsbezug oder als Tätigkeit die Handlung bestimmt. Wichtige existentielle Thematiken dieser Art sind beim Kind: groß sein wollen, Macht und Ansehen besitzen wollen wie die Erwachsenen, seine eigene Geschlechtsrolle richtig einnehmen wollen u.a.m. Sie bilden vielfach den übergeordneten Gegenstandsbezug im Spiel. Wygotski (1933) meinte noch, daß erst das Vorschulkind in der Lage sei, solche Thematiken im Spiel auszudrücken. Wir werden im weiteren belegen, daß der übergeordnete Gegenstandsbezug schon explizit im zweiten Lebensjahr gefolgert werden kann und rudimentär bereits im ersten Lebensjahr vorhanden ist.

Generell läßt sich zum ÜG also festhalten: Sofern in einer Handlung das Selbst und seine Stellung in der Welt mitbetroffen sind, wird die Handlung durch diesen Umstand beeinflußt. Sie wird durch den übergeordneten Gegenstandsbezug reguliert. Nun wird auch deutlich, warum der ÜG nicht oder zumindest nur teilweise bewußt sein kann. Das Wissen um die eigene Existenz in der Welt ist niemals ganz und sofort verfügbar, dafür würde der Arbeitsspeicher nicht ausreichen, und das Abrufen des Wissens würde zuviel Zeit kosten, beinhaltet es ja die gesamte Lebenserfahrung. Zudem handelt es sich oft um Erfahrungen, die nicht als deklaratives Wissen verfügbar (Anderson, 1983) oder im semantischen Gedächtnis gespeichert sind. An den später folgenden Beispielen soll gezeigt werden, wie man den Einfluß des ÜG erklären kann.

18.2 Konstituierende Komponenten der Handlung

Die im ÜG beheimateten emotionalen Grundbefindlichkeiten und kognitiven Erfahrungen steuern nicht nur die Handlung, sondern werden andererseits durch Handlung aufgebaut. Um dieses Wechselverhältnis besser zu durchleuchten, werden im folgenden zwei Begriffspaare eingeführt.

Handlung als Gegenstandsbezug bzw. als Ich-Umwelt-Bezug konstituiert sich durch dynamische Komponenten dieses Bezugs, die als zwei dialektische Begriffspaare gefaßt werden können: Aneignung – Vergegenständlichung und Subjektivierung – Objektivierung. Sie beschreiben die Dynamik von Handlung als quasiräumliche Bewegungen.

Vergegenständlichung. Sie bildet die nach außen gerichtete Komponente der Handlung und führt zu Ergebnissen, die längere oder kürzere Zeit fortbestehen. Vor allem aber erzeugt sie die Gegenstände selbst. Vergegenständlichungen im kindlichen Spiel sind Produkte des Bauens und Malens ebenso wie der Umgang mit umgedeuteten Gegenständen im Symbolspiel oder die Beteiligung an einem Singspiel (ein Gegenstand, der nach der Aktion wieder verschwindet). Auch die Konzeptualisierung und Verwirklichung eines Phantasie- und Rollenspiels als immateriellem Gegenstand bildet eine Form der Vergegenständlichung. Erst durch die Vergegenständlichung kann das Subjekt sich als Akteur erfahren, seine Wirkungen in der Umwelt erkennen und sich damit zugleich der Umwelt gegenüberstellen. So wird der Akteur zum Schöpfer und gewinnt Macht und Kontrolle über die Umwelt.

Vergegenständlichung vermittelt also die emotionale Grunderfahrung von Macht und Kontrolle über die Umwelt und führt gleichzeitig zur Erfahrung der umweltzentrierten Selbsterweiterung (Selbstvergrößerung). Gegenstände, die man selbst hergestellt hat, bilden gewissermaßen entfernte Bestandteile des Selbst, man trägt ein Stück von sich in die Umwelt hinein. Diese Erfahrung und das Bedürfnis nach ihrer Wiederholung bilden den allgemeinen ÜG für Spielhandlungen (wie für Handlungen überhaupt), die auf Herstellung und Manipulation von Gegenständen aller Art gerichtet sind.

Aneignung. Sie ist von der Umwelt (vom Gegenstand) auf das Subjekt gerichtet und hinterläßt Spuren oder Eindrücke beim Individuum, die wir als Wissen, Repräsentationen, Begriffe oder auch als geistigen und materiellen Besitz kennen. Auch die Aneignung ist ein aktiver Vorgang, der äußerlich als Heranholen eines Gegenstandes (Besitz ergreifen), mental als Konstruktion oder Einordnen aufgefaßt werden kann. Während beim schulischen Lernen der Aneigungsvorgang augenscheinlich ist, bleibt er im Spiel stärker verborgen. Am deutlichsten kann er beim Explorieren von Spielgegenständen beobachtet werden. Die durch Aneignung erwirkte Grundbefindlichkeit ist Sicherheit, die durch Orientierung in der Umwelt erreicht wird. Zugleich vermittelt Aneignung ichzentrierte Selbsterweiterung in Form des Wissenserwerbs oder des Erwerbs materieller Güter. Die Grunderfahrung der Aneignung ist somit eine zweite Komponente des ÜG.

Aneignung und Vergegenständlichung sind ein dialektisches Begriffspaar, sie sind gegenläufig, gehören aber beide zusammen und ergänzen sich wechselseitig. Mit einem zweiten Begriffspaar verhält es sich genauso: Objektivierung und Subjektivierung. Dieses Begriffspaar wurde von Boesch (1980) in Anlehnung an Piagets Begriffe der Assimilation (entspricht der Subjektivierung) und Akkommodation (Objektivierung) verwendet. Im folgenden greifen wir diese Überlegungen mit auf, modifizieren sie aber etwas im Zusammenhang mit der hier vertretenen Handlungstheorie. Die Prozesse der Objektivierung und Subjektivierung lassen sich vom Handlungsergebnis aus am leichtesten erkennen.

Objektivierung. Orientiert sich das Ergebnis der Handlung an der (vom Individuum unabhängig geltenden) Realität, so versucht der Akteur zu objektivieren. Alles Handeln, das sich an der Realität orientiert, ist objektivierend. Dieser Prozeß führt zu einer Verbesserung der Passung zwischen Wirklichkeit und Subjekt. Die Wirklichkeit ist immer die von der Kultur geschaffene Wirklichkeit, nicht eine Realität „an sich". Die Passung geht jedoch auf Kosten des Subjekts, es muß seine Strukturen verändern, um der Realität gerecht zu werden. Es handelt sich gewissermaßen um eine zentrifugale Passung. Die durch diesen Prozeß vermittelte Grundbefindlichkeit und Emotion ist die der Existenz von Welt, die unabhängig von der eigenen Person und Handlung besteht. Objektivierend erfährt das Individuum, daß es eine Welt mit einer Eigengesetzlichkeit gibt, die nicht den eigenen Wünschen gehorcht. Durch diese Handlungskomponente wird also eine solipsistische Erkenntnisposition durchbrochen.

Subjektivierung. Dieser Prozeß gleicht das Handlungsergebnis an die subjektiven Bedürfnisse und Wissensstrukturen an. Im Vordergrund steht die subjektzentrierte oder zentripetale Passung von Wirklichkeit und Selbst, die Umgestaltung der Realität nach eigenem „Bild und Gleichnis". Ohne diesen Prozeß würde das Individuum handlungsunfähig bleiben, da es keine Orientierung fände, die mit der eigenen Wissensstruktur in Verbindung gebracht werden könnte. Ein prototypisches Beispiel für Subjektivierung im Spiel haben wir im Symbolspiel vor uns, das die Wirklichkeit an das subjektive Wissen einseitig assimiliert. Die Grunderfahrung und -befindlichkeit der Subjektivierung ist das Heimischwerden in einer Welt, deren fremdartige oder andersartige Züge zugunsten der zum Subjekt passenden Merkmale vernachlässigt bzw. verändert werden.

Alle vier genannten Prozesse sind die Grundlage für die Konstruktion eines Modells von sich und der Welt, eines „inner working models", das als integriertes Gesamterlebnis Sinnhaftigkeit oder Sinnlosigkeit der eigenen Existenz hervorbringt. Diese vier Komponenten kombinieren sich zu einer Vierfeldertafel, in der jeweils zwei Prozesse zusammenwirken, die an Spielbeispielen veranschaulicht werden sollen (s. Tab. 10). Die Kombination von Aneignung und Subjektivierung haben wir beim Anhören von Geschichten oder beim Anschauen eines Fernsehstücks vor uns, sofern das Kind die Inhalte an seine emotionale und kognitive Struktur anpaßt. Aneignung plus Objektivierung liegt bei unseren Szenen des Buchanschauens vor, wenn Kinder die Gegenstände richtig benennen und damit ein Stück der kulturellen Realität übernehmen. Vergegenständlichung und Subjektivierung liegen beim Symbolspiel vor, bei dem das Kind quasi neue Gegenstände und Handlungen erzeugt, ohne sich an die kulturelle Realität zu halten. Schließlich sind Konstruktionsspiele, sofern sie realitätsorientiert ausgerichtet sind, z. B. das Erzeugen von funktionierenden Gegenständen, im letzten Quadranten, dem der objektivierenden Vergegenständlichung, beheimatet.

Streng begrifflich gehört Piagets Assimilation und Akkommodation nur in die Spalte der Aneignung, weil sich Piaget vorwiegend mit dem konstruktiven Erkenntnisaufbau des Kindes befaßt hat.

Damit wird durch die vorgeschlagenen Begriffspaare das konstruktivistische Konzept Piagets erweitert und der für das Handeln zentrale Anteil des Werkschaffens, der Umweltveränderung einbezogen. Die Kombination der vier Komponenten beleuchtet anschaulich die Breite des Spiels. Es umfaßt alle Komponenten der Handlung und bietet damit ein ideales Medium zum Aufbau des ÜG als Sinnstiftung und Rahmenbedingung für Handeln.

Tabelle 10: Die Kombination der vier Grundkomponenten von Handlung mit Beispielen aus dem kindlichen Spielverhalten

	Aneignung	Vergegenständlichung
Subjektivierung	Geschichten anhören Sendungen anschauen	Symbolspiel Rollenspiel
Objektivierung	Buchanschauen und Bilder benennen Exploration von Gegenständen	Puzzle legen Eisenbahnbauen

Zugleich bildet es methodisch die Analyseeinheit des Selbst-Umwelt-Bezuges, eine Einheit, bei der wir zunächst die Wirkung der Objekte in der Umwelt, sodann Entwicklungsaufgaben und schließlich persönliche Thematiken betrachten wollen. Fast alle Interpretationen von Spiel konzentrieren sich auf das Subjekt und seine Identitätsentwicklung durch die Interaktion mit signifikanten Bezugspersonen. Dies gilt vor allem für die Psychoanalyse und Neo-Psychoanalayse, aber auch die Interaktionsforschung der frühen Kindheit.

Dieser Zugang vernachlässigt von vornherein die Umwelt als die andere Seite des handelnden Individuums. Daher erscheint es vorteilhaft, gleich zu Beginn die Perspektive zu wechseln und von der Umwelt und dem Angebot, das sie für das Kind bereithält, auszugehen. Damit folgen wir prinzipiell dem Lebensraum-Konzept Lewins (z. B. Lewin, 1982), der in seiner topologischen Psychologie das Individuum durch Vektoren bestimmt, die aus dem Kräftefeld des Lebensraumes resultieren. Allerdings gehen wir von Gegenständen und nicht von Vektoren aus, da Gegenstände, wie bereits erläutert, die Schnittstelle von Kultur und Individuum bilden. Sie sind einerseits Erzeugnisse der Kultur, andererseits subjektiv zu konstruierende oder bereits konstruierte Einheiten.

So wird am Ende deutlich, warum die Bezeichnung „Übergeordneter Gegenstandsbezug“ (ÜG) gewählt wurde. Der ÜG hat eine doppelte Bedeutung. Er bezieht sich zum einen auf die Basisprozesse zwischen Subjekt und Umwelt (Gegenstand), die über alle Gegenstandsbezüge hinweg wirksam sind, zum andern auf die Thematiken des Subjekts, die oberhalb des aktuellen Gegenstandsbezuges das Handeln regulieren. Im folgenden beschäftigen wir uns daher auch in doppelter Weise mit dem ÜG:

(1) als Analyse der *allgemeinen* über den konkreten Handlungsbezug hinausgehenden Bedeutung von Gegenständen, wobei so unterschiedliche Objekte wie Wasser und Computer zur Sprache kommen;

(2) als übergeordnete Thematik, die den Hintergrund, das „Motiv”, des Spiels bildet.

Kapitel 19

Sinnstiftende Gegenstände im Spielhandeln

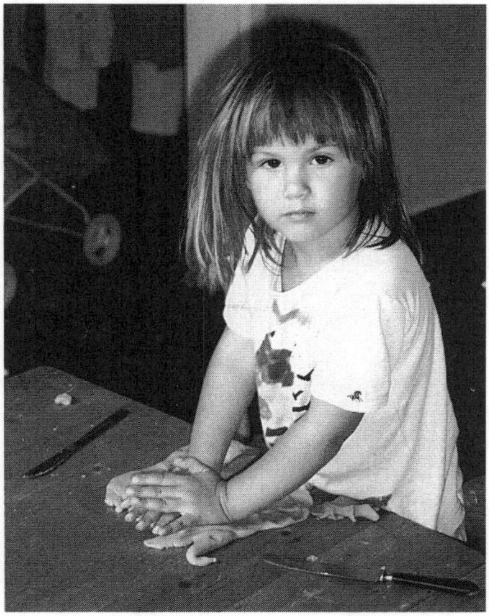

Schon sehr frühzeitig beschäftigen sich Kleinkinder längere Zeit intensiv mit Gegenständen. Man kann beobachten, daß einjährige Kinder sich an Türen zu schaffen machen und sie auf- und zubewegen. Andere hantieren mit dem Ball und wieder andere mit Schlüsseln, die in ihrer Reichweite in Türschlössern stecken. Eine besondere Stellung nehmen amorphe Gegenstände wie Wasser, Knete und Sand ein, da sie besondere Handlungsqualitäten besitzen. Sie nehmen beliebige Formen an, vermitteln besondere taktile Erlebnisse und gehorchen andererseits in augenfälliger Weise der Schwerkraft, einer physikalischen Gesetzmäßigkeit, die bei der Handhabung des nach unten rinnenden Sandes oder Wassers besonders gut sichtbar wird. Zudem vermitteln amorphe Gegenstände eine intensive Umwelterfahrung: Gegenstand und Akteur sind enger miteinander verbunden, in manchen Situationen wie z. B. dem Baden regelrecht verschmolzen. Manche Kinder – keineswegs alle – zeigen ihre Vorliebe fürs Wasser schon deutlich im ersten Lebensjahr, sie plantschen vergnügt im Wasser und trennen sich nur ungern von dieser besonders gearteten Umgebung. Im folgenden soll der Gegenstandsbezug kasuistisch bei einem Mädchen über neun Monate hinweg beschrieben und auf der Ebene des ÜG interpretiert werden.

19.1 Der ÜG am Beispiel des Umgangs mit Wasser

Pia war zum Zeitpunkt der ersten Messung 1;6 Jahre, wobei zwischen einer ersten Beobachtung (A) und einer zweiten Beobachtung (B) an einem anderen Tag zu unterscheiden ist, da nicht alle im Projekt geplanten Aspekte bei einer einzigen Messung erfaßt werden konnten. Die zweite Messung erfolgte drei Monate später, wieder getrennt nach Beobachtung A und B, und die weiteren Messungen jeweils nur an einem Tag im Abstand von drei Monaten. Insgesamt gab es sechs Erhebungszeitpunkte, beim letzten war das Kind 2;9 Jahre alt.

Bei der ersten Messung, Teil B (Alter: 1;6) wurde ein exzessiver Umgang mit Wasser beobachtet, der sich aus der Anregung der Versuchsleiterin an die Mutter er-

Tabelle 11: Häufigkeiten von Handlungen im Umgang mit Wasser bei einer 70minütigen Handlungssequenz (10:55 bis 12:05 Uhr)

Handlung		Anzahl bei Unterklassen von Handlungen	Gesamtzahl
Gefäß eintauchen, hineinhalten, schöpfen:			
	Flasche in Schüssel mit Wasser halten	37	
	Benutzung anderer Gefäße	22	59
Trinken:	real	18	
	symbolisch	3	
	der Puppe zu trinken geben	8	29
Wasser holen (mit VI oder allein)			11
Wasser begehren			36
Flasche:	öffnen (mit und ohne Hilfe)	20	
	schließen (dito)	16	36
Flüssigkeit gießen:			
	kulturell adäquat	34	
	exzessiv (auf Puppe, Boden)	8	42
Gefäß schütteln (wenn keine Flüssigkeit vorhanden)			7
Gefäß werfen (als K. kein Wasser bekommt)			4
Tasse auf Flasche stecken (bei fehlender Flüssigkeit)			4

gab, dem Kind Wasser zur Verfügung zu stellen. Die Versuchsleiterin wiederum machte diesen Vorschlag, weil das Kind selbst Wasser verlangte. Obwohl während der gesamten hier zu betrachtenden Spielzeit von ca. 60 Minuten Mutter und Versuchsleiterin in Interaktion mit dem Kind standen, Anregungen gaben und allzu abweichendes Verhalten zu stoppen versuchten, ließen sie der Initiative des Kindes soviel Spielraum, daß dieses seine Intentionen weitgehend verwirklichen konnte.

Die Hauptaktivität des Kindes bestand im Füllen von Trink- bzw. Wassergefäßen, im Umgießen des Wassers (später auch des Saftes) und in symbolischen wie realen Trinkhandlungen. Tab.11 vermittelt einen Überblick über die häufigsten Handlungen im Umgang mit Wasser. Am häufigsten sind Handlungen, mit denen versucht wird, Wasser aus einem Gefäß herauszuholen. Allein das Eintauchen der Babyflasche in eine Schüssel mit Wasser erfolgt 37 mal. Dabei dringt über die Schnulleröffnung nur eine sehr kleine Menge Wasser in die Flasche ein. Zusammen mit der Benutzung anderer Gefäße werden solche Handlungen 59mal durchgeführt (die Zählweise faßt manche Einzelhandlungen zusammen). An zweiter Stelle der Häufigkeit steht das Gießen oder Schütten des Wassers (42 mal), gefolgt von Versuchen, zwei Spielzeugflaschen und die Trinkflasche des Kindes zu öffnen oder zu schließen (36 mal). Das Kind begehrt 36 mal Wasser, bekommt seinen Wunsch jedoch nur ca. jedes dritte Mal erfüllt (11mal). Trinken als reale oder symbolisierte Handlung kommt 29mal vor, wobei das reale Trinken überwiegt (18mal).

Diese einfache quantitative Analyse zeigt bereits, daß es sich bei der Tätigkeit des Kindes nicht vorwiegend um orale Bedürfnisbefriedigung handeln kann. Damit kommt die in der Psychoanalyse beliebte Deutung einer durch die orale Phase geleiteten Tätigkeit nicht in Betracht. Vielmehr sind es drei Handlungstypen, die im Vordergrund stehen: Wasser in ein Gefäß füllen, gießen, verschließen und öffnen der Flasche.

Die Inspektion von Handlungssequenzen zeigt unterschiedliche Interessenschwerpunkte beim Gegenstandsbezug. Ein Beispiel ist das Gießen des Wassers aus der Puppenflasche in eine Tasse:

Vl öffnet auf Verlangen des Kindes die Puppenflasche und gießt etwas Wasser in die Tasse
K gießt Wasser von Puppenflasche in Tasse
K gießt gesamtes restliches Wasser von Puppenflasche in Tasse
K trinkt aus der Tasse
K gießt aus Puppenflasche in Tasse
Wiederholung
Wiederholung
Wiederholung (rasch, fiktiv)
Wiederholung (rasch, fiktiv)
K hält Tasse in den Topf
K trinkt fiktiv aus Tasse

Das Trinken bildet den Endpunkt einer Handlungskette, es erfolgt real, wenn Wasser vorhanden, fiktiv, wenn die Tasse leer ist. Eine andere Sequenz zeigt dies noch deutlicher:

K gießt (Toiletten)topf in Schüssel
K gießt Puppenflasche in Schüssel
Wiederholung
Wiederholung

Wiederholung
K begehrt neues Wasser
K gießt Puppenflasche in Tasse
Wiederholung
Wiederholung
K holt mit der Tasse Wasser aus Schüssel
K gießt Puppenflasche in Schüssel
K trinkt aus Puppenflasche
K: „Ich trinke".

Als End- und Höhepunkt einer längeren Handlungsfolge im Umgang mit Wasser steht das Trinken. Die Mutter bemerkt, daß das Kind zum ersten Mal „ich" gesagt hätte.

Ein anderer Handlungsschwerpunkt besteht darin, Wasser auszugießen, zum einen über die Puppe, zum anderen auf den Boden. Diese Handlungen, die Nässe verursachen, werden längere Zeit von der Mutter geduldet und dadurch erst ermöglicht. Als gegen Ende der Beobachtungszeit dem Kind neues Wasser verweigert wird, reagiert es, indem es Topf und Schüssel auf den Boden wirft.

Eine für das Kind besonders wichtige Tätigkeit ist das Herbeischaffen von Wasser. Relativ bald bringt die Mutter eine große Schüssel, um das Verschütten des Wasser in größerem Umfang zu verhindern (was übrigens nicht gelingt, da das Kind die Schüssel versehentlich umstößt). Die von der Mutter angeregten Handlungen des Abtrocknens von Puppe und Boden werden vom Kind nicht übernommen. Später unternimmt das Kind trotz blockierender Versuche der Mutter auf seine Weise einen Reinigungsversuch. Es taucht das Handtuch ins Wasser und wischt damit am Teppichboden herum. Der Wunsch nach Wasser wird sowohl als „Wasser holen" als auch als „trinken" artikuliert. Obwohl das Kind die Handlungsbedeutung von Trinken gut kennt, wie aus vorherigen Szenen ersichtlich, verwendet es hier „trinken" auch im Sinne von „ich will Wasser haben" oder „Wasser holen". Obwohl das Kind bereits Zweiwortsätze spricht ("Wassa oln", „Wassa abn"), greift es bei seinem Wunsch unterstützend zum Wort „trinken". Dies mag auf der bisherigen Erfahrung beruhen, daß die Äußerung „trinken" wunscherfüllende Aktivitäten bei der Mutter auslöst. Es liefert aber auch Hinweise für den übergeordneten Gegenstandsbezug.

„Trinken" wird zur alles umfassenden Bedeutung für Umgang mit Wasser und kennzeichnet damit den gesamten Gegenstandsbezug Kind – Wasser. Einige Beispiele:

Kind geht mit Puppenflasche zur Tür (um Wasser zu holen) und sagt „trinken"...

Kind sagt „trinken", Mutter fragt: „So viel?" Kind: „Ja" und kippt gesamtes Wasser aus offener Puppenflasche über die Puppe. Auch umgekehrt: Kind kippt Wasser über Puppe aus (obwohl es oft auch der Puppe gezielt die Flasche an den Mund hält und ihr sogar Wasser einflößt) und sagt: „trinken".

Kind sagt „trinken", danach „aufmachen". Als die Vl die Flasche öffnet, gießt das Kind die Flasche über der Puppe aus.

Das Verhalten des Kindes ist zunächst auf der Handlungsebene klar interpretierbar als zielgerichtetes, planvolles Handeln. So verlangt das Kind nach Wasser, um mit ihm umgehen zu können, füllt damit ein Gefäß, um es in ein anderes zu kippen oder gelegentlich auf den Boden zu gießen, und beschäftigt sich nach der Ankündigung „Aufmachen“ oder „Zumachen“ mit dem Öffnen und Schließen der Flasche.

Hinter diesem direkt erschließbaren Handeln gilt es nun, den ÜG zu finden. Verwendet man die oben eingeführten Termini der Aneignung und Vergegenständlichung, so zeigt der Umgang mit Wasser die beiden Handlungsrichtungen und die mit ihnen verbundenen Grundemotionen von Erfahrung recht eindrucksvoll. Wasser holen, umfüllen, verschließen und exzessiv über Objekte schütten vermitteln Erfahrungen der Vergegenständlichung. Das Umfüllen verändert die Form des Wassers bzw. gibt ihm erst Form, das Ausgießen vermittelt den amorphen Charakter des Wassers, das sich überallhin verteilt.

Die Beziehung zum Wasser ist aber sehr intensiv, das Kind will sich diesen Gegenstand aneignen, indem es sich ihn einverleibt Dies kann man angesichts der vorliegenden Szenen nicht als oralen Lustgewinn ansehen, sondern viel umfassender als Aneignung eines Ausschnittes von Umwelt, der sich für diesen Vorgang besonders eignet. Die oben dargestellte Handlungskette des mehrfachen Umgießens, die in die Feststellung „ich trinke“ mündet, kann als besonders akzentuiertes Erleben der Aneignung von Wasser gedeutet werden. Das Kind weiß längst, was Trinken im Sinne der Nahrungsaufnahme und der Handhabung von Trinkgefäßen bedeutet, aber es erfährt in dem intensiven Umgang mit Wasser etwas ganz Neues. Das, was bisher als Gegenstand beim Trinken verborgen blieb, wird durch den explorierenden und in Spielhandlungen eingebetteten Umgang mit Wasser zu einem Gegenstandsbezug, der intensive Erlebnisse vermittelt. Die innige Verbindung von Vergegenständlichung und Aneignung vermittelt eine Ich-Umwelt-Erfahrung besonderer Art: Die selbstbewirkte Umweltveränderung wird zugleich zum Mittel der Aneignung.

Wasser ist daher ein Gegenstand, der die Verbindung beider Handlungsrichtungen, der nach außen und der nach innen, besonders gut herstellt und damit eine intensive Umwelterfahrung vermittelt. Dies zeigt sich in dem Endpunkt der Handlungskette des obigen Beispiels, bei dem das Kind am Ende sagt „ich trinke“ und das erste Mal, sofern man der Feststellung der Mutter Glauben schenkt, das Personalpronomen „ich“ gebraucht. „Ich trinke“ heißt in diesem Zusammenhang, daß das Kind eine neue Umwelt- und Selbsterfahrung macht. Es eignet sich den besonderen Stoff an, den es durch Vergegenständlichung als spezifischen Umweltausschnitt erlebt. Dadurch werden Umwelt und Selbst vereint.

Analoge Deutungen lassen sich ohne Schwierigkeiten auf alle Alltagshandlungen des Kindes im Umgang mit Wasser ausdehnen, etwa auf das Saugen am Badeschwamm während des Badens, das Plantschen und Spritzen oder Übergießen mit Wasser (auch eine Form der Aneignung), das Handhaben von Wasser im Spieleimer u.a.m. Diese Interpretation kann auch als handlungstheoretische Grundlage für die kulturanthropologische Bedeutung von Wasser dienen. Wasser ist der einzige Stoff, der von einem frühen Entwicklungsalter an die Überführung von Vergegenständlichung unmittelbar in materielle Aneignung ermöglicht. Andere Stoffe wie Knetmasse und Sand können nur noch symbolisch angeeignet werden. Die Zubereitung von Mahlzeiten andererseits bleibt den Erwachsenen vorbehalten.

Die Szenenfolge, die hier exemplarisch ausgewählt wurde, liefert auch für die Prozesse der Subjektivierung und Objektivierung Deutungsmöglichkeiten. Objektivierende Vergegenständlichung haben wir bei Handlungsversuchen des Schließens und Öffnens der Flaschen vor uns, die dem Kind anfänglich Schwierigkeiten machen, aber mit Hilfe der Versuchsleiterin fortlaufend verbessert werden. Subjektivierende Vergegenständlichung findet sich beim Werfen von Schüssel und Topf, als kein neues Wasser bewilligt wird, und beim Übergießen der Puppe. Für subjektivierende Aneignung bietet die Szenenfolge ein lustiges Beispiel. Einige Zeit nach dem erfolgreichen Sauberkeitstraining auf dem Toilettentopf, einer Szene, die bislang noch nicht beschrieben wurde, gießt das Kind einige Tropfen Saft in den Topf und trinkt aus ihm, bevor Mutter und Versuchsleiterin eingreifen können.

Die relativ ausführliche Darstellung soll demonstrieren, daß der ÜG bei Alltagshandlungen des Kindes als Sinnerlebnis von Welt- und Selbsterfahrung interpretiert werden kann.

19.2 Der ÜG am Beispiel des erstmaligen Umgangs mit Knetmasse

1. Beispiel: Claudia

Bei der dritten Messung eines Kindes in unserem Projekt wird das Kind (weiblich, 2;0 Jahre) erstmals mit Knete und seinen Gestaltungsmöglichkeiten bekannt gemacht. Zunächst zeigt die Versuchsleiterin und dann die Mutter dem Kind, wie man aus Knete Gegenstände formt, wobei die Gestaltung von Walzen, die als Würste gedeutet werden, im Mittelpunkt steht. Die Mutter versucht geduldig, dem Kind immer wieder neu zu zeigen, wie man durch die Kombination von Drücken und Rollen eine Walze hervorbringt. Dem Kind gelingt die Herstellung von „Würsten“ zunächst nicht allein, so daß es in der zweiten Hälfte der Aufnahme zu einer Arbeitsteilung kommt. Die Mutter rollt dünne Walzen, die das Kind dann zu „Brezen“ formt. Als weitere Gegenstände entstehen Semmeln, ein Geburtstagskuchen zum zweijährigen Geburtstag des Kindes mit zwei Knetkerzen und einer Randleiste als Verzierung des Kuchens.

Das Kind zeigt große Freude an der Produktion von Gegenständen, wobei es die Ähnlichkeit zwischen Würsten und Exkrementen konstatiert („Wie die Claudia ins Topferl eine A-A-Wurst macht"). Das Kind ist stärker an Würsten als an Kugeln interessiert und wünscht, daß die Kugel in eine Wurst umgeformt werden solle. Dennoch kann von einem deutlichen analen Interesse nicht die Rede sein, da das Kind später die Herstellung anderer Knetgegenstände mit besonderem Interesse begrüßt. Es ist eher die wahrgenommene Ähnlichkeit mit einem Produkt, auf das die Erwachsenen die Aufmerksamkeit bei der Sauberkeitserziehung legen (hierzu später ein Beispiel).

Das Kind ist 30 Minuten lang fasziniert von dieser neuen Form der Vergegenständlichung und setzt das Kneten auch nach Ende der Aufnahme fort. Die Erfahrung des gemeinsamen Vergegenständlichens ist mehr als ein auf die Fertigung von Gegenständen gerichtetes Handeln. Sie vermittelt in diesem Beispiel das Abenteuer der selbstverursachten Verwandlung der Welt. In der Welt entstehen aus der amorphen Masse Knete neue Gegenstände. Dieser Prozeß ist für das Kind die Erfahrung eines

Schöpfungsaktes. Die Umwelt gewinnt nun Merkmale eigener Wünsche und Ziele. Da bei diesem Beobachtungsbeispiel Mutter und Kind gemeinsam diese neue Welt produzieren, ist diese zugleich auch die Quelle des Erlebens von Gemeinsamkeit. Eben dies entspricht aber einer wichtigen Form von Vergegenständlichung und Aneignung: Wir beide sind es, die diese Dinge schaffen, es ist eine Welt unserer gemeinsamen Vorstellungen.

Eine andere Form der Aneignung findet sich in diesem Beispiel in der nachträglichen Benennung des geformten Gegenstandes. Das Kind benennt fast jedesmal den fertiggestellten Gegenstand und bewerkstelligt dabei zweierlei: die Fixierung der Gegenstände und ihre Aneignung durch semantische Markierung der Bedeutungen. Da die Mutter bei Beginn des neuen Knetvorganges äußert, was sie gemeinsam herstellen wollen, existiert schon vor der Vergegenständlichung beim Kind eine zumindest diffuse Bedeutung des Gegenstandes. Die Betrachtung des Objekts, seine Zuordnung zu bisherigen Objekten und die Benennung durch das Kind selbst verhelfen dazu, die Bedeutung zu präzisieren, sich den Gegenstand begrifflich-semantisch anzueignen.

Schließlich muß noch auf die Handlung selbst verwiesen werden. Wie schon beim Umgang mit Wasser, ist auch hier die Handlung sinnstiftend als unmittelbare Verbindung von Subjekt und Umwelt. Sie erzeugt direkt materielle Umwelt „nach eigenem Bild und Gleichnis“.

2. Beispiel: Pia

Pia wird ebenfalls mit 2;0 Jahren (3. Messung) erstmals mit Plastilin konfrontiert. Das Kind nimmt Knete aus dem Spielzeugkoffer, den die Versuchsleiterin mitgebracht hat. Sie hat allerdings Vorerfahrungen mit Teig, den die Mutter beim Backen herstellt, und will nach Aussagen der Mutter immer „mantschen“. Handlungsqualitäten wie kneten, andrücken, abpflücken, mit Hilfe des Löffels abtrennen und bröseln stehen im Vordergrund. Die Aufmerksamkeit des Kindes wird von der Mutter und der Versuchsleiterin auf andere Tätigkeiten gelenkt, und das Kind wechselt auch spontan zu anderen Aktivitäten über. Es nimmt aber noch dreimal die Beschäftigung mit Knete auf. Jeweilige Dauer der vier Handlungssequenzen mit Knete: 16; 2; 4; 1 Minuten. Obwohl die restlichen drei Sequenzen kurz sind, ereignet sich relativ viel. Die letzte Szene, die nur knapp eine Minute dauert, besteht beispielsweise in der Sequenz: Knete auf Teller drücken – Knete vom Teller nehmen – Knete an den Mund der Puppe halten – Knete auf Löffel legen – Löffel zum Mund der Puppe führen – mehrfach Knete auf Unterlage und in der Hand drücken. Trotz Aufforderung der Erwachsenen füttert das Kind die Puppe nur zweimal kurz mit Knete, verwendet aber mehr Aktivität auf das Kochen, d. h. darauf, Knete von der größeren Masse abzupflücken und in den Kochtopf zu legen bzw. zu drücken.

Für die Interpretation des ÜG sind zwei Momente bedeutsam. Eines besteht in der mehrfachen Äußerung des Kindes zur Eßbarkeit der Knete: „die eß ich nicht!“, „anne die nicht essen“ (die kann man nicht essen), „kann ich den nicht essen?“ Zusammen mit der vorwiegend auf die Handlung des Knetens, Drückens und Abtrennens gerichteten Aufmerksamkeit läßt sich vermuten, daß das Kind wie schon beim Umgang mit Wasser die innige Verbindung von Subjekt und Umwelt anstrebt. Die offensichtliche Enttäuschung, daß man sich diesen neuen Stoff nicht einverleiben kann, zeigt, daß für das Kind die Handlungskomponente der Aneignung im Mittelpunkt der Umweltbeziehung steht. Die Störung im Umweltbezug hängt mit der fehlenden Vergegenständlichung zusammen. Das Kind formt nur zweimal Objekte mit einer festeren Struktur, eine Wurst und Steine, aber letztere regen das Kind nicht zum Weiterspielen an. Es folgt nicht der Aufforderung der Versuchsleiterin, Steine auf den Zug zu laden. Einmal äußert das Kind die Absicht, einen Schirm zu formen, realisiert dieses Vorhaben aber nicht. Daß das Interesse am Essen der Knete nichts mit oraler Lust zu tun hat, zeigt sich schon darin, daß das Kind nach Aussagen der Mutter an diesem Tag noch nichts gegessen und getrunken hat. Wiederholte Aufforderungen zum Essen bzw. Trinken bleiben unbeachtet.

Der zweite Hinweis für den ÜG findet sich in der Zubereitung von Speisen. Das Kind benennt spontan oder auf Aufforderung, was es gerade kocht: Wasser und Nudeln, Spinat, Blumenkohl, Fleisch. Dabei kommt es zur folgenden Szene:

(Protokoll: Birgit Mieruch):
K drückt Knete auf Teller fest
M: „Hm? Kochst du einen Blumenkohl?"
K: „Ja", drückt Knete auf den Teller
M: „Oder kochen wir heute mal was anderes? Wollen wir mal Spinat kochen?"
K: „Ich koch Stinat" (Spinat), drückt Knete auf Unterlage
M: „Was kochst du?"
K nimmt Knete von Unterlage: „Ich koch einen Lumenkohl" (Blumenkohl)
K pflückt kleine Stückchen Knete ab, legt Knete auf Unterlage
M: „Einen Spinat?"
K: „Ja."
M: „Und schmeckt dir der?"
K (leise): „Ja."
M: „Ehrlich?"
K schüttelt den Kopf: „Nein, der smeckt mia nich."
K greift an Hand von Babypuppe: „Puppi smeckt."
M: „Der Puppe schmeckt der Spinat."
K drückt Knete auf den Teller
M: „Vielleicht solltest du auch mal Spinat probieren?"
K: „Nein."
M: „Heute Mittag, wenn ich den koche? Wenn er doch der Puppe auch so gut schmeckt?"
K drückt Knete vom Teller in die Hand von Babypuppe, Knete fällt auf Unterlage
M: „Mhm?"
K nimmt Löffel vom Boden, drückt ihn in Knete von Teller
K versucht Knete vom Teller auf den Löffel zu schieben, nimmt ein kleines Stückchen Knete vom Teller, hält es vor Mund von Babypuppe, macht Schmatzgeräusche

Die Mutter berichtet kurz danach, daß das Kind Spinat und Soße nicht mag, Blumenkohl aber gerne ißt. Es meistert also das Problem, indem es die Puppe füttert, die Spinat mag („Puppi smeckt"). Hier findet sich erstmals die Aufarbeitung eines persönlichen Problems im Spiel. Die Übertragung der unangenehmen Eßhandlung auf die Puppe löst für das Kind dieses Problem, weil es der Puppe zuschreibt, daß sie Spinat mag. Von dieser speziellen Thematik zurück zum generellen Subjekt-Umwelt-Bezug. Da das Kind den neuen beliebig verformbaren Stoff zum ersten Mal in die Hände bekommt, ist es noch von dem unmittelbaren Umgang damit gefesselt, vor allem von den Handlungen des Knetens und Drückens. Die Mutter berichtet bei der nächsten Messung (mit 2;3 Jahren), daß das Kind in der Zwischenzeit sehr viel mit Knete umgegangen sei („das hat sie stark beeindruckt"). Diese vierte Messung zeigt auch, daß sich das Kind bei der Vergegenständlichung stärker anderer Materialien bedient, vor allem der Duplosteine.

Pia behandelt Knete ähnlich wie Wasser, denn sie bevorzugt die Sequenz Knete holen – Knete in Gefäß oder auf Unterlage legen/drücken – sich Knete einverleiben wollen bzw. stellvertretend (etwas lustlos) der Puppe und dem Pferd füttern. Dies entspricht der oben beschriebenen Sequenz Wasser holen – Wasser in ein Gefäß gießen – Wasser trinken. Damit zeigt sie eine ähnliche Grundstruktur des Handelns bei zwei verschiedenen amorphen Materialien. Dies unterstützt die Interpretation des ÜG als Tendenz zur direkten materiellen Aneignung einer selbstgeschaffenen Umwelt. Im Gegensatz zum Wasser bleibt jedoch die Aneignung von Knete verwehrt, und ihre Symbolisierung interessiert das Kind wenig.

Man könnte wiederum versucht sein, die psychoanalytische Deutung der oralen Phase samt den von der Neo-Psychoanalyse postulierten Annahmen als Interpretationsrahmen zu wählen und von einer oralen Thematik zu sprechen. Dies widerspricht aber den Fakten, denn Pia befindet sich mitten in der erfolgreichen Bewältigung der analen Phase, die Sauberkeitserziehung ist weitgehend abgeschlossen. Das Subjekt-Objekt-Verhältnis, das man bei Pia im Umgang mit Wasser und Knete beobachten kann, muß als weiterreichende Interpretation unbedingt mit herangezogen werden. Der Objektbezug kann hier auch nicht auf Bezugspersonen als Objekte eingegrenzt bleiben (s. etwa Mahler et al., 1980, Kernberg, 1981). Wohl zeigen die Protokolle, daß Pia eine starke Tendenz hat, unabhängig von den Anregungen und Einflüssen der Mutter zu handeln, aber diese Tendenz ist schon bei der ersten Messung (mit 1;6 Jahren) vorhanden, und sie wird ganz offensichtlich von der Attraktivität der Gegenstände und nicht von dem unbewußten oder bewußten Wunsch nach Unabhängigkeit gesteuert.

Der Objektbezug weist noch eine Besonderheit auf, die bislang zu wenig akzentuiert wurde. Er ist gekennzeichnet durch die Tendenz zur größtmöglichen Nähe von Objekt und Subjekt. Das manipulierte Wasser wird einverleibt. Das Plastillin wird durch die Tasterfahrung und die kinästhetischen Erlebnisse beim Kneten, Drücken und Abpflücken zu einer körpernahen Erfahrung, bei der Subjekt und Objekt „verschmelzen". Die allgemeine Vorliebe von Kindern für einen derartigen Umgang mit Materialien wie Knetmasse, Sand, Lehm und Teig läßt sich von dieser Perspektive aus besser verstehen als durch die Ableitung aus der analen Phase. Freud hat andererseits dieses Phänomen der Verschmelzungserlebnisse gekannt und sie als „ein Gefühl wie von etwas Unbegrenztem, Schrankenlosem, gleichsam `Ozeanischem´" bezeichnet (Freud, 1930, S. 197).

Freude am Zerstören des eigenen Werkes

19.3 Der ÜG beim Bauen und Konstruieren: Aufbauen und Zerstören

Kinder bauen gerne, aber sie haben auch Freude daran, ihr Werk wieder zu zerstören. Folgendes Beispiel gibt eine Spielszene zwischen einem 2;4 Jahre alten Jungen und seiner Mutter wieder (Blazek, 1992, Protokollband, S. 176/177).

Das Kind baut aus Lego-Steinen eine Burg, wobei die Mutter während des Bauens den Turm hält, damit er nicht einfällt.

M: „Ist der schon so groß wie du? Steh mal auf."
K steht auf, deutet auf den Turm: „Der ist schon so hoch."
K klatscht
Vl bestätigt es
M: „Wollen wir den noch höher bauen?"
K: „Ja, ich bau den noch höher."
K baut, während M den Turm festhält, noch ein paar Klötze drauf. K schlägt mit einer Hand gegen den Turm, der Turm fällt um
M: „Oh, jetzt ist er umgefallen."
K: „Ich hab den umgeschmissen, baust du den wieder?"
K holt ein paar Klötze und legt sie neben die Lego-Platte
K: „Ich hab die geholt."
Vier Minuten später ist ein zweiter Turm entstanden.
M hält den Turm fest
M: „Da mußt du dich nach oben strecken."
K baut einen anderen Klotz an
M: „Soll ich mal loslassen?"; läßt los, der Turm bleibt stehen
K klatscht
Vl: „Bravo."
K baut noch zwei Klötze auf den Turm: „Noch einen grünen, jetzt bau ich keinen mehr hin!"
beim letzten Klotz fällt Turm um, K lacht: „Jetzt ist er umgefallen!"
M: „Jetzt ist er umgefallen!"

Die Thematik des Aufbauens und Zerstörens beschäftigt das Kind schon in der Szene zuvor, in der es mit der Mutter zusammen ein „Haus" baut, das mit Tieren und Autos gefüllt wird. Dabei nimmt es ein paar weitere Klötze und errichtet sie auf einem höheren Klotz, so daß eine Art Turm entsteht.
M: „Oh, jetzt kriegt das Haus einen Turm, einen hohen!"
K: lächelt, schaut Vl an
K: „Jetzt kriegt'n Haus das Turm."
M: „Muß der so hoch werden?"
K: baut den Turm noch höher
K: „Ja, dann fällt er um? Jetzt ist er ganz hoch!"

Die Aufmerksamkeit richtet sich dann wieder auf das „Haus" und die Gegenstände, die hineingebracht werden.

Das Spielverhalten von zwei fünfzehnjährigen Jungen während eines Urlaubsaufenthaltes am Mittelmeer diene als weiteres Beispiel. Die Jungen verbringen am Strand viel Zeit mit der Errichtung von Bauwerken aus Sand, Schilf und Hölzchen. Kurz vor der Abreise bauen sie eine ganze Dorfanlage, wobei sie die Häuser aus

Holzstäbchen herstellen und sie mit Schilf decken. In der Nacht vor der Abreise wird das Ganze angezündet und ein Raub der Flammen. Die vom Verfasser gefilmte Brandszene wirkt wie ein echter Großbrand.

Diese Beispiele lassen sich durch viele andere ergänzen. Nicht nur beim Errichten von Bauwerken, sondern auch beim Puzzlespiel zerstören Kinder nach vollendeter Tat ihr Werk wieder. Warum ein solches Verhalten? Steckt dahinter das Wechselspiel von Lebens- und Todestrieb, wie dies in der Philosophie des späten Freud (1938) dargestellt ist? Bevor wir diese Frage beantworten, seien noch zwei Beispiele beschrieben, in denen das Aufbauen und Zerstören auf zwei Personen verteilt ist.

Zwei fünfjährige Jungen spielen mit dem Welttest. Der eine baut eine Welt mit Häusern, Bäumen, Menschen und Tieren auf, der andere versucht, sie unter Einhaltung von metakommunikativ eingeforderten Spielregeln wieder zu zerstören (s. Abschn. 16.5). Beide tragen den Konflikt mit unterschiedlichen Argumenten aus, der eine sucht nach Gründen, den Zerstörer von seinem Vorhaben abzubringen, der andere sucht sein Verhalten als Aggressor zu legitimieren. Da der Aggressor zuvor daran gehindert worden war, mit der Wurfscheibe zu spielen, könnte man einfach annehmen, sein Verhalten sei lediglich die Folge dieser Frustration. Warum aber dann der Umweg über das gemeinsame Rollenspiel und warum das systematische zerstörerische Vorgehen in kleinen Schritten?

Ein weiteres Beispiel ist einem Film entnommen, der im Rahmen eines Medienverbundes zur Vorschulerziehung hergestellt wurde. In einer Kindergartenszene, in der die Kinder frei spielen, errichtet ein Junge ein großes kompliziertes Bauwerk, das von den übrigen Kindern bewundert wird. Als das Bauwerk vollendet ist und in seiner Höhe die Kinderschar überragt, nähert sich ein Kind mehrmals dem Bauwerk in der Absicht, es umzustoßen. Ein paarmal unterdrückt es den Impuls und zieht sich zurück, dann aber stößt es zu, und das Bauwerk stürzt in sich zusammen. Der weitere Verlauf des Films zeigt, daß sich die beiden Kinder nachmittags wieder versöhnen. Der Zerstörer hat übrigens im Kindergarten einen hohen Status, weil „er Sachen macht, die ich auch gerne machen würde, aber ich trau mich nicht", wie ein Kind dies ausdrückt. Das Verhalten des Jungen vor dem Einwerfen des Bauwerkes ist keineswegs aggressiv, es zeigt eher, daß die Handlung des Zerstörens sehr attraktiv für ihn ist und daß die Neugier auf die plötzliche Veränderung maßgeblich an der Handlung beteiligt ist.

Das Verständnis eines Phänomens wird immer erleichtert durch die Analyse seiner Genese. Betrachten wird daher ein Kind mit 12 Monaten. Tobias zeigt eine Vorliebe für das Einwerfen von Bauwerken, die Bezugspersonen errichten. Er neigt auch dazu, Gegenstände vom Tisch zu wischen bzw. wegzuwerfen, wenn er ihrer überdrüssig geworden ist. Mit 14 Monaten steht dieses Verhalten immer noch im Vordergrund, doch vermag er bereits selbst einen Turm zu errichten, indem er Scheiben auf einen Ständer steckt. Das Einwerfen bzw. Wegschleudern geschieht als Wechselspiel mit der Bezugsperson. Tobias schaut sie häufig an und scheint den Wechsel zwischen der Handlung des andern (Aufbauen, Hinstellen) und der eigenen Handlung (Einwerfen, Wegschleudern) zu genießen.

Dieses Wechselspiel zeigt sich auch in komplexerer Form im obigen Beispiel zwischen der Mutter, die den Turm hält, und dem Jungen, der ihn einwirft bzw. solange weiterbaut, bis er einfällt. Was haben diese Beispiele gemeinsam? Tobias, das jüngste Kind, will etwas tun, an dem Gegenstandsbezug teilhaben und ihn so zum gemeinsamen Bezug machen. Da Zerstören viel einfacher ist als Aufbauen und obendrein einen drastischen Effekt hat, bedeutet das Handeln des Kindes zunächst nur die intensive Erfahrung einer besonderen Form der Vergenständlichung, nämlich das Erzielen eines dramatischen Effektes durch eine rasche Bewegung. Beides zusammen, das Körpererlebnis der intensiven Bewegung und das wahrgenommene Ereignis (Verschwinden des Gegenstandes, Lärm) verschmelzen zu einer intensiven Selbst-Umwelt-Erfahrung.

Der oben beschriebene 2;4 Jahre alte Junge hat beim Turmbau natürlich schon weit differenziertere Erlebnisse. In diesem Beispiel wird die Spannung zwischen dem Wachsen des Turmes und der Einsturzmöglichkeit ausgekostet. Da das Kind – wie viele andere Kinder auch – letztlich das Einstürzen herbeiwünscht, ist die Vernichtung gewissermaßen Höhepunkt und Endpunkt eines Handlungsablaufes. Dieser hat eine gewisse strukturelle Ähnlichkeit mit den frühen Interaktionsspielen zwischen Bezugsperson und Kind, wie Hoppe-Reiter, Engele-flieg etc. Hier liegt der von Heckhausen (1963/64) für Spielabläufe postulierte Aktivierungszirkel zwischen Spannung und Lösung zugrunde. Dieser Zirkel ist aber beim Zweijährigen längst durch Bewußtseinserlebnisse und Repräsentationsleistungen überhöht. Die sich steigernde Spannung beim Bau des Turmes ist zugleich eine Existenzerfahrung des Wachsens und sich-Ausweitens, denn schließlich bedeutet die Vergegenständlichung der Person in ein Bauwerk, wie bereits erläutert, die Ausweitung des Subjekts in die Umwelt hinein. Das Risiko, den Turm immer höher zu bauen, gleicht dem Risiko des Fliegens beim Hochgeworfenwerden und vermittelt eine verstärkte Existenzerfahrung. Das Einstürzen des Bauwerks löst bei dem Jungen positive Gefühle aus, er hat darauf gewartet und dieses Ergebnis herbeigewünscht. Die Vernichtung eines eigenen oder gemeinsamen Bauwerks ist gewissermaßen die Zurücknahme der Vergegenständlichung, eine besondere Erfahrung von Macht, die man gerade über die selbst vergegenständlichte Umwelt besitzt.

Dies gilt gewiß auch für die Fünfzehnjährigen im obigen Beispiel, die an der Vernichtung ihres Werkes, an dem sie tagelang gearbeitet hatten, großes Vergnügen zeigten. Dieses Verhalten wird noch verständlicher, wenn man bedenkt, daß sie das Bauwerk ja sowieso zurücklassen und der Vernichtung anheim geben mußten. Die eigene aktive Zerstörung ist der Ausdruck von Macht und Kontrolle über die selbstbewirkte Vergegenständlichung.

Nicht viel anders verhält es sich mit der Lust am Zerstören im Kindergartenbeispiel. Für den Jungen war es so verlockend, mit einer einzigen Bewegung das gewaltige schöne Bauwerk, das ohnedies den Tag nicht überlebt hätte, weil es mitten im Zimmer stand, zum Einsturz zu bringen. Eine einfache, kurze, manchmal kaum beobachtbare Handlung bildet das Gegenstück zur Vergegenständlichung als lange währender, komplexer und planvoller Vorgang. Diese einfache Handlung vermag die Vergegenständlichung umzukehren und besticht den Akteur durch ihre Leichtigkeit. Zerstören ist hier eine rückwärts laufende Vergegenständlichung im Zeitraffer. Man braucht bei all diesen Beispielen nicht erst nach Parallelen im realen Leben zu suchen. Die Gegenwart (des Jahres 1993) lehrt uns in schauerlicher Weise, was solche

Handlungstendenzen in Form der Zerstörung menschlichen Lebens und lebenslanger mühevoller Arbeit in der Realität anrichten.

Dieser Hinweis führt uns zum letzten Beispiel des Welt-Tests, in dem der eine Junge sukzessive und mit dem Versuch der Legitimierung durch die Rolle, die er bzw. seine Spielfigur bekleidet, das zerstört, was der andere aufgebaut hat. Genau dies geschieht auf schreckliche Weise im wirklichen Leben, indem Menschen ihr zerstörisches Verhalten durch die Rolle legitimieren, die sie innehaben (Soldat, Befreiungskämpfer, KZ-Scherge).

19.4 Behausung als Zuflucht, Besitzkontrolle und Selbsterweiterung

Kinder bauen häufig ein Haus, einen Stall oder eine Umzäunung und geben anschließend bzw. während des Bauens Menschen, Tiere und andere Objekte hinein. Vielfach wird dieses Vorgehen durch Erwachsene mit angeregt. So auch beim 2;4 Jahre alten Lukas, den wir bereits beim Turmbau (s.o.) kennengelernt haben. Er baut zusammen mit der Mutter ein „Haus“, das aus vier Wänden besteht, die gemeinsam von Mutter und Kind immer höher gezogen werden. Währenddessen werden mehrere Figuren und ein Pferd ins Haus gelegt. Das Kind sagt: „Jetzt schlafen die“ und legt alle Lego-Figuren, die sich im Innern des Hauses befinden, flach hin. Die Mutter regt an, noch weitere „Männchen“ ins Haus zu tun. Ein wichtiges Thema wird die Haustüre, die erst vergessen wurde, dann in die Mauer eingebrochen, sodann wieder verschlossen und erneut eingefügt wird. Dabei thematisiert das Kind die Kontrolle über die eingeschlossenen Figuren.

K nimmt Pferd, macht wieder eine Lücke in die Hausmauer und sagt: „Das paßt da auch rein.“
K setzt dann wieder einen Lego-Stein in die Lücke und sagt: „Ich bau jetzt zu.“
M: „Dann können die nicht mehr raus? Müssen die nicht mehr raus?“
K: „Nö“ (zweimal)
K baut die Hausmauer höher.
M: „Und wenn die raus wollen, läßt du die dann wieder raus?“
K: „Jetzt laß ich die wieder raus.“
K entfernt einen Stein aus der Mauer und nimmt einige Figuren und Tiere wieder aus dem Innern heraus…..
baut dann die Lücke wieder zu, macht an einer anderen Stelle der Mauer erneut eine Lücke und errichtet innen an der Mauer eine zweite Mauer.
K: „Noch ein Haus.“
M: „Innen machst du noch ein Zimmer ins Haus, ja?“
K: „Ja, außen, draußen.“
M: „Wo draußen?“
K schüttelt den Kopf
K: „Nö, die bleiben drin“
K legt die paar Figuren, die es zuvor herausgenommen hat, wieder hinein und baut dann die Lücke in der Hausmauer etwas enger.
K: „Ein ganzer Eingang“.

M: „Wo ist ein ganzer Eingang?"
K nimmt eine Lego-Figur, läßt sie aus dem Innern durch die schmale Eingangstür zunächst nach draußen hüpfen, schiebt sie sodann wieder durch den Hauseingang hinein.
M: „Ui, die passen genau raus und rein, ganz genau."
Einige Minuten später (nach der oben beschrieben Turmbau-Szene) spielt das Kind wieder mit dem „Haus" und stellt ein Auto und mehrere Figuren ins Hausinnere. (Blazek, 1992, S. 175)

In dieser Szene wird das Interesse an dem Ein- und Aussperren von Figuren und Gegenständen deutlich. Das Kind erfreut sich der Möglichkeit, die Figuren nach eigenem Belieben einzusperren oder sie wieder freizulassen. Das Haus als Schutzzone („die schlafen jetzt"), als Gefängnis („die bleiben drin") und die Türe als Passage für den Übergang in die Geschlossenheit bzw. ins Freie zeigen, daß hier nicht einfach gebaut und gespielt wird, sondern eine tiefere Bedeutung (ein übergeordneter Gegenstandsbezug) dahinter steht. Freilich, die Thematik tauchte schon früher bei der älteren Schwester auf. Das Einsperren von Tieren, „damit sie nicht weglaufen" ist dem Kind bereits bekannt (im Längsschnitt dokumentiert beispielsweise mit 2;0 Jahren). Diese Thematik taucht bei Lukas in der nächsten Messung (eineinhalb Monate später) auf (op.cit., S. 216).

V (Vater) und K (Kind) bauen zusammen ein Haus.
V: „Schau mal, Lukas, da ist noch einer der will auch rein", reicht dem Kind noch ein Männchen.
K nimmt Männchen, versucht es ins Haus zu stecken.
K: „Der paßt nicht rein, der ist zu dick" (mehrmals).
V: „Der ist zu dick", schiebt Männchen aber doch ins Haus.
V: „Was machen die da jetzt alle?"
K: „Nix". Grinst und setzt einen Klotz vor den Hauseingang.
V: „Warum stellst du das da vorne hin, Lukas? Da dürfen die nicht raus?"
K: „Nee", grinst.
V: „Müssen die drüber springen?" („Haus" hat kein Dach)
K: „Nee."

Ein anderes Spiel, das wir mit fünfjährigen Mädchen aufgenommen haben, mag den ÜG beim Hausbau weiter beleuchten.

Die Mädchen spielen „Höhle" und benutzen den Tisch, den sie mit Decken seitlich abschließen, als Höhle. Bis dahin ist die Thematik für beide gleich. Nun will aber das eine Mädchen, Sabrina, die Höhle als kuscheligen Zufluchtsort benutzen und ganz eng mit ihren Tieren zusammenleben. Immer wieder fordert sie die Spielpartnerin auf, doch endlich auch herein zu kommen und die Höhle geschlossen zu lassen. Doch Maria will die Höhle einrichten und ausbauen. Es soll Zimmer für die Menschen und auch Räume für die Tiere geben. Der ÜG für Sabrina besteht in der Thematik der Geborgenheit, des Abgeschlossenseins und des Sich-Versteckens, während Maria die Höhle ausgestalten will und als Thematik eher Umwelterweiterung und -strukturierung verfolgt.

Für Lukas wird das Haus zur Möglichkeit, Personen und Dinge symbolisch unter Kontrolle zu halten. Das Einsperren ist die sicherste Möglichkeit, Bezugsobjekte nicht zu verlieren. Die Kontrolle über das Hinein- und Hinausgehen aus dem Haus ist Ausdruck der Macht über Lebewesen und Dinge.

Für Sabrina bildet das Haus eine zweite Hülle der eigenen Persönlichkeit, die Geborgenheit und Abgeschiedenheit ermöglicht. Die militante Variante zu diesem ÜG wäre der Bau einer Burg, die so sicher ist, daß sie von den Feinden niemals erobert werden kann. Die für Psychoanalytiker fast selbstverständliche Assoziation von Höhle und Mutterleib sollte eher in umgekehrter Kausalrichtung gesehen werden. Nicht weil das Kind sich an Erfahrungen der Geborgenheit im Mutterleib erinnert, baut es ein Haus oder eine Höhle, sondern Erwachsene erkennen den Mutterleib als Symbol für Geborgenheit und übertragen dieses Symbol auf alle oder einige Bilder von Geborgenheit.

Maria schließlich ist in die Gruppe von Kindern einzureihen, die ihr Selbst in die Umwelt durch deren Ausgestaltung ausdehnen und nicht abschirmen wollen, wie dies bei Sabrina der Fall ist. Die Expansion des Selbst in die Umwelt ist eine generelle menschliche Thematik, die durch die objektivierende und subjektivierende Vergegenständlichung erreicht wird. Die Häuslebauer gehören hierher ebenso wie die Potentaten vergangener Zeiten und die Reichen und Mächtigen der Gegenwart, die sich durch prächtige Schlösser und andere Großbauten ein Denkmal setzen. Alle Kinder, die das Vorhaben äußern: Jetzt baue ich ein großes Haus, einen großen Turm, eine schöne Burg, zeigen diesen Gegenstandsbezug. Die Ursache für die Entstehung dieses ÜG ist zirkulär bzw. doppelseitig: Einerseits empfangen Kinder die Anregung zum Bauen von außen und entnehmen auch ihre Modelle (Burg, Schloß, Turm) der Umwelt. Andererseits sind diese Modelle ja auch von Menschen geplant und verwirklicht worden, die ihrerseits vom ÜG des Gestaltens und Schaffens erfüllt waren.

19.5 Der ÜG beim Spiel mit Computern

Personal Computer (PC's) werden mehr und mehr zu einem wichtigen Bestandteil des Alltagslebens. Auch in der Lebenswelt des Kindes hat der Computer Fuß gefaßt. Im vorliegenden Zusammenhang interessiert hauptsächlich die Frage, ob Kinder bzw. Jugendliche den Computer zu Spielhandlungen benutzen und welcher ÜG dabei eine Rolle spielen könnte.

Die Benutzeroberfläche

Computer sind so vielfältig benutzbar, daß es sinnlos erscheint, ihnen eine einheitliche Kennzeichnung verpassen zu wollen. Dennoch gibt es bei allen Verwendungsmöglichkeiten eine Gemeinsamkeit: die Benutzeroberfläche. Sie verlangt motorische Reaktionen in Form des Drückens und gegebenenfalls Bewegens von Tasten („Maus") und bietet verbale oder bildliche Information auf einem Bildschirm. Die Information ist also symbolisch oder Realität aus zweiter Hand. Bei Simulationsspielen kann der Akteur beispielsweise ein Fahrzeug auf dem Bildschirm steuern, nicht aber ein reales Fahrzeug in einem realen Raum. Diese simulierte Realität oder Realität aus zweiter Hand geht einher mit einer sehr eingeschränkten Reaktionsform, dem Drücken von Tasten oder der Bewegung einer „Maus" bzw. eines analogen Gerätes. Jede Reaktion ruft eine Veränderung auf dem Bildschirm hervor, wenn der Spieler einigermaßen in dem System zu Hause ist.

Damit bietet das System eine Grundkomponente für Spiel an, nämlich die fortlaufende Verstärkung einer Reaktion bzw. deren kontingente Rückmeldung. Bei Spielcomputern ist das Rückmeldungssystem so abgesichert, daß die Spieler auf jede Reaktion ein feedback erhalten. Durch dieses Prinzip wird auf basaler Ebene gewährleistet, daß die Handlung innerhalb des Systems Selbstzweck bleibt, auch wenn bestimmte fernliegende Ziele wie Gewinnen mit ihr verfolgt werden. Die Handlung wird gewissermaßen durch die kontingente Bildschirminformation getriggert. Auf diesen basalen Prozeß bauen jedoch komplexe kognitive und motorische Operationen auf. Im folgenden sollen uns nur zwei Formen des Computerspiels weiter beschäftigen, das Simulationsspiel und das Abenteuerspiel (s. auch Düßler, 1989).

Beim Simulationsspiel werden Fahrzeuge aller Art auf dem Bildschirm gesteuert, die sich in einer mehr oder minder realitätsnahen Umwelt befinden. Wie bei den früheren Videospielen geht es um rasches und motorisch fein abgestimmtes Reagieren auf die Situation, in die häufig unerwartete Ereignisse eingebettet sind. Andere Computerspiele simulieren einfach Gesellschaftsspiele wie z. B. Monopoly. Schließlich werden Spielsachen wie Puppenküche oder Kaufladen statt realiter auf dem Bildschirm geboten und man kann mit ihnen per Tastendruck oder Mausbewegung umgehen, ein besonders eindringliches Beispiel für die Reaktionsverarmung und -verfremdung. Der ÜG bei Simulationsspielen kann wie bei den früheren Videospielen in der Erfahrung von Kontrolle liegen. Die Beherrschung des Objekts auf dem Bildschirm als Form der Vergegenständlichung vermittelt Selbsterhöhung und Selbstsicherheit bei perfektem Umgang, aber auch die stellvertretende Erfahrung von Risiko, wenn das zu steuernde Fahrzeug in Gefahr ist oder es zu einer Karambolage kommt.

Die Benutzeroberfläche vermittelt somit zugleich eine fiktive Realität, in der die Spielenden anders als in der Alltagsrealität Kontrolle ausüben, Risiken ohne Konsequenzen eingehen können und sich als (all)mächtiges Selbst erfahren.

Der ÜG von Körperbeherrschung und Umweltbeherrschung wird uns noch gesondert beschäftigen, weshalb wir das für Computerspiele heute weit wichtigere Angebot, nämlich die Abenteuerspiele, etwas näher betrachten wollen.

Abenteuerspiele

Die neue Generation von Computerspielen offeriert dem Spieler ein komplexes Handlungsfeld. Er wird in einen Spielrahmen eingeführt, der aber durch ihn mitbestimmt werden kann. In jedem Falle gilt es, ein schwieriges Problem zu lösen und Aufgaben zu bewältigen. Im Laufe des Spiels durchwandern die Spieler verschiedene Welten, wobei sie mit fortschreitendem Erfolg auch größere Kräfte (=Punkte) sammeln und mit der erarbeiteten Macht schwierigere Aufgaben, die meist in der Vernichtung von starken Gegnern bestehen, bewältigen.

Nintendo, die auf diesem Gebiet weltbeherrschende Firma, hat mit den Ninja-Schildkröten (Teenage Mutant Ninja Turtles) wohl den größten Erfolg erzielt. Dabei handelt es sich um Inhalte, die aus der Comic-Serie von Peter Laird und Kevin Eastman entlehnt sind. Außerdem gibt es dazu eine Zeichentrickfilm-Fernsehserie und Spielzeug sowie Turtles-Kleider. Die Hauptcharaktere der Comic-Serie sind vier Schildkröten, die infolge radioaktiver Strahlung mutiert sind. Sie tragen die Namen der Renaissance-Maler Michelangelo, Raphael, Donatello und Leonardo und sind in der japanischen Ninja-Technik ausgebildet. Ihr Lieblingsgericht ist Pizza. Im Nintendo-Spiel hat jede Schildkröte verschiedene Stärken und Fähigkeiten. Auf Niveau 1 des Spieles sind Donatello und Raphael die einzigen, die stark genug sind, um die verschiedenen Feinde, denen sie begegnen, zu besiegen. Pizza belebt die Superkräfte neu und spielt bei bestimmten strategischen Punkten eine Rolle. Niveau 2 spielt unter Wasser und verlangt als Aufgabe die Entschärfung von Bomben. Auf Spielniveau 3 taucht eine Mech-Schildkröte auf, ein Roboter, der besiegt werden muß. Auf Niveau 4 greifen Laser-Soldaten an, und auf dem letzten Spielniveau muß eine gewaltige Techno-Drohne und schließlich Shredder selbst, der Hauptbösewicht, überwältigt werden.

In ähnlicher Weise sind auch andere Abenteuerspiele strukturiert. Das Spiel führt durch verschiedene Spielniveaus, wobei das jeweils höhere erst gespielt werden kann, wenn das vorherige erfolgreich durchlaufen worden ist. Solche Spiele dauern nicht nur Stunden, sondern Tage und fesseln die Kinder bzw. Jugendlichen (nicht selten auch Erwachsene) ungemein, da sie sofortige Rückmeldung mit Spielrisiko (Spannung) und kognitiven Anforderungen (Problemlösen) verbinden. Die Inhalte repräsentieren, wie Märchen auch, den symbolisierten Kampf zwischen Gut und Böse, Stark und Schwach, und bilden ein Gleichnis für menschliche Entwicklung als fortlaufende Kette der Bewältigung von Entwicklungsaufgaben. Kinder und Jugendliche erfahren daher vermutlich nicht nur die Spannung eines Kampfes und das intellektuelle Vergnügen mehr oder minder komplexen Problemlösens, sondern auch eine symbolische Existenzmeisterung. Im Gegensatz zu den bisherigen Medienformen kontrollieren die Spieler selbst das Geschehen, denn nur wenn sie handeln, nimmt es seinen Fortgang. Sie sind also viel stärker aktiv an dem Geschehen beteiligt. Andererseits handelt es sich um eine Aktivität, die ein Sich-Verlieren im Geschehen, wie dies beim Betrachten eines Filmes der Fall ist, verhindert.

Es gibt empirische Untersuchungen, die zu überprüfen gestatten, ob der vermutete ÜG der Selbstbestätigung und -erhöhung eine Rolle spielt oder nicht. Gibb, Bailey, Lornbirth und Wilson (1983) untersuchten 280 Video-Spieler auf den Persönlichkeitsdimensionen Selbstwert (self esteem), soziale Devianz/Konformität, Feindseligkeit/Freundlichkeit, Rückzug/Geselligkeit, Besessenheit und Zwanghaftigkeit (beim Spiel) sowie Leistungsmotivation. Es fand sich kein Zusammenhang zwischen dem zeitlichen Aufwand für Video-Spiele und diesen Variablen. Allerdings wurden die Abenteuer-Spiele, die es damals noch nicht in der raffinierten Form gab wie heute, nicht gesondert kontrolliert. Egli und Meyers (1984) kommen zu ähnlichen Ergebnissen, finden allerdings bei 10% der Befragten eine Abhängigkeit von Computerspielen bezüglich der Zeit, die sie mit ihnen verbrachten. Mitchell (1985) fand sogar, daß Video-Spiele die Kommunikation in der Familie verbesserten.

In Persönlichkeitsmaßen wachsender Selbstsicherheit zeigt sich also der ÜG nicht. Dies ist von dem hier vertretenen Ansatz her auch kaum zu erwarten. Hingegen zeigen sich in einer Untersuchung von Kestenbaum und Weinstein (1985), die sich mit dem Einfluß intensiven Umgangs mit Video-Spielen auf Persönlichkeit, Entwicklung und Psychopathologie befaßten, deutliche Hinweise auf die Rolle des ÜG. Die Autoren folgern, daß Video-Spiele eine Arena für die Bearbeitung verschiedener Bedürfnisse und Konflikte darstellen, von denen einige sonst zum Problem im Jugendalter werden könnten. Diese Form des Spielens übt nach Ansicht der Autoren eher einen homöostatischen Einfluß auf die Entwicklungsprozesse und die Anpassung aus. Sie sehen in den Video-Spielen eine Art narzißtischen Wächter, der in Perioden von Entwicklungsstreß wirksam ist und Möglichkeiten der Konfliktlösung in der Phantasie bereithält. Zu diesem Schluß kommt auch Gardner (1991), der den Computerspielen generell eine positive Wirkung bezüglich der Kontrolle des eigenen Verhaltens zuschreibt und dies unter anderem an zwei Fallstudien von Jungen im Alter von fünf und sieben Jahren illustriert.

Ob allerdings die meist sehr aggressiven Spiele optimale Lösungsmöglichkeiten bieten, bleibt fraglich. Sie verlangen einzelgängerisches, aggressives Durchsetzen gegenüber einer Vielzahl von Feinden, die nivellierend als böse apostrophiert werden. Von 47 Video-Spielen, die Provenzo (1991) analysierte, waren nur sieben gewaltfrei, die übrigen hatten Gewalt und Aggression zum wesentlichen Inhalt. Da heute die Stimulus-Theorie aufgrund der Befundlage der Katharsis-Theorie vorgezogen werden muß, erhöhen aggressive Video-Spiele die Neigung zu aggressivem Verhalten (Dominick, 1984). Die Wirkung aggressiver Spiele ist für weniger Erfahrene größer. So zeigten Mädchen, die mit aggressiven Abenteuerszenarios am Computer umgingen, ein höhere Aggressivität als die männliche Vergleichsgruppe (Cooper & Mackie, 1986). Ebenso fanden Silvern und Williamson (1987) bei Vier- bis Sechsjährigen, die Zeichentrickfilme angesehen und das Video-Spiel „Space Invaders“ gespielt hatten, eine im Vergleich zur base-line deutlich erhöhte Neigung zur Aggressivität. Weitere Untersuchungen zur Stützung der Stimulationshypothese: Chambers und Ascione (1987), Schutte et al. (1988), Graybill et al. (1987).

Die meisten Abenteuer-Spiele kommen entweder ganz ohne weibliche Rollen aus oder weisen Frauen bzw. Mädchen nur eine passive Rolle zu, z. B. Prinzessinnen, die befreit werden müssen. In einer Stichprobe von hundert Video-Spielen in Spielhallen (Arkaden) sahen 92 überhaupt keine Frauenrolle vor, sechs hatten Rollen einer „Dame in Not“ und nur zwei enthielten aktive Frauenrollen (Toles, 1985). Daher haben Mädchen wesentlich geringeres Interesse an Video-Spielen als Jungen, von der Verzerrung der Geschlechter in den Spielen einmal ganz abgesehen (Kiesler, Sproull & Eccles, 1983).

In Deutschland ist die Benutzung von Abenteuerspielen von 2% im Jahre 1985 auf 20 (bei Hauptschülern) bis 30% (bei Gymnasiasten) angestiegen (Lukesch, 1990), was bedeutet, daß sie in diesem Zeitraum zum erstenmal in größerem Umfang importiert worden sind.

Abenteuerspiele können hohe Komplexität annehmen. Nächtelang kann man durch Labyrinthe irren, die allerdings meist nicht bildhaft präsentiert sind. Der kleinste Fehler wirft einen möglicherweise um Stunden zurück. Die Einbeziehung aller erdenklichen Möglichkeiten und die Notwendigkeit, sich permanent zwischen Alternativen, deren Konsequenzen man nicht kennt, entscheiden zu müssen, erfordert höchste Konzentration und komplexes Denken. Die Spieler berichten über Flow-Erlebnisse, über Selbstvergessenheit und totales Aufgehen im Spiel (Turkle, 1984; Düßler, 1989).

Der Computer als Partner

Ein anderer Aspekt des Computers betrifft seine Funktion als Partner. Hierzu hat Turkle (1984) Äußerungen von Kindern und Jugendlichen über ihre Erfahrungen im Umgang mit Computern gesammelt und ausgewertet.

Kinder halten wenigstens teilweise Computer bzw. elektronisches Spielzeug für lebendig. Merlin, ein Computer-Spielzeug, mit dem man ein Regelspiel spielen kann, ist so programmiert, daß er hin und wieder einen Fehler macht, der aber für die Kinder nicht vorhersagbar ist. Er wird von der siebenjährigen Marilyn für lebendig gehalten, weil er glückliche Geräusche von sich gibt, wenn der Spielpartner gewinnt. Die Unvorhersagbarkeit des Fehlers wird von den Kindern als Schummeln gedeutet, was wiederum als Kennzeichen für Leben angesehen wird. Der siebenjährige Robert hält Merlin aus diesem Grund für lebendig: „weil er schummeln kann, ist er auch lebendig“ (op. cit. S. 52). Der sechsjährige Alex schimpft Merlin: „Ah, ich sehe schon, was du machst, du Miststück. Schummeln. Du läßt mich nicht dazwischen – als ich nämlich den Knopf gedrückt hab und am Zug war, hast du mir den Zug weggenommen...nur dadurch hast du gewonnen“ (op. cit. S. 54). Damit wirft Alex dem Computer vor, was er selbst zuvor mit ihm gemacht hatte, um zu gewinnen. Viele gleichaltrige Kinder halten Computer, auch hochkomplizierte Roboter, für nicht lebendig, weil sie nicht geboren, sondern gemacht wurden.

Aber selbst wenn Kinder längst wissen, daß Computer nicht lebendig sind, behandeln sie diese doch wie Partner. Damit geht es ihnen nicht anders als Jugendlichen und manchen Erwachsenen. Turkle berichtet über das Mädchen Tanya, das in der fünften Klasse wegen seiner schlechten Schrift in den Computerraum geht und sich einen Computer auswählt, mit dem es fortan arbeitet und schreibt. Sie nennt ihn Peter und unterzeichnet ihre Briefe mit Tanya und Peter. Sie baut zu ihm eine Beziehung wie andere Kinder manchmal zu einem illusionären Gefährten auf. Infolge der engen Bindung duldet sie nicht, daß jemand anderer „Peter“ benutzt. Mit Hilfe dieses „Partners“ gelingt es ihr, ihre Schulprobleme zu bewältigen, aber sie gewinnt keine Distanz zu dem Computer als bloßem Objekt und Hilfsmittel.

Anders verhält es sich im nächsten Beispiel. In einem Projekt des MIT (Massachusetts Institute of Technology) in Harvard wurde Schulkindern der sechsten Klasse die Möglichkeit geboten, Zeichenprogramme am Computer zu erstellen und damit dann Graphiken auf dem Bildschirm herzustellen (Turkle, 1984). Deborah, die weder zu Hause noch in der Schule ohne die Hilfe anderer etwas tun konnte und schlechte Noten hatte, entdeckte nach anfänglichen Ängsten im Umgang mit dem Computer, daß man mit einer einzigen Regel, nämlich der Drehung nach rechts um dreißig Grad, auskommen und ein Universum von Gegenständen (Sterne, Blumen) erzeugen konnte. Diese Vereinfachung der komplizierten Befehle auf die „Dreißig-Grad-Welt”, die sie selbst erfunden hatte, veränderte ihr gesamtes Verhalten grundlegend. Sie erkannte, daß man sich selbst ebenfalls Regeln geben kann und damit Leistungen erzielt. Außerdem gelang es ihr, das Regeldenken auch auf ihre Eßgewohnheiten zu übertragen und ihr Übergewicht zu reduzieren. Der Computer wurde für sie zu einem Partner, zu dem sie flüchten konnte, wenn sie in realen Auseinandersetzungen mit den Gleichaltrigen nicht zurechtkam. Sie beschreibt zwei Jahre später ihre Erfahrungen mit dem Computer folgendermaßen:

> „Wenn man einen Computer programmiert, ist da erst ein kleines Stück von dem eigenen Denken und das wird dann zu einem Stück von dem Denken des Computers… Ich meine, der Computer kann so sein wie man selbst, wenn man ihn so programmiert, mit den eigenen Gedanken, den Bildern, den Gefühlen, den Vorstellungen… Und man kann plötzlich Dinge sehen, die man denkt, und kann sie verändern.
> Manchmal ging ich da runter, und wenn ich mich zum Beispiel mit anderen Kindern gestritten hatte, war es gut, da runter zu gehen und so 'ne Art Unterhaltung mit ihm zu führen. Das war natürlich keine echte Unterhaltung, aber sowas Ähnliches" (Turkle, 1984, S. 177f).

Besser als mit diesen Worten läßt sich subjektivierende Vergegenständlichung nicht beschreiben! Deborah schafft sich einen Partner nach „eigenem Bild und Gleichnis", der ihr als idealer Gefährte dazu dient, ihr Herz auszuschütten. Gleichzeitig erkennt sie aber auch die eigenen Gedanken und Vorstellungen als durch das Medium Computer „sichtbar" gewordene Vergegenständlichungen ihrer Innenwelt.

Für manche Jugendliche wird das Funktionieren des Computers zur Analogie ihrer eigenen Person und ihrer Identitätsprobleme. Turkle (op. cit.) beschreibt ein Mädchen, das die fünfte Klasse besucht und einige Monate das Programmieren am Computer lernt. Sie stammt aus einer katholischen Familie mit äußerst strengem Reglement. Carla beginnt über ihre Situation zu reflektieren und versteht sich als von der Umwelt, besonders von der Mutter und dem Priester, „programmiert":

> „Andere Kinder in der Schule sind nicht so programmiert wie ich. Sie müssen auch Sachen machen, aber sie müssen sich dabei nicht so an eine Ordnung halten. Meine Mutter hat mich programmiert. Und der Papst, na ja nicht wirklich, das hat eher der Priester gemacht. Aber der Papst hat dafür wieder den Priester programmiert" (op. cit., S. 192).

Carla entdeckt auch einen Ausweg aus ihrer Situation. Als die Versuchsleiterin bemerkt: „Na, ich kann mir vorstellen, daß das ganz schön hart ist – all diese Regeln", antwortet Carla: „Ach, wissen Sie, man kann auch das Programm wechseln. Ich kann das jetzt noch nicht, aber eines Tages weiß ich sicher, wie man's macht (op. cit., S. 193)." Carla vergegenständlicht subjektivierend ihre Entwicklungssituation (sie „deutet" sie) und zeigt selbst einen Ausweg, der sich aus dieser vergegenständlichten Problemlage ergibt: der Wechsel des Programms.

Auch der vierzehnjährige Dennis, der bereits seit vier Jahren programmiert, benutzt den Computer als Analogie für die Bewältigung seiner Identitätsprobleme. Er entdeckt große Ähnlichkeiten zwischen sich und seinem Vater. Manche dieser Ähnlichkeiten behagen ihm nicht. Er legt sich selbst die Situation mit Hilfe der Computersprachen zurecht. Der Vater und er hätten das gleiche (Software-)Programm, jedoch unterschiedliche Maschinen-Sprachen. Damit will er zum Ausdruck bringen, daß Vater und Sohn von Grund aus völlig verschieden sind (die Hardware funktioniert anders), nur die höhere Programmsprache (also etwa LOGO) sei die gleiche. Damit grenzt er seine Identität als prinzipiell verschieden von der des Vaters ab. Mit Hilfe der Computer-Analogie gelingt es ihm, seine psychischen Probleme zu vergegenständlichen und zu handhaben.

Im Gegensatz zu landläufigen Befürchtungen der nachteiligen Persönlichkeitsveränderung durch den Computer läßt sich aus der bisherigen Analyse sowie den vorliegenden Befunden eine positive Bilanz für die Beschäftigung mit dem Computer ziehen.

Es gibt aber einen Aspekt am Computer, der eine Gefahr in sich birgt, die allen Spielen innewohnt: das Aufgehen in der Tätigkeit, das Sich-Verlieren in einer illusionären Welt. Es gibt Kinder, die sich in einer selbstgefährdenden Ausschließlichkeit mit dem Computer einlassen. Turkle (1984) beschreibt einen Jungen, der sich ganz dem Programmieren widmet und auf diesem Sektor der Beste sein will. Seine Thematik ist die Beherrschung der Maschine als Kompensation seiner Schwierigkeiten im sozialen Kontakt. Über seine Kompetenz am Computer verschafft er sich Anerkennung und zugleich Macht, indem er eine kleine Gruppe an seiner neuen Entdeckung teilhaben läßt. Der Computer befreit ihn vom sozialen Druck des Sich-Behaupten-Müssens in der Gruppe. Er kann sich beruflich weiter mit dem Computer beschäftigen und eine entsprechende berufliche Laufbahn einschlagen.

Im Zusammenhang mit der Computersucht sind die „Hacker" wohl am bekanntesten und am meisten diskutiert worden. Weizenbaum (1979) bezeichnet die Hacker als Computerfetischisten und zwanghafte Programmierer. Der ÜG in ihrer Beziehung zur Umwelt scheint die perfekte Beherrschung einer Welt zu sein, die durch Logik und Regeln vollkommen determiniert ist. Der Computer wird zum Teil des Menschen und der Mensch zum Teil des durch den Computer erschlossenen Systems. Alex, der fünfzehn Stunden täglich am Computer verbringt, beschreibt seine Hacker-Erfahrungen:

> „Ich fühle mich in telepathischem Kontakt mit dem Computer – ich stelle ihn mir auf keinen Fall wie eine Person vor, die da ist, aber das heißt nicht, daß ich ihn nicht als eine Person *empfinde*, die da ist. Besonders, seit ich die Schnittstelle zwischen mir und dem System personifiziert habe, weil das meinem Bedürfnis entsprach. Und jetzt ist das so, als wäre ich mit einem anderen Menschen zusammen, aber nicht einem fremden Menschen. Einfach jemand, der weiß, wie ich Dinge am liebsten erledige" (Turkle, 1984, S. 260).

Bei diesem jungen Erwachsenen ist die Vergegenständlichung eines illusionären Gefährten besonders ausgeprägt. Der „Gefährte" erfüllt zugleich in idealer Weise die egozentrischen Bedürfnisse einer egozentrisch gesehenen Partnerschaft, er weiß, „wie ich die Dinge am liebsten erledige". Aber in Wahrheit ist es der Hacker, der sich in das System einarbeiten muß und der erst dann die perfekte Kontrolle ausüben kann, wenn er seine Befehle den Möglichkeiten des Systems angepaßt hat. Daher handelt es sich um eine objektivierende Vergegenständlichung des eigenen Geistes in den Computer hinein. Alex hat sich zunächst den Denkmöglichkeiten des Computers angepaßt, bevor er fähig war, die Möglichkeiten des Computers zu verändern. Die Materialisierung in das personifizierte Gegenüber hatte ihren Preis. Aber letztlich bedeutet Vergegenständlichung immer eine Veränderung von ursprüglichen Ideen. Das Material, ob Knete, Stein oder Zeichenstift, erlegt dem Benutzer Grenzen auf.

Hacker sind übrigens nicht unbedingt einsam mit ihrem Computer. Sie fühlen sich in der Gemeinschaft der nächtlich am Computer hackenden Kollegen. Sie treffen sich auch leibhaftig nachts und essen in einem Lokal, das durchgängig geöffnet hat, Pfannkuchen. Sie kommunizieren ohne sinnliche Personwahrnehmung über das Datennetz miteinander.

Auch für Kinder gibt es Untersuchungen über den Zusammenhang zwischen Computernutzung und sozialer Interaktion. Lin und Lepper (1987) fanden keinen Zusammenhang zwischen beiden Variablen, wohl aber eine negative Korrelation zwischen Computernutzung und Schulleistung sowie eine positive zur Impulsivität. In einer Untersuchung von Shimai, Masuda und Kishimoto (1990) zeigten Kindergartenkinder, die Videospiele spielten, deutlich höhere Werte der Soziabilität.

Schlußbemerkung

Die hier ausgewählten Analysen auf der Ebene des übergeordneten Gegenstandsbezugs demonstrieren, daß sich durch dieses Konzept die eingangs genannten Erklärungsansätze für Spiel als sich selbst regulierendes und motivierendes System einerseits und als Form der Lebensbewältigung andererseits integrieren lassen. Zur Darstellung des methodischen Vorgehens bei dieser Analyse, wie die Reliabilitätsprüfung und die Vorhersage von Spielverhalten in Längsschnittuntersuchungen, s. Abschnitt 23.3. Es zeigt sich jedenfalls, daß die Auslegung von Spielhandlungen auf der Ebene des ÜG kontrollierbar und prüfbar ist.

Kapitel 20

Entwicklungsthematiken

Bei der Analyse des ÜG wechseln wir nun die Perspektive und fragen, wie der Person-Umwelt-Bezug von seiten des Kindes als sinnstiftend thematisiert wird. Da diese Frage vor allem für Kinder beantwortet werden soll, rücken Entwicklungsthematiken in den Vordergrund. Damit sind handlungsleitende Inhalte gemeint, die insgesamt auf die eigene Entwicklung bezogen sind. Diese Thematiken sind dem Kind nicht bewußt oder zumindest nicht griffig sprachlich präsent. Diese Annahme korrespondiert zur psychoanalytischen Auffassung von unbewußten (Trieb-)wünschen. Es wird jedoch zu zeigen sein, daß man ohne die Erklärung unbewußter Triebgedanken bzw. ohne die Annahme primärer Prozesse im Sinne von Freud auskommt. Zunächst sollen uns aber die Inhalte selbst näher beschäftigen.

20.1 Allmacht und Kontrolle als ÜG

Theoretische Analyse

Sobald sich zielgerichtetes Handeln im ersten Lebensjahr rudimentär entwickelt, taucht auch die Freude am Effekt auf (effectancy motivation, s. White, 1959). Die Erfahrung, selbst Effekte herbeiführen zu können, mündet recht bald in die Handlungstendenz des Selbermachenwollens (Heckhausen, 1989). Diese Grundhaltung, die sich beim Kind zumindest in westlichen Kulturen unter normalen Bedingungen aufbaut, ist Teil der sich mehr und mehr ausbildenden Thematik von Macht und Kontrolle. Besonders die Handlungsrichtung der Vergegenständlichung mündet entwicklungslogisch letztendlich in Allmachtswünsche. Die wachsende Umweltkontrolle auf der einen und die steigende Vielfalt von Vorstellungen auf der anderen Seite legen (unrealistischerweise) die Möglichkeit nahe, alles in der Welt nach eigenen Vorstellungen und Wünschen gestalten zu können. Für das kleine Kind – eingeschränkt auf westliche Kulturen – müßte es also eher selbstverständlich sein, die eigene Macht und Kontrolle ad infinitum steigern zu wollen, wird es doch für jede Leistung, die es selbständig erreicht, gelobt, so daß es schon frühzeitig Stolz auf eigene Leistungen zeigt (Heckhausen, 1989).

Sobald das Kind die Vorstellungen zum Als-ob-Spiel einsetzen kann, eröffnen sich ihm Wege zum nahezu mühelosen Erreichen beliebiger Ziele, was nichts anderes heißt als zur Erlangung von Allmacht. Es kann fiktiv Handlungen mit fiktiven Gegenständen ausführen und sich illusionär in die Rolle von mächtigen Personen begeben. Diese stellvertretende Wunscherfüllung und Zielerreichung, wie sie sowohl von Wygotski (1933) als auch von Piaget (1969) als Ursache des Spiels gesehen wird, bedeutet eine illusionäre Form von Kontrolle. Sie steht der realistischen primären Kontrolle von Ergebnissen in der realen Welt gegenüber.

Hier sind einige Bemerkungen zum Kontrollkonzept angebracht. Eine Unterscheidung von primärer und sekundärer Kontrolle wurde unter anderm von Weisz, Rothbaum und Blackburn (1984) eingeführt. Durch primäre Kontrolle erhöht der Akteur seinen Gewinn, indem er bestehende Realität (z. B. andere Personen, Umstände, Gegenstände, Verhaltensweisen) beeinflußt. Durch sekundäre Kontrolle wird Gewinn erzielt, indem das Individuum sich an die bestehende Realität anpaßt und seine Zufriedenheit oder die Passung maximiert (op. cit., S. 955). Diese Unterscheidung trifft jedoch eher kulturelle Verschiedenheiten, so etwa Merkmale der amerikanischen und der japanischen Kultur und läßt sich nicht auf das Spiel anwenden. Dieses ermöglicht vielmehr ebenfalls eine primäre Kontrolle, jedoch stellvertretend bzw. illusionär, das Kind beherrscht die Umwelt nur, indem es sie durch Assimilation umdeutet und nicht, indem es sie aus eigener Machtvollkommenheit wirklich verändert.

Eine Gegenüberstellung von Macht und Kontrolle in realen Situationen und in Spielsituationen ist in Abb. 9 zu sehen. Die physikalische Realität baut das Kind bekanntlich im Umgang mit Objekten auf, die es mehr und mehr adäquat, d. h. im Sinne ihrer physikalischen Eigenschaften, handhabt. Die soziale Realität konstruiert sich das Kind über den Spracherwerb und über die Interaktion mit Partnern. Die auf diese Weise erworbenen Kompetenzen vermitteln die Erfahrung von realistischer primärer Kontrolle.

Das Spiel vermittelt ebenfalls Erfahrung von Kontrolle, die jedoch als illusionär zu kennzeichnen ist, da es weder die physikalischen noch die sozialen Gegebenheiten angemessen bewertet. Im sensomotorischen Spiel, das auch als mastery play der frühen Kindheit bezeichnet wird (siehe Titel zu Piagets Beitrag in Bruner, Jolly & Sylva, 1985), wiederholt das Kind Handlungsabläufe, z. B. sekundäre Kreisreaktion, ohne dabei neue Informationen zu gewinnen. Der Wechsel zum Spiel ist deutlich beobachtbar, die Mimik zeigt beim Anlaufen der Handlung Erwartung und beim Erscheinen des Effektes Entspannung. Die Wiederholung wird als lustvoll erlebt. Realistisch an der Kontrollerfahrung ist sicherlich die Beherrschung der jeweiligen Handlung, aber sie führt in der Wiederholung nicht weiter, sondern enthält in sich selbst Antrieb und Erfüllung des Handelns. Spätere sensomotorische Spiele zeigen die illu-

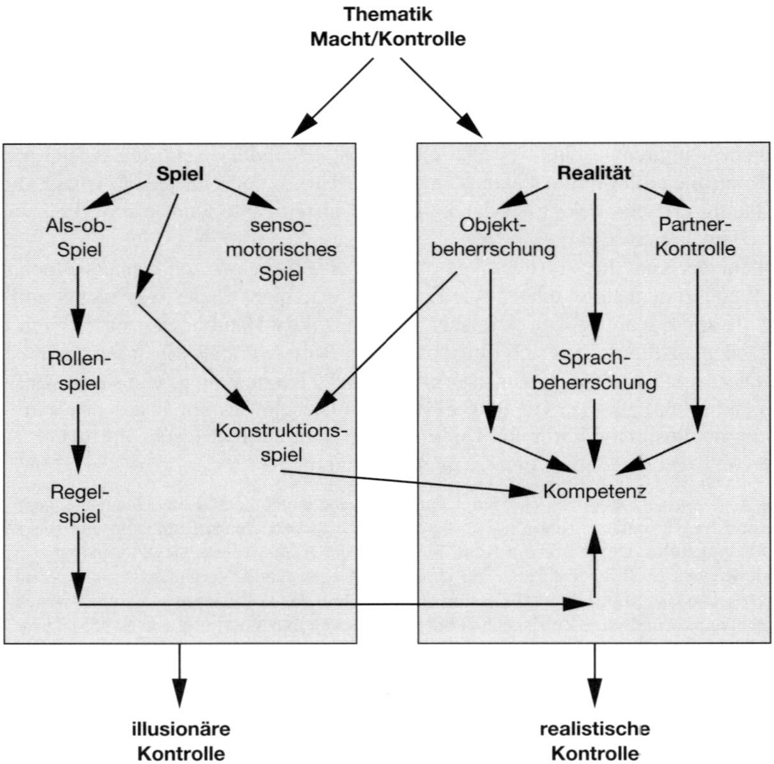

Abb. 9: Macht und Kontrolle in der Alltagsrealität und im Spiel

sionäre Kontrolle noch deutlicher. Im Gelingen einer körpermotorischen Geschicklichkeit erfährt der Akteur die Beherrschung einer Leistung, was ihn mit Stolz erfüllt, etwa den Ball fangen oder die Treppe hinaufsteigen. Selbst Erwachsene erleben mastery play im Sport als lustvoll und selbsterhöhend. Diese Erfahrung hat jedoch eine stark illusionäre Komponente, da sie für reale Lebensbewältigung gewöhnlich bedeutungslos bleibt. Noch deutlicher zeigt sich dies in Sportwettbewerben, in denen Spieler um den Sieg kämpfen. Gewinnen bedeutet nur illusionären Machtzuwachs, außer es handelt sich um Berufssport. Selbst der Olympiasieg lebt von der Fiktion: das eine Land, vertreten durch den Athleten, siegt (gottlob) nicht wirklich, sondern nur symbolisch über andere Länder.

Dem Konstruktionsspiel liegt wie dem sensomotorischen Spiel Beherrschung zugrunde, diesmal geht es jedoch stärker um Objektbeherrschung. Ohne ein Minimum an erworbenem Können vermag das Kind nicht zu bauen, zu kneten oder zu malen. Realistisch ist die Kontrollerfahrung insofern, als das entstandene Werk etwas Neues mit erfaßbaren physikalischen Merkmalen darstellt und auch intersubjektive Objektivität durch die Bewertung sozialer Partner erlangt. Daher betrachtet Piaget (1969) das Konstruktionsspiel auch bereits als Übergang zur Arbeit bzw. zum Werkschaffen. Illusionär und fiktiv ist das im Spiel geschaffene Werk vor allem durch die Bedeutung, die es durch seinen Konstrukteur erlangt, der ihm gemeinsam mit den Bezugspersonen gewöhnlich besondere Attribute zuweist, wie ein hoher Turm, ein tolles Auto, der böse Wolf etc. Die als ÜG hinter dem Werk stehende Bedeutung einer magischen Erfüllung von Wünschen wird uns später noch genauer beschäftigen. In der frühen und vorschulischen Kindheit geht das Konstruktionsspiel meist in ein Als-ob-Spiel über. Wenn beispielsweise das Haus fertiggebaut ist, wird es mit Figuren bevölkert, die inner- und außerhalb agieren.

Das Als-ob-Spiel stellt natürlich den Paradefall für illusionäre Kontrolle dar. In ihm vermag das Kind jegliches Ziel zu erreichen und sich jeden Wunsch zu erfüllen. Das Als-ob-Spiel ermöglicht Allmacht und vollkommene Kontrolle über die Umwelt. Gewöhnlich vermag das Kind diese Art von Omnipotenzerfahrung und Kontrollerleben sehr wohl von der realitätsorientierten Kontrolle zu unterscheiden.

Wenn man den bisherigen Befunden der Spielforschung folgt, so zeigt sich überdies sehr deutlich die Zunahme einer stärkeren Realitätsorientierung auch im Fiktions- bzw. Rollenspiel (Piaget, 1969; Elkonin, 1980; Fein, 1981; Miller & Garvey, 1984). Obwohl Kinder also weiterhin die Fiktion von Macht und Kontrolle im Spiel bevorzugen, wird ihr Spielhandeln den realen Umständen gerechter. Selbst Superhelden haben mit Widrigkeiten zu kämpfen, müssen sich Gesetzmäßigkeiten beugen und sind keineswegs mehr allmächtig. So läßt sich vermuten, daß spätere Allmachtsphantasien im angehenden Schulalter eher Anzeichen einer gestörten Entwicklung als der Normalfall sind, während das Kleinkind solche realistischen Einschränkungen im Spiel nicht zur Kenntnis nimmt und nur insofern nicht grenzenlose Macht und Kontrolle ausspielt, als ihm viele Spielmöglichkeiten von kompetenteren Partnern vorgegeben werden. Damit ist auch gesagt, daß die Machtthematik nicht in erster Linie der Erfahrung von Schwäche und Minderwertigkeit entspringt, wie dies Adler (1922) annahm, sondern umgekehrt der positiven Erfahrung durch erlebte Kontrolle über die Umwelt. Diese wird durch das Als-ob-Spiel gewaltig ausgeweitet, wenn auch nur illusionär. Macht- und Omnipotenzwünsche im Spiel zeigen sich erst später als Reaktion auf erlebte Minderwertigkeit bzw. erfahrenen Kontrollverlust. Diese Hypothese soll weiter unten an Beispielen belegt werden.

Das Rollenspiel und Regelspiel, die ebenfalls in die Abbildung mit aufgenommen sind, setzen die Möglichkeiten der illusionären Kontrolle fort. Sie wird nun durch die Beteiligung von Partnern besser legitimiert und dadurch wirksamer. Wer seine Macht legitim innerhalb der Rolle gegenüber anderen ausüben kann, erfährt Machtsteigerung durch die Rückmeldung des Verhaltens der Mitspieler und zugleich die Rechtfertigung für sein Tun. Wer vollends im Regelspiel seine Gegner besiegt, erlebt, wie bereits oben erläutert, seinen Sieg schon als quasi realistische Kontrolle und Macht über andere, denn sein Sieg ist durch eigene Geschicklichkeit und Anstrengung ja wirklich und ehrlich errungen. Daß er außerhalb des Spielrahmens bedeutungslos bleibt, wird allzu leicht übersehen. Infolge dieses realitätsnahen Charakters des Regelspiels können Verlierer sich existentiell bedroht fühlen und leiden unter der Niederlage im Spiel manchmal mehr als unter einer beruflichen Niederlage.

Macht-Thematik in der frühen Kindheit

Wir wollen im folgenden die Machtthematik an einigen Beispielen der frühen Kindheit und danach an Beispielen einer gestörten Entwicklung im angehenden Schulalter demonstrieren.

Rudi (2;4 Jahre) spielt mit Clara (2;8 Jahre). Sie laden Tiere auf einen Laster und einen Traktor.

Dabei identifiziert sich Rudi mit einem Elefanten (Aufnahme und Protokoll: Susanne Blazek).
R nimmt den Elefanten vom Boden: „Hier will auch noch einer, hier will noch der Elefant mit."
C: „Der hat keinen Platz."
R: „Nö, der hat keinen Platz, machst du ihm Platz?"
C: (mehrmals) „Der hat keinen Platz," schiebt den Traktor und Lastwagen hin und her.
R: „Der Elefant, der Elefant auch. Ich bin der Elefant." Nimmt das Rohr von einem Spielzeugstaubsauger, steckt es in den Mund, brüllt ins Rohr und schwenkt es wie einen Rüssel. (Zur Vl) „Helfst du der Clara mal? (Zweimal:) Der Elefant hat keinen Platz."
R läßt den Elefanten neben dem Laster herlaufen….Etwas später:
R nimmt den Elefanten: (zur Vl) „Der läuft zu dir." Läßt ihn zur Vl springen.
Vl: „Hallo Elelefant, hallo."
R nimmt wieder das Staubsaugerrohr in den Mund. „Ich bin auch ein Elefant, der Elefant ist groß." Brüllt ins Rohr hinein.
Vl: „Ja, du bist auch ein Elefant. Ui, du brüllst aber."

Etwas später:
R nimmt kurz das Rohr in die Hand, nimmt dann den Elefanten und tut so, als würde dieser die Balkontüre hochlaufen. „Der läuft da hoch, der ist da hochgeläuft, jetzt ist er runtergefallen." Läßt den Elefanten fallen. „Der will nochmal hoch. Jetzt ist er ganz oben. Jetzt ist er runtergelauft." Läßt den Elefanten ein paarmal über die Balkontüre hoch- und runterlaufen.

Der Elefant ist für Rudi eine interessante Identifikationsfigur, weil er groß und stark ist und eine gewaltige Stimme hat. Zunächst soll sein „Lieblingstier" nur mitfahren, mit dabei sein dürfen. Als dies nicht gelingt, spielt Rudi selbst den Elefanten und gebärdet sich groß und stark. Sodann werden die Fähigkeiten des Elefanten ausgeweitet: er kann senkrecht und kopfüber laufen. Um dies zu realisieren, wird wieder das Spieltier Elefant benutzt. Das Als-ob-Spiel realisiert so imaginativ Omnipotenzwünsche.

In einer anderen Szene, in der Rudi ähnlich mit den Männchen verfährt, „schlafen" sie. Das Ruhigstellen von Erwachsenen, die permanent auf das Kind einwirken und irgend etwas von ihm wollen, ist für viele Kinder eine Thematik, die im Spiel bewältigt werden kann.

Ähnliche Spielhandlungen, wenn auch nicht so ausgeprägt, finden sich bei Pia im Alter von 2;0 Jahren (Aufnahme: Eva Nagy, Protokoll: Birgit Mieruch).

In einer von der Mutter angeregen Spielszene läßt das Kind Figuren auf Tieren reiten. Der Clown reitet auf dem Elefanten, ein Männchen auf dem Pferd. Der Hund soll auch noch aufs Pferd, was aber mißlingt. Anna läßt das Pferd in den aufgestellten Garten hüpfen.

P: „Um bin ich wieder da" (nun bin ich wieder da). Stellt Elefant in den Garten. „Annaden" (abladen absteigen?), ich bin wieder da!"

Aus den letzten Äußerungen des Kindes kann man entnehmen, daß es sich mit Clown und Männchen als Reiter identifiziert und die Rückkehr als Abschluß eines Ausrittes in die Fremde versteht (zugleich ein Sich-Entfernen von und Zurückkehren zur Mutter). Unmittelbar danach folgt eine Szene, in der die Tiere und sonstigen Figuren nach einer Zugfahrt ins Haus gebracht werden.

P schiebt Zug rückwärts ans Haus, nimmt Elefanten vom Waggon.
M:"Und der Elefant soll auch ins Haus reingehen?"
P: „Ja," schiebt Elefanten ins Haus.
M: „Ui, der paßt auch ins Haus rein."
P schiebt Hund ins Haus: „Der paßt auch rein ins Haus."
M: (zustimmend) „Hmhm."
P: „Dann mach ich die Tür zu." Schließt Türe des Hauses. „Schön zu." Geht auf die andere Seite des Hauses, setzt sich und faßt ans Fenster des Hauses. „Da kann ich die Türe aufmachen."
Vl: „Das ist keine Türe, die ist auf der anderen Seite. Da sind nur zwei Fenster."
A krabbelt auf die andere Seite des Hauses und öffnet die Türe. Sie nimmt den Elefanten aus dem Haus: „Da können sie raus." ... Nimmt Pferd aus dem Haus: „Da können sie ruhig alle hin."

Auch hier spielt das Abschließen und Öffnen eine wichtige Rolle, jedoch schwingt die Geborgenheit der Tiere und die Freiheit, das Haus wieder zu verlassen, mit, während bei Lukas die Kontrolle der Figuren ausschlaggebend zu sein scheint (Abschn. 19.4).

Allmachtsphantasien bei älteren Kindern

Wir haben vermutet, daß Omnipotenzwünsche als Kompensation auf erfahrene Schwäche, Minderwertigkeit und Unsicherheit erst später auftauchten. Dies soll an zwei Beispielen erläutert werden.

Das erste Beispiel ist einer aufgezeichneten längsschnittlichen Beobachtung über den Verlauf einer Spieltherapie entnommen (Therapie und Aufnahme: Birgit Mieruch).

Der knapp sechsjährige A. ist das vierte Kind tunesischer Eltern. Er besucht vormittags die Vorschulklasse der Sprachheilschule und nachmittags den Kindergarten. Die Familienverhältnisse sind stark problembeladen. Die Mutter, selbst ganztägig berufstätig, fühlt sich den anstehenden Problemen mit den Kindern (der älteste Sohn, 16 Jahre, muß oft die Schule wechseln, weil er den Unterricht massiv stört und aggressiv ist) nicht gewachsen und weint viel. A. ist überbehütet, da die Mutter glaubt, er würde allein nicht zurechtkommen, und zeigt große Ängste. Er stottert stark und ist sehr gehemmt, so daß ein Spiel nur zaghaft zustandekommt. Im Verlauf der Spielstunden vermag A. seine Probleme im Spiel auszudrücken und vor allem seine heftigen Aggressionen auszuspielen. Im folgenden seien nur zwei Bespiele für seine Omnipotenzwünsche beschrieben.

A spielt gerne mit Playmobilfiguren und -zubehör. Dabei fliegt er oft mit einem Motorrad, das viele Wünsche erfüllen kann, und er besitzt „Zauberautos" und „Zauberpferde", die sprechen können. Verschiedene Figuren werden immer wieder getötet und dann wiederbelebt. Letzteres muß meist die Spielpartnerin (Therapeutin) besorgen. Allmählich werden die Abstände zwischen Töten und Wiederbeleben größer.

Auf einer Zeichnung, die A kurz vor Ende einer Spielstunde auf die Tafel malt und die er während der Entstehung und anschließend beschreibt, ist zunächst ein kleiner

Vogel dargestellt, der eine Bombe trägt. Beim späteren Kommentieren verwandelt der kleine Vogel sich in einen großen, dicken Vogel (Vater), der eine Bombe wirft. Sie fällt ins Vogelhaus und reißt dem Baby-Vogel den Kopf ab.

Fliegen wird allgemein als symbolische Darstellung von Omnipotenz verstanden. Der Fliegende ist von der Erdenschwere befreit und vermag meist besondere Wundertaten zu vollbringen. Er gelangt an Orte, die unerreichbar sind. Dies wird besonders in dem Märchen vom fliegenden Teppich aus Tausend-und-Eine-Nacht deutlich. Spiel als Macht über Leben und Tod ist wohl der stärkste Ausdruck von Omnipotenz.

In der zuletzt beschriebenen Szene, in welcher der Junge zeichnet und seine Zeichung kommentiert, wird die Allmacht des Fliegens und Zerstörens durch eine Reihe persönlicher Erfahrungen gespeist. A hat als Baby tatsächlich einen kleinen Vogel getötet, was ihm von den älteren Geschwistern immer wieder vorgehalten wird. Die Schuldgefühle werden durch den dicken Vogel, der den Vater symbolsiert und stellvertretend für ihn die Untat begeht, kompensiert. Gleichzeitig ist aber das Töten des Kindes durch den Vater und des Vaters durch das Kind eine von A. öfter gespielte Thematik. Sie kann als Kompensation der Ohnmachtsgefühle und der Erfahrung des Ausgeliefertseins verstanden werden.

Ein anderes Beispiel demonstriert das Verhalten eines schwarzen sechsjährigen Jungen (Goto), dessen Eltern aus Kenia stammen. Goto spielt mit einer Vl Kasperltheater (Aufnahme und Protokoll: Ursula Hofmann; Vl.: Astrid Löbell).

> Goto befindet sich hinter der Bühne, nimmt das Krokodil und wirft alle übrigen Figuren aus dem Theater. Vl nimmt die Kasperlpuppe auf und hält sie vor dem Theater in Richtung Krokodil.
> G hat Krokodil in der Hand: „Bin ich der Vogel."
> VI: „Hm?"
> G: „Nix, ich bin der Vogel."
> VI: „Und ich bin vermutlich der Kasperl."
> G: öffnet den Vorhang einen Spalt
> VI: (als Kasperl) „Vogel, komms du, ich möchte mit dir spielen."
> G: „Ja, da mußt du daher gehen." …
> VI bringt Kasperl von außen zur Bühne. „Guten Morgen."
> G: Krokodil (als Vogel) ist an der oberen Leiste.
> VI: Hohoi, Hilfe, willst du mich fressen?"
> G: „Nein."
> VI: „Hast du große Zähne. Wer bist du denn da oben? Woher kommst du denn?"
> G bewegt Vogel (Krokodil) in Richtung auf Kasperl.
> VI zieht Kasperl etwas zurück. „Woher kommst du denn? Du machst mir Angst."
> G läßt Krokodil nach Kasperl schnappen.
> VI zieht Kasperl zurück. „Huch, huhu! Wer bist du denn? Sprich doch mal mit mir!"
> G: „Was mach ich denn grade?" Öffnet das Maul des Krokodils weit.
> VI: „Hooo, du willst mich fressen!"
> G: Krokodil frißt Kasperl. „Wuooo!" Wirft Kasperl aus dem Rahmen. „Weg hier!"
> VI: „Bin ich jetzt tot?"
> G: „Siehst du doch!"
> VI: „Ich will aber nicht tot sein." Nimmt Kasperl wieder auf.
> G: „Dann mußt du mit nem andern." Schiebt Kasperl weiter weg.
> VI: „Ich bin tot. Dann tu ich mich jetzt begraben."
> …

G verlangt, daß VI eine bestimmte Figur nimmt, die VI als alte Oma bezeichnet, die sich wieder vor dem Krokodil fürchtet. Das Krokodil erklärt aber, ein Vogel zu sein und nickt auf die Frage „Bist du gut, bist du lieb?" Später aber verwandelt sich der Vogel wieder in ein Krokodil und frißt die Oma. Dies wiederholt sich in ähnlicher Weise mit dem Seppl und der Hexe, die aber, weil sie hexen kann, vom Krokodil und auch vom mächtigen Vogel, in den sich das Krokodil wieder verwandelt, nicht getötet werden kann. Sie bringt auf Geheiß von G den König herbei. Dieser bewundert den schönen Vogel, der sich immer wieder verbirgt bzw. unsichtbar wird. G nimmt den König, der den Vogel (das Krokodil) nach einigen hin und her nach außen wirft und spricht. „Der hat den Vogel getötet, woo, bumm!" ... Kurz darauf läßt G den Löwen auftreten und verlangt von der VI, daß alle Figuren den Löwen töten sollen.
VI (als Krododil) beißt den Löwen in die Schnauze. „Ich bin viel schneller als du und ich beiß dich jetzt."
G: „Eii!" Hebt den Löwen über seinen Kopf. „Ich bin noch nicht tot. Ich kann fliegen".
VI steht auf und hält das Krokodil mit gestrecktem Arm: „Du kannst fliegen, ich kann aber auch fliegen!"
G: „Ich kann noch größer fliegen."
VI: „Kannst du noch höher fliegen?"
G: „Ja, als du mit deiner Hand. Wart mal!" Steigt auf eine Kiste und stemmt den Löwen mit gestreckten Armen hoch. „Uaa hopp!"

Das Auffälligste an dem Spiel des Jungen ist die wechselseitige Verwandlung von Krokodil in Vogel, bzw. von böse in gut. In einer früheren Szene spielt G mit der Versuchsleiterin (diesmal Ursula Hofmann) dasselbe Skript, nur daß am Ende immer das Krokodil die Kontrahenten verschlingt, schließlich auch noch die Prinzessin, der alles Wehklagen nicht hilft. Das Kind scheint in kreativer Weise und in Form eines archaisch anmutenden großen Dramas seine eigenen Schwierigkeiten zu verarbeiten, die hier nicht im einzelnen beleuchtet werden sollen. Das Generalthema heißt, Macht über Leben und Tod zu haben, gut und böse zugleich zu sein und am Ende der Stärkste auf Kosten aller anderen zu bleiben.

Subjektivierende Vergegenständlichung bei der Machtthematik

Macht drückt sich nicht nur als Umweltkontrolle und Beherrschung von Menschen bzw. belebten Wesen aus, sondern auch als Wunsch, die Umwelt „nach eigenem Bild und Gleichnis" zu gestalten. Ein Beispiel mag dies erläutern. Diesmal geht es um die Formung eines anderen Menschen als Werk. Diese „pädagogische" Thematik findet sich bei dem neunjährigen Mädchen, das mit einem fünfjährigen Mädchen Kaufladen spielt (s. Teil 3, Abschn. 16.5). Das Mädchen widmet sich mit großer Geduld und erstaunlichem Einfallsreichtum dem jüngeren Kind, um eine Kompetenzverbesserung im Rollenspiel zu erzielen. Sie spielt verschiedene Typen von Kundinnen und schließlich ein Kind, das noch nicht zur Schule geht. In allen Szenen ist die Lehr- und Bildungsintention deutlich zu erkennen. Sie erfolgt teils durch verbale Metakommunikation (leise Hinweise, was jetzt laut Skript zu tun ist), durch nonverbale Metakommunikation (auf Waren, die das Kind nicht findet, zeigen; auf die Nennung des Preises warten), durch die Gestaltung der Rolle selbst und durch Sachinformation (wenn sie „Warenlieferung" spielt und die Regale neu mit Waren füllt).

In einer zweiten Szenenfolge spielt das Mädchen mit dem Kind Schule, wobei die Lehrer- und Schülerrolle wie beim Verkaufsspiel getauscht werden. Hier zeigt das

Mädchen die perfekte Kopie einer tüchtigen Lehrerin, die dem Kind an der Tafel Aufgaben zeigt und ihm Anweisungen zur Schularbeit gibt. Dabei sucht sie nach Aufgaben, die von dem jüngeren Kind verstanden werden können. Das jüngere Kind seinerseits versucht als Lehrerin Aufgaben zu stellen, die es bereits kann und die ihm aber andererseits schwierig erscheinen („Gell, ich geb ganz schön schwere Aufgaben!"). Das ältere Mädchen fungiert auch in der Rolle der Schülerin weiter als Lehrmeister, indem es Hinweise auf das Rollenskript gibt oder innerhalb seiner Rolle nach Aufgaben verlangt.

Für dieses Mädchen lassen sich zwei Thematiken als ÜG vermuten. Die eine ist der Wunsch nach Formung der kleinen Partnerin gemäß eigener Vorstellungen und pädagogischer Ziele (subjektivierende Vergegenständlichung). Das Mädchen möchte gewissermaßen, daß die Jüngere so wird wie sie selbst. Die zweite Thematik drückt sich in dem Ausdrucksverhalten des Mädchens aus, es hat großen Spaß am differenzierten Rollenspiel und dem permanenten Rollenwechsel. Diese Thematik führt uns zum nächsten Abschnitt.

20.2 Selbst und Identität als ÜG

Die bisherigen Beispiele, besonders das letzte, drücken nicht nur Macht und Kontrolle als ÜG aus, sondern zugleich auch Stärkung des Selbst und Identitätsformung. Im folgenden soll die Identitätsthematik in der frühen Kindheit an spezifischen auf Abgrenzung, Geschlechtsrolle und Austesten von Grenzen abzielende Spielhandlungen demonstriert werden.

Abgrenzung und Lösung

Unter der Entwicklungsperspektive der Neo-Psychoanalyse besteht eine Hauptaufgabe für das Kind darin, sich von der Mutter zu lösen und sich ihr gegenüber abzugrenzen (Mahler et al., 1980; Kernberg, 1988; Winnicott, 1979). Pathologische Entwicklungen haben meist mit der symbiotischen Mutter-Kind-Beziehung zu tun, die nicht rechtzeitig oder überhaupt nicht in eine reifere Form der Beziehung übergeführt wurde. Sie besteht darin, daß sich das Kind als eigene Persönlichkeit versteht, die unabhängig und selbständig agieren kann. Im Spiel drücken Kinder auf vielfache Weise diese Thematik aus. Als Beispiel mag wieder Rudi (zum Beobachtungszeitpunkt 2;5 Jahre) dienen, der mit seinem Vater (V) spielt (Blazek, 1992, Protokollband, S. 225).

R spielt mit Lego-Figuren und einem Legoschiff, in das er Tiere einlädt. Er setzt sich in die Legokiste und lacht.
V: „Bist du jetzt auch in einem Schiff?"
R: „Ja." Nimmt einen Klotz aus der Kiste (zur V:) „hier", steckt den Klotz in den Mund.
V: „Soll ich dich jetzt zum Anlegesteg fahren?"
R: „Nee, hier." Reicht V den Klotz. Rutscht in der Kiste umher, schaut zum V.
V: „Bist du in einem Boot, ist das dein Boot?"

R nickt.
V macht Vorschläge, auf die das Kind nicht eingeht. Es hatte offenbar etwas anderes im Sinne, was V nicht versteht. Drei Minuten später:
R hält seinen Kopf in die Kiste. „Ich bin in einem Boot" (wird mehrmals wiederholt).
V: „Du bist in einem Boot, und die da warten auf dich." Stellt ein paar Figuren ins Legoschiff.
R: „Ich bin in einem Boot" (mehrmals). Steht auf und geht zum Legoschiff: „Das ist klein." Setzt eine weitere Figur ins Schiff: „Der muß noch mit."
Kurz darauf:
R legt Figuren ins Schiff: „Die gehen ins Boot, und ich gehe in mein Boot." Setzt sich wieder in die Kiste, steckt den Kopf in die Kiste und schreit mehrmals: „Ich bin in meinem Boot."
V: „Tust du dich verstecken in deinem Boot?"
R: „Ich schwimm so in meinem Boot." Hält den Kopf ganz nach unten in die Kiste. Dreht sich mit dem Rücken zur Kamera und steckt den Kopf in die Kiste: „Ich schwimm so in meinem Boot."
V: „Man sieht ja auch gar nichts mehr von dir."
R: „Ich schwimm so in meinem Boot."
V: „Wo schwimmst du denn hin?"
R: „Ich schwimm so in meinem Boot."
V: „Du, soll dich da keiner sehen? Tust du dich verstecken?"
R: „Ich schwimm so in meinem Boot."

Rudi benutzt das Symbolspiel mit der Legokiste als Fiktion des Bootes deutlich zur Abgrenzung gegen den Vater. Der Vater, der das Verhalten des Kindes nicht verstehen kann und immer wieder nach konkreten Zielen fragt (Wohin? Versteckst du dich?), erhält nur als Antwort „Ich schwimm so in meinem Boot." Es drängt sich förmlich die Deutung auf, daß Rudi den ruhigen Zustand der Losgelöstheit und des Alleinseins auf dem Boot genießt. Daß er dabei den Kopf noch in die Kiste steckt, drückt eher aus, daß er ganz in dem Boot ist, vielleicht in der Kajüte, nicht aber, daß er sich versteckt, denn er bejaht nicht die diesbezüglichen Fragen des Vaters. Eher drückt er das Geborgensein in dem Boot aus.

Eine frühe Thematisierung der Loslösung und Abgrenzung findet sich beim Guckguck-Spiel, später dann beim Versteckspiel. Für die Partner nicht sichtbar sein, heißt, sich von ihnen vorübergehend entfernen, das Wiederentdecktwerden ist zugleich die Wiedervereinigung mit den Partnern. Rudi spielt mit 2;5 Jahren eine besondere Form des Wegseins (op. cit., S. 187, 188): Verstecken im Eimer.

R nimmt einen Eimer, der am Boden liegt und setzt ihn auf den Kopf. Dann hält er ihn kurz vors Gesicht und lacht. Er setzt den Eimer wieder auf und zieht ihn ganz übers Gesicht, so daß er nichts mehr sieht. Lacht.
M (Mutter) und Vl: lachen. M: „Ui, bist du weg?" Klopft an den Eimer. „Hallo, ist da jemand? Wer ist denn da?"
Rudi: „Ich" (mehrmals)...
M stellt Affen auf den Eimer, der sich immer noch auf dem Kopf des Kindes befindet. „Warte mal, ich stelle ein Tier drauf, der Affe ist da."
R nimmt Eimer vom Kopf, der Affe fällt herunter. Kind setzt Eimer wieder auf.
M setzt Affen wieder auf den Eimer: „Nochmal."
R bewegt den Kopf. der Affe fällt herunter. „Ich bin weg!" Schüttelt den Kopf.
M: „Du bist weg, niemand sieht dich mehr."
K nimmt Eimer vom Kopf, setzt ihn wieder auf (dreimal). Zieht den Eimer wieder hoch: „Da." Lächelt und wirft den Eimer weg.

Das Verdecken des Gesichtes kann man bei vielen Kindern dieses Alters beobachten. Sie sind überzeugt, daß die Partner sie nicht sehen. Rudi vergewissert sich durch häufiges Abnehmen des Eimers, daß die Situation noch unverändert und die Mutter nach wie vor anwesend ist. Die Abgrenzung und Loslösung als Wegsein oder Unsichtbar-Sein wird vom Kind nur kurze Zeit aufrechterhalten. Die Wiedervereinigung mit der Mutter bzw. Bezugsperson ist in diesem Alter noch relativ wichtig.

Die Vorliebe für Spiele in echten oder fingierten Höhlen muß ebenfalls zur Thematik der Abgrenzung in Sicherheit gesehen werden (siehe auch das frühere Höhlenbeispiel). Man fühlt sich geborgen aber auch abgeschieden in einer sicheren, engen Umwelt, die einen zugleich beschützt und von der Außenwelt trennt.

Ein illustratives Beispiel für die Thematik der Abgrenzung in Sicherheit liefert wiederum Rudi (Blazek, 1992, Protokoll S. 229-230, 233-234).
Während der 24. Messung klettert Rudi (2;7 Jahre), nachdem er mit der Vl zusammen ein Buch betrachtet hat, unter den Tisch.
R: „Ich gehe hier drunter."
Vl: Du gehst hier drunter. Versteckst du dich?"
R: „Ja."
...
R: „Jetzt mach ich hier zu." Schiebt den Stuhl näher an den Tisch."
R und Vl schauen dann gemeinsam zwei Bücher an. Währenddessen schaut R kurz unter den Tisch.
R: „Meine Wohnung ist zu."
Vl: „Ist da keiner in deiner Wohnung?"
R: „Ich wohn da nur."
Nach einer Spielsequenz, während der R und Vl mit der Eisenbahn spielen:
R geht zum Tisch, schiebt den Stuhl beiseite und kriecht unter den Tisch. „Jetzt ist die Türe auf, jetzt geh ich rein." Schiebt den Stuhl wieder ganz nah an den Tisch. „Jetzt ist die Tür zu."
Vl: „Du gehst in dein Haus?"
R sitzt unter dem Tisch. „Jetzt bin ich in meinem Haus."
Später fragt die Vl, ob sie auch ins Haus dürfe. R stimmt zu und zeigt ihr, wo sie das Haus betreten könne.

Es erscheint sinnvoller, den hier sichtbar werdenen ÜG als Identitäts- und Selbstthematik zu interpretieren und nicht, wie zum Teil die Psychoanalyse, als Regression in den vorgeburtlichen Zustand der Geborgenheit im Mutterleib. Wie schon erläutert, ist letzterer eher ein nachträglich attribuiertes Symbol für Sicherheit und Geborgenheit und insofern der Höhle, dem Boot oder dem Haus vergleichbar. Für die Kinder, die sich der Entwicklungsaufgabe des Selbständigwerdens gegenübersehen und in unserer Kultur hochmotiviert sind, Dinge selber zu machen, ist das Sichlösen und -abgrenzen jedenfalls ein wichtiges Thema. Die emotionale Geborgenheit bei der Mutter drückt sich demgegenüber im Bindungsverhalten, in der Rückkehr aus dem Versteck oder aus der Ferne aus.

Grenzen ausloten und verschieben

Kinder versuchen permanent, die ihnen gesetzten Grenzen zu überschreiten bzw. zu erweitern. Im Sinne Lewins (1954) bemüht sich das Kind um die Erweiterung des

Lebensraumes, wie Entwicklung überhaupt als Erweiterung des Lebensraumes angesehen werden kann. Oft wird das Kind von der sozialen Umwelt regelrecht angeregt, Neues auszuprobieren, die Zone freier Bewegung und die Zone geförderter Handlung (Valsiner, 1987) wird vergrößert bzw. verschoben. Vielfach werden aber die Grenzen auch enger gezogen. Was das Kind einmal durfte, ist später nicht mehr erlaubt. Anderes ist noch nicht gestattet und stellt die Geduld des Kindes auf eine harte Probe.

Wiederum bietet sich das Spiel an, um Grenzen risikoarm auszuloten oder zu überschreiten. Im folgenden soll dies an einigen Beispielen demonstriert werden.

In einem Friseurspiel, das wir bereits kennengelernt haben, sind neben der Vl die siebenjährige Anna und ihr vierjähriger Bruder Cornel beteiligt.
Cornel ist an dem Friseurskript nur insofern interessiert, als man dabei Haare waschen kann. Während die Schwester angemessen mit dem Friseurkoffer, der alle wichtigen Spielutensilien enthält, umgeht und ein Gespräch mit der Kundin (Vl) über ihre Frisur führt, bringt Cornel richtiges Wasser herbei und gießt davon auf die Haare der „Kundin". Später möchte er in ähnlicher Weise seine eigenen Haare gewaschen haben. Der Umgang mit Wasser im Zimmer ist außerhalb des Rollenspiels nicht zulässig. Die Schwester fragt daher auch überrascht, wo das Wasser herkomme.
Eine weitaus verfänglichere Szene spielt sich ab zwischen dem sechsjährigen Bud und der Vl, in der Bud den Arzt und die Vl die Patientin spielt, während Goto (G) nur am Rande beteiligt ist. (Aufnahme und Protokoll: Ursula Hofmann).

B kommt und öffnet den Arztkoffer.
Vl: „Grüß Gott, Herr Doktor, mir tut der Kopf ein bißchen weh und deshalb hab ich den Helm aufgesetzt."
B schließt den Arztkoffer. „Sie müssen sich jetzt mal ein bißchen auf den Bauteppich legen."
Vl nimmt den Helm ab und steht auf. „Auf den Bauteppich muß ich mich legen."
B: „Ich hole eine große Decke. Da müssen Sie sich hinlegen."
Vl: „Tust du mich zudecken?" Legt sich auf den Bauteppich.
B deckt Vl zu..... „So und jetzt müssen Sie am Bauch operiert werden."
B und G flüstern zusammen und lachen
Vl: „Warum lacht ihr?"
G: „Weil jetzt etwas Lustiges kommt."
B kommt und öffnet den Koffer. Er nimmt das Stethoskop. „Erst kommt das dran. Pullover hoch!"
G: „Pullover hoch, Pip hoch, Arschloch hoch" (lacht).
Vl zieht Pullover hoch (darunter ist ein T-Shirt).
B: Hört Vl den Bauch ab.
G versucht B wegzuziehen und flüstert ihm etwas zu.
B: (zur Vl) „Ganzer Pullover rauf."
Vl zieht Pullover etwas höher. „So?"
B: „Und noch einmal eins." (meint das T-Shirt)
Vl: „Nee, das mach ich nicht."
B: „Ist doch egal. Des ist bei unserm Doktor – echt, des war genauso. Da hab ich's so gemacht."
Vl: „Aha".
G: „Meine Mutter hat das im Krankenhaus auch gemacht, und die ist immer noch schwanger!"
Vl zieht ihr T-Shirt etwas hoch, so daß der Bauch frei wird. „Also gut, dann machen wir das mal so.
G flüstert B etwas zu.

B: „Sag das nicht mehr, gell Goto! Das will ich nicht hören.“ Hört Bauch mit dem Stethoskop ab. G versucht immer wieder, B zu beeinflussen. B versucht, Vl's Pulli samt T-Shirt hochzuziehen.
Vl: Hält Pulli und T-Shirt fest. „Nein.“
B legt Manchette zum Blutdruckmessen auf den Bauch von Vl.
Später schlägt Vl vor, B zu operieren. Dieser legt sich bereitwillig hin und zieht seinen Pulli bis zum Hals hoch. Er bekommt eine „Spritze“ und wird von Vl operiert. Während der ganzen Zeit stört G den Ablauf, indem er auf B einflüstert und ihn kitzelt.

In dieser Szene will Bud unter Einhaltung des Rollenskripts die tabuisierte Körperzone der Versuchsleiterin berühren. Während Goto ganz deutlich sein sexuelles Interesse zum Ausdruck bringt, weist Bud entrüstet die offenbar „schmutzigen“ Ausdrücke Gotos zurück. Diese Entrüstung ist wenig glaubwürdig, da Bud in anderen Spielszenen viele anale und sexuelle Ausdrück verwendet (beide wurden 19 Monate lang im ihrem Spielverhalten beobachtet, s. Hofmann, 1989). Aber in der Arztszene, die Bud erlaubt, den interessanten Körperteil der Versuchsleiterin per sachlicher Anweisung zu Gesicht zu bekommen, eignet sich nur die im Skript vorgegebene Sprache. Zugleich ist das Skript der beste Weg, zum Ziel zu gelangen.

Als letztes Beispiel für Ausloten von Grenzen mag die bereits dargestellte Szene des Weltspiels dienen, in dem das eine Kind die Rolle des Kriegers dazu benutzt, das, was der Partner aufbaut, zu zerstören (Abschn. 16.5). B argumentiert: „Er macht, was ihm Spaß macht....und wenn ma's gerne will, rumschießen will, dann darf man's auch.“ Als A metakommunikativ sich an B wendet („So, jetzt reicht's aber“), antwortet B: „Der schießt ja und nicht ich.“ B realisiert seine Aggressionen durch die Figur eines Kriegers und versucht, die Zerstörung des Bauwerkes durch diese Rolle, die überdies nicht er selbst, sondern die Figur innehat, zu legitimieren.

Identifikation mit dem Vater

Als geradezu klassisch können Spielbeispiele gelten, in denen sich das Kind – vorzugsweise das männliche Kind – mit dem Vater identifiziert. Als erstes Beispiel wählen wir eine Spielszene mit indonesischen Kindern, um die Universalität des Als-ob-Spiel zu beleuchten. Es handelt sich um einen Ausschnitt von Spielszenen aus einem Kindergarten in einer Teeplantage bei Pangalengan, etwa eine Autostunde von Bandung entfernt. Die Aufnahmen entstanden auf Anregung des Verf. und wurden in einer Diplomarbeit mitverwertet (Aufnahme und Protokoll: Astrid Löbell). Beteiligt sind ein sechsjähriger Junge, der vorzugsweise den Vater (V) spielt, ein sechsjähriges Mädchen, vorwiegend Mutter (M) und ein vierjähriger Junge, meist Gemüsehändler (G) mit einem kleinen Traggestell, aus dem er echtes Gemüse anbietet.

Zunächst wird Kochen und Essen gespielt sowie Einkaufen von Gemüse.
M kocht, ein Puppenbaby im Arm. „Wo ist es..?“
G: „Möchtest du noch etwas kaufen, Ibu?“
M unverständliche Antwort, dann zu sich selbst: „Was hat ein Gemüsehändler im Haus zu suchen?“
V sitzt am Tisch und deutet auf ein Glas. „Ibu, Ibu, füll es voll, dann bring es hierher zurück! (Zu G) „Gemüsehändler, geh dort hinüber!“ (Zu M) „Bring es hierher“.

M: bringt das Glas.
V: „Ibu… Ibu, Ibu, ich nehme es an“ (typische Form des sundanesischen Dankes).
Es folgt eine Küchenszene mit unverständlicher Diskussion darüber, was gekocht werden soll. M gibt den Hausangestellten Instruktionen.
V: „Ibu, Ibu, das Baby weint.“
M verläßt sofort die Küche, um nach dem Baby zu sehen. Zum „Schafzimmer“ wird eine andere Ecke des Kindergartens erklärt.
M: (zu G) „Steh nicht da rum!“
V: „Pst-pst.“
M: (Zu V) „Du ziehst den Sarong an!“ (gemeint ist zum Gebet)
V bindet sich den Sarong um und betet, wobei er ziemlich getreu die einzelnen Gebetsrituale nachvollzieht.
G steht dabei und schaut zu. Beide schweigen.

In dieser Szene spielt V die typischen indonesischen (sundanesischen) Verhaltensweisen des Vaters als Vorstandes der Familie, aber er gebärdet sich dabei nicht aggressiv, sondern eher fürsorglich. Die Mutter widmet sich den typisch weiblichen Aufgaben, führt im Haus das Regiment und fordert V zum Gebet auf.

Bei jüngeren Kindern fällt oft auf, daß sie sich mit der langen Abwesenheit des Vaters auseinandersetzen. So spielt ein zweijähriger Junge Auto reparieren. Als Auto dient ihm sein Bett, unter das er kriecht, um die Reparaturarbeiten vorzutäuschen. Dies hat er bei seinem Vater beobachtet, der am Wochenende Ölwechsel und ähnliches an seinem Wagen vornahm. Der aktuelle Anlaß des Spiels ist, daß die Mutter nicht in den Supermarkt fahren kann, weil das Auto kaputt ist. Der Junge erklärt, nun sei das Auto repariert und die Mutter könne zum Einkaufen fahren.

Ein anderer Junge mit 2;3 Jahren telefoniert am Spieltelefon mit seiner Mutter (Standardsituation in der Längsschnittuntersuchung), wobei er in die Rolle des Vaters schlüpft (Aufnahme: Eva Nagy)

K: (als Vater) „Ich komm erst spät heim.“
M: „Da bin ich ja schon im Bett und seh dich gar nicht mehr.“
K: (leise) „Nein“.
M: „Also dann sehen wir uns erst morgen früh.“
K: „Tschüß.“
M „Tschüß.“
Die lange Abwesenheit des Vaters versucht das Kind zu bewältigen, indem es die Kontrolle in der Rolle des Vaters über das Wegsein selbst übernimmt.

Objektbezug und Identitätsbildung

Wenn wir bei der Behandlung von Entwicklungsthematiken zunächst den Gegenstand aus den Augen gelassen haben, so ist es nun an der Zeit, ihn wieder einzubeziehen. Alle bisherigen Beispiele zeigen nämlich, daß Gegenstände auch beim ÜG eine wichtige Rolle spielen. Beschränken wir uns auf die letzten Beispiele, um dies zu demonstrieren. Im Telefongespräch ist das Telefon als Mediator für die Rolle des Vaters wichtig, zuvor, bei der „Autoreparatur“, war es das zum Auto deklarierte Bettchen des Kindes. In unserem indonesischen Spielbeispiel drückt sich das Rollenverhalten des Vaters ebenfalls hauptsächlich durch die Gegenstände, die benutzt werden, aus: das Glas, der Kauf von Gemüse, der Sarong etc. Bei der Abgrenzungsthematik ist der vermittelnde Gegenstand ebenfalls zentral. Die Legokiste als Boot, und erst der Gegenstand Boot ermöglicht das Ausspielen der Thematik. Der Eimer, der zum Verstecken dient, vermittelt die Illusion des Wegseins oder Unsichtbarseins.

Manchmal aber wird der Gegenstand zum wichtigsten Bezugsobjekt des Handelns überhaupt. Dies sei an zwei Beispielen erläutert.

Ein Junge, von dem vermutet werden kann, daß er in der frühen Kindheit kein sicheres Bindungsverhalten aufbauen konnte, zeigt bereits im ersten Lebensjahr ein auffälliges Interesse an Lampen. Sehr bald versteht er den Zusammenhang zwischen Einstecken des Steckers bzw. dem Betätigen des Schalters und dem Brennen der Lampe. Bezugspersonen dienen vorwiegend als Mittel zur Zielerreichung (Anmachen der Lampe, Aufsuchen von Straßenlampen etc.). Die ersten Zeichnungen, die das Kind anfertigt, sind Darstellungen von Lampen, wobei ihm der Schwung des Bogens bei der Straßenlampe besonders gut glückt. Neben der Beschäftigung mit dieser Klasse von Objekten entwickelt das Kind große Fertigkeiten im Bauen, und Kneten und erreicht mit fünf Jahren Leistungen, in denen er Gleichaltrigen weit überlegen ist. Diese Expertise wird allerdings durch ein großes Defizit in der sozialen Kompetenz erkauft, die erst langsam in den folgenden Jahren aufgebaut wird.

Diese Entwicklung zeigt, wie sich Identitätsbildung durch Bindung an eine Objektklasse vollziehen kann. Objekte definieren aber auch im Normalbereich Identität sehr stark mit. Dieser Aspekt ist bislang in der Selbstkonzeptforschung praktisch noch nicht berücksichtigt worden, obwohl er auch im Erwachsenenalter bedeutsam ist. Daher erscheint es notwendig, die Selbstkonzept- und Identitätsforschung durch den handlungstheoretischen Ansatz des Gegenstandsbezugs zu ergänzen.

Ein zweites Beispiel aus dem Spielverhalten eines eineinhalbjährigen Jungen mag die Rolle des Gegenstandsbezuges innerhalb der Normalbreite von Entwicklung beleuchten (Aufnahme, Protokoll und Analyse: Eva Nagy).

Christoph zeigt großes Interesse am Umgang mit Bällen. Immer wieder kehrt er zum Ballspiel zurück, wenn ihm Mutter und Versuchsleiterin andere Spielmöglichkeiten anbieten. Besonders das Kicken, das er häufig mit dem Vater übt, gelingt ihm gut. Er sagt während des Kickens häufig „Papa" oder „Papa Ball" (gelegentlich auch beim Werfen). Die Mutter berichtet, daß der Ball der erste Gegentand war, mit dem das Kind allein spielte. Das Bestreben, allein mit dem Ball spielen zu wollen, wird durch die häufig wiederholte Äußerung „meiner" zum Ausdruck gebracht. Das Kind spielt aber auch mit der Mutter gerne Ball, wobei es das Austricksen besonders liebt. Es sagt zur Mutter „Sieß" (schieß) und kickt ihr den Ball weg, bevor sie schießen kann (s. Beispiel zur Handlungsgrammatik, Abschn. 12.2, Abb. 4). Auch bei der nächsten Messung drei Monate später ist der Ball noch ein Lieblingsobjekt. Während aber das Kind mit 15 Monaten bevorzugt allein mit dem Ball gespielt hat, bezieht es die Mutter mit 18 Monaten fast immer mit ein. Neben dem Ballspiel beschäftigt sich das Kind aber in großer Variationsbreite auch mit anderen Gegenständen und zeigt laut Bayley-Test eine eher akzelerierte Gesamtentwicklung.

In diesem Fallbeispiel wird der Ball zu einem wichtigen Kristallisationspunkt der Identitätsentwicklung. Der Ball bildet für Sohn und Vater den gemeinsamen Gegenstand und ermöglicht so die Identifikation mit dem Vater sowie mit der männlichen

Geschlechtsrolle überhaupt. Das bevorzugte Alleinspiel, das in der ersten Messung beobachtet wurde, drückt das Selbermachenwollen und die Erfahrung der Unabhängigkeit aus. Während dieser selbständigen Tätigkeit vergewissert sich der Junge aber immer wieder, ob die Bezugsperson in erreichbbarer Nähe ist.

Geschlechtsrollenidentifikation

Bereits im zweiten Lebensjahr erkennt das Kind seine Geschlechtszugehörigkeit und wählt Verhaltensmerkmale aus, die zu seinem Geschlecht passen (Kohlberg, 1974; Trautner, 1991). Ohne auf das Für und Wider der Kohlbergschen Theorie weiter einzugehen – sie ist hier nicht das Thema -, soll an Beispielen des Spielverhaltens die frühe Verbindung von Geschlechtsrolle und Identitätsformung belegt werden. Dabei geht es weniger um Vorlieben für bestimmtes Spielzeug (z. B. Puppen für Mädchen) oder um spezifische geschlechtstypische Spielhandlungen per se, sondern um ihre Beziehung auf die Person des Kindes. Die folgenden Beispiele mögen dies verdeutlichen.

Pia fängt mit etwa 2;3 Jahren an, sich zu schminken. Sie geht ins Bad, sperrt sich ein und nimmt das Schminkkästchen der Mutter mit dem Lippenstift. Sie wird böse (nach Ausagen der Mutter „fuchsteufelswild"), wenn man ihr das Schminkkästchen wegnehmen will. Dann schaut sich Pia im Spiegel an und sagt „schön" oder „ich muß mich schick machen für den Papa." Die Mutter hat Pia Haarspangen gekauft, die das Kind gerne mag. Wenn Pia sie in die Haare gesteckt bekommt, läuft sie sofort zum Spiegel, entfernt aber dann die Haarspangen wieder, vermutlich weil sie zwicken (Protokoll: Birgit Mieruch).

Das Schminken ist ein Mittel der Selbsterhöhung: das Kind findet sich im Spiegel schön. Zugleich will es die Beziehung zum Vater beeinflussen, indem es ihm gefallen möchte. Vermutlich nimmt es dabei die Rolle der Mutter als Frau ein. Diese Vermutung wird durch die Reaktion des Kindes bestätigt. Pia wird besonders böse, wenn ihr die Mutter das Schminkkästchen wegnimmt.

Für unsere Fragestellung noch interessanter ist die Wiederkehr der Thematik über längere Zeit hinweg. Hierzu liegen Beobachtungen über das Kind Lukas vor, dessen Spielverhalten ein Jahr lang in 25 aufeinanderfolgenden Messung aufgezeichnet wurde (Blazek, 1992). Lukas (L) hat eine 21 Monate ältere Schwester, die ihn während der ersten Hälfte des erfaßten Zeitraumes stark dominiert. Später setzt sich Lukas ihr gegenüber besser durch.

Die erste Szene stammt aus der 7. Messung (Alter des Kindes: 2;1 Jahre).
Nachdem Lukas, seine Spielgefährtin Karla, und die Versuchsleiterin gemeinsam bereits ein Bilderbuch betrachtet haben, schlägt die Versuchsleiterin vor, ein anderes Buch anzuschauen. Lukas steht auf und rennt ins Kinderzimmer, um ein neues Bilderbuch zu holen; er ruft dabei: „Ich hole es!" Karla läuft hinter Lukas her und ruft (so wie Lukas): „Ich hol es!". Beide Kinder tragen schließlich gemeinsam ein Bilderbuch ins Wohnzimmer, setzen sich mit dem Buch zur Versuchsleiterin; diese schlägt es auf. Lukas deutet auf das Bild einer Frau auf der ersten Seite und erklärt, das sei eine Frau. Lukas deutet dann auf ein paar weitere Frauen, die im Buch abgebildet sind, und sagt mehrmals: „Da ist noch eine Frau." Schließlich fängt er an, mit einer Hand auf die im Buch abgebildeten Frauen zu klopfen; zunächst ganz sanft, nach und nach schlägt Lukas immer fester aufs Buch. Er sagt: „Ich hau die Frauen."
(Blazek, op. cit., S. 72).

Bei der 9. Messung mit 25 1/2 Monaten führt die Versuchsleiterin den Szeno-Test mit ihm durch. Als er beim Ausräumen zu den Puppen kommt, legt er nur männliche Figuren heraus.
L: „Viele Männer"; legt sie alle aufs Sofa. „Noch einen Mann suche ich...keinen Mann gibt es mehr." Kramt weiter unten im Szeno-Kasten herum und holt einen Jungen heraus.
Vl: „Tja, was ist denn das?"
L: „Ein Junge." (Vl bestätigt). L nimmt eine Frauenfigur in die Hand und zeigt sie der Vl: „Eine Frau, die leg ich nicht raus, den Jungen." Legt ihn auf das Sofa zu den Männern.
Im weiteren Verlauf nimmt er Mädchenfiguren aus dem Kasten, bezeichnet sie ebenfalls als Jungen und legt sie zu den übrigen männlichen Figuren. Etwas später:
L legt einen Jungen auf den Schoß der Vl.
Vl: „Soll der zu mir?"
L: „Ja... Alle ohne die Frauen."
Vl: „Die Frauen bleiben also drinnen im Kasten?"
L: „Ja." Nimmt noch ein Mädchen aus dem Kasten: „Da ist noch ein Junge."
Vl: „Meinst du?"
L: „Nee." (Vl bestätigt) „Die Frauen bleiben immer da drinnen."
Vl: „Was machen die da?"
L: „Liegen.".. „Drinnen." (Protokollband, S.81/82)
In der 13. Messung findet sich wieder eine Szene, in der Lukas Frauen ausgrenzt.
Lukas spielt mit Lego und wählt zwei Schaffnerfiguren aus. Er setzt die beiden auf einen Baustein und legt ihn zusammen mit den Figuren auf einen Heizkörper. Dann holt er eine Frauenfigur aus der Legokiste, legt diese wieder zurück und kommentiert: „Guck, eine Frau, die brauchen wir nicht." (Blazek, op. cit., S.75).

Die eindeutige Bevorzugung der Männer und die Ablehnung der Frauen zeigt sich als direkte Aggression (7. Messung, 2. Teil der 9. Messung) und als Ausgrenzung (9. und 13. Messung). Dieses Spielverhalten weist auf die augenblickliche Identitätsproblematik des Kindes hin. Lukas ordnet sich selbst offenkundig den Männern zu und lehnt Frauen ab, vermutlich weil er seine Schwester als Prototyp einer Frau ansieht und er in einem Frauenhaushalt aufwächst, da der Vater oft spät nach Hause kommt und Lukas selten sieht. Die Geschwisterrivalität, die uns unter der Beziehungsthematik noch einmal gesondert beschäftigen wird, läßt sich in den Spielszenen bei Lukas immer wieder nachweisen. Lukas sieht sich genötigt, die soziale Welt in zwei Klassen von Menschen einzuteilen, von denen eine negativ besetzt ist. Diese Einstellung behält er lange Zeit bei, sie verliert sich jedoch allmählich während der zweiten Hälfte der Beobachtungszeit. In der 23. Messung (Alter: 2;6 Jahre) spielt sich folgende Szene ab.

Lukas (L) spielt mit dem Lego-Zug und kleinen Figuren sowie Tieren. Er hängt mehrere Waggons aneinander und schiebt den Zug umher. Lukas' Vater (V), der diesmal mit dabei ist, schlägt vor, der Zug solle zum Kindergarten fahren, um dort ein Kind hinzubringen. Lukas stellt aber ein Pferd und eine Kuh auf den Zug. Dann nimmt er eine männliche Figur, setzt sie auch auf den Zug (in den ersten Wagen) und erklärt:
„Der Mann, der Mann fährt mit." Anschließend befestigt er einen Schaffner an der Spitze des Zuges. Der Vater schlägt vor, noch ein Kind mitzunehmen und hält Lukas eine etwas kleinere Figur hin. Lukas antwortet aber, diese Figur sei eine Frau und legt die Figur wieder weg. Er nimmt dann eine andere kleinere Figur und erklärt, das sei ein Kind. Während der Vater den von Lukas zuvor auf den Zug gesetzten Mann nimmt und ihn an der Seite des Wagens „am Trittbrett" befestigt, widerspricht Lukas: „Der muß einsteigen" und setzt die Figur wieder in den ersten Wagen. Der Vater fragt, wo denn das Kind mitfahren könne, aber Lukas stellt diese Figur neben den Zug und meint: „Das will nicht ... das läuft" und stellt die Kind-Figur neben den Zug.

V: „Wollen wir mal gucken, ob das Kind beim Mann auf dem Arm sein kann?"
L versucht, die kleine Figur auf den Arm einer anderen männlichen Figur auf dem Trittbrett zu stecken.
V hilft und befestigt die Kind-Figur.
L: „Noch eine Frau muß mitfahren" (mehrmals). Nimmt eine Frauenfigur aus dem Haus, setzt sie hinter den Schaffner (Blazek op. cit., S.76 und Protokoll S.222).

In dieser Szene interessiert vorwiegend die Behandlung der weiblichen Figuren. Während zunächst eine kleinere Figur von Lukas als Frau bezeichnet und weggelegt wird, besteht er am Ende der Szene darauf, daß eine Frau mitfahren muß. Hier drückt sich aus, daß für Lukas beide Geschlechter „dazu" gehören, die Frau darf nicht fehlen. Da sich seine Toleranz gegenüber Frauen besonders in der 23. Messung äußert, der einzigen, in der der Vater zugegen ist, kann man annehmen, daß die Anwesenheit des Vaters das sonst erlebte Ungleichgewicht zugunsten der Frauen aufhebt. Interessanterweise greift Lukas die Anregung der Vaters, die Kind-Figur auf den Arm der Mann-Figur zu geben, nur zögernd auf. Das Arrangement hat für ihn keine besondere Bedeutung.

Aus dem Gesamtverlauf der Protokolle ist ersichtlich, daß zwar die Anwesenheit des Vaters die Ablehnung des weiblichen Geschlechtes besonders auffällig reduziert, daß aber das Thema der Ab- und Ausgrenzung gegenüber dem weiblichen Geschlecht unwichtiger wird und im Spielverhalten zurücktritt. Somit scheint Lukas im Laufe des Beobachtungszeitraumes von einem Jahr seine Konflikte zur Geschlechtsrollenidentifikation bewältigt zu haben. In der obigen Szene ist die Welt für seine männliche Sichtweise wieder (oder erstmals) in Ordnung: Die Frau sitzt hinter dem „Schaffner", der den Zug fährt.

20.3 Sauberkeitserziehung und deren Bewältigung im Spiel

Die anale Phase spielt in der Psychoanalyse eine große Rolle. Sie stellt nach Freud die zweite Etappe der Karriere des Sexualtriebes dar und ist gekennzeichnet durch Interesse und Lust an den eigenen Ausscheidungen. Die Sauberkeitserziehung bildet eine kritische Phase im Leben des Kindes und resultiert bei Mißlingen in Fehlentwicklungen, von denen die Trias „Pedanterie, Geiz und Starrsinn" (Freud, 1938) die bekannteste ist. Die systematische Beobachtung von Kindern im zweiten Lebensjahr ergibt allerdings ein anderes Bild. Während die orale Phase sich immerhin noch mit der oralen Aktivität des Kindes in Verbindung bringen läßt (Trinken, in den Mund stecken), kann man kaum lustvolle anale Aktivitäten beobachten. Das oben beschriebene Kind Pia gießt mit 1;6 Jahren Saft in seinen Topf und trinkt daraus. Es kennt noch nicht den feinen Unterschied zwischen diesem Topf und anderen Flüssigkeitsgefäßen.

Was hingegen zentral wird, ist der soziale Druck zur Kontrolle der Ausscheidungsorgane und die damit verbundene Tätigkeit des Auf-den-Topf-Gehens. Die anale Phase sollte daher umformuliert werden als Entwicklungsaufgabe, bei deren Bewältigung die Zone nächster Entwicklung in besonderer Weise zum Einsatz kommt. Die Eltern versuchen die bisherige Zone freier Bewegung einzuengen und sie als Umwelt so zu gestalten, daß das Kind mit der Hilfe der Eltern bzw. Pflegepersonen lernt, die Ausscheidungsorgane zu kontrollieren. In unserer Kultur ist dabei der Topf, später die Toilette der entscheidende Gegenstand, der in der gewünschten Weise zu handhaben ist. Anfänglich handelt es sich um einen gemeinsamen Gegenstandsbezug, der von den Eltern eingeführt wird. Die Zone nächster Entwicklung wird zum großen Teil als Spielrahmen konstruiert. Das Spiel dient als Medium, um dem Kind den Vorgang des Ausscheidens auf dem Topf zu demonstrieren und verständlich zu machen. Daneben wird das Spiel aber auch vom Kind als Rahmen zur Bewältigung der anstehenden Entwicklungsaufgabe benutzt.

Spiel als ZNE bei der Sauberkeitserziehung

An einem Fallbeispiel soll gezeigt werden, wie die Mutter von Pia (1;6 Jahre) durch die Einbettung in das Spiel versucht, dem Kind das Topfgehen interessant zu machen. Pia war zunächst laut Aussagen der Mutter begeistert bei der Sache, hat aber am Tag vorher neben den Topf gemacht und verweigert seitdem, sich auf den Topf zu setzen.

P geht zur Babypuppe, die auf dem Bett liegt und nimmt Babypuppe in den Arm.
M: „Soll die Puppe Pipi machen? Auf dem Topf?“
P: „Uuuh“ (Unmutslaut). Dreht sich weg von M und geht mit Babypuppe zum Kofferroller (dient zum Transport der Kamera und der Spielsachen).
Eine Minute später:
Vl legt Windel unter die Babypuppe: „Schau.“ Nimmt P die Puppenflasche aus der Hand und führt sie zum Mund der Puppe. Dabei drückt sie Wasser aus der Flasche in den Mund der Puppe: „Schau!“
P sieht auf die Puppenflasche
M: (zu P) „Schau mal da unten raus, schau, was die Puppe macht.“
VI: „Schau mal da unten, guck mal.“ Deutet auf den Po der Puppe.
P schaut kurz hin und dann wieder zur Flasche.
M setzt sich neben die Puppe. „Schau da unten, die Puppe macht Pipi, schau mal!“ Deutet auf den Po der Puppe.
M: (zu P) „Wo macht die Puppe Pipi?“ (zweimal) „Ei, jetzt macht sie Pipi, hast du das gesehen? Jetzt macht die Puppe Pipi.“
P schaut auf den Po der Puppe und betastet ihn, wo das Wasser herauskommt.
M: „Und jetzt macht die Pia das auch so schön, hm?“
P nimmt die Puppenflasche von der Vl und hält sie an den Mund der Puppe. Danach gibt sie der Puppe erneut zu trinken und legt sie schlafen (Aufnahme: Eva Nagy; Protokoll: Birgit Mieruch).

Das Kind spielt weiter und beschäftigt sich hauptsächlich mit Wasser (Umfüllen, Trinken, Gießen, s. Abschn. 19.1 „Der ÜG am Beispiel des Umganges mit Wasser“). Eine Stunde später starten Versuchsleiterin und Mutter einen neuen Versuch zur Sauberkeitserziehung.

Die Vl setzt Babypuppe aufs Töpfchen, sie wird von P wieder heruntergestoßen. Die Mutter kommt mit dem eigenen Topf des Kindes herein:
M: „Die Puppe auf den kleinen Topf, und die Pia auf den großen Topf.“
P geht zum eigenen Topf und setzt sich darauf.

Die Mutter bringt das Kind dazu, daß die Hose und die Windel entfernt werden. Das Kind macht ins Töpfchen und wird von der Mutter gelobt. Beide, Mutter und Kind bringen das Töpfchen zur Toilette und leeren es aus. P darf spülen. Danach setzt sich P wieder aufs Töpchen, diesmal aber ohne Resultat. Pia interessiert sich für ihre nassen Windeln. Die Mutter will sie wegbringen, doch Pia besteht darauf, dies selbst zu tun.

Diese Szene zeigt, daß das Kind die Anregung erst später, nachdem es sich ausgiebig seinen eigenen Spielwünschen hingeben konnte, aufgreift und sich aufs Töpfchen setzt. Die Spielhandlung geht während des Ablaufs in Realhandlung über. Pia interessiert sich während dieser Zeit nicht mehr für die Puppe und engagiert sich in Realhandlungen (Topf wegbringen, spülen, Windel entfernen). Die Einbettung in die übrigen Spielhandlungen zeigen jedoch, daß Pia diesen Übergang kaum als Realitätswechsel empfindet. Sie geht weiterhin mit Flüssigkeit um (wie vor- und nachher), sie darf die Klospülung betätigen und hat dabei wieder mit Wasser zu tun. Damit fügt sich die Realhandlung in ihre gesamte Tätigkeitsorientierung ein, die wir weiter oben bereits ausführlich beschrieben haben.

Spiel als Bewältigung der Aufgabe Sauberkeit

Bei der nächsten Messung (3 Monate später, mit 1;9 Jahren) liegt eine ähnliche Situation vor wie oben berichtet. Das Kind hat neben den Topf gemacht und weigert sich seitdem, auf den Topf zu gehen.

P: „Bebi.“ Nimmt Fläschchen von der Mutter und führt es kurz zum Mund der Babypuppe. Dann nimmt sie die Puppe auf den Arm: „Bibi machen, bibi machen.“ Beugt sich mit der Puppe über die Wanne.
M: „Und wo ist der Topf?“ Schiebt das Töpfchen in Richtung Pia. „Da ist der Topf.“
P geht zum Töpfchen und versucht, die Puppe aufs Töpfchen zu setzen.
M: „Und kriegt die Puppe dann eine Belohnung?“ (M belohnt P jedesmal mit einem Bonbon)
P: „Hm.“ (zustimmend)
M: „und was kriegt die denn?“
P: „Bonung.“
M: „Eine Belohnung.“
Eine Minute später zieht das Kind die Puppe an und aus. Dabei beschäftigt sie sich auch mit den Windeln der Puppe. Es zieht die Windeln, die es zuvor unter die Puppe gelegt hat, wieder weg, als die Vl meint, die Puppe bräuchte sie nicht, wo sie doch schon Pipi ins Töpfchen machen könne. Danach aber will sie die Puppe doch windeln und tut dies mit Hilfe der Vl.
Kurz zuvor hat Pia das Topfgehen sogar mit zwei Puppen gespielt und dann gebadet.

Anders als bei der ersten Messung will das Kind aus eigener Initiative die Puppe auf den Topf setzen. Das, was es sich zur Zeit nicht zutraut, vollführt die Puppe stellvertretend. Die anschließende Szene mit dem Anziehen der Puppe zeigt, daß das Kind trotz Vorschlag der Versuchsleiterin nicht auf die Windeln für die Puppe verzichten möchte. Sie spielt damit ihre eigene Situation, denn sie kommt auch nicht ohne Windeln aus. Daß das Kind auch schon zuvor das Topfgehen symbolisch durch die Puppen praktiziert hat, stützt diese Annahme im Sinne einer „Wiederholungs-Zuverlässigkeit“.

Bei der dritten Messung (3 Monate später; Alter 2;0 Jahre) ist Pia tagsüber sauber und braucht nach Aussagen der Mutter nur nachts noch Windeln. Während der Aufnahmezeit geht sie wie selbstverständlich auf den Topf. Die folgende Spielszene zeigt ein routiniertes Verhalten, in dem die äußeren Handlungen bereits deutlich verkürzt sind.

Pia nimmt das Töpfchen aus dem Spielkoffer, den die Vls mitgebracht haben, setzt die Babypuppe darauf und sagt „Pipi machen." Dann stößt sie die Puppe vom Töpfchen, schaut hinein und sagt „in da" (da ist was drin?). Sie steht auf, geht mit dem Töpfchen zur Toilette und macht dort eine Kippbewegung. Dann kommt sie zurück, schließt die Türe, stellt das Töpfchen neben sich und beginnt, mit Knete zu spielen.

Hier wird der gesamte Ablauf, so wie ihn das Kind oft selbst an sich erlebt hat, symbolisiert. Die Flüssigkeit wird imaginiert. Pia macht einen sicheren und routinierten Eindruck (Mieruch, 1992, S. 125). Nun scheint das Spiel die Beherrschung der Entwicklungsaufgabe auszudrücken. Aus der fiktiven Bewältigung in den früheren Messungen wird die Darstellung der realen Bewältigung.

20.4 Der theoretische Gewinn

Am Ende des Kapitels über die Entwicklungsthematiken im Spiel wollen wir uns nach dem theoretischen Gewinn fragen, den die Spielanalysen auf der Ebene des ÜG bislang gebracht haben. Er kann vorläufig in drei Aspekten gesehen werden: (1) Typischer Verlauf von Bewältigungsversuchen im Spiel, (2) frühes Auftreten des ÜG und (3) Übersetzungsregeln der ÜG-Thematik in Spielhandlungen.

Unter der allgemeinen Perspektive der vier Grundkategorien des Selbst-Umweltbezuges stellt der Vorgang der Übersetzung der ÜG-Thematik in Spielhandlungen eine subjektivierende Vergegenständlichung dar, die als durchgeführte Spielhandlung wieder neu als bewältigte oder partiell bewältigte Thematik angeeignet wird. Dieser übergeordnete Aspekt sollte bei der folgenden Darstellung im Auge behalten werden.

Zum Verlauf von Bewältigung durch Spiel

Anhand der beiden längsschnittlich dargestellten Fallbeispiele ergibt sich eine Verlaufsform, die wir häufiger vorgefunden haben. In einer ersten Etappe spielt die Thematik noch keine Rolle oder wird abgelehnt. Jedenfalls läßt sich noch keine Bearbeitung der Thematik erkennen. So drückt Lukas die Geschlechtsrollen-Thematik erstmals deutlich bei der 9. Messung aus, während Pia die anale Thematik bzw. Sauberkeitsthematik ablehnt und von ihr nichts wissen will (1. Messung, Teil A).

In einer zweiten Etappe erfolgen typische Bewältigungsversuche. Pia läßt die Puppe auf den Topf setzen und sie stellvertetend die Entwicklungsaufgabe meistern. Lukas bearbeitet seine Geschlechtsproblematik, indem er die Frauenfiguren weglegt oder sie sogar aggressiv traktiert.

In einer dritten Etappe erscheint die Entwicklungsaufgabe bewältigt. Im Spiel wird die gelungene Bewältigung dargestellt. Pia vollzieht das Topf-Skript routiniert einschließlich des fiktiven Ausleerens des Töpfchens und bettet die Handlung in weitere Pflegehandlungen (Baden) ein. Lukas läßt die Frauen-Figur im Zug mitfahren und plaziert sie der männlichen Figur nachgeordnet.

Wenn diese Abfolge genereller gilt – sie stellt ja nichts weiter als eine entwicklungslogische Sequenz dar –, so ließe sich am Spielverhalten der jeweilige Stand der Bewältigung von Entwicklungsaufgaben in der vorschulischen Kindheit und eventuell noch in der Grundschulzeit ablesen.

Frühes Auftreten des ÜG

Von der Theorie des Gegenstandsbezuges leitet sich ab, daß der ÜG in der Entwicklung von Anfang an beteiligt ist. Er bildet ja den eigentlichen Sinn des Spiels. Unter Zugrundelegung dieser Annahme gerät man aber leicht in eine zirkuläre Argumentation: Das Spielverhalten läßt sich allemal auf einen ÜG beziehen (vor allem immer auf die dialektischen Handlungskomponenten der Vergegenständlichung und Aneignung). Können dann empirische Befunde eigentlich noch einen unabhängigen Beleg bieten?

Dies ist zumindest ab dem zweiten Lebensjahr möglich, wobei unser empirisches Material allerdings erst bei 1;6 Jahren beginnt. Folgende Kriterien können als Indiz für den ÜG gewertet werden.

Zunächst liefert die *Häufigkeit* und *Intensität* des Gegenstandsbezuges Hinweise auf den ÜG. Pias intensive Beschäftigung mit Wasser und ihr Insistieren auf diesem Gegenstandsbezug trotz Ablenkungsversuchen kann als Beleg dafür gelten, daß der Gegenstand Wasser für Pia zentrale Bedeutung besitzt und über längere Zeit (ca. 9 Monate) zur sinnstiftenden Tätigkeit wird, die wir durch die Prozesse der Vergegenständlichung und Aneignung zu interpretieren versucht haben.

Als zweites Kriterium kann die *Spezifität des Spielthemas* gelten. Bei Lukas werden Abgrenzung und Ausgrenzung immer wieder thematisiert und lassen sich ohne interpretatorische Mühe in verschiedenen Spielhandlungen wiederentdecken. Pias Freude am Schminken mit dem Ziel, dem Vater zu gefallen, dokumentiert ihre Geschlechtsrollenidentifikation, die aber in anderen Spielhandlungen (Vorliebe für Kochen, Puppe pflegen, sich gerne an- und ausziehen) ebenfalls zum Ausdruck kommt. Spezifität meint hier, daß Spielhandlungen sich inhaltlich unter bestimmte Thematiken subsumieren lassen. Aus der Gesamtbreite der Spielmöglichkeiten werden bestimmte Gegenstände bevorzugt und zu Spielgeschichten verarbeitet.

Solche Spielgeschichten sind wiederum individualtypisch. Bei jedem Kind bildet sich ein eigenes Spielverhalten aus, das auch eigene individuelle Thematiken ausdrückt. Lukas Hauptthematik betrifft, neben der Kontrolle und Macht, die Abgrenzung gegenüber dem anderen Geschlecht. Einer von Pias Thematiken ist der intensive Umgang mit Wasser, später auch mit Knete. Inhaltlich sind die Spielthematiken und Spielinhalte beider Kinder deutlich verschieden. Dies gilt auch für die übrigen beobachteten Fälle, so daß sich eine Individualgeschichte des Spiels herauskristallisiert, die die spezifische Entwicklungssituation des jeweiligen Kindes widerspiegelt.

Schließlich belegt auch der Verlauf des kindlichen Spiels über längere Zeit hinweg die frühe Existenz des ÜG. Wie bereits oben gezeigt, taucht ein Thema auf, das zu aktuellen Problemen in Beziehung gebracht werden kann, und verschwindet nach einigen Monaten wieder. Insgesamt läßt sich also die Annahme Wygotskis (1933) widerlegen, der noch davon ausging, daß Spiel erst im Vorschulalter die Funktion der Bewältigung erhält.

Übersetzungsregeln vom ÜG ins Spiel

Wenn es gelänge, Übersetzungsregeln zu finden, die in vorhersagbarer Weise eine bestimmte anstehende Entwicklungsaufgabe ins Spiel übertragen, dann könnte man die Koppelung zwischen ÜG und offen zutage liegender Spielhandlung belegen und aus dem Spiel direkt auf den ÜG schließen. In der bisherigen Darstellungsweise haben wir zunächst naiverweise solche Übersetzungsregeln angenommen. Wählt man allerdings Leontjews (1977) Position als Ausganspunkt, dann gilt, daß ein ÜG sich unterschiedliche Spielhandlungen zunutze machen kann und umgekehrt, daß die gleiche Spielhandlung verschiedenen ÜGs dienen mag.

Woher stammt aber die (relative) Evidenz unserer Schlußfolgerungen? Zwei Formen der Übersetzung können bislang unterschieden werden: (a) die räumliche Transformation der Thematik und (b) die narrative Darstellung der Thematik.

ad (a) Räumliche Transformation

Die bisherigen Beispiele zeigen, daß Kinder eine psychische Situation räumlich als Person-Umwelt-Bezug darstellen. Bei der Kontrollthematik fanden wir beispielsweise, daß Rudi die Figuren ins Legohaus einsperrt bzw. Zutritt und Verlassen nach Belieben kontrolliert. Kontrolle von Personen ist räumlich dargestellt als Kontrolle über deren Bewegungsfreiheit. Das Bedürfnis von Rudi, sich abzugrenzen, wird dargestellt durch ein symbolisiertes Boot, in dem sich Rudi befindet. Die Abgrenzung von Lukas gegenüber dem weiblichen Geschlecht wird als räumliche Trennung der beiden Geschlechter im Spiel vollzogen. Abgegrenzte Geborgenheit zeigt sich in Höhlenspielen oder im Schutzsuchen in einem symbolisierten Haus. Omnipotenzwünsche werden von mehreren Kindern als Fliegen dargestellt, bei Rudi finden wir analog den Elefanten, der senkrecht und kopfüber laufen kann. Wiederum wird Allmacht zur Bewegungsfreiheit, die bestehende physikalische Gesetze, vor allem die Gravitation, überwindet. Gravitation als Einschränkung der eigenen Macht, Fliegen bzw. sonstige Formen der Überwindung der Gravitation als Allmacht und Freiheit führen zu eindrucksvoller räumlicher Darstellung als Bewegung nach oben bzw. als Führen einer Figur in die Höhe oberhalb des eigenen Körpers.

Dies zeigt sich auch in der Machtthematik des knapp sechsjährigen Goto. Er verwandelt das Krokodil in einen Vogel, der sich über die anderen Figuren erhebt (er befindet sich an der oberen Leiste des Bühnenrahmens). Schließlich finden wir als räumliche Transformation par excellence die bildliche Darstellung. Der sechsjährige A. stellt einen fliegenden Vogel dar, der eine Bombe wirft. Wiederum ist es das Oben und Unten, das eine wichtige Rolle für Gotos Thematik spielt. Später werden wir an einer bildlichen Darstellung die Beziehungsthematik demonstrieren (s. Abschn. 21.1).

Bei näherem Zusehen machen Kinder aber nichts anderes als der Erwachsene, der Thematiken gemäß seiner kulturell vorgegebenen Konstruktion auch in räumliche Metaphern kleidet. „Sich abgrenzen" bedeutet ja nichts anderes als die räumliche Übertragung eines psychischen Phänomens. „Freiheit" impliziert zunächst räumliche, d. h. Bewegungsfreiheit. „Stärke" und „Kontrolle" sind Begriffe, die aus physikalischen

Sachverhalten übertragen wurden, Stärke als Körperkraft, tierische Kraft (Pferdestärke) oder Maschinenkraft; Kontrolle als Beherrschung von Gegenständen und damit von Raum.

Insofern sind die Darstellung im Spiel und die sprachliche Darstellung psychischer Thematiken bis zu einem gewissen Grad isomorph. Dies gilt auch für die zweite Übersetzungsregel.

Ad (b) Narrative Darstellung der Thematik

Obwohl ins Räumliche transformiert, bleibt die Thematik nicht statisch. Dies ergibt sich schon daraus, daß das Spiel immer einen Handlungsablauf impliziert. In diesem Ablauf wird die Thematik „erzählt", also in irgendeiner Form durch den Handlungsablauf dargestellt. Pia stellt die Bewältigung der Entwicklungsaufgabe als Handlungsfolge der agierenden Babypuppe dar, Rudi läßt die Figuren und Tiere ins Legohaus gehen und sperrt dann zu, Lukas stellt das Ausgrenzen und später Einbeziehen der weiblichen Figuren unter anderem als Mitfahren auf dem Zug dar. Die räumlichen Darstellungen von Freiheit und Omnipotenz sind zugleich Handlungen, in denen Tiere oder Menschen fliegen oder siegen. Der Königsweg der narrativen Darstellung ist die Übernahme einer Rolle, in der bestimmte Bewältigungshandlungen gelingen. Kleine Kinder bevorzugen große und starke Tiere (Rudi z. B. den Elefanten) als Identifikationsfiguren, die dann machtvoll handeln. Später werden Rollen aus den Medien oder Alltagsrollen (Eltern, Lehrer) gewählt. In vielen Fällen kann man aus der Geschichte, die im Spiel erzählt wird, den ÜG nicht folgern, wenn die Hintergrundinformation fehlt. Dies mag folgendes Beispiel verdeutlichen

> Ein fünfjähriger Junge spielt mit seiner jüngeren Schwester Verreisen. Das Auto, bestehend aus Stühlen, wird sorgfältig bepackt, wobei Campingtisch und -stühle nicht fehlen. Der Junge setzt sich danach ans Steuer und plaziert die Schwester hinter sich. Nach einiger Zeit des Fahrens, das durch Steuern und Imitation des Motorgeräusches simuliert wird, hält das Auto. Es wird eine Rast eingelegt, bei der die Kinder die Campingmöbel aufbauen und ein Picknick machen. Da erscheint ein Räuber, der die beiden überfällt und ausraubt. Der Junge spielt nun den Polizisten, der den Räuber jagt und schließlich fängt. Er tanzt herum und ruft dabei: „Juhu, der Räuber ist gefangen, der Räuber ist gefangen!"

Die Mutter erzählt, daß sich der Überfall während ihrer letzten Campingreise tatsächlich abgespielt habe, mit dem Unterschied, daß die Räuber nicht gestellt worden seien. Der Junge habe diese Szene bereits mehrmals gespielt. Offenkundig versucht er, das traumatische Erlebnis durch wiederholtes Spielen zu bewältigen, wobei er dem Geschehen einen positiven Ausgang verleiht (s. Abschn. 171: Spiel als wiederholende Aufarbeitung traumatischer Erlebnisse bei Wälder, 1933). Ohne die Hintergrundinformation durch die Mutter wäre das Spiel des Jungen dem Beschauer nur als Szene erschienen, die frei erfunden oder aus einer anderen Geschichte nachgespielt sein könnte.

Bei älteren Kindern und Jugendlichen kann der ÜG manchmal durch retrospektive Interpretation erschlossen werden. So berichtet, wie oben beschrieben, Deborah zwei Jahre später über ihr Verhältnis zum Computer, der für sie Partner und illusionärer Gefährte war, dem man sein Herz ausschütten konnte (s.o.).

Kapitel 21

Beziehungsthematiken

Die Suche nach übergeordneten Gegenstandsbezügen fördert eine große Vielfalt von Thematiken zutage. Einige von ihnen beziehen sich auf einmalige traumatische Erlebnisse, andere auf langfristige Probleme. Die bislang dargestellten Entwicklungsthematiken gehören zur letzteren Gruppe, ebenso die Thematiken, in denen das Kind Probleme bei seinen sozialen Beziehungen ausdrückt. Wie früher bereits erläutert, tritt mit zunehmendem (Vorschul-)Alter die Darstellung von Beziehungen gegenüber unmittelbaren Gegenstandsbezügen in den Vordergrund (Elkonin, 1980). Vor allem in den Rollenspielen werden Beziehungen zwischen den Rollenträgern zum eigentlichen gemeinsamen Gegenstandsbezug. Hinter solchen offen ausgespielten Beziehungen im Rollenspiel stehen, so lautet hier unsere theoretische Annahme, existentielle Beziehungsthematiken. Im folgenden sollen einige typische Beziehungsthematiken, die wir beobachtet haben, anhand von Fallbeispielen dargestellt werden.

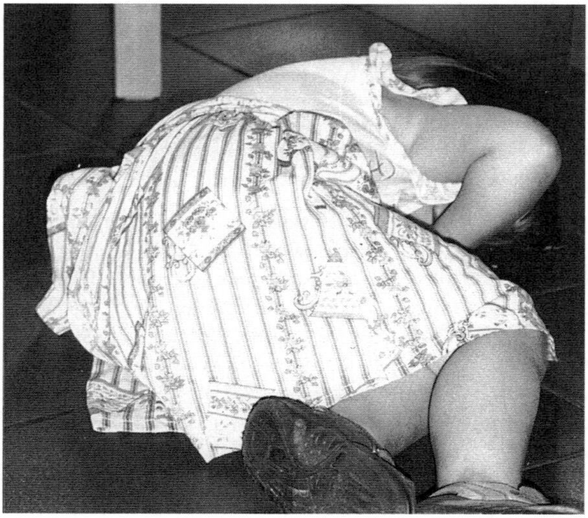

Ein Mädchen spielt, daß es gestorben ist...

Sie wird von den mitspielenden Kindern „begraben."

21.1 Der Wunsch nach Freundschaft

Claudia (7 Jahre) macht bereits auf dem Spielplatz Bekanntschaft mit der Versuchsleiterin. Anknüpfungspunkt bilden die Hunde. Die Versuchsleiterin hat einen Schnauzer mit dunklen gelockten Haaren, Claudia einen jungen Schäferhund. Sie bewundert die Versuchsleiterin, die sie beim Spiel filmt, und ist etwas eifersüchtig auf ihre Freundin, die ebenfalls zu dem Sample der Spielaufzeichnungen gehört. Sie betont in diesem Zusammenhang: „Die Sigrid ist meine Freundin, die habe ich entdeckt."

Im Laufe der Spielbeobachtungen malt Claudia ein Bild. Zunächst malt sie liebevoll einen Regenbogen mit Himmel und Sonne, sodann in den Regenbogen hinein Quinto, den Hund der Versuchsleiterin, dazu eine Blume und einen Schmetterling (s. Abb. 10). Dann überlegt sie, was sie noch zeichnen könnte und fügt außerhalb ihren eigenen Hund dazu, der wesentlich kleiner gerät als Quinto, obwohl dies nicht den tatsächlichen Größenverhältnissen entspricht. Der Hund blickt auf Quinto und sagt „Hallo", wie der Sprechblase, die aus seinem Maul kommt, zu entnehmen ist. Schließlich wird das Bild noch durch einen weiteren Schmetterling und die Sonne ergänzt (Dokumentation v. Tein, 1991).

Der schöne Hund, der den Mittelpunkt des Bildes darstellt, ist zugleich die Versuchsleiterin, die durch Blume, Schmetterling und Regenbogen glorifiziert wird. Der Regenbogen aber grenzt sie auch von der Umwelt ab. Draußen steht der kleine Hund, dem großen zugewandt, und möchte mit ihm Kontakt aufnehmen. Er symbolisiert ohne Zweifel zugleich auch Claudia, die zur Versuchsleiterin eine engere Beziehung aufnehmen und an ihrem Glorienschein teilhaben möchte. Das Bild drückt in kreativer Weise den Beziehungswunsch des Mädchens aus.

Die Entstehung des Bildes in der oben geschilderten Reihenfolge zeigt, daß das Kind keine bewußte Darstellungsabsicht ihres Wunsches nach enger Freundschaft mit der Versuchsleiterin hat, denn sie malt erst nach einiger Zeit ihren eigenen Hund hinzu. Zunächst besteht die Zielsetzung nur in der Fertigung eines „schönen Bildes". Die weiteren Elemente des Bildes werden je nach augenblicklichem Einfall hinzugefügt, als erstes Quinto, der Hund der Vl. Als die Versuchsleiterin in einer späteren Sitzung Claudia nochmals um ein Bild bittet, weigert sich diese verlegen. Möglicherweise hat sie sich nachträglich durchschaut und möchte sich nicht bloßstellen.

Die bildliche Darstellung einer Thematik ist der Prototyp einer räumlichen Transformation des ÜG. Im Bild wird sowohl die Abgegrenztheit der symbolisierten verehrten Partnerin als auch die emotionale Beziehung zwischen Claudia und der Versuchsleiterin räumlich dargestellt. Hinzu tritt noch eine neue Übersetzungsform, die prächtige Ausgestaltung der symbolisierten Figur und ihrer Umgebung (Blume, Schmetterling, Regenbogen). Die soziale Attraktivität der Partnerin wird durch ästhetische Merkmale der Pracht und Schönheit zum Ausdruck gebracht.

21.2 Geschwisterrivalität

Rivalität und Eifersucht unter Geschwistern ist eine normale Erscheinung und muß nicht ausschließlich unter dem Gesichtspunkt traumatischer Erlebnisse und Beeinträchtigungen gesehen werden, wie dies in der jüngeren psychoanalytischen Literatur häufig anzutreffen ist. Nach Schütze (1981) gehören rivalisierende Geschwisterbeziehungen zum normalen Verlauf der kindlichen Entwicklung. Viele Untersuchungen belegen, daß die Ankunft eines Geschwisters als belastend erlebt wird und nicht selten Regressionen (z. B. erneutes Einnässen) zur Folge hat (zusammenfassend bei Vandell, 1987). Abramovitch, Corter Pepler und Stanhope (1986) beobachteten Geschwister systematisch und fanden, daß ca 30% aller Interaktionen zwischen den Geschwistern aggressiv und feindselig waren. Dabei zeigt das ältere Geschwister bevorzugt Aggression, während sich das jüngere meist beugt und unterordnet. Kendrick und Dunn (1983) fanden in einer Längsschnittstudie allerdings, daß sich später die Relation umkehrte und die Jüngeren gegenüber den Älteren aggressiv wurden und gewaltsame Auseinandersetzungen vom Zaum brachen. Erklärungsmodelle für Geschwisterrivalität sind unter anderem bei Felson (1983) zusammengestellt.

Abb. 10. Claudias Bild

Im nachfolgenden Beispiel agiert ein etwa dreijähriger Junge seine Aggressionen gegen die jüngere (ca. einjährige) Schwester stellvertretend an einem Bären aus.

Zunächst haut er mit Gegenständen auf in einem Bilderbuch dargestellte Bären ein und tritt sie mit Füßen. Dann blickt er sich erregt im Zimmer um, in dem sich auch seine Schwester befindet, verläßt den Raum und holt im Nachbarzimmer einen Stoffbären. Er trampelt auf ihm herum und fährt anschließend mit dem Spieltraktor über ihn hinweg. Als die Vl äußert „Jetzt ist es aber genug", sagt er „Noch nicht genug" und intensiviert sogar noch seine aggressiven Verhaltensweisen. Auf die Frage der Vl, was der Bär denn getan habe, antwortet der Junge „Der nimmt immer meine Spielsachen und macht sie kaputt." Anschließend wird der Bär für tot erklärt und zunächst liegen gelassen. Die Aggressionen werden auf den „Mutterbären" übertragen (einem großen Stofftier, das in der Ecke plaziert ist), indem der Junge mit dem Traktor auf dem aufrechten Körper des Bären auf- und abfährt. Danach legt der Junge den mißhandelten kleinen Bären dem Mutterbären in den Arm und sagt „der ist noch nicht ganz tot und der Mutterbär ist auch noch nicht tot." Die Eintracht zwischen den symbolisierten Figuren von Mutter und Kind vermag er aber nicht lange auszuhalten, sondern reißt den jungen Stoffbären wieder aus dem Schoß des Mutterbären und knallt ihn auf den Boden.

Anschließend folgt eine Entspannungszene, in welcher der Junge sich auf das Bett legt. Die kleine Schwester folgt ihm nach und legt sich neben ihn. Der Junge ruft „Wir schlafen jetzt" und bleibt längere Zeit ruhig liegen. Dazwischen äußert er unvermittelt und ziemlich leise „Die Männer, die schießen, sind böse."

Diese dramatische Szene, in der heftige Aggressionen von einer Phase der Erschöpfung und Entspannung abgelöst werden, stellt ein klassisches Beispiel der Bestätigung der Katharsishypothese von Freud dar (Freud und Breuer, 1985). Die Wut auf die Schwester und die Mutter wird stellvertretend an Tieren ausagiert, danach zeigt sich die Beruhigung begleitet vermutlich von einem schlechten Gewissen (Attribution von ‚böse').

Während dieser Junge sein Aggressionsverhalten nur indirekt zum Ausdruck bringt, erfährt Lukas häufig direkte Aggressionen und unterdrückendes Verhalten von seiner Schwester Anna. Lukas ordnet sich entweder unter oder sucht Hilfe bei der Mutter bzw. bei der Versuchsleiterin. Seine Verarbeitung des Geschwisterkonfliktes erfolgt, wie bereits beschrieben, in der Absonderung von weiblichen Figuren, die manchmal auch aggressiv traktiert werden, wie z. B. das Wegschleudern der weiblichen Figuren im zweiten Teil des Szenotests. Obwohl Anna ihre Macht unmittelbar über Lukas ausüben kann, benutzt sie häufig das Spiel als Medium für ihre Dominanz- und Machtwünsche.

In der 22. Messung fragt Anna den Bruder, ob er krank sein wolle; als dieser die Frage bejaht, fängt das Spiel an. Anna tut so, als würde sie den Bruder medizinsch untersuchen und behandeln. Nachdem sie die verschiedenen Geräte des Spielsets an Lukas angewandt hat, will dieser aufstehen und gehen. Anna fordert ihn auf liegenzubleiben. Dieser legt sich gehorsam wieder hin und wird noch weiterbehandelt. Dann mahnt sie Lukas liegenzubleiben und geht kurz aus dem Zimmer. Lukas gehorcht und bleibt so lange liegen, bis sie wiederkommt und nun aber eine neue Spielidee vorschlägt (Blazek, 1992, S. 109).

Im Gegensatz zum direkten Kommandieren, Ausschließen vom Spiel und Angreifen des Partners eignet sich das Spiel besser, die Machtwünsche über den Bruder durchzusetzen. Wie das Beispiel zeigt, fügt sich der Bruder nämlich im Spiel weit besser als in der realen Interaktion. Auch in anderen Spielszenen zeigt Lukas weit mehr Geduld als im Vorfeld der Spielvorbereitung oder im Anschluß an gemeinsames Spiel.

Die vorliegenden Beispiele demonstrieren, daß das Spiel bei der Geschwisterrivalität mindestens zwei Funktionen hat, zum einen das Ausagieren von Eifersucht, Aggression und Rivalität an substituierten Figuren und in Rollenhandlungen, zum andern als Rahmen für die Durchsetzung von Machtansprüchen gegenüber dem jüngeren Geschwister.

Die jüngeren Geschwister ihrerseits benutzen ebenfalls Strategien im Spiel. Lukas meistert in einer Nachuntersuchung mit 2;10 Jahren die Beziehung zu seiner Schwester, wie die folgenden Szenen zeigen.

Lukas und Anna stehen an der Wohnungstüre gelehnt und wollen ein Laufspiel (vermutlich einen Wettlauf) machen. Lukas sagt: „Ich will jetzt los!" Anna aber versucht, den Bruder festzuhalten und sagt: „Nein, du mußt noch warten." (sie will, daß beide auf Kommando losrennen). Aber Lukas, der inzwischen stark genug ist, reißt sich los und rennt durch den Flur ins Wohnzimmer. Anna setzt sich enttäuscht hin und weint. Kurz danach versucht Anna ihrem Bruder, der gerade gewickelt wird, eine Haarklammer, die sie bei einem Friseurbesuch geschenkt bekommen hat, in die Haare zu stecken. Lukas rückt weg, so daß ihn die Schwester nicht erreichen kann. Anna: „In deine Haare." Lukas: „Nee, nich!" Anna versucht wieder, die Klammer in Lukas' Haare zu stecken, doch dieser zieht erneut den Kopf weg und grinst dabei. Anna quengelt und Lukas rückt wieder näher, wobei er aber die Hand über den Kopf hält und listig grinst. Anna fängt an zu weinen und wirft die Klammer gegen den Kopf von Lukas.

Hier setzt sich Lukas durch, indem er sich den von der Schwester aufgestellten Regeln widersetzt. Im Vorschulalter vermögen Kinder aber auch gerade durch Einführung von Spielregeln ihr Recht den Stärkeren gegenüber durchzusetzen. Bei der Behandlung der objektiven Valenz (Abschn. 5.2) wurden zwei Kinder beschrieben, von denen das ältere dem jüngeren den Roller wegnahm, dieses sich aber durch die Einführung der Rolle des Verkehrspolizisten half, der den Verkehr regelte und den Rivalen zwang, sich nach seinen Anweisungen zu richten. Solche Beispiele lassen sich beliebig fortsetzen. Im Regelspiel hat das jüngere Kind dann die Chance, durch die eigene Fähigkeit reale Überlegenheit zu gewinnen (z. B. im Memory-Spiel), freilich aber auch das Risiko zu verlieren, was für Jüngere, die ohnedies die Schwächeren sind, besonders schmerzhaft werden kann.

21.3 Kommunikation und Zärtlichkeit als ÜG im Spiel bei einem schwerhörigen Kind

Beziehungsthematiken gibt es natürlich bei allen Kindern. Soziale Beziehungen bilden ja den Kern aller Entwicklungsprozesse, so daß jede Gefährdung von Beziehungen existenzbedrohlich wird. Diese Bedrohung ist für schwerhörige und gehörlose Kinder besonders gravierend, da eine normale Kommunikation erschwert, wenn nicht unmöglich ist. Im folgenden soll die Artikulation der Beziehungsthematik im Spiel eines schwerhörigen Jungen im Alter von sechs Jahren demonstriert werden (Aufnahme: Juliane Willeitner).

Robbi lebt bei seinem alleinerziehenden Vater und hat nur gelegentlich und unregelmäßig Kontakt zu seiner Mutter. Während der Vater bis vor kurzem zu Hause arbeiten konnte, ist er nun ganztägig außer Hause berufstätig, weshalb die gemeinsame Zeit, die Vater und Sohn zusammen verbringen, stark eingeschränkt ist. Robbi besucht seit seinem vierten Lebensjahr eine schulvorbereitende Einrichtung für Hörgeschädigte und, seit der Vater ganztägig aus dem Haus ist, nachmittags den Regelkindergarten. Dort gibt es mit ihm Probleme, er befindet sich in der Rolle des Sündenbocks und zeigt seinerseits vermehrt aggressives Verhalten.

In der Szene, die im folgenden näher beschrieben werden soll, geht es zunächst um Selbstdarstellung und Allmachtsphantasien, später jedoch um Beziehungsprobleme, die sich in quasi-sexuellen Handlungen äußern.

Robbi baut zum dritten Mal aus Legosteinen eine Rakete, setzt kleine Männchen ein und hebt die Rakete mit lautem Startgeräusch ab. Er zeigt auf das untere Ende der Rakete und deutet etwas an. Die Vl fragt ob dies eine Rakete sei, aus der Feuer herauskäme. Robbie bejaht. Die Rakete bricht, als Robbie sie waagrecht über sich schwingt auseinander. Danach will er eine „Kante!“ bauen, was sich als Tankstelle entpuppt und später für die Bezeichnung des Tankstutzens verwendet wird.

Robbie baut einen Turm und führt eine Schnur zum Turm, die als Benzinschlauch zum Tanken dient. Mit entsprechenden Begleitgeräuschen füllt Robbi Benzin in den Turm ein. Dann hält er den „Schlauch“ in die Luft und gibt vor, daß das Benzin überall herumspritzt. Er läßt den „Schlauch“ fallen und deutet mit dem Finger an, wie weit sich das Benzin schon ergossen hat.

Vl: „Bis dahin ist es schon gelaufen!“

R kommt zurück und zielt mit dem Schlauch auf Vl.

Vl lacht.

Vl: „Nein, ich will nicht voll Benzin gespritzt werden. Alles wird naß und schmutzig.“

R: „Schsch.“ Legt Schlauch in Richtung Vl und deutet an, daß das Benzin zur Vl fließt.

Vl: „Überall fließt es hin.“

R legt den Schlauch wieder an die Rakete: „Schsch.“

Vl: „Auch auf die Rakete drauf.“

R: „Sch – tanken!“ zeigt mit Schlauch wieder auf Vl.

Vl: „Hey, nein, nein – tank du auf, da den“ (zeigt auf Turm).

R: (fordernd)”Da auch tanken“ (zeigt auf Vl).

Vl: „Ich muß nicht – ich soll auch tanken? Mmm, das Benzin schmeckt mir aber gar nicht. Das ist nicht gut für mich.“

R geht mit Schlauch zur Vl, zeigt auf ihre Scham: „Schsch.“

Vl bewegt ihre Hand auf den Schlauch zu.

R: „Nein. Schsch.“ Lacht.

Vl: „du spritzt mich ja voll.“

R: „Bibi darein.“

Vl: „Du spritzt mich ja voll.“

Etwas später führt Robbi den Schlauch wieder zum Turm, dann um seine Geschlechtsteile herum, zur Versuchsleiterin, erneut zum Turm und zu einem Männchen. Das Spritzen bleibt als Spielhandlung bis zum Ende der Aufnahme im Vordergrund, wobei sich Robbi selbst auf eine simulierte Wunde spritzt und „Aua“ sagt.

Diese Szene für sich genommen kann verkürzt als spielerisch simulierter Geschlechtsakt gedeutet werden, was den ÜG auf die sexuelle Thematik reduziert. Der Wasser- oder Benzinstrahl scheint aber für Robbi die Hauptmethode zu sein, Kontakt aufzunehmen. Da er sich sprachlich äußerst schwer tut (die Vl spricht überartikuliert und laut, so daß er sie gut verstehen kann), stellt er die Verbindung zu anderen (Männchen, Rakete, Vl) und zu sich selbst durch den Schlauch und den Flüssigkeitsstrahl her, der von ihm später als Öl bezeichnet wird. Diese für einen Sechsjährigen inadäquate Kontaktaufnahme stellt Sozialbeziehungen wieder räumlich dar, ein erneutes Beispiel für die räumliche Transformation psychischer Prozesse im Spiel.

Es wäre verfehlt, die dokumentierte Szene in allen Einzelheiten zu deuten. Die Psychoanalyse würde in der Rakete natürlich sofort ein Phallussymbol erblicken und sie mit dem Wunsch nach Männlichkeit und Stärke in Verbindung bringen. Die Rakete symbolisiert möglicherweise nicht nur Robbi selbst, sondern auch den Vater, zu dem Robbi eine sehr enge Beziehung hat. Dafür spricht, daß die Rakete auch aufgetankt und mehrfach der Kontakt zu ihr hergestellt wird. Die Omnipotenzwünsche zeigen sich übrigens sowohl im Fliegen der Rakete wie in den Spritzorgien. Zu Beginn wird ja alles überflutet. Dies mag ebenfalls die Macht über die Umwelt demonstrieren und enthält eine starke Zerstörungskomponente, wie überhaupt das Spritzen mit Benzin und Öl die aggressive Komponente des Beschmutzens beinhaltet.

Die weiteren Beobachtungen des Kindes und seiner sozialen Probleme legen nahe, daß es sehr unter der Abwesenheit einer festen weiblichen Bezugsperson leidet und ein starkes Bedürfnis nach Zärtlichkeit hat. Bei der eigenen Mutter wehrt er sich jedoch eher gegen deren Zärtlichkeit. Dieses widersprüchliche Verhalten hängt wohl mit der Unzuverlässigkeit des Kontaktes zur Mutter zusammen. Die inadäquaten Versuche von Robbi, mit der Versuchsleiterin Kontakt aufzunehmen, die sich längere Zeit mit ihm beschäftigt hat, zeigen, daß hier ein beträchtliches Defizit vorliegt. Die Schwerhörigkeit als weitere Barriere für soziale Kontakte verschärft das ganze Problem noch und ist möglicherweise die Hauptursache für das merkwürdige Spielverhalten des Kindes.

21.4 Bindungsverlust und Bindungsunsicherheit

Zahlreiche Kinder leiden wie Robbi bei Trennung der Eltern unter dem Beziehungsverlust. Kinder können über ihre Probleme nicht sprechen, schon deshalb nicht, weil sie diese nicht bewußt und scharf umrissen präsent haben, aber auch weil ihnen die Lebenserfahrung einschließlich der sprachlichen Kategorien zu ihrer Einordnung fehlt. Aber sie können sich im Spiel ausdrücken und ihre Schwierigkeiten, vor allem den Verlust einer Bezugsperson, darstellen.

Das folgende Fallbeispiel soll das Ausmaß an Komplexität bei dieser Verarbeitung verdeutlichen (Ausführliche Darstellung s. Dornauer,1989). Katja ist zu Beginn der über zehnmonatigen Spielbeobachtung 4;6 Jahre alt und lebt mit ihrer geschiedenen Mutter (34 Jahre) und ihrem Stiefbruder (16;6 Jahre), einem unehelichen Kind, zusammen. Katja kam mit drei Jahren in den Kindergarten. Um diese Zeit fand auch die Trennung der Eltern statt, die Scheidung erfolgte, als Katja ca. 3;6 Jahre alt war. Katjas Vater ist wesentlich jünger als ihre Mutter und bereits ihr zweiter Mann. Er verbrachte seine Freizeit meist außerhalb der Familie. Die Mutter, die sich während der Trennungszeit mit der Tochter gegen den Vater verbündete, hat nichts gegen Kontakte zwischen Katja und dem Vater, doch diese will den Vater nicht sehen, er scheint für sie nicht zu existieren. Katja, die zunächst sehr aggressiv im Kindergarten war, fühlt sich jetzt dort wohl.

Liebesbeziehung zu einem Freund

Katja (K) hat einen Freund im Kindergarten, Spiros, einen griechischen Jungen, in den sie, wie nachfolgende Spielszenen zeigen, regelrecht verliebt ist. Sie verfolgt ihn im Kindergarten mit Zärtlichkeitsbekundungen, die dem Jungen nicht immer angenehm zu sein scheinen. Mit etwa 4;11 Jahren spielt sie in ihrer Wohnung mit ihrer Freundin Monika (M) folgende Szenen (nach Dornauer, 1989, S. 51-57).

Mittagsschlaf. Katja (K) und Monika (M) legen sich aufs Bett (es handelt sich um das Bett der Mutter, in dem Katja nachts mit der Mutter schläft; sie weigert sich, im eigenen Bett zu schlafen). Katja stellt das Spieltelefon neben sich.
K: „Ich geh aber dann hin, wenn's klingelt, Monika."
M macht Klingelgeräusch und stürzt sich aufs Telefon.
K ist rascher und greift nach dem Hörer. „Hallo... Ja, Spiros. Ja, mein Spiros, ich hab dich lieb und ... bald komme ich, aber jetzt gleich, ok? Tschüß."
M läßt das Telefon wieder klingeln, aber K ist eher dran. M verlangt, daß K nach ihrem (M's) Spiros fragen soll, worauf K antwortet, er sei nicht da. Beim nächsten Klingeln lauscht K in den Hörer und sagt aufgeregt:
K: „Ja... was ... mein Spiros ist gestorben!" Nimmt Telefon aufs Bett. „Was, Monikas auch?" (traurig, dann erstaunt:) „Was sagen die denn da? Was sagen denn die dummen Frechen?"
K spielt Erstaunen, zeigt ein verschämtes Lächeln und macht dann wieder ein trauriges Gesicht. Sie knallt den Hörer auf die Gabel.
M lacht über K's Schauspielerei.
K stellt Telefon wieder auf den Boden: „Der Spiros ist überhaupt nicht gestorben, der ist doch gekommen..." Sie schlüpft unter die Bettdecke und zeigt auf die Mitte des Bettes: „Hier.. hier.." (zu M) „Platz, Platz!"
M: „Hier ist mein Spiros bei mir."
K: „Hier auch." Beide werfen ihrem eigenen imaginierten Spiros Kußhändchen zu.
K will nun schlafen, während M die Gelegenheit benutzt, ans Telefon zu gelangen. Doch K, die ihre Absicht erkennt, kommt ihr wieder zuvor.
K reißt lachend den Hörer ans Ohr: „Hallo ... ha..." (erstaunt) ... „der Spiros ist jetzt in echt gestorben?!..." (wütend) „Jetzt geh ich mal zu euch und hau euch den Popo!"
Es folgt ein aufgeregtes Hin und Her, danach:
Trauer um Spiros. K kniet auf dem Fußboden, M tut das Gleiche ihr gegenüber. Verlegenes Lachen. Beide greifen sich einen Luftballon, da fällt der Name Spiros.
K wirft sich wehklagend auf den Fußboden: „Spiros... Spiros ... Huu... Spiros... „
M läuft aufgeregt zu ihr, dann zur Vl und beteuert: „Katja weint nicht als echt!"
K dreht sich zur Vl und zu M um und lacht. Sie wirft sich erneut auf den Fußboden: „Spiros!"
M wirft sich ebenfalls auf den Boden....
K: „Der Räuber hat ihn tot gemacht."
M: „Meinen auch."
K wirft sich aufs Bett und schluchzt.
M ahmt sie nach, versichert aber der Vl: „Wir weinen nicht als echt."
Danach „graben" beide (M auf Anregung K's) auf dem Teppichboden nach Spiros.
M: „Spiros!"
K: „Spiros!... Er ist wieder... er ist wieder... Hurra!" Hüpft jubelnd herum.
Es folgt erneut eine kurze Bettszene, in der sich der vorgestellte Spiros in doppelter Version im Bett befindet. Das Spiel nimmt aber gleich eine andere Wendung.
Verhaftung und Befreiung von Spiros. K behauptet, daß Spiros sie fangen will. M ruft die Polizei an.
M: (aufgeregt) „Bitte, fahren sie, den Spiros fesseln, der will die Katja fangen"... (als Polizist)

„Ja, ich komme!“
..”So, jetzt kommen sie.“
Nun beginnt die Jagd nach Spiros, bei der K Regie führt.
K zeigt M zwei Bauklötze, die sie ein paarmal mit Wucht gegeneinanderschlägt.
K: „Hier ist er, hier ist er... schau, ich hab ihn jetzt!“
M: „Ich hol meinen auch.“
K: „Jetzt soll er ins Gefängnis... Jetzt kann kein Spiros mehr rein und...“ (als Polizist) „Danke, daß Sie mich angerufen haben.“
M räumt inzwischen das Geschirr weg.
K: „Ich geh mal ins Gefängnis zum Spiros und befreie ihn wieder... so schlimm war’s wohl nicht.“
M: „Ich hol meinen auch raus.“
Das Spiel geht weiter. Spiros wird noch mehrmals beschuldigt und eingesperrt, aber auch gleich wieder befreit. Beim letzten Befreiungsversuch wünscht K, daß Spiros rauskommen und ganz lieb sein solle. Sie nimmt daraufhin sofort die Rolle Spiros ein und muß nun selbst aus dem Gefängnis befreit werden. Da aber auch M eingesperrt ist, ruft sie „Wer soll uns jetzt rausholen?“ Da erscheint die Mutter an der Türe, und das Spiel wird beendet.

In diesen Szenen zeigen sich alle bisher erläuterten Merkmale der Übersetzung des ÜG in Spielhandlungen. Die gewünschte Liebes- bzw. Zärtlichkeitsbeziehung wird zunächst narrativ dargestellt (Bettszene), sodann erfolgen erzählende Spielhandlungen, welche die Kontrolle der Beziehung zu Spiros ausdrücken: Die Macht über Leben und Tod, über Freiheit und Gefangenschaft wird dramatisiert. Das ambivalente Verhältnis zu dem realen Kindergartenfreund, der sich keineswegs wie im Spiel kontrollieren läßt, zeigt sich in eindrucksvoller Weise. Spiros wird mit Tod und Gefangenschaft bestraft, aber er wird auch wieder zum Leben erweckt und aus dem Gefängnis befreit. Die Vereinbarung K’s in der letzten Szene, Spiros solle jetzt ganz lieb sein, macht den Wunsch, wie der wirkliche Spiros sein möge, deutlich.

Auch die räumliche Transformation des Beziehungsthemas gelingt in eindrucksvoller Weise. Das Telefon stellt die Verbindung zu Spiros her, er befindet sich dann neben Katja im Bett, anschließend im „Grab“ und schließlich mehrfach im Gefängnis, eine besonders treffende räumliche Metapher für die totale Kontrolle der Beziehung. Schließlich fühlen sich auch Erwachsene, die von ihrer Partnerin/ihrem Partner stark kontrolliert werden, wie in einem Gefängnis.

Obwohl es verkürzt wäre, das Beziehungsthema bei Katja auf das Erotische oder gar Sexuelle zu reduzieren, spielt dieses doch eine wichtige Rolle, wie vor allem die Bettszene zeigt. Auch in zwei anderen Szenen wird dies deutlich. In einer davon spielen Katja (zu diesem Zeitpunkt ca. 5; 4 Jahre) und die sechsjährige Tanja mit Barbie-Puppen. Die unbekleideten Puppen werden permanent als „Nackerpuppi“ bezeichnet. Tanja sucht dann nach dem „Nackermann“. Das Spiel, das zunächst aufs Anziehen der Puppen ausgerichtet war, wird von Tanja immer mehr auf das Thema Nacktheit gelenkt. K zieht eine kleine Puppe aus und legt eine weitere bereits nackte Puppe dazu (Dornauer, op. cit., S. 61-65).

T: „Zieh die mal lieber an!“
K hält die beiden nackten Puppen hoch und drückt sie am Po zusammen. Sie zeigt sie T.
T: „Gefällt dir das, wenn du nackert bist?“
K: (lachend) „Nein.“ .... Sie hält die Puppen wieder am Po zusammen, dann läßt sie eine Puppe fallen und streichelt mit der freien Hand den Po der anderen Puppe: „Ui“ (macht ein verzücktes

Gesicht). Lacht.
T: „Ui, du langst ja das Scheißerl an, ich meine das Kackerl."
K kugelt sich vor Lachen. Sie streichelt nochmals über den Po, riecht dann kurz daran und gibt schließlich einen Kuß auf den Po. „Ui, Popo hau'n!" Schlägt die Puppe auf den Po.

In einer mit 5:2 Jahren dokumentierten Szene (Dornauer, op. cit, S. 183-185) spielt Katja allein mit einem Puppenjungen, der den Namen Spiros erhält, und einem Puppenmädchen (ohne Namen).
K setzt sich Puppe Spiros aufs Knie, macht Hoppe Reiter mit ihr und nimmt sie dann auf den Arm.
Spirospuppe: „Ich geh jetzt mal wohin."
Mädchenpuppe: „Ich geh jetzt auch wohin, nicht immer nur der Junge."
Spiros (fragt Mädchen): „Was wolltest du denn vorhin von mir?" Gibt Mädchenpuppe einen Kuß, hält den Kopf liebevoll an den Kopf der Mädchenpuppe.
K ist plötzlich verlegen (wird sich vermutlich des Spielinhaltes bewußt).
Mädchen: „Was machst du da? Gibst du ne Watschn!?" Haut Spiros. „Ich will das nicht!"
Spiros: gibt Mädchen einen Kuß.
Mädchen: „So, und jetzt schlaf ich."
Spiros: „Schlaf ich auch."
K läßt beide Puppen zurückfallen, holt verschiedene Tiere und läßt sie miteinander sprechen. Dann holt sie wieder die Mädchenpuppe.
Mädchen: „Wer hat da vorhin mit mir geredet?"
Spiros (von K hochgeholt) gibt Mädchen einen Kuß.
Mädchen: „Ach, der kann noch nicht sprechen."

Zärtlichkeit und Erotik, die Katja in der letzten Szene ausdrückt, dürfen nicht einmal im Spiel frei ausgelebt werden. Katja scheint die Verfänglichkeit der Thematik zu spüren, da sie sich im Alleinspiel befindet und keine Unterstützung durch Peers wie in den vorher beschriebenen Szenen erfährt. So wird Spiros' Zärtlichkeitsbekundung als Watschn umgedeutet und abgelehnt. Am Schluß wird der Kuß der Spirospuppe geduldet, weil Spiros noch nicht reden kann. Er ist somit auch noch nicht voll verantwortlich für das, was er tut.

Kontrolle der Beziehung zur Mutter

Katjas Beziehungsproblematik erstreckt sich auch auf die Beziehung zur Mutter. Diese ist sehr liebevoll zu ihrer Tochter, läßt aber nach eigenen Aussagen zu viel durchgehen, da sie sich an der Trennung von ihrem Mann und den Folgen für das Kind mitschuldig fühlt. Andererseits hat sie immer wieder von neuem Kontakte mit Männern und mehr oder minder enge Beziehungen zu ihnen. Katja kann sich daher der Mutter, die öfter abwesend ist, nicht sicher sein. Mit etwas 4;8 Jahren spielt Katja Mit-der-Mutter-Verreisen (Dornauer, op. cit., S. 79-85).

K und Mutter (M) sind im Kinderzimmer.
K: „Mutter, ich reiß jetzt aus." Nimmt eine Decke und legt sie sich über den Arm.
M: „Ja, warum reißt du denn aus?"
K: „Ich bin das Kind und du die Mami, o.k. … die Mutter mein ich."
M: „Wo reist du denn hin?"
K: „Ins Griechenland, wo die…"
M: „Du meinst, du verreist."

K: „Nein, ins Griechenland."
M: „Nach Griechenland, wo der Spiros…?"
K: „Mhm."(zustimmend)
M: „Gut, was brauchst du denn alles?"
K: (erstaunt) „Na gar nix." Sie greift aber zu einem Plüschbären und zum Spieltelefon: „Zum Spielen und ein Telefon."
M: (ruft der sich in Bewegung setzenden K nach) „Rufst mich an, wenn du in Griechenland bist!"
K: „Ja." Läuft singend mit Decke, Bär und Telefon durchs Zimmer bis zum Schreibtisch. Dort legt sie die Sachen nieder, schaut die Mutter an (vorwurfsvoll): „Jetzt ruf ich dich doch an."
M hält sich einen imaginierten Hörer ans Ohr.
K wählt viele Nummern, während sie immer noch singt. „Hallo!"
M: „Hallo, wer ist dran?"
K: „Ich bin's, deine Katja."
…
M: „Ja, Katja, wo bist du denn?"
K: „Im Griechenland."
M: „Und scheint die Sonne?"
K: „Ja."
M: „Was machst du den ganzen Tag?"
K: „Ja, mit der Alexandra (Spiros Schwester) und dem Spiros zusammen" … Geht mit den Utensilien zu dem Kinderhaus, das im Zimmer steht und telefoniert dabei weiter. „Ja, wart, ich geh rein."
M: „Wohin?"
K: „Ins Griechen…haus…land… Ja, jetzt, und außerdem ist beim Griechenland Geburtstag."
M: „Wer hat Geburtstag?"
K kriecht ins Haus. „Der Spiros und die Alexandra."
M: „Sind das Zwillinge?"
K: „Mhm" (zustimmend). „Du kannst gerne mal mitkommen."
M: „Ich werd vielleicht nachreisen, oder das nächste Mal, wenn du fährst, dann komm ich mit, ja?"
K: „Ja, tschüß."
M: „Tschüß, schreib mir auch 'ne Postkarte."
K: „Ja, tschüß…. wart mal, zuerst muß ich einhängen und dann du!"
M: „Ja, o.k., tschüß."
Etwas später: K verabschiedet sich von ihrem unsichtbaren Freund und geht singend mit ihrem Gepäck durchs Zimmer. Unterwegs ruft sie die Mutter nochmals an. Nach der „Heimkehr" lädt sie die Mutter zum Mitfahren ein. Sie nimmt die Mutter bei der Hand und führt sie zum Kinderhaus. Dort verwandelt sie sich in Spiros, der M begrüßt, hernach in seine Schwester Alexandra, die wünscht, daß alle zusammen mit der M heimfahren.
K kommt nun wieder als Katja aus dem Kinderhaus heraus und zeigt empört auf die unsichtbaren Kinder: „Was, die reisen alle mit?"
M: „Ja."
K: (stöhnt) „Aaach."

Spiros bleibt weiterhin Zentralfigur, aber Katja probt die Trennung von der Mutter, indem sie verreist. Die Verbindung zur Mutter bleibt aber bestehen, denn K hat wohlweislich das Telefon mitgenommen. Besonders bemerkenswert ist, daß sie selbst anruft und selbst das Gespräch beendet („zuerst muß ich einhängen, dann du"). Bewundernswert ist wiederum die räumliche Transformation der Beziehungsproblematik. K weilt beim geliebten Spiros und bleibt zugleich mit der fernen Mutter in sicherer Verbindung. Später holt sie die Mutter nach, so daß alle räumlich vereint sind. Die räumliche Nähe wird auch bei der Rückkehr gewünscht, allerdings dann wieder abgelehnt.

Damit sind wir bei der narrativen Übersetzung der Beziehungsthematik. Was erzählt uns die Handlung zusätzlich zur räumlichen Transformation? Da ist vor allem die Rollenwahl bemerkenswert. K erklärt sich als Kind und die Mutter als Mutter, wobei sie sich von „Mama" zu „Mutter" korrigiert. Sie spielt also ausdrücklich die Kind-Mutter-Beziehung, nun allerdings ihrem Wunsch gemäß. Die Handlung zeigt, wie sie sich die Beziehung zur Mutter wünscht: Sie selbst und nicht die Mutter kontrolliert Aufnehmen und Abbrechen der Beziehung, also umgekehrt wie in der Realität. Die Rollenzuweisung macht in diesem Falle die Entsprechung von ÜG und Spielhandlung besonders deutlich. Etwas unklar bleibt das Ende der Geschichte, in dem K als Alexandra alle vereint haben möchte, K als „Kind" jedoch darüber „stöhnt". Man kann vermuten, daß sich K diesen Wunsch nicht selbst eingestehen mag bzw. in der Rolle des Kindes Distanz zu diesem Wunsch zeigt. Das kann sie auch leicht tun, da bereits jemand anders, nämlich Alexandra, durch ihren Vorschlag das Ziel erreicht hat.

Faßt man die bisherigen Szenen zusammen, so gibt es für K zwei wichtige Bezugspersonen, die Mutter und Spiros. Bei beiden stellt sich K als ideale Lösung die vollständige Kontrolle der Beziehung vor (bei Spiros symbolisiert durch Gefangenschaft, bei der Mutter dargestellt durch das Telefon und das aktive Sich-Trennen bzw. Zurückkehren). Dieses infantile Beziehungsverständnis entspringt dem Bedürfnis nach Sicherheit von Bindung, die im Alltag nicht gegeben ist. Es liegt nahe, daß die erlebte Gefährdung von Bindungen mit dem Verlust des Vaters zusammenhängt und daß Spiros einen Vaterersatz darstellt, zu dem K, da sie zum realen Vater keine Beziehung mehr hat, eine Liebesbeziehung aufbaut, als wären sie beide Erwachsene.

Beziehung zum Vater

Ein letzte Szene soll zeigen, wie die Problematik des Vaters vom Kind im Spiel bearbeitet wird (Dornauer, op. cit., S. 174-177).

> Katja will mit der Vl spielen: „Du bist das Schulkind und ich das Kindergartenkind, weil unsere Mutter gestorben ist." … „und unser Vater auch … der ist in Österreich."
>
> …
>
> „Spiros paßt auf uns auf … der kann das schon, ist schon ein bißchen groß … Spiros hat uns erlaubt, selber zu kochen."
>
> Durch das Kochen kommt K darauf, die Rolle der älteren Schwester zu übernehmen. Sie kocht Essen, weil Spiros nicht da ist, der ist auch in Österreich. Als Vl fragt, ob Vater mit Spiros zurückkommt antwortet K: „Der ist doch gestorb … der ist noch in Österreich, muß noch arbeiten." Auf Drängen der kleinen Schwester (Vl) ruft sie in Österreich an, wählt viele Zahlen, spricht aggressiv mit dem Vater, dann erklärt sie der Schwester: „Der Papa kommt … aber morgen muß er wieder wegfahren … kommt immer nur und geht dann wieder." Spiros kommt morgen auch, meint K etwas später. Anschließend kocht K.

Diese Szene zeigt eine neue Dimension der Beziehungsthematik. Zunächst wird deutlich, daß Spiros tatsächlich in die Nähe der für K sehr diffusen Vaterfigur rückt. Er weilt auch in Österreich, also am gleichen Ort wie der Vater. Wieder gibt die räumliche Transformation Aufschluß über die psychische bzw. soziale Nähe der männlichen Bezugspersonen. Daß Spiros tatsächlich als Vaterersatz gewählt wurde, wird durch diese Spieldarstellung wahrscheinlicher. Die völlige Unsicherheit der Beziehung zur Vaterfigur wird durch seine nur vorübergehende Anwesenheit deutlich gemacht, und selbst diese wird nur zugestanden, um der kleinen Schwester eine tröstliche Nachricht überbringen zu können, denn K selbst, die nun im Spiel Ältere, wohl zugleich in der Mutterrolle (sie kocht für beide), hat ihn zuvor fast schon für tot erklärt und ihn nur wegen des Spielrahmens nach Österreich plaziert.

Sowohl für Katja als auch für unser Forschungsinteresse fügte es sich glücklich, daß die Mutter fünf Monate nach der letzten Aufzeichnung wieder geheiratet hat. Der Stiefvater wohnt zwar nicht in der Stadtwohnung, sondern auf dem Lande, wird aber von Mutter und Tochter häufig besucht und kommt seinerseits oft zu Besuch in die Wohnung. Er versteht sich gut mit K, setzt ihr aber auch Grenzen, die von der eigenen Mutter nicht durchgesetzt worden waren. Nach Aussagen der Mutter akzeptiert Katja den Stiefvater voll. Die Versuchsleiterin hatte Gelegenheit, zehn Monate nach der letzten Aufnahme, also als K etwa 6;2 Jahre alt war, eine Nachaufnahme zu machen (fünf Monate nach der Wiederverheiratung der Mutter). K. ist selbstbewußt, spielt mit der Versuchsleiterin Regelspiele, in denen sie ihr Wissen und Können demonstrieren kann und führt der Versuchsleiterin stolz einige Grußformeln in französisch vor.

Ein Licht auf die Vaterbeziehung wirft das Postspiel, das K zunächst mit der Mutter, dann mit der Versuchsleiterin durchführt. Sie kommt als Kind-Kundin an den Schalter und will von da aus ihren Vater anrufen (Der Stiefvater ist im Raum zugegen!). Sie erzählt ihm durchs Telefon, was sie alles bei der Post besorgt hat.

Die Einführung der Vaterrolle in diesem Spiel ist grundsätzlich von den früheren Rollenzuweisungen an Spiros bzw. an die Vaterfigur verschieden. Der Vater wird zu einer Person, mit der man kommunizieren kann und der man erzählt, was man gerade erledigt. Dies demonstriert eindrucksvoll die Veränderung in der Beziehungsthematik des Kindes. Natürlich könnten nur weitere Daten über die Entwicklung von K genauere Auskunft geben. In der vorliegenden Darstellung interessierte vor allem die Verarbeitung der Beziehungsthematik bei Katja.

Wenn wir die früher gefundene Etappenfolge in der Entwicklung der Verarbeitung des ÜG als Vergleich heranziehen, erkennen wir auch hier die letzten beiden der drei genannten Etappen wieder: Bewältigungsversuche einer ungelösten Problematik (hier Beziehungsproblematik) – Darstellung der bewältigten Thematik (hier: adäquates Ausgestalten einer Beziehung).

Kapitel 22

Kinderspiel im Holocaust

Das folgende Kapitel beschäftigt sich mit Geschehnissen, deren Entsetzlichkeit unfaßbar bleibt. Der Verfasser fühlt sich jedoch gedrängt und zugleich verpflichtet, dieses dunkelste Kapitel der deutschen Geschichte, in dem auch Kinder so grauenvoll gelitten haben, in einem Buch über Spiel nicht auszuklammern.

Wie haben Kinder in den Ghettos und Konzentrationslagern gelebt? Waren sie noch fähig zum Spiel und welche Bedeutung hatte das Spiel für ihr Überleben?

George Eisen (1988) hat eine Vielzahl von Dokumenten über das Spiel von Kindern in Ghettos und Konzentrationslagern gesammelt. Im folgenden werden Beispiele aus dem Buch von Eisen zitiert, wobei jeweils nur die Seitenzahl angegeben wird. Es ist von vorneherein klar, daß Spiel in solchen Extremsituationen fast ausschließlich die Funktion der Lebensbewältigung hatte und nicht einfach die Umsetzung einer Realitätserfahrung in Spielhandlungen war, in der man selbst Kontrolle ausüben und sich geborgen fühlen konnte.

22.1 Spiel als Täuschung

Kinder waren in diesen extremen, permanent lebensbedrohlichen Situation gezwungen, Spiel als Mittel der Tarnung und Täuschung zu benutzen, um überleben zu können.

Ein Lehrer aus Lublin berichtet, daß er heimlich Kinder im Ghetto unterrichtete, nachdem die Deutschen die Schulen in den Ghettos verboten hatten. Während des Unterrichts in einem der Geschäfte oder Privatwohnungen lauschte alles voller Angst, ob sich nicht SS-Männer näherten. Wenn Schritte zu hören waren und die SS eindrang, verwandelte sich die Schulszene schlagartig. Bücher und Hefte verschwanden. Die Kinder begannen zu spielen und die Lehrer wurden Kunden im Geschäft (S. 85).

Im Konzentrationslager Theresienstadt richtete die Jugendfürsorge-Organisation des Lagers Spielgruppen ein, die an die Stelle der verbotenen Schulen traten. Unter dem Deckmantel des Spiels wurden Fächer wie Geschichte, Mathematik und Geographie gelehrt (S. 84).

Im Ghetto von Riga täuschten die Kinder Spiel vor, um streng verbotene aber lebensnotwendige Aktivitäten zu kaschieren. Kommandant Krause hatte bei Androhung der Todesstrafe verboten, Lebensmittel ins Ghetto zu schmuggeln. Jedesmal, wenn die Erwachsenen von der Zwangsarbeit in das Ghetto zurückkehrten, wurden sie gründlich nach Lebensmitteln durchsucht. Das Problem des Einschmuggelns von Nahrungsmitteln wurde durch die Mithilfe der Kinder gelöst, die dicht am Ghettozaun spielten. Wenn die Eltern aus der Arbeit zurückkamen, wurden sie freudig von den Kindern begrüßt und reichten die Lebensmittel den Kindern durch den Zaun hindurch. Die Kinder verschwanden schnell mit ihrer Beute, und die Eltern betraten das Ghetto durch das kontrollierte Tor (S. 96).

In diesen Beispielen wird Spiel zur lebenserhaltenden Arbeit, es hat seine sonst übliche Funktion verloren.

22.2 Spiel als Protest

Eisen argumentiert im Anschluß an die Berichte von Überlebenden des Holocaust, daß viele Spielhandlungen als Protest gegen die Unterdrücker verstanden werden können. Dies gilt bereits für die oben genannten Beispiele, denn das Nichteinhalten der Verbote bedeutet zugleich auch Protest.

Kaplan (zit. nach Eisen, 1988) beschreibt ein Spiel von Kindern im Ghetto von Warschau. Eines Tages erschien ein Nazi-Bonze im Ghetto und verlangte, daß alle Juden ihn grüßen und den Hut ziehen müßten, so wie er dies in der Provinz gewohnt war. Die Kinder, die natürlich von dieser Anordnung erfuhren, zeigten ihm übertriebene Ehrerbietung, grüßten manieriert und wiederholten dies häufig, so daß er auf der Straße ständig von grüßenden Kindern begleitet war. So kam es zu regelrechten lärmenden Demonstrationen für den „hohen Herrn“ (S. 85).

Einige der im nächsten Abschnitt (22.3) zu beschreibenden Spiele können ebenfalls als Protest gewertet werden, doch geht dies aus den Berichten nicht eindeutig hervor. Relativ deutlich wird der Protest im folgenden Spiel, in dem die Mädchen „Schlange stehen“ spielen.

Im Ghetto von Lodz ahmten Mädchen den Alltag ihrer Mütter nach, indem sie vorgaben, Schlange zu stehen, in der Hand fest umschlossen Coupons, für die Lebensmittel eingetauscht werden konnten. Sie beklagten das Schlangestehen, stießen sich mit den Ellbogen und drängten zum „Schalter“ für die Lebensmittelausgabe. Ein Mädchen rief empört: „Was für ein Elend! Was für eine Katastrophe! Sie haben mich betrogen, diese Räuber! Sie haben mir verfaulte Kartoffeln gegeben, die ganze Ration. Was soll ich meinen Kindern zu essen geben?“ (S.77).

Im gleichen Ghetto spielten Jungen den „Ältesten der Juden“. Gemeint war Rumkowski, das Haupt des Judenrates von Lodz. Ein Junge übernahm seine Rolle und spielte sein Gehabe und sein Doppelspiel, indem er Reden hielt, seinen Günstlingen Vorteile zukommen ließ und seine Opponenten bestrafte. Die Jungen applaudierten und lachten laut. Bald begann „Rumkowski“ alle zu kommandieren, aber seine Leute waren nicht mit ihm zufrieden und jeder verlangte etwas Dringendes vom „Ältesten“. Einer rief, er sei krank und bräuchte Medizin, ein anderer flehte ihn an, ihn nicht zu „deportieren“, zog an seinem Mantel und wollte weitere „Privilegien“.

Diese Spiele sind zugleich Verarbeitungsversuche einer für die Kinder nur schwer faßbaren Realität, aber sie enthalten auch eine Komponente des Protestes gegen die Zustände, denen sie sich zusammen mit ihren Eltern ausgesetzt sahen.

22.3 Realitätsverarbeitung der extremen Situation

Eine häufig beobachtete Form der Bewältigung bestand für Kinder in den Ghettos und den KZs darin, die Realität einfach nachzuspielen. Die Wiederholung dessen, was sie tagtäglich erlebten und nicht verarbeiten konnten, war ein erster und vordringlicher Weg, sich mit den Ereignissen auseinanderzusetzen.

Ein fünfjähriges Kind, das mit seiner Mutter mehrmals im Ghetto umziehen mußte und dabei alle Spielsachen verlor, half sich, indem es „zur Arbeit gehen" spielte.

Im Ghetto von Wilna war eines der häufigsten Spiele „Durchs Tor gehen." Das Spiel wiederholte in realistischer Weise das Geschehen am Eingangstor zum Ghetto. Zwei Hauptfiguren wurden ausgewählt: Levas, der jüdische Torwächter und Franz Murer, einer der übelsten Gestapo-Männer. Der Rest der Kinder spielte jüdische Arbeiter, die versuchten, Lebensmittel in das Ghetto zu schmuggeln, und Wächter, die Schmuggelware zu finden hatten. Während die Torposten die zurückkehrenden Arbeiter „durchsuchten", erschien Murer, der die Posten zur größeren Brutalität antrieb und gleichzeitig eine Panik unter den Arbeitern auslöste. Sie versuchten verzweifelt, kleine Lebensmittelpakete beiseite zu schaffen, aber Murer stellte einige, die beiseite treten mußten, und ließ sie auspeitschen (S.77).

Die üblichen Versteckspiele wurden ebenfalls transformiert und der gegenwärtigen Realität angepaßt. In den kleinen Hinterhöfen des Ghettos von Wilna wurde das Spiel „Blockade" gespielt, das die dortige Abriegelung und Untersuchung von Wohnblocks durch die Deutschen darstellte. Ein Teil der Kinder übernahm die Rolle von „Polizisten", ein anderer Teil die der „Deutschen" und die dritte Gruppe bestand aus „Juden", die sich in Bunkern (Stühle, Tische und Mülleimer) versteckt hielten. Kommandant Kitel, der Gestapochef wurde stets vom stärksten Jungen oder Mädchen gespielt. Jedesmal, wenn ein „Polizist" einen „Juden" fand, händigte er ihn den Deutschen aus.

Die schrecklichen Alltagserfahrungen finden ihren Niederschlag im Nachspielen, das zugleich Assimilation und Akkommodation im Sinne von Piaget (1964) ist. Die Kinder versuchen, die unfaßbare Realität durch Spielhandlungen zu assimilieren. Im Handeln verändern sie ihre früher aufgebauten Schemata von Welterfahrung in die neuen, der Realität besser angepaßten Wissensstrukturen.

In Auschwitz, in dem die Kinder mit dem Tod auf mannigfaltige Weise permanent konfrontiert wurden, berichtete eine Schwester darüber, wie Kinder in Rollenspielen Lagerältester, Blockältester und Antreten zum Appell spielten. Sie übernahmen auch die Rollen von Kranken, die während des Appells in Ohnmacht fielen und dafür geschlagen wurden, ebenso die Rolle des „Doktors", der den Kranken die Lebensmittel wegnahm und ihnen jegliche Hilfe verweigerte, wenn sie ihn nicht bestechen konnten. Einmal spielten sie auch „Gaskammer". Sie machten ein Loch in den Boden und warfen Steine, die Menschen im Krematorium darstellen sollten, einen nach dem anderen hinein. Sie imitierten auch ihr Schreien und wollten von der Schwester wissen, wie man einen Schornstein baut (S.80/81).

Dieses Spiel verarbeitet realistisch die grauenvolle Gegenwart als etwas Alltägliches und Selbstverständliches. Es stellt den Versuch der Kinder dar, in dieser Welt des grauenvollen Todes zu leben und sich mit ihr auseinanderzusetzen. Das realistische Nachspielen schien für sie die einzige Möglichkeit zu sein, mit ihren Erfahrungen fertig zu werden und sich in ihrer Umwelt zu orientieren.

Bei älteren Kindern fanden sich auch Regelspiele, in denen sich die Grausamkeiten des Alltags niederschlugen. In Birkenau spielten griechische Kinder das Spiel „Klepsi Klepsi“ (stehlen). Ein Mitspieler bekam die Augen verbunden und wurde von einem anderen Spieler möglichst heftig ins Gesicht geschlagen. Das Opfer mußte nun unter den Umstehenden, die alle möglichst in gleicher Weisen schuldbewußt grinsten, den Täter ausfindig machen. Gelang ihm dies, so kam der Täter an die Reihe und mußte sich die Augen verbinden lassen (S. 80).

22.4 Die materielle Umwelt als Determinante des Spiels

Die extrem eingeschränkte und verarmte materielle Umwelt der Kinder in den Ghettos und KZs machte Spielgegenstände zu Kostbarkeiten. Eltern berichteten beispielsweise, daß ihr dreijähriger Sohn bei einer Hausdurchsuchung sein Steckenpferd fest umklammerte und voller Furcht den Eindringlingen zurief: „Das ist mein Pferd, und du kannst es nicht haben!“

Ein kleines Mädchen (Gabriele Silten), die den Holocaust überlebte, vertraute ihrem Freund vor der Deportation ihren Bär Brunette an, bis der Krieg vorbei war. Sie erinnert sich später, daß der Bär als Spielgegenstand für sie so wertvoll war, daß sie ihn keiner Gefahr aussetzen wollte (S. 74).

Spielgegenstände waren gelegentlich Mittel zum Überleben. In Bergen Belsen hielt der Lagerkommandant Josef Kramer (bekannt als Bestie von Belsen) die Brotrationen für das gesamte Lager drei Tage zurück, um damit eine Kollektivstrafe für die Lagerinsassen zu verhängen. Ein vierzehnjähriger Junge berichtete, daß er nur im Schachspiel eine Chance zum Durchhalten dieser Hungerperiode sah. Er überredete einen anderen zum Verkauf seines Schachspiels gegen zwei Brotrationen. Das bedeutete, daß er fünf Tage und nicht nur drei ohne Nahrung auskommen mußte. Er verbrachte diese Zeit, indem er mit seinem Freund Walter Schach spielte.

Das Fehlen des üblichen Spielzeugs veranlaßte die Kinder, einfachstes Material wie Erde, Steine und Abfälle zu verwenden. Wenn aber nicht einmal der Wunsch nach einem natürlichen Gegenstand wie etwas Grünem, erfüllt werden konnte, bemühten sich Kinder unter großem Risiko darum. Im Warschauer Ghetto lag ein Mädchen im Sterben und hatte als einzigen Wunsch, ein grünes Blatt zu sehen und in Händen zu halten. Aber innerhalb des Ghettos gab es nichts Grünes mehr. Die ältere Schwester kroch durch den Grenzzaun des Ghettos in einen nahegelegenen Park und holte ein Blatt. Die kleine Schwester, so lautet der Bericht, lag da, als sie das Blatt erblickte, lächelte, und dann starb sie (S.60).

Zur Alltagsumwelt gehörten dagegen Horror-Objekte wie Ratten, der Todeskarren, auf dem die Toten befördert wurden und die Toten selbst. Die bereits oben genannte Gabriele Silten beschreibt ihre Erfahrungen mit Ratten in Theresienstadt. Zwischen den Brettern zum Barackeneingang lebten Ratten, die von den Kindern mit Stöcken gepiekst und zum Springen gebracht wurden (S.73). Die Welt der Kinder in den KZs vereinigte Unvereinbares und nicht Faßbares. In Auschwitz gab es einen Fußballplatz, auf dem die Kinder spielten, während in unmittelbarer Nähe täglich Tausende von Menschen vergast wurden. Auf dem Bild eines Jungen (Norbert Troller) ist der Hof der Dresdener Baracken mit einem Begräbnis, einem Fußballspiel, der Verteilung von Brot und dem Turnen junger Mädchen dargestellt (S.106). Es vereinigt in eindrucksvoller Weise das, was den Alltag in den Lagern bestimmte.

Die Kinder spielten mit allem, was sie in ihrer Umwelt vorfanden, mit dem Karren, der die Toten beförderte und mit den Haaren und Gebeinen der Toten selbst (S. 90). Das Spiel war die einzige Möglichkeit für sie, dieses Leben zu bewältigen, und die Erwachsenen waren außerstande, sie von dem schrecklichen Alltag fernzuhalten.

22.5 Spiel als Rahmen für eine bessere Welt

Die Kinder im Holocaust benutzten das Spiel auch als Rahmen für die Umformung der schrecklichen Alltagswelt in eine Wunschwelt. Ein Mittel bestand in der Darstellung des unbeschwerten Kinderlebens in Bildern oder in Sprache. So findet sich in dem Tagebuch eines unbekannten Mädchens in Theresienstadt eine Bleistiftzeichnung von spielenden Kindern mit Sonne, Blumen und Wiese (S. 64).

Gabriele Silten berichtet, wie sie mit ihrem Freund Hans am Eingang stand und sie zusammen „fliegen" spielten. Wer fliegen kann, ist frei und kann seiner Situation entfliehen (S.73). Andere Kinder erfanden imaginäre Gefährten, wie z. B. Anne Frank. Wo sich Menschen jahrelang verstecken mußten, wie die Familie von Anne Frank, gab es nur die Möglichkeit der imaginativen Umformung der Realität. Ein Überlebender berichtet, daß der Vater in dem Versteck, das sie nicht verlassen konnten, Geschichten erzählte, die ihm nach eigenen Aussagen das Leben retteten. Als er dann mit fünf Jahren von seinen Eltern getrennt wurde, rief er sich die Geschichten in Erinnerung zurück und lebte in einer Welt von Schlössern, Prinzen und Prinzessinnen (S. 73).

Mit weitaus größerer Realitätsnähe und dennoch symbolisch umgeformter Realität präsentiert sich das Spiel „Bunkerbau" der Kinder im Ghetto von Wilna. Sie sammelten Steine und Bretter und gruben sich in die Erde einen „Bunker". Das Spiel war zeitraubend und erforderte großen Fleiß, doch es wurde von den Kindern und Jugendlichen mit geradezu fieberhaftem Eifer gespielt. Die „Bunker" waren so echt, daß die Deutschen sie für Anzeichen einer Revolte hielten und die Höfe durchsuchten. Sie fanden unter anderm dabei einen „Bunker" mit dreißig Jugendlichen (S. 96/97).

Kinder, die nicht der völligen Ausweglosigkeit der KZs ausgeliefert waren, vermochten im Spiel das Geschehen auch leichter ihrem Wunsch gemäß zu verändern. So spielten Kinder, die in die Sowjetunion fliehen konnten, die erfolgreiche Überwältigung der Deutschen. Ein achtjähriger Junge beschreibt ein Rollenspiel, in dem Sanka ein Deutscher war, der nach Juden suchte. Wegen seiner Nase wurde der Erzähler als Jude identifiziert und gefoltert, damit er die Verstecke anderer Juden verriet. Aber da kamen die Freunde, Panzer-Männer genannt, zu Hilfe, umzingelten die Deutschen und riefen „Hurra!"

In diesem Spiel sieht man, wie die realen Elemente sich mit der gewünschten Realität vermischen. Die Judennase und das Hurra-Schreien sind Teile des Alltags, die

Umzingelung der Deutschen die Wunschvorstellung einer Realität, in der Gerechtigkeit wiederhergestellt ist.

Solche Umdeutungen der Realität ereigneten sich aber auch in Rollenspielen, die von Kindern in den Ghettos kreiert wurden. Im Koyno Ghetto, Litauen, spielten die Kinder „ein Grab graben". Sie gruben ein Loch, legten ein Kind hinein und nannten es „Hitler" (S.88). In Wilna, wo Juden aus dem Ghetto von den Einsatzgruppen in die Wälder geschleppt und erschossen wurden, spielten die Kinder das Geschehen in einer veränderten Version nach. Zunächst wurden die „Juden" von den „Gestapo-Leuten" abgeführt. In den Wäldern jedoch überwältigten die „Juden" die Gestapo mit ihren eigenen Gewehren (Stöcken) und schlugen sie damit. Danach fesselten die Befreiten die Gestapo-Männer, brachten sie zum Exekutionsplatz und „erschossen" sie mit ihren Stöcken, die als Gewehre dienten.

Ein erschütternder Bewältigungsversuch wird von einem kleinen Mädchen aus Lodz berichtet, das beide Eltern verloren hatte. Sie umarmte ihre Puppe aus Lumpen fest und sagte: „Weine nicht, meine kleine Puppe. Wenn die Deutschen kommen und dich holen wollen, lasse ich dich nicht los. Ich gehe mit dir, wie Rosies Mutter..." Mit dem Schürzenzipfel wischte sie sich die eigenen Tränen und die Tränen der Puppe ab und fuhr mit der gleichen traurigen Stimme fort: „Komm, ich bring dich ins Bett. Ich habe kein Brot mehr für dich, du hast deine Ration von heute schon gegessen, ich muß den Rest für morgen aufheben." (S. 76).

Die Kinder klammerten sich selbst noch im Angesicht des kommenden Todes an das Spiel. Nach Erik Kulka, einem Überlebenden von Auschwitz, versuchte eine Mutter, die mit ihrer kleinen Tochter vor der Gaskammer wartete, ihr Kind zu beruhigen, indem sie es aufforderte, noch einen kleinen Tanz aufzuführen, „bevor wir mit Großmutter vereinigt sind." Das Kind tanzte und die Todgeweihten ringsum vergaßen für einen Augenblick ihr eigenes Schicksal und gruppierten sich um das tanzende Kind. Selbst einige der SS-Männer wurden von der Szene ergriffen und beobachteten das Mädchen. Da trat der Lagerkommandant Kramer hinzu und befahl den Transport in die Gaskammer (S. 67/68).

Rudolf Höß, als Lagerkommandant verantwortlich für die Exekution einer riesigen Zahl von Juden, berichtet einen Fall, in dem zwei Kinder sich nicht von ihrem Spiel trennen wollten. Die Mutter schaute mit flehendem Blick auf die SS-Männer, die Kinder zu lassen. Höß bemerkte, daß die Leute in der Gaskammer unruhig wurden und gab schließlich durch ein Nicken den Befehl, die Kinder, die sich heftig sträubten, zusammen mit der Mutter in die Gaskammer zu bringen. Selbst Höß war von der Szene so ergriffen, daß er laut eigenem Bericht am liebsten vom „Erdboden verschwinden" wollte (S.68). Spiel war für diese Kinder die letzte Zuflucht und Hoffnung. Sie wußten, daß ihr Leben zu Ende war, wenn sie das Spiel verlassen würden.

22.6 Spielen, um zu überleben

Die letzten erschütternden Beispiele belegen, daß den Kindern im Holocaust Spiel als fast einziger Weg zum Überleben übrigblieb. Außerhalb des Spieles gab es nur den Tod. Aber auch das Leben vor dem Tod war bedrohlich genug. So mußten die Kinder den quälenden Hunger durch Spiel kompensieren.

Sowohl Eisen (1988) selbst, als auch die von ihm zitierten Berichterstatter sahen als zentrales Anliegen des Spiels in den Ghettos und später in den KZs den allgegenwärtigen Wunsch zu überleben. Der jiddische Ausdruck „szi iberleben" stand gewissermaßen hinter dem Spiel wie hinter den anderen lebenserhaltenden Aktivitäten in den Lagern.

Ein Überlebender aus Theresienstadt schreibt: „Was bedeutete Spiel (für uns)? Ich bin nicht sicher, aber ich denke, es vertauschte Phantasie und Wirklichkeit, so daß wir wenigstens versuchen konnten zu überleben" (S. 115). Da die Erwachsenen außerstande waren, den Kindern eine stabile und rationale Umwelt zu bieten, mußten die Kinder selbst eine Welt schaffen, die funktional und rational war und zu dem Verständnisniveau der Kinder paßte. Eisen (1988) bevorzugt daher den von Piaget (1964) und Flavell (1975) vertretenen Erklärungsansatz, daß Spiel Realitätsbewältigung durch Assimilation und Akkommodation darstellt.

Alle von Eisen gesammelten Beispiele belegen sehr eindrucksvoll, wie sehr Spiel als Handlung für das Weiterleben nötig war. Er zieht daraus gelegentlich den Schluß, daß sich Spiel dadurch eigentlich in Arbeit verwandelte, also in eine Tätigkeit, die der Lebenserhaltung dient. Dennoch blieb das Spiel in all seinen Variationen Spiel, d. h. es bildete Realität in der Fiktion, in der Rolle und in neu erfundenen Regeln ab und veränderte so die Realität in einer für die Kinder verständlichen und erträglichen Weise. „Verständlich" bedeutete oft nur, daß die Realität nachgespielt und ihre widersprüchlichen Elemente zusammengeführt wurden. „Erträglich" allerdings konnte die Realität oft nur durch Umgestaltung in bessere und gerechtere Welten werden. Dies geschah entweder durch die Flucht bzw. den Rückzug in schöne Phantasiewelten (Geschichten, Märchen) oder durch narratives Spiel mit glücklichem Ausgang (Befreiung von den Nazis). In unmittelbarer Existenzbedrohung jedoch bildete das Spiel eine Abschirmung gegenüber der Realität. Die Kinder gaben sich ihm hin, solange die grausame Realität dies zuließ.

Kapitel 23

Warum spielen Kinder? Eine theoretische Erklärung des ÜG

Wir kommen nun zur Kernfrage dieses Teil und damit zur Kernfrage des gesamten Buches. Wie läßt sich erklären, warum Kinder im Spiel einen übergeordneten Gegenstandsbezug zum Ausdruck bringen? Welche Mechanismen und Prozesse sind am Werk, die das Spiel zu einer zentralen, ja lebensnotwendigen Aktivität des Kindes werden lassen? Diese Fragen sollen in zwei Schritten beantwortet werden. Zunächst fassen wir noch einmal die bisherigen Ergebnisse unserer Analyse zusammen, die beschreibend und interpretierend vorging. Sie gipfelt in der Aussage, daß Spiel eine lebensnotwendige Aktivität darstellt, durch die die Realität bewältigt wird. Danach werden wir nach Mechanismen suchen, die sowohl die Entstehung des ÜG und seiner regulierenden Funktion als auch die Übersetzung in Spielhandeln erklären können.

Der erste Teil folgt dem Paradigma einer beschreibenden und verstehenden Psychologie (Dilthey, 1894), der zweite Teil einer kausal-erklärenden Psychologie. Damit folgen wir dem Vorschlag von Groeben (1986), in der zukünftigen Forschung beide Paradigmen miteinander zu verbinden, weil nur diese Verbindung der Eigenart psychologischer Fragestellungen gerecht wird. Es wird sich allerdings zeigen, daß der erklärende Teil noch sehr unbefriedigend ausfällt, da die heranzuziehenden Forschungsergebnisse nicht aus der Spielforschung selbst stammen. Das dabei auftauchende Defizit ist aber generellerer Natur und gilt auch für die Bereiche der kognitiven und Emotionspsychologie. Schließlich folgt noch ein methodischer Teil, der Vorschläge zur Überprüfung der Validität des Zusammenhanges von Spielhandeln und ÜG unterbreitet und das eigene Vorgehen erläutert.

23.1 Was geschieht? Beschreibung und Interpretation

Spiel als Realitätsbewältigung

Wir haben den ÜG als durch ein „Motiv" bestimmte Tätigkeit im Sinne von Leontjew (1977) kennengelernt, in deren Dienst Handlungsziele treten. Diese werden durch bewußtes Handeln realisiert, das seinerseits auf automatisierte und auf nicht oder wenig bewußte Routinen zurückgreift. Der ÜG wurde definiert als Thematisierung der eigenen Existenz in der Welt bzw., bezogen auf die jeweiligen Resultate dieser Thematisierung, als Konzeptualisierung eines Selbst- und Weltbildes.

Als konstituierende Komponenten des Selbst-Umwelt-Bezuges dienen die dialektischen Prozesse der Vergegenständlichung – Aneignung und Subjektivierung – Objektivierung. Diese Prozesse bewerkstelligen in tausendfältiger und detailliert zu beschreibender Weise die Auseinandersetzung zwischen Individuum und Umwelt als Bewältigung von Realität, die – ungleich zum Tier – immer auch eine erkennende und orientierende Bewältigung bedeutet. Da es sich beim ÜG um Realitätsbewältigung, also um eine existentielle Problematik handelt, müßte er schon früh in der Entwicklung auftauchen. Tatsächlich lassen sich Partnerspiele im ersten Lebensjahr schon mit dem ÜG in Verbindung bringen. Das Guck-guck-Spiel vermittelt eine existenzsteigernde Erfahrung durch das Verschwinden und Auftauchen des Partners bzw. durch das eigene Wegdrehen und Wieder-Zuwenden des Säuglings. Auch das als lustvoll empfundene Hochheben oder -werfen vermittelt dem Säugling ein gesteigertes Existenzgefühl, und ähnliches gilt für alle intensiven motorischen Aktivitäten. Die Wiederholung allein schon bedeutet gesteigerte Selbsterfahrung, und die damit oft verbundene Ritualisierung von Handlungen bewirkt die Heraushebung eines Umweltbezugs als „Figur" aus dem „Hintergrund" des Erfahrungsstromes.

Freilich, erst die Fähigkeit zum symbolischen Ausdruck bringt den ÜG im Spiel voll zur Entfaltung. Illusions-, Rollen- und Regelspiele können Thematiken als „übergeordnete Gegenstände" darstellen bzw. aufarbeiten. Aber auch der unmittelbare Gegenstandsbezug selbst vermag durch die Bewegung der Vergegenständlichung und Aneignung die Existenzerfahrung zu initiieren und zu vertiefen, wie wir an den Beispielen der Gegenstände Wasser, Plastilin und Computer demonstriert haben.

Die erste These des handlungstheoretischen Ansatzes lautet daher in bezug auf den ÜG:

These 1: Spiel beinhaltet immer einen übergeordneten Gegenstandsbezug, der in allgemeinster Form als Thematisierung der eigenen Existenz in der Welt definiert werden kann und Realitätsbewältigung zur Aufgabe hat. Das Spiel ist die wichtigste Form der „Daseinsbewältigung" (Thomae, 1968) in der Kindheit.

These 1 bringt bereits zum Ausdruck, daß menschliches Spiel zwar auf biologischen Wurzeln beruht, aber frühzeitig über das Spiel von höheren Säugetieren hinausgeht, da mit der Entstehung des Selbstbewußtseins die Thematik der eigenen Existenz in der Welt auftaucht. Aus diesem Zusammenhang läßt sich These 2 ableiten.

These 2: Der übergeordnete Gegenstandsbezug wird im Spiel wirksam, sobald das Selbstbewußtsein auftritt. Da Selbstbewußtsein seinerseits nicht plötzlich, sondern allmählich entsteht (z. B. zunächst als existentielles Selbst; s. Lewis, 1979), stellt sich der ÜG auch nicht schlagartig ein, sondern weist erste rudimentäre Formen schon dann auf, wenn sich das Kind als Urheber der eigenen Handlung und deren Effekte erlebt.

Formen der Realitätsbewältigung

Da der ÜG im Spiel sich als aktive Realitätsbewältigung zeigt, fragen wir, welche Formen der Realitätsbewältung es im Spiel gibt.

Eine erste Form ist Realitätsbewältigung durch *Nachspielen bzw. Nachgestalten der Realität.* Das, was an Erfahrungen auf das Kind einströmt, kann nicht sofort verarbeitet werden, erstens weil die Zeit dafür nicht ausreicht – es folgen weitere Eindrücke –, zweitens weil es an Schemata fehlt, an die Erfahrung assimiliert werden könnte. Daher muß die erfahrene Realität immer wieder durch Handlung nachvollzogen werden. Dies geschieht durch Nachspielen von Alltagshandlungen, wie Autofahren, Kochen, Puppe pflegen etc. oder durch Nachspielen besonderer Eindrücke wie der Besuch eines Zoos oder ein Fernsehstück. Die Spiele der Kinder im Holocaust zeigen, daß Realitätsnachbildung im Spiel die Funktion der Bewältigung einer unverständlichen und letztlich unbegreiflich bleibenden Realität haben kann. Aber auch im Alltag bedeutet Nachgestalten von sozial-kultureller Realität Orientierung und Heimischwerden in der Welt, in der man lebt. Dies ist ein Vorgang, der durch die dialektischen Handlungskomponenten von Aneignung – Vergegenständlichung und Subjektivierung – Objektivierung geleistet wird.

Man muß aber dabei im Auge behalten, daß Nachgestaltung von Realität nicht einfach Imitation oder Akkommodation (sensu Piaget) ist, denn die Fiktion des Spiels führt eine Reihe von Elementen ein, die nicht der Realität entsprechen: Das Nachspielen von Rollen (z. B. Autofahrer) bedeutet nicht, daß diese in der Realität ausgeführt werden können, die Spielhandlungen (z. B. Auto fahren) symbolisieren die realen Handlungen und sind keineswegs diese selbst, und schließlich sind die Objekte der Spielhandlung nicht die realen Gegenstände, sondern Replika oder stärker symbolisierte bzw. nur vorgestellte Objekte.

Die zweite Form der Realitätsbewältigung konnten wir als *Transformation der Realität* beobachten. Die Realität wird in bestimmten Aspekten verändert, verzerrt oder ins Gegenteil verwandelt. In dem Rollenspiel der Campingreise wurde der Räuber besiegt und festgenommen, während er in Wirklichkeit mit seiner Beute entkam. Im Telefonspiel (Reise nach Griechenland) kontrolliert das Kind Beginn und Ende des Kontaktes, während in der Realität das Kind diese Kontrolle nicht hat. Im Bootsspiel befindet sich der Junge allein und abgegrenzt auf seinem Boot, während er in der Realität diese Abgrenzung und Trennung weder bewältigen könnte noch die Erlaubnis zur Realisierung dieser Thematik erhalten würde.

Die Transformation der Realität ist also systematisch und nicht zufällig. Sie dient der Bewältigung der Alltagsrealität, in der zentrale Anliegen wie Macht, Kontrolle, Sicherheit und Bindung nicht hinreichend gewährleistet sind. Das Kind korrigiert diese Unvollkommenheiten des Daseins durch das Spiel. Der Vergleich mit dem Nachspielen von Realität macht deutlich, daß es dabei fließende Übergänge gibt. Wir können beim Nachspielen noch nicht einmal sicher sein, ob das Kind dies als solches empfindet und nicht bereits als Neugestaltung innerhalb des Spielrahmens.

Eine dritte Form der Realitätsverarbeitung ist der *radikale Realitätswechsel*. Das Kind begibt sich in eine andere Welt, die es aus den Alltagsbezügen entrückt. Das Mädchen, das eine Prinzessin wird, der Junge, der als Supermann Allmacht erhält und das Kind, das sich als Tier gebärdet, spielen in konstruierten Realitäten, deren Umwelten völlig verschieden von der Alltagswelt sind. Ein solcher Realitätswechsel kann manchmal als Flucht aus dem Alltag, manchmal als Überhöhung des Alltags und manchmal als Kompensation des Alltags durch Schaffung von Gegenwelten interpretiert werden. Diese Gegenwelten oder Antiwelten bilden ein Refugium, in das die Gebote, Verbote und Anforderungen der Umwelt keinen Zutritt haben. Hier stößt der Sozialisationsdruck an eine unüberwindliche Barriere. Das Kind schafft sich gewissermaßen vorübergehend einen neuen Lebensraum, der übrigens über längere Zeit bestehen und im Spiel immer wieder aufgesucht werden kann.

Beispiele hierfür sind der illusionäre Gefährte, ein Abenteuerspiel am Computer oder eine Phantasiewelt, die sich der Spielakteur selbst schafft und für längere Zeit aufrechterhält. Als Beispiel mag die fiktive Welt eines Jugendlichen dienen, die dieser mehrere Jahre lang aufrechterhielt (persönliche Mitteilung).

Er sah sich als Führer eines Geheimbundes, der ein unterirdisches Eisenbahnnetz gebaut hatte und dessen Mitglieder auf diese Weise schnell und unauffällig miteinander in Verbindung treten konnten. Anfangs beschäftigte sich der Akteur fast ausschließlich mit der technischen Seite der Phantasiewelt, dem Ausbau des unterirdischen Schienennetzes, den unterirdischen Bahnhöfen und Werkstätten etc., später jedoch spielte er gedanklich bei Alltagsbegegnungen seine zweite (und eigentliche) Rolle als einflußreicher, mächtiger Führer, der unliebsamen Leuten, wie Lehrern oder Politikern, seinen Willen aufzwingen konnte. Mit etwa siebzehn Jahren gab er diese Phantasiewelt wieder gänzlich auf. Sie scheint ihm bei der Identitätsproblematik behilflich gewesen zu sein.

Die drei genannten Formen der Realitätsbearbeitung sollten nicht als Rangfolge der Bearbeitungsintensität oder -problematik verstanden werden. Es liegt zwar nahe, die Nachgestaltung von Realität als einfachste Problembewältigung und den totalen Realitätswechsel als Anzeichen für schwerwiegende und realistisch nicht zu bewältigende Probleme anzusehen, doch zeigen unsere Beispiele, einschließlich des Spiels der Kinder im Holocaust, daß eine solche direkte Relation wohl ungerechtfertigt ist. Damit aber wären die drei genannten Formen der Realitätsbearbeitung eher eine Oberflächenbeschreibung der Bewältigungsprozesse. Zusammenfassend läßt sich das in diesem Abschnitt Gesagte als These 3 formulieren.

These 3: Realitätsbewältigung wird im Spiel auf dreierlei Weise versucht: als Nachgestaltung von Realität, als Umgestaltung von Realität und als vollständiges Verlassen der Alltagsrealität. Alle drei Formen gehen ineinander über und können sogar in ein- und demselben Spiel vorkommen.

Etappen der Bewältigung von Realität im Spiel

Verfolgt man Spielverhalten im Längsschnitt, so zeigt die Bearbeitung von Thematiken, wie bereits erläutert, gewöhnlich einen typischen Verlauf. Zunächst wird die Thematik noch nicht bearbeitet. Dies kann zweierlei Ursachen haben. Zum einen kann die Thematik noch keine Rolle spielen, wie etwa die Geschlechtsrollenproblematik bei Lukas, die erst bei der neunten Messung auftaucht. Zum andern mag das Kind es ablehnen, sich mit der Thematik im Spiel zu befassen, wie etwa Pia, die die Puppe nicht auf den Topf setzen will, weil sie am Tag vorher nach längerer Trockenperiode wieder naß war.

In einer zweiten Etappe finden wir dann die typischen Formen der Realitätsbewältigung und charakteristische Darstellungsweisen im Spiel, die Übersetzungsregeln folgen, wie sie im nächsten Abschnitt zusammengefaßt werden. In dieser Etappe drängt die Thematik nach Bearbeitung und determiniert das aktuelle Spiel, während zuvor andere ÜGs im Vordergrund standen. Etappe 1 (Nichtbearbeiten) bezieht sich also auf die jeweilige Thematik, sie wird für ein anderes Anliegen zur Etappe 2 oder 3.

In der letzten Etappe stellt das Kind die erreichte Bewältigung dar. Das Thema ist im Spiel noch sichtbar (besser: erschließbar), aber es wird jetzt als bewältigt und überwunden gespielt (s. Abschn. 20.4). Es läßt sich noch eine vierte Etappe ausmachen, in der die betreffende Thematik völlig verschwunden ist, und andere Anliegen im Vordergrund stehen.

Der Spielverlauf über eine längere Zeitstrecke hinweg kann aber nicht nur formal als Beginn, Bewältigen und vollbrachte Bewältigung dargestellt werden, sondern hat für jedes Kind einen spezifischen inhaltlichen Verlauf. Er läßt sich als *Spielgeschichte* beschreiben. In solchen Spielgeschichten vereinigen sich häufig verschiedene Thematiken zu einem übergeordneten Thema (z. B. Macht und Kontrolle), sie tauchen auf und werden durch andere abgelöst. Alle bislang beobachteten Spielfolgen zeigen solche individuellen Spielbiographien. Häufig freilich bleiben Thematiken erhalten und werden im Lauf der Zeit noch intensiviert. So bearbeitet Katja die Beziehungsthematik in fast jeder Spielbeobachtung über 10 Monate lang, wobei sich – korrespondierend zu der Bindungssuche der Mutter – keine zunehmende Bewältigung zeigt. Erst als das Beziehungssystem in der Realität verbessert ist (Wiederheirat, gute Beziehung zwischen Stiefvater und Kind), zeigt sich auch im Spiel die Bewältigung der Thematik. Es kommt auch vor, daß Bewältigungsversuche eine zunehmende Eskalation der Thematik zeigen und damit Bewältigung immer weniger möglich wird.

Ein positives Beispiel, das zugleich eine generellere Verlaufsmöglichkeit beinhalten könnte, zeigt eine Spielanalyse von Kelly-Byrne (1982). Sie spielte mit einem siebenjährigen Mächen ein Jahr lang in regelmäßigen Abständen und dokumentierte die Spielszenen. Der von ihr beobachtete Verlauf weist noch auf eine andere Dimension der Spielgeschichte hin, die in unserer Darstellung bislang kaum beachtet wurde. Das Kind spielte anfangs die Macht-Thematik in verschiedenen Variationen, wobei ihre Partnerin sich ihren Spielwünschen ganz unterzuordnen hatte. Später kam es mehr und mehr zu einer gemeinsamen Festlegung von Spielinhalten. Die Partnerin durfte nun aktivere Rollen bekleiden. Dabei führte das Kind mehr und mehr seine persönlichen Anliegen ein, was allmählich in eine offene Diskussion über seine Probleme mit den Eltern mündete. Was als stark symbolisierte Form der spielerischen Darstellung begann, endete in einer Kommunikation auf der „ersten Realitätsebene". Das Kind konnte den Spielrahmen verlassen und in realer Kommunikation seine Thematik artikulieren.

Es wäre interessant zu überprüfen, ob sich solche Verläufe regelhaft zeigen. In unseren eigenen Längsschnittdaten konnte kein solcher Verlauf beobachtet werden. Allerdings handelt es sich dabei um jüngere Kinder, entweder um Kleinkinder oder um Vorschulkinder. Sicherlich wäre ein Verlauf vom Spiel zur Interaktion in der Realität immer dann wünschenswert, wenn die Thematik wenigstens teilweise bewußt wird und das Bedürfnis nach Austausch mit einem Partner über die Thematik auftaucht. Faßt man den Abschnitt über den Verlauf der Realitätsbewältigung im Spiel zusammen, so läßt sich folgende These formulieren:

These 4: Die Etappen der Realitätsbearbeitung im Spiel zeigen einen typischen Verlauf, der sich formal in der Folge Nichtbearbeitung – Bemühung um Bewältigung – Darstellung der erreichten Bewältigung – Verschwinden der Thematik beschreiben läßt. Die Spielverläufe präsentieren sich zugleich als individuelle unverwechselbare Spielgeschichte, in der eine Reihe von Thematiken sich sequentiell und hierarchisch gruppieren.

Übersetzungsregeln bei der Manifestation des ÜG im Spiel

ÜG und Spielhandeln stehen in systematischer Weise in Beziehung zueinander. Die Übersetzung der (nicht bewußten) Thematik ins Spiel folgt Regeln, die mit den Merkmalen und Möglichkeiten des Spiels zusammenhängen. Wir haben bislang zwei Übersetzungsregeln genauer erläutert, die räumliche Transformation der Thematik und die narrative Ausarbeitung der Thematik im Spiel.

Die *Transformation ins Räumliche* (Nähe, Abgrenzung, Ferne, Kontrolle durch Einsperren, Rangfolge als Ordnung von Figuren u.a.m.) zeigt, wie bereits erwähnt, isomorphe Züge zur sprachlichen Darstellung psychischer Thematiken. Räumliche Metaphern, wie „du bist in meinem Herzen“, „ich bin dir nahe“, „er fühlt sich eingesperrt“ oder „er ist ganz oben“ treten in der Entwicklung wesentlich später auf als räumliche Darstellungen im Spiel, das viel anschaulicher und konkreter ist.

Daraus läßt sich erstens folgern, daß Kinder Psychisches vermutlich zunächst als Relation *zwischen* Personen und zwischen sich und der materiellen Umwelt verstehen und erst später als internes Phänomen. Dies stimmt überein mit der Annahme Wygotskis, daß jeder höhere psychische Prozeß zunächst als Beziehung zwischen Menschen und erst dann als intrapsychischer Vorgang existiert. Zweitens läßt sich folgern, daß die räumlichen Metaphern der Sprache den vorherigen Umgang mit räumlicher Darstellung von Psychischem voraussetzen. Die Hypothese lautet: Nur wer seine Thematiken (Probleme, Konflikte) im Spiel räumlich transformiert dargestellt hat oder in anderer Form die räumliche Symbolisierung psychischer und sozialer Phänomene erfahren hat, wird zu einem Verständnis von räumlichen Metaphern kommen. Diese Hypothese müßte erst noch zu überprüfen sein.

Gemäß der zweiten Übersetzungsregel wird die Thematik in eine *Erzählform* und damit in eine zeitliche Sukzession gebracht. Diese „Dramatisierung“ wandelt also eine Thematik (ein Problem, einen Konflikt) in eine Sukzession von Handlungen um. Damit verfährt das Kind mit einer Thematik ähnlich wie der Dramatiker, der in Drama und Tragödie menschliche Themen darstellt. Manchmal gleichen Spielhandlungen solchen Dramen sehr stark, wie das Beispiel von Katja zeigt, die ihren Geliebten zunächst ins Bett holt, dann sterben und wiederauferstehen läßt und ihn schließlich wiederholt ins Gefängnis wirft, um ihn stets aufs Neue zu befreien. Auch das Spiel vom Überfall auf der Campingreise bildet eine geschlossene Darstellung der Thematik.

Vielfach gibt es keinen konzisen Zusammenhang, und dennoch bleibt das Spiel bezüglich des ÜG narrativ. Das Spiel in der Höhle, das Alleinsein und Hinausfahren im Boot, das Einschließen der Figuren ins Haus, eine kurze Telefonszene, in der das Kind in der Rolle des Vaters anruft, all dies sind kurze Szenen, aber sie erzählen ebenfalls die Problemlage des spielenden Kindes. Solche narrativen Formen gleichen Kurzgeschichten, die alle zum selben Thema geschrieben wurden. Die Beziehungsthematik von Katja wird auf manningfaltige und sehr unterschiedliche Weise erzählt, die Geschlechtsrollenproblematik bei Lukas wird in vielerlei Versionen dargestellt, und das Machtthema, das fast in jeder Spielhandlung steckt, wird auf tausendfache Weise erzählt.

Eine dritte und zugleich die allgemeinste Übersetzungsregel ist die Materialisierung des ÜG durch Vergegenständlichung und Aneignung. Beide Begriffe, übrigens wiederum räumliche Metaphern, wirken für die akademische Psychologie vielleicht suspekt, obwohl es kaum Begriffe in der Psychologie gibt, die so anschaulich-konkret belegt werden können wie diese. Im Spiel materialisieren sich nämlich beide Vorgänge. Dies wird deutlich, wenn wir wieder den Gegenstandsbezug in den Mittelpunkt der Aufmerksamkeit stellen. Das Wasser- und Knetebeispiel demonstriert, was mit Materialisierung gemeint ist. Pia spielt intensiv mit Wasser, wobei eines der Hauptthemen das reale und symbolisierte Trinken ist. Sie trinkt selbst und gibt der Puppe zu trinken. Dies ist Aneignung in materialisierter Form. Das Kind und die Puppe eignen sich einen Gegenstand an, der zum Zeitpunkt des Spiels und darüberhinaus zum Zeitpunkt der Entwicklung des Kindes äußerst attraktiv ist, wie die Analyse der Spielszene gezeigt hat. Aneignung ist hier weit mehr als Befriedigung oraler Bedürfnisse, zumal das Kind keine orale Befriedigung erfährt, wenn es die Puppe füttert. Aneignung ist hier Besitzergreifen des begehrten amorphen Gegenstandes Wasser, der sich so ganz anders als andere Gegenstände verhält und sich für so viele Manipulationen (Gießen, Schütten, Umfüllen) eignet.

Unser Plastilin-Beispiel demonstriert demgegenüber materialisierte Vergegenständlichung. Die Kinder formen erstmals Gegenstände aus dem ihnen bislang unbekannten Material, z. B. Essen („Fleisch", „Gemüse") für die Puppe, von Pia sorgsam auf einen Teller direkt vor der Puppe arrangiert. Die Vergegenständlichung des Wunsches nach Freundschaft, dargestellt durch den glorifizierten Hund der Versuchsleiterin und den außerhalb des Glorienscheines stehenden Hund des Kindes, ist eine Hochform der Materialisierung. Das Materielle besteht nur noch in den verwendeten Farben und dem Papieruntergrund, während das Dargestellte die Thematik narrativ und durch räumliche Symbolik beschreibt. Letzlich gilt dies allerdings schon für die ersten gekneteten Gegenstände. Die Materie ist nur das Medium, allerdings ein Medium, das die Vergegenständlichung als partiell materiellen Prozeß dokumentiert. Damit wird deutlich, daß materialisierte Formen von Vergegenständlichung und Aneignung trotz ihrer Sichtbarkeit auf etwas anderes verweisen: einerseits auf die dahinterliegende regulierende Thematik (den ÜG), andererseits auf das im Spiel umgesetzte Ergebnis. Letztlich ist in den obigen beiden Beispielen die Materialisierung Ausdruck des generellen Selbst-Umwelt-Bezuges (als sehr allgemeiner ÜG), der durch Vergegenständlichung und Aneignung aufrechterhalten wird.

Wir konnten noch eine letzte Übersetzungsregel finden, deren Bedeutung aber noch nicht ganz klar ist: die *Eskalation von Spielhandlungen*. Vielfach treten sowohl im Einzelspiel wie im Sozialspiel eskalierende Handlungen auf, die das Spiel letztendlich zerstören. Ein Kind mit 1;9 Jahren verwandelt das zunächst behutsame Kämmen der Puppe in ein Schlagen mit dem Kamm. Ein anderes Kind läßt das Rühren im Topf in ein immer heftiger werdendes Klopfen und Schlagen auf Töpfe und Tassen übergehen. Im Sozialspiel werden Handlungen nicht selten immer mehr übertrieben, bis sie ihren ursprünglichen Sinn verlieren und in ein Toben ausarten. Motorische Spiele vollends führen häufig zu immer extensiveren Bewegungen, zu Geschrei und Chaos. Bislang ließen sich für diese Spielveränderungen zwei recht unterschiedliche Ursachen ausmachen. Zum einen trat eskalierendes Spielverhalten auf, wenn Versuchsleiterin oder Mutter wiederholt Anregungen zum Spiel boten, die das Kind nicht aufgreifen wollte. Das heftige Klopfen auf Töpfe und Tassen folgte beispielsweise nach dem wiederholten Vorschlag, etwas für die Puppe zu kochen (Kochen und Baden waren in unserem Projekt Standardsituationen, die von der Versuchsleiterin angeregt werden sollten). Die Unlust bzw. Abneigung des Kindes dem vorgeschlagenen Spiel gegenüber führte zu Esakalationen im Spiel. Trotzdem fällt es schwer, solche Verhaltensweisen als Aggressionen zu klassifizieren, die auf eine Frustration folgten (Hypothese von Dollard & Miller, 1939).

Zum andern traten Eskalationen als eine Art Aufschaukeln der Handlungsbewegungen durch Wiederholen auf. Als lustvoll empfundene Handlungen bzw. Bewegungen wurden mit steigender Intensität wiederholt, bis die Intensität ein solches Ausmaß annahm, daß die Feinabstimmung der Handlung außer Kontrolle geriet. In beiden Fällen hat man den Eindruck, als hätten Kinder das Bedürfnis, aus den Bahnen reglementierter und sozialisierter Bewegungen auszubrechen. Damit würde sich die generelle Thematik des Ausbrechens aus Sozialisations- und Lernfesseln in der Eskalation ausdrücken.

Formen von Eskalation gibt es auch in einfachen Regelspielen wie dem Turmbau mit Händen, bei dem mehrere Partner abwechselnd eine Hand auf die des Partners legen. Wenn alle Hände übereinandergeschichtet sind, zieht der Spieler, der die Hand ganz unten hat, diese hervor und liegt sie wieder obenauf. Es folgt die nächste nun ganz unten liegende Hand. Das Spiel wird immer schneller und endet in einem chaotischen, aber fröhlichen wilden Umherschlagen der Hände. Möglicherweise drückt dieser Zusammenbruch der Regel etwas Ähnliches aus: die Befreiung vom Reglement, diesmal aber selbst als Regel des Spieles implementiert.

Viele Spielforscher kennzeichnen Spiel durch das Prinzip der Inversion. Sie betonen, daß im Spiel der reale Sachverhalt umgedreht wird (Turner, 1982; Babcock, 1978; Erikson, 1961; Kelly-Byrne, 1982). Kinder spielen Mächtige, obwohl sie selbst schwach sind und Mächtigen gehorchen müssen. Sie spielen die Mutigen, obwohl sie selbst Angst haben, und sie spielen die Unabhängigen und Selbständigen, obwohl sie abhängig und unselbständig sind. Wir haben bisher diese Art der Übersetzung einer Thematik ins Spiel, nämlich die *Inversion* oder *Umkehrung*, nicht beschrieben, da man sie als Deutung nicht benötigt, wenn man die Thematik der Kinder positiv formuliert. Ihr ÜG enthält zwar als Problematik Schwäche, Angst und Abhängigkeit, doch ist das Motiv der Thematik, stark, furchtlos und unabhängig zu sein. Das Spiel drückt diese Motive unmittelbar aus und kehrt sie keineswegs um. Daß die Wünsche selbst aus der gegenwärtig umgekehrten Sachlage entspringen, ist klar. Wer schon allmächtig ist, braucht den Wunsch nach Allmacht nicht zu haben.

Aus diesen Gründen soll auch im folgenden auf Inversion als Übersetzungsregel verzichtet werden. Fassen wir die Aussagen dieses Abschnittes zusammen, so ergibt sich daraus die nächste These.

These 5: Die Übersetzung des ÜG in die Spielhandlung folgt bestimmten Regeln, von denen bislang erschlossen wurden: räumliche Symbolisierung von Thematiken (Problemlagen, Konflikte), narrative Darstellung des ÜG im Spiel, Materialisierungen von Vergegenständlichung und Aneignung als faßbare Anteile der symbolisierten Darstellung des ÜG und die Eskalation der Spielhandlung als möglicher Ausdruck der aktiven Befreiung von sozialen und kulturellen Fesseln. Die Inversion als mögliche Übersetzungsregel wird für verzichtbar gehalten.

23.2 Wie geschieht es? Ein Erklärungsversuch

Kognitiv-affektive Strukturen

Handeln wird nie allein durch den Verstand, genauso wenig allein durch das Gefühl oder den Affekt reguliert. Hinter dem Handeln stehen kognitiv-affektive Strukturen, die sich im Laufe der Entwicklung durch Erfahrung bilden. Ciompi (1993) versucht anhand gehirnphysiologischer und neuropsychologischer Daten zu zeigen, wie und warum affektive und kognitive Strukturen untrennbar miteinander verbunden sind. In der Repräsentation einer Erfahrung ist einerseits Wissen über Zusammenhänge, Ort und Zeit, andererseits die gefühlsmäßige Bewertung der Erfahrung gegenwärtig. Das kognitive (eher quantifizierende) System formt nach Ciompi die Konturen (Zeichnungen, Formen) des Erinnerungsbildes, das (eher qualifizierende) Emotionssystem gibt dem Bild die Farben. Auf die Bedeutung des Zusammenwirkens von Kognition und Emotion bei Erkenntnisprozessen weisen auch Varela und Thompson (1992) hin, die zu einer fundamentalen Kritik der einseitig ausgerichteten Kognitionswissenschaften gelangen.

Das Spiel ist von vornherein ein Medium, in dem sich kognitive und emotionale Anteile vereinen. In ihm drücken die Kinder, wie hinreichend beschrieben, sehr deutlich ihre Emotionen aus, zugleich bringen sie aber auch ihr Weltwissen mit ein, indem sie Realität nachspielen oder umgestalten. Kognitive-affektive Strukturen sind gemäß der Unterscheidung zwischen zielorientiertem Handeln und nicht bewußtem motivierendem ÜG mindestens auf doppelte Weise wirksam. Zum einen gelangen kognitive und affektive Anteile des Gesamtsystems ins Bewußtsein und verändern sich während des Spiels. Zum andern wirken Anteile des kognitiv-affektiven Gesamtsystems auf der Ebene des ÜG regulierend auf das Spiel ein. Diese Anteile sind unbewußt, wie die Psychoanalyse es ausdrückt bzw. nicht bewußt, oder nur zum geringsten Teil dem Bewußtsein zugänglich.

Die Fragen, die wir bei einer theoretischen Erklärung der Einwirkung des ÜG auf das aktuelle Spielhandeln zu beantworten haben, sind die folgenden:

- Warum ist der ÜG unbewußt? Warum gestehen sich die Spieler die Hintergründe ihres Spiels nicht ein?
- Warum wirkt der ÜG als nicht Bewußtes auf bewußtes Spielhandeln?
- Wie bildet sich der ÜG im Spiel ab? Worin besteht die Ähnlichkeit der Inhalte zwischen ÜG und Spiel?
- Wie kann man die Existenz des ÜG und seine Wirkungsweise beweisen und der zirkulären Argumentation der Psychoanalyse dabei entgehen?

Warum ist der ÜG nicht bewußt und welcher Art ist dieses „Nichtbewußte"?

Es war Freuds großes Verdienst, die Existenz und Wirkung des sog. Unbewußten dargestellt zu haben. Bei ihm ist es ein Reich von verdrängten und damit dem Ich unbekannten Trieben, Wünschen und Gedanken. Es kann seine Anliegen nicht direkt ins Bewußtsein des Ich bringen, sondern nur in verschlüsselter Form und durch Mechanismen wie Ersatzbefriedigung, Sublimierung und Projektion. Spieltheoretiker, die von der Psychoanalyse her argumentieren, erklären daher die Spielhandlung als Ausagieren verbotener Triebwünsche und Gedanken (Katharsishypothese) und als Bearbeitung von im Unbewußten beheimateten Konflikten, die im Spiel wiederholt und in dieser (zum Teil oftmaligen) Wiederholung aufgearbeitet werden (s. z. B. Wälder, 1933).

Man könnte unter Zugrundelegung der ursprünglichen Annahme eines Unbewußten vermuten, daß das Kind zunächst in seinem kognitiv-affektiven System Eindrücke verarbeitet, bei denen aufkommende tabuisierte Emotionen, wie Haß gegenüber dem kleineren Geschwister oder gegenüber den Eltern, sowie verbotene Wünsche, wie die Vernichtung des Geschwisters und die Tötung der Mutter, verdrängt werden.

Die Neo-Psychoanalyse geht allerdings bei der Erklärung von Spielverhalten über diese Annahmen hinaus. So wird die Selbstdarstellung durch Spiel (Erikson, 1978) und die Verbindung von Innen- und Außenwelt in der Spielphantasie (Winnicott, 1973; Schäfer, 1989) als Erklärung für Spielverhalten und Spielinhalte herangezogen. Weitere psychoanalytische Erklärungsansätze für das Spiel finden sich unter anderem bei Bettelheim (1973, 1977), Zulliger (1970), Mannoni (1978) und Bittner (1976). Dennoch bleibt das Faktum bestehen, daß das, was das Kind im Spiel bewegt, unbewußt ist, allenfalls vielleicht durch das Spiel teilweise ins Bewußtsein gebracht werden kann.

Trotz der zum Teil sehr differenzierten Argumentation bleibt die generelle Annahme der Existenz eines Unbewußten im oben genannten Sinne also unumstritten. Dieses Unbewußte ist „hot and wet" (Kihlstrom, Barnhardt & Tataryn, 1992, S. 789), eine Art feuchter Sumpf (letzterer Ausdruck wieder ein räumliches Symbol für das Konstrukt des Unbewußten). Autoren, die sich gegenwärtig mit dem Unbewußten beschäftigen, behandeln es „trockener" und „kälter" (Kihlstrom et al., op. cit.). Das bedeutet, daß sie die Wirkung des Unbewußten weniger auf Triebe und Wünsche als auf kognitive Prozesse hin untersuchen (Greenwald, 1992; Lewicki, Hill & Czyzewska, 1991).

Es gibt eine Reihe von Gründen, auch in den Fällen, in denen im Spiel tabuisierte Thematiken am Werk sind, nicht von der Annahme des Freudschen Unbewußten auszugehen. Der erste Grund ist natürlich, daß viele Thematiken den Kindern auch dann nicht bewußt sind, wenn sie vergleichsweise harmlos erscheinen, wie etwa der Wunsch des Mädchens, sich mit der Versuchsleiterin anzufreunden oder groß und stark sein zu wollen, ein Wunsch, den die Erwachsenen sogar permanent anregen und aufrechterhalten.

Ein zweiter Grund kann darin gesehen werden, daß Kinder schon sehr frühzeitig Thematiken im Spiel ausdrücken. Es ist wissenschaftlich unökonomisch, zu diesem Zeitpunkt ein differenziertes Unbewußtes und dazu die Mechanismen des Ich anzunehmen, die noch nicht bestehen können, da das Ich sich laut Theorie erst zu bilden beginnt. Unsere Spielanalysen (wie die vieler anderer Autoren) haben gezeigt, daß sich in der Spielhandlung komplexe Thematiken darstellen. Erinnert sei an die Beziehungsthematik des Mädchens, das seine Kontrollwünsche und Ängste vor Beziehungsverlust darstellt und diese Thematik erst im Laufe der Zeit voll entfaltet. Unsere nachträgliche Konstruktion der Thematik mag fälschlicherweise zu der Annahme führen, daß sie sich in dieser klaren Form als kognitiv-affektive Struktur im Unbewußten befindet. Wie ist sie da hineingekommen und warum hat sie sich dann nicht im Bewußtsein gebildet?

Im folgenden wird der Terminus „nicht bewußt" bevorzugt, da er die Vorstellung seelischer Welten, zu denen wir keinen Zugang haben, vermeidet. Seelische Welten sind zunächst einmal weiter nichts als eine Symbolik für ungeprüfte Annahmen der Existenz von affektiven und kognitiven Erlebnissen, die unserem Bewußtsein nicht zugänglich sind. Man kann aber psychische Erlebnisse definitorisch einschränken auf Bewußtseinserlebnisse. Die nicht bewußten Vorgänge wären dann kognitive oder affektiv-kognitive Prozesse, die nicht als „seelisch" oder „erlebnismäßig" im engeren Sinne bezeichnet werden können. Diese Auffassung deckt sich auch eher mit dem heutigen Forschungsstand über das sog. Unbewußte (eine ausführliche Diskussion ist im American Psychologist 1992, Vol. 47, Nr.6 zusammengestellt). Die Existenz nicht bewußter Prozesse bezweifelt heute niemand mehr. Automatisierte Vorgänge, wie Lesen oder Sprechen, laufen größtenteils nicht bewußt ab und beinhalten sehr rasche und komplexe Informationsverarbeitung unterhalb der Bewußtseinsschwelle. Der Spracherwerb beinhaltet den Aufbau komplexer syntaktischer Regeln, ohne daß die Sprechenden ein bewußtes Wissen über sie haben. Der nicht bewußte Erwerb artifizieller komplizierter Regeln wurde unter anderem von Lewicki et al. (1992) nachgewiesen. Bewußt nicht verfügbares Wissen, das dennoch für das Lösen von Aufgaben eingesetzt werden kann, ist ebenfalls mehrfach experimentell nachgewiesen worden (Greenwald, 1992; Claparède, 1951; Jacoby & Dallas, 1981; Kidd & Greenwald, 1988). Dieses Wissen wird als implizites Gedächtnis bezeichnet.

Alle diese Forschungsergebnisse machen die Annahme unbewußter seelischer Prozesse nicht erforderlich, jedoch die Annahme nicht bewußter kognitiver Informationsverarbeitungs -und Speicherungsprozesse.

Nach diesem kleinen Exkurs sollen nun einige Mosaiksteinchen für eine Erklärung der Existenz des ÜG im Spiel zusammengefügt werden. Zunächst kann man vom Schema-Begriff her die Entstehung des ÜG beleuchten. Das Kind besitzt ungenügende Schemata für die Erfahrungen, die es in der Umwelt macht, und die Anforderungen, die an es gestellt werden. Das Schema für „groß" und „erwachsen" ist viel zu einfach, als daß es die Thematik des Erwachsenwerdens adäquat einordnen könnte. So mögen eine Reihe von wenig verbundenen Schemata zu der Macht- und Kontrollthematik existieren. Sie wirken auf das Spiel ein und vereinigen sich für den Betrachter und vielleicht für das spielende Kind zu einem Ganzen, das plötzlich mehr Sinn ergibt.

Vor allem für konflikthafte Erfahrungen fehlen Schemata, die ein Verständnis ermöglichen könnten. Ein Kind, das das jüngere Geschwister als Rivalen erfährt, kann nicht verstehen, wieso es aus seiner bisherigen Position verdrängt wird und warum das kleinere Geschwister den Hauptanteil an Zuwendung erhält. Es hat sicherlich weniger Schwierigkeiten, wenn es in einer Kinderkrippe das Zusammenleben mit Gleichaltrigen oder Jüngeren bereits praktiziert hat. Aber selbst dann bleibt das Unverständliche an der Situation teilweise erhalten, da das Kind zu Hause eine intensivere Bindung zu den Bezugspersonen entwickelt hat. Die Affekte, die dabei im Sinne der Darstellung von Ciompi (1993) das Verhalten mitregulieren, kann das Kind ebenfalls nicht identifizieren, da es in seinem Selbst- und Weltwissen zu wenig Information über Wut, Eifersucht und Aggressivität besitzt.

Andererseits zeigt uns das Beispiel des Spracherwerbs, daß kleine Kinder eine geradezu ungeheure Leistung des Ablesens und Aufbaus syntaktischer Regeln ohne deren bewußte Konzeptualisierung und Einspeicherung vollbringen. Es läßt sich also vermuten, daß im impliziten Gedächtnis des Kindes wesentlich komplexere Informationen gespeichert sein können. Diese sind dem bewußten Zugriff entzogen (alle Versuche beispielsweise, die deutsche Sprache in grammatikalische Regeln zu fassen, die in ähnlich perfekter Weise wie der naive Sprecher Sprache produzieren, sind bislang gescheitert). Aber das implizite Gedächtnis kann für Handeln genutzt werden, was für das Spiel besonders beeindruckend gezeigt werden kann. Das implizite Gedächtnis würde also ebenfalls erklären, warum Kinder im Spiel komplexe Thematiken darstellen, die ihnen nicht bewußt bzw. nicht als deklaratives Wissen (Anderson, 1985) verfügbar sind.

Schließlich können noch empirisch gestützte Annahmen aus der Einstellungsforschung herangezogen werden. So läßt sich das Dreieckverhältnis Mutter – jüngeres Kind – älteres Kind als kognitiv-affektives Ungleichgewicht auffassen (Heider, 1958; Rosenberg & Abelson, 1960). Wie aus Abb. 11 ersichtlich, besteht das Ungleichgewicht darin, daß das Kind (K) die Mutter (M) liebt, das kleine Geschwister (G) haßt, dieses aber von der Mutter geliebt wird. Gleichgewicht kann hergestellt werden, indem das Kind die Mutter haßt oder das kleinere Geschwister liebt. Die erstere Möglichkeit bleibt verwehrt, da das Kind nicht auf die Bezugsperson, an die es gebunden ist, verzichten kann, die letztere Möglichkeit kann erst durch einen längeren Lern- und Sozialisationsprozeß realisiert werden, da das Kind tagtäglich erneut die Bevorzugung des kleineren Geschwisters erlebt.

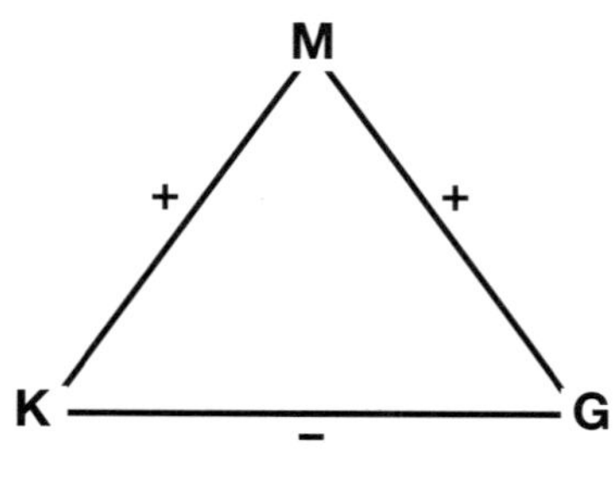

Abb. 11: Kognitiv-affektives Ungleichgewicht in der Beziehung Mutter (M) – Kind (K) – Geschwister (G) (nach dem Modell von Rosenberg und Abelson, (1960)

Man mag sich fragen, wo denn bei solchen Erklärungsversuchen das Selbst bzw. die Person geblieben ist, die in der bisherigen Beschreibungsweise des Selbst-Umwelt-Bezuges begrifflich im Mittelpunkt stand. Die Formierung des Selbst, das schon von früher Kindheit an die Handlung steuert und sich selbst die Effekte der eigenen Handlung zuschreibt, ist gewiß ein zentrales Regulationsprinzip, das Anteile im

Nichtbewußten besitzt. Auf der Ebene der hier gewählten Erklärungsversuche ist das Selbst nicht beschreibbar, weil man allenfalls Funktionsanteile dieser übergeordneten Regulierungseinheit ausmachen kann. Experimentalisten, auch solche, die sich mit dem Unbewußten bzw. Nichtbewußten befassen, neigen dazu, das Selbst oder das Ich als subjektive Täuschung anzusehen, die dadurch zustandekommt, daß Bewußtseinserlebnisse über das Ich bzw. über die eigene Identität existieren. Das Ich, Selbst oder die Identität könnte also einfach eine Konstruktion des menschlichen Geistes sein, zu der keine äquivalente Funktionseinheit im Gehirn bzw. im Gesamt-Körpersystem existiert. Diese Meinung wird hier nicht vertreten, wir werden vielmehr anhand des Zusammenhanges zwischen ÜG und Spiel Entstehung und Funktion des Selbst näher bestimmen.

Zusammenfassend ergeben sich also bisher folgende Erklärungskomponenten:

1. Inadäquate und noch unverbundene Schemata, die erst durch das Spiel zusammengefügt erscheinen.
2. Implizites Gedächtnis, das komplexe Sachverhalte speichert, dessen Inhalte aber nicht ins Bewußtsein gebracht werden können.
3. Kognitiv-affektives Ungleichgewicht, dessen Ursachen und Struktur nicht bewußt sind.

Warum reguliert der ÜG das Spiel?

Mit den bisherigen Ansätzen haben wir aber noch keineswegs erklären können, warum solche nicht bewußten Inhalte das Spiel steuern, es auslösen, ingang halten und ihm inhaltlich eine bestimmte Richtung geben. Eine erste Antwort unterhalb der Ebene des „Selbst" ergibt sich aus dem kognitiven bzw. kognitiv-affektiven Ungleichgewicht. Konflikt, kognitive Dissonanz (Festinger, 1957), Verwirrung und begriffliche Inkongruenz (Berlyne, 1960) sowie Problemsituationen überhaupt enthalten in sich die Aufforderung zur Lösung und zur Herstellung von Gleichgewicht. Der Motor für Handlung, Entwicklung und Denken wird von vielen Autoren im Ungleichgewicht (Piaget, 1964), im Widerspruch (Riegel, 1975), im Konflikt (Ulich, 1976) und im Problem (Bruner, 1966) gesehen. Die durch diese Spannungen erzeugte Aktivität des Individuums verläuft in Richtung auf Wiederherstellung des Gleichgewichts. Sofern also Ungleichgewichtszustände vorhanden sind, die auf nicht bewußte oder nur teilbewußte Eindrücke zurückgehen, entsteht ein Handlungsdruck in Richtung auf Herstellung einer Lösung, die zugleich die Wiederherstellung des Gleichgewichts bedeutet.

Dieses formale Prinzip allein deckt schon eine Vielzahl von Beispielen der Wirkung des ÜG auf das Spielhandeln ab. Ob das Kind im Funktionsspiel Entspannung nach starker Spannungssteigerung erlebt, beim Explorieren kognitives Ungleichgewicht beseitigt oder ob es im Regelspiel den Konflikt des Vergleichs zwischen zwei Partnern austrägt und mit dem Ausgang des Spiels ausgleicht, in jedem Falle handelt es sich um die (vorübergehende) Herstellung von Entspannung, Harmonie und Gleichgewicht. Andererseits ist dieses Prinzip wieder sehr allgemein und erklärt vor allem nicht hinreichend die eigentlich interessanten Fälle, nämlich die Abbildung von Thematiken im Spiel.

Daher erscheint eine zweite Erklärungsmöglichkeit aus der Gedächtnispsychologie interessant, die Wirkung des Recency-Effektes. Darunter versteht man, daß beim Erwerb einer Reihe von Items das letzte besser behalten wird als die vorherigen. Dies wird als Beweis für die Existenz des Kurzzeitgedächtnisses angeführt. Nach einer längeren Pause zwischen Darbietung und Wiedergabe verschwindet der Recency-Effekt. Untersuchungen zum sog. Alltagsgedächtnis haben jedoch den Recency-Effekt auch über längere Zeitstrecken nachgewiesen (Bjork & Whitten 1974). Baddely und Hitch (1977) fanden den Effekt bei Rugby-Spielern, die die Namen der Mannschaften erinnern sollten, gegen die sie in der Saison gespielt hatten. Watkins und Peynircioglu (1983) demonstrierten simultan drei solcher Recency-Effekte über längere Zeitstrecken im Alltagsgedächtnis. Solche Befunde veranlaßten Baddely (1986) zu der Annahme, daß der Recency-Effekt eine generelle Eigenschaft des kognitiven Systems ist, die sowohl für das Kurzzeit-, als auch für das Langzeitgedächtnis gilt. Er hat die Funktion, das Individuum fortwährend darüber zu orientieren, wo es sich in Raum und Zeit befindet. Conway (1991) argumentiert, daß diese Eigenschaft sich in der Evolution herausgebildet haben könnte und eine wichtige Funktion für das Überleben beinhalte. Im Spiel zeigt sich der Recency-Effekt darin, daß Kinder jüngste Ereignisse nachspielen. Recency als evolutionäre Eigenschaft erklärt einen Teil des Spielverhaltens, die Nachgestaltung der Realität.

Ein zweiter Befund aus der Gedächtnisforschung bezieht sich auf das unterschiedliche Behalten von Ereignissen. Emotional positiv gefärbte und negativ getönte Episoden werden besser behalten als neutrale Ereignisse. Dabei können aber auch stark verzerrte Erinnerungen auftreten. Dies zeigt das sog. Blitzlicht-Gedächtnis (flashbulb memory). Die Erinnerung an die Explosion der Space Shuttle Challenger war auch nach Jahren noch sehr lebendig, aber sie erwies sich drei Jahre später bei einem Drittel der Befragten als völlig falsch (Harsch & Neisser, 1989; Neisser, 1991). Solche Veränderungen eindrucksvoller Ereignisse im Gedächtnis gleichen der Umwandlung von Erlebnissen durch das Spiel (s. etwa unser Beispiel der Campingreise).

Solange man nur in einem Einweg-Modell verbleibt, das frühere (nicht bewußte) Erfahrungen in Spielhandeln einspeist, unterschlägt man die andere Möglichkeit, daß der Spielrahmen und das Spiel-Setting Schlüsselreize enthalten, die Gedächtnisspuren aktivieren. Genau dies aber dürfte regelmäßig der Fall sein, also die Verbindung zwischen ÜG und Spielhandeln gedächtnispsychologisch mitbedingen. Im folgenden nutzen wir nur ein einziges Modell zur Darstellung dieses Zusammenhanges.

In sog. konnektionistischen Modellen geht man von der parallelen Informationsverarbeitung aus, die eines oder mehrere Netzwerke in Anspruch nimmt. Diese Art von Verarbeitung kann schon deshalb nicht bewußt sein, weil im Bewußtsein nur ein Vorgang repräsentiert werden kann. Bei Netzwerkmodellen bzw. konnektionistischen Modellen ist die Information in einer großen Anzahl von Knoten, aus denen das Netzwerk zusammengesetzt ist, repräsentiert. Dabei spielt die sich ausbreitende Aktivierung eine große Rolle. Sie ereignet sich im typischen Ansatz solcher Modelle in drei Schichten von Knoten: der Input-(Eingabe-)Schicht, der Output-(Ausgabe-) Schicht und der intermediären (vermittelnden) Schicht, die auch als „hidden unit layer“ bezeichnet wird.

Als Beispiel eines Modells für das Zusammenwirken dieser drei Schichten von

Knoten seien die Annahmen von Grossberg und Stone (1986) gewählt. Ein Signal (z. B. ein Spielzeug oder eine Spielsituation) verursacht eine Aktivierung in der Input-Schicht. Diese Aktivierung wird zur nächsten Schicht der Knoten übertragen. Die Aktivierung wird multiplikativ gebahnt durch Spuren des Langzeitgedächtnisses. Damit ist gemeint, daß sich Signal und Gedächtnisspur multiplizieren: nur ein starkes Signal und eine stark ausgeprägte Gedächntnisspur führen zur Aktivierung der höheren Schicht, während schwache Signale mit starker Gedächtnisspur und starke Signale mit schwacher Gedächtnisspur nicht weitergegeben werden. In derselben Weise, also durch Aktivierung, erfolgt eine Rückwirkung auf die niedrigere Schicht (top-down), so daß die Input-Schicht nach einiger Zeit auf die Kombination der Spuren des Langzeitgedächtnisses und der Eingabe-Signale abgestimmt (tuned) wird.

Dieses konnektionistische Modell kann auch das Zusammenwirken von ÜG und Spielhandeln erklären. Signale der Spielsituation, sofern diese entsprechend stark sind, aktivieren im Langzeitgedächtnis Inhalte des ÜG, sofern entsprechend starke Gedächtnisspuren vorhanden sind. Die Aktivierung der „höheren" Schicht entspricht der Aktivierung des ÜG. Diese wirkt nun gemäß dem Modell von Grossberg und Stone auf die Eingabe-Schicht zurück: Die Spielsituation wird als zum ÜG gehörig interpretiert. Spielhandeln als Aktivierung der Output-Schicht würde, sofern man hier wieder das generellere konnektionistische Modell heranzieht, die Verbindung zwischen Spielreizen und ÜG-Komponenten herstellen und zu deren Integration führen.

Worin besteht die Ähnlichkeit zwischen (verborgenem) ÜG und (offenem) Spielhandeln?

In den vorausgegangenen Kapiteln haben wir die Darstellung des ÜG im Spiel meist als unmittelbar evident erlebt. Die Aggression gegenüber einem kleinen Bären, den das Kind nach „Tötung" zum Mutterbären legt, scheint uns die Geschwisterrivalität abzubilden. Das Telefonieren im Spiel wird von uns unmittelbar als räumliches Symbol für die Herstellung von Beziehung verstanden. Psychosoziale Probleme werden, wie wir sahen, räumlich oder narrativ übersetzt. Fassen wir die Inhalte des ÜG als psychosoziale Thematiken und als Anliegen der Identität (der Existenz in der Welt), so stellt die Symbolisierung solcher mentaler Inhalte durch räumliche Beziehungen, materielle Gegenstände oder durch Umwandlung in Geschichten eine gewaltige Leistung dar, die wir eigentlich dem Kind nicht zutrauen können.

Hier erweist sich wiederum die umgekehrte Denkrichtung als vorteilhaft. Wir müssen, wie bereits ausgeführt, nicht von der Existenz klar formulierter Thematiken und Probleme ausgehen. Diese existieren im Langzeitgedächtnis eher als Fragmente, isolierte unvollständige Schemata und als kognitiv-affektives Ungleichgewicht. Was Kinder (und vielfach auch Erwachsene) rasch kodieren können, sind in der Tat räumliche und zeitliche Momente von Ich-Umwelt-Erfahrungen. Die Bindung an die Bezugsperson ist zunächst tatsächlich räumliche Nähe und Körperkontakt. Die „psychische" Nähe ist ein Konstrukt höherer Ordnung, das demzufolge auch erst später aufgebaut wird. Die räumliche Darstellung der Beziehungsthematik ist somit die erste begreifbare Komponente der Grunderfahrung von Sicherheit und Geborgenheit.

Ähnlich verhält es sich mit der narrativen Komponente des Spiels. Sie ist nicht in erster Linie „Symbol“ für eine Thematik, sondern entsteht durch die Struktur von Handlung selbst, die in der Zeit abläuft und demzufolge zwangsläufig zu einer Episode, einer Geschichte wird. Das Ausagieren einer Beziehungsthematik in Spielhandlung beispielsweise realisiert den Wunsch nach Beziehungsstabilität. Diese wird in der Tat nur durch Episoden in der Zeit gelebt.

Damit kehrt sich die Argumentation um. Das, was wir bislang konzeptuell als Thematik gefaßt haben, ist eine Abstraktion und Verdichtung von Erfahrungen, die das Kind in seinem Leben gemacht hat. Diese Verdichtung haben wir gewissermaßen als verkürzte Formulierung verwendet, sie ist aber nicht in dieser Form im „Unbewußten“ gegenwärtig und wirksam. Wiederum erscheint es vorteilhaft, Konzepte der Gedächtnispsychologie zur Erklärung der Ähnlichkeit von ÜG und Spielhandlung heranzuziehen.

Frühe Formen der Speicherung von Inhalten vollziehen sich vor allem im epsiodischen Gedächtnis (Tulving, 1972). Das episodische Gedächtnis speichert zeitlich datierte, räumlich lokalisierte und persönlich erfahrene Ereignisse. Solche Episoden vereinigen sich zur persönlichen Biographie, sofern sie verfügbar sind und nachträglich konstruktiv zusammengeordnet werden. Man muß aber davon ausgehen, daß viele der Episoden, die man erlebt hat, nicht verfügbar sind. Wir haben weiter oben argumentiert, daß solche Episoden nicht bewußt gemacht werden können, wenn keine passenden Schemata zur Verfügung stehen und wenn sie nicht in den Gesamtzusammenhang bisherigen Wissens (der kognitiv-affektiven Struktur) eingeordnet werden können. Spieldarstellungen sind in allen Fällen auch Darstellungen von Episoden, sei es als sensomotorischer Ablauf, als Handlung im Fiktionsspiel und Rollenspiel oder als stärker formalisierte und verallgemeinerte Episode im Regelspiel. Damit ist aber die Ähnlichkeit zwischen ÜG und Spiel auch strukturell gegeben: Der ÜG besteht aus unverbundenen, noch nicht assimilierten Episoden, die räumliche und zeitliche Merkmale aufweisen, und das Spiel drückt wiederum den ÜG episodisch aus.

Wenn man auf die Symbolik im Spiel zurückkommt, läßt sich also die ketzerische These vertreten, daß nicht das Spiel den ÜG symbolisiert, sondern der als Thematik oder Ich-Umwelt-Beziehung gefaßte ÜG eine durch uns vorgenommene sprachliche Symbolisierung und Verdichtung der im Spiel ausgedrückten Inhalte darstellt.

Spiel als integratives Medium für den Aufbau des Selbst

Wenn aber der ÜG nicht als zusammenhängende Ich-Umwelt-Thematik existiert, sondern nur des Verständnisses halber von uns so konstruiert wurde, warum ist es dann überhaupt nötig, ihn theoretisch als Handlungsebene beizubehalten? Die Antwort muß beim Selbst als Aktionszentrum gesucht werden. Wir haben einen handlungstheoretischen Ausgangspunkt für die Beschreibung und Erklärung von Spiel gewählt. Handlung als Begriff ist aber nur sinnvoll, wenn man einen Akteur voraussetzt, der als Organisationsinstanz (Wille, Planung, Kontrolle) und als Repräsentationszentrum (Selbstbewußtsein) existiert. Das Selbst wird daher von uns nicht als bloße Fiktion oder Täuschung angesehen, sondern als Subsystem des gesamten kognitiv-affektiven Systems, das immer dann wirksam wird, wenn die Auseinandersetzung mit der Umwelt dies verlangt (bei Routine-Handlungen ist dies beispielsweise nicht nötig).

Das Selbst als Organisations- und Bewußtseinszentrum bildet sich zwar sicherlich schon im ersten Lebensjahr aus (Lewis & Brooks, 1979; White, 1959), doch bleibt es rudimentär und erhält erst allmählich seine Form als abgegrenzte Identität. Dies wurde vor allem in der Neo-Psychoanalyse betont (Kernberg, 1981; Mahler, 1980). Das Selbst formiert sich durch Handeln in der Umwelt in jeweils individuell einmaliger Weise, und es kann diese Selbstkonstruktion überhaupt nur in Handlungsfeldern leisten. Ein besonderes Handlungsfeld in der Kindheit ist das Spiel. Indem das Kind Thematiken und „Anliegen" des ÜG ausdrückt, fügt es bislang unverbundene und daher auch unverstandene Teile seiner Erfahrung zusammen. Wir konnten dies an der Beziehungsthematik von Katja demonstrieren. Sie stellt ihre nicht bewußten Probleme in immer neuen Versionen des Spiels mit dem fiktiven Spiros bzw. mit der aktuell anwesenden Mutter dar und gewinnt dabei eine veränderte und erweiterte Struktur ihres Selbst. Auch das episodische Beispiel des Bildes (Abb. 10), das den Freundschaftswunsch zur Versuchsleiterin ausdrückt, demonstriert, wie das Selbst durch die Integration von ÜG und Spielhandlung strukturiert wird. Dies soll im folgenden nochmals an dem verkürzten Protokoll der Malszene demonstriert werden (Aufnahme und Protokoll: Sigrid v. Tein).

K: „Ich mal einen Regenbogen... Mit Himmel und Sonne..."
malt den Regenbogen und innen hinein den Hund Quinto der Vl.
Vl: „Und was macht der Quinto da?"
K malt eine Blume innerhalb des Regenbogens gegenüber vom Hund. „Der schaut gerade eine Blume an."
Vl: „Und was ist das für eine Blume?"
K: ... „Eine Phantasieblume". Malt einen Schmetterling. „Kommt ein Schmetterling".
...
K: „Mal ich noch den Arco hin." (Hund des Kindes). „Den tu ich außerhalb, außerhalb." Malt den Hund.
Vl: „Was machst du jetzt noch?"
K: „Die Locken." Malt die Locken von Quinto.
....
Vl: „Was machen denn die auf dem Bild...?"
K: „Die treffen sich."

Man erkennt, daß Claudia zunächst der Versuchsleiterin nur ein „schönes" Bild malen will, wobei ein Regenbogen entsteht. Erst dann taucht Quinto als Substitut für die Versuchsleiterin auf. Quinto schaut eine Phantasieblume an, zu der sich noch ein Schmetterling gesellt. Das Mädchen überhöht die Welt des Quinto durch Beigaben der Schönheit. Erst dann wird ihr eigener Hund Arco außerhalb des Regenbogens gezeichnet, was sie auch doppelt verbalisiert. Der ästhetische Gegensatz zwischen Arco und Quinto wird noch einmal verstärkt, indem Claudia Quinto Locken malt. Auch dieses Bild drückt die Beziehung zwischen Kind und Versuchsleiterin nicht nur räumlich, sondern auch narrativ aus. Die Tiere „treffen sich."

Erst während der Entstehung des Bildes also fügt sich die Thematik zusammen. Sie war dem Kind zuvor nie so präsent. Als Vergegenständlichung hat sie sich verdichtet. Dieser Prozeß ähnelt sehr dem späteren künstlerischen Schaffen. Erst wenn das Bild fertig ist, hat sich auch die Gesamtidee kristallisiert. Sie kann im Kunstwerk erst die Aussage erhalten, die zuvor so nicht möglich war.

Zurück zum Spiel. Winnicott (1973) und später Schäfer (1989) betrachten das Spiel als intermediären Bereich zwischen innerer und äußerer Realität. Beide Bereiche werden im Spiel zu etwas Neuem vereinigt. Überträgt man diesen Gedankengang auf den hier gewählten theoretischen Ansatz, so stellt das Spiel ein integrierendes Medium dar. Es vereinigt die aus dem Spielsetting stammenden Signale mit Gedächtnisinhalten, wobei diejenigen des ÜG nicht oder wenig bewußt sind, und gestaltet im Spiel eine Realität, in der sich insuläre und unverstandene episodische Erfahrungen zu einem Ganzen vereinigen. Diese Vereinigung stellt zugleich eine neue Person-Umwelt-Beziehung dar: Sowohl das Selbst, als auch die Umwelt haben sich verändert und bilden eine neugeschaffene Realität. Sie mag vorübergehend sein, aber sie hinterläßt eine neue Erfahrungsgrundlage für das Selbst, die für die Weiterentwicklung bedeutsam werden kann und die aktuelle Problemlage meistern hilft.

Die vermittelnde Funktion des Spiels besteht also darin, daß es einerseits Handlungsfeld für das Selbst als Akteur und Bewußtseinsinstanz ist, andererseits dieses Selbst verändert. Dieser Sachverhalt gilt natürlich auch für andere Handlungsfelder, nicht nur für das Spiel. Damit nähern wird uns wieder dem theoretischen Ausgangspunkt dieses ganzen Teils: Die Person-Umwelt-Beziehung wird durch Prozesse der Aneignung und Vergegenständlichung erweitert oder verengt, stabilisiert oder destabilisiert, geordnet oder ins Chaotische verändert, bewältigt oder nicht gemeistert.

Zwei Ebenen von Wissenschaftssprache

Es zeigt sich, daß die Rückkehr zu dieser Wissenschaftssprache etwas anderes beschreibt und erklärt als die vorherigen, vorwiegend aus der Gedächtnispsychologie herangezogenen Begriffe. Strenge Experimentalisten würden diese Sprache gänzlich als „Wissenschaftssprache" ablehnen und ihr nur alltagssprachliche Bedeutung zubilligen. Eine solche Kritik ist ernstzunehmen, da unsere Begrifflichkeit, ähnlich wie die kindlichen Darstellungen im Spiel, räumliche Metaphern bevorzugt. Solche Metaphern sind Analogien, wie sie ähnlich auch in der Gedächtnispsychologie und letztlich in jeder psychologischen Richtung benutzt werden. So spricht man von Speichern (ein räumlicher Begriff), von Abrufen (ein auditiver Prozeß), von Regulierung und Steuerung (technisch-maschinelle Konzepte) u. a. m. Die Begriffe sind relativ willkürlich, solange sie – zumindest auf Umwegen – operationalisierbar sind. Im Konnektionismus gelingt dies allerdings nur noch durch Computersimulation, wobei interessanterweise die Einzelvorgänge, die zu einem Ergebnis (z. B. Buchstabenerkennen) führen, nicht mehr verfolgt werden können und auch nicht genau vorhersagbar sind.

Der Vorwurf, räumliche oder globale mentale Metaphern zu verwenden, kann also nur aufrechterhalten werden, wenn sie als Konzepte nichts zur Beschreibung und Erklärung beitragen. Es zeigt sich jedoch, daß sie notwendig werden, wenn man die Ebene der „Mechanik" psychologischer Prozesse und Strukturen verläßt und zur übergeordneten Ebene aufsteigt, auf der die Mechanik den integrativen Leistungen des Person-Umwelt-Bezuges zu dienen hat. Auf dieser Ebene vereinigen sich Teilstrukturen oder -systeme zum Selbst als Handlungszentrum, und informationsverarbeitende bzw. emotionale Prozesse zur Gesamtbewegung von Aneignung und Vergegenständlichung.

In Anlehnung an einen Gedankengang von Hofstadter (1985) kann man die Ebene der Mechanik mit der Maschinensprache in der Computerwissenschaft vergleichen und die Ebene der Auseinandersetzung zwischen Selbst und Umwelt als Programmiersprache auffassen. Die Programmiersprache beschreibt in keiner Weise, welche Prozesse im Computer tatsächlich ablaufen, aber sie eignet sich für den menschlichen Umgang mit dem Computer in hervorragender Weise, während die Maschinensprache sich auf dieser Ebene als regelrecht sinnlos erweist. Dennoch bleibt die Forderung aufrechterhalten, daß eine solche „höhere“ Sprache und Begrifflichkeit eine empirische Prüfbarkeit zulassen muß. Diese Forderung läßt sich bei den meisten psychoanalytischen Konzepten nicht erfüllen, weshalb wir diese Sprache auch möglichst vermieden haben. Man vergleiche die obige Diskussion zum sog. Unbewußten.

Zusammenfassung

Zur Erklärung des Zusammenhanges zwischen ÜG und Spielhandeln kann nun festgehalten werden:

1. Der ÜG ist dem Individuum nicht oder nur teilweise bewußt, weil er in unvollständigen und voneinander getrennten Schemata repräsentiert ist, dem Bewußtsein nicht unmittelbar zugängliches kognitiv-affektives Ungleichgewicht erzeugt, dadurch Problemlagen, die der Bearbeitung harren, bildet und Wissen im impliziten Gedächtnis speichert.

2. Der ÜG motiviert und reguliert das Spiel zwar einerseits durch bestehendes (nicht bewußtes) Ungleichgewicht und durch den Recency-Effekt, andererseits wird er durch markante Signale (Reize) in der Spielsituation aktiviert, wenn diese mit (stark ausgeprägten) Gedächtnisspuren gekoppelt werden.

3. Die Verarbeitung des ÜG durch räumliche und narrative Darstellung im Spiel nutzt das ontogenetisch früh auftretende Verständnis von psychosozialen Beziehungen als Beziehungen der räumlichen Nähe und Ferne sowie die episodenhafte (narrative) Darstellung von episodisch gespeicherten Erfahrungen. Damit symbolisiert das Spiel nicht eigentlich Thematiken des ÜG durch Übersetzung in Spielhandlung, sondern faßt die nicht bewußten (meist episodischen) Inhalte des ÜG zu einer partiellen oder umfassenden Darstellung zusammen. Die Beschreibung der Thematik in sprachlicher Form stellt eine Verdichtung und Abstraktion des Interpreten (bzw. Therapeuten) dar, die so als ÜG nicht in der kognitiv-affektiven Struktur des Individuums existieren dürften.

4. Damit nimmt das Spiel eine intermediäre Funktion ein: Es dient einerseits dem bewußt agierenden Selbst als Aktionsfeld, andererseits formt es durch die Vergegenständlichung des ÜG das Selbst vorübergehend oder dauerhaft.

5. Die hier genannten Prozesse haben allgemeine handlungstheoretische Relevanz und gelten nicht nur für das Spiel, sondern für das Kulturschaffen generell. Die verwendeten Metaphern wie Selbst-Umwelt-Bezug, Aneignung und Vergegenständlichung sind als Wissenschaftssprache erforderlich, wenn die Ebene der „Mechanik“

der beteiligten Prozesse verlassen und die übergeordnete Ebene der Erklärung der Orientierung und Anpassung des Individuums dargestellt wird.

23.3 Zur Methodik der Ermittlung des ÜG

Hermeneutik

Wir haben bisher als „Beweis“ für das Einwirken des ÜG auf das Spielhandeln Plausibilität und Evidenz in den Vordergrund gestellt. Die meisten der gewählten Beispiele sind unmittelbar so einleuchtend, daß es schwerfällt, die interpretierten Thematiken als Erfindungen abzutun. Die bislang bevorzugte Methode war die hermeneutische. Wir haben Spielhandlungen als Vorgänge der Aneignung und Vergegenständlichung sowie als Ausdruck von Thematiken gedeutet oder „ausgelegt“.

Solche Auslegungen lassen sich durch den Konsens der Leser in ihrer Zuverlässigkeit prüfen. Sofern Angehörige einer Kultur sie verstehen und teilen, besitzen sie zugleich Gültigkeit. Die Zuverlässigkeit von Deutungen läßt sich auch durch Rater-Übereinstimmung unmittelbar prüfen. Kommen zwei Beurteiler unabhängig voneinander zur gleichen Interpretation, so gilt ihre Deutung als zuverlässig und brauchbar. Aber auch die Herstellung des Konsenses durch Diskussion zwischen zwei oder mehr Beurteilern ist möglich: Die Auslegung wird zum Ergebnis eines argumentativen Gruppenprozesses (Näheres hierzu siehe Witzel, 1982; andere Autoren in Flick et al, 1991). Es ist klar, daß die Deutung des Spiels eine zentrale Aufgabe bleibt, die durch statistische Verfahren nicht verschleiert werden darf. Die Interpretation ist auch kein freier, völlig beliebiger Akt, sondern kann durch Angabe von Kriterien durchsichtiger gemacht werden. Die Verarbeitungsregeln der räumlichen und narrativen Darstellung sind ebenso Beispiele für die Präzisierung des Interpretationsvorganges wie die Ermittlung der aktuellen Verarbeitungsphase (vor, während und nach bewältigter Thematik).

Dennoch bleiben Interpretationen aus der Sicht einer empirischen Wissenschaft unbefriedigend. Im folgenden sollen einige Wege der empirischen Absicherung des zu erschließenden ÜG skizziert werden.

Vorhersagen bei Spielbeobachtungen im Längsschnitt

Wenn eine Thematik wie Beziehungsprobleme (Katja) oder ein Umweltbezug wie die Beschäftigung mit Wasser (Pia) länger besteht, so lassen sie sich bei einer Längsschnittuntersuchung vorhersagen. Dies ist bereits während eines laufenden Längsschnittes möglich und beinhaltet dann die Vorhersage der Fortsetzung des ÜG bei der nächsten Messung, also die längerfristige Vorhersage eines Spielverhaltens.

Vorhersagen lassen sich auch nach Abschluß von Längsschnittbeobachtungen treffen. Hier ist es notwendig, daß die Beurteiler die folgenden Messungen (Beobachtungen) erst analysieren, wenn sie ihre Vorhersage getroffen haben. Vorhersagen lassen sich nicht nur für das Auftreten des ÜG machen, sondern auch für den Spielverlauf (Bewältigung – Darstellung der Bewältigung).

Gesamtanalyse von Längsschnittdaten

Eine zweite Möglichkeit besteht in der Analyse von ÜGs im Gesamtzusammenhang des Spielverhaltens über eine längere Zeitperiode (etwa 1 1/4 Jahre in unserer Untersuchung) hinweg. Auf diese Weise ist es möglich, Dauer und Dominanz bestimmter ÜGs festzustellen, übergeordnete Thematiken aufzuspüren (wie etwa die Gesamtthematik bei Katja) und die Verzahnung von Thematiken zu studieren.

Die Kontrolle solcher Deutungen kann wieder mit dem zuerst genannten Verfahren der Vorhersage erfolgen oder durch unabhängige Beurteiler.

Nutzung von Hintergrundinformation

In den meisten Fällen ist es wenig aussichtsreich, spielimmanent den ÜG zu folgern. Man benötigt Hintergrundinformationen, wie die Beziehungen zu den Eltern und zwischen den Eltern, vorausgegangene aktuelle Ereignisse (Erkrankung und Arztbesuch), traumatische Erlebnisse (Überfall während der Campingreise) oder Umbrüche, die die Situation des Kindes insgesamt verändern (Scheidung). Man kann versuchen, solche Ereignisse zu taxonomisieren, und kommt dann zu Einteilungsgesichtspunkten wie chronische Störungen im Umfeld des Kindes, einmalige Vorfälle, wiederkehrende traumatische Ereignisse (Streit zwischen den Eltern, Trunkenheit des Vaters) und ökologische Brüche (Veränderung der Gesamtsituation: Umzug, Scheidung). Schließlich lassen sich anstehende Entwicklungsaufgaben (Kindergartenbesuch, Schuleintritt, Sauberkeitserziehung) als eigene Klasse von Ursachen für ÜG's bestimmen.

Diese Hintergrund- oder Rahmeninformation sollte aber nicht nur als Einbahnstraße benutzt werden, also in der bisherigen Richtung der Schlußfolgerung von Ereignis auf die Entstehung des ÜG, sondern auch umgekehrt als Rückschluß typischen Spielverhaltens auf Rahmenbedingungen im Lebensraum des Kindes. So erlaubt das aggressive Verhalten gegenüber einer Spielfigur im Phantasiespiel Rückschlüsse auf Geschwisterrivalität oder feindselige Gefühle gegenüber einem Elternteil. Solche Annahmen lassen sich dann realiter prüfen.

Die Hintergrundinformation begleitet die bereits genannte Methode der Vorhersage bzw. Gesamtanalyse.

Gesamtanalyse und Vorhersage in der Aktualgenese

Das Kind kann versuchen, durch eine Spielszene eine aktuelle Problematik zu bewältigen, die tatsächlich wenige Minuten später nicht mehr existiert. In solchen Fällen kann man die Aktualgenese des ÜG und seine Übersetzung ins Spiel verfolgen. Hierzu ein Beispiel:

In der Kinderkrippe warten die Kinder, bis sie abgeholt werden. Als die Mutter von Bernd erscheint und ihr Kind begrüßt, schmiegt sich die 2;5 jährige Doris ebenfalls an sie und sagt: „Du bist auch meine Mutter." Doris' Mutter kommt später, und sie muß noch weiter auf sie warten. Die Mutter von Bernd geht auf die Fiktion ein und sagt lächelnd: „Dann hab ich zwei Kinder und der Bernd hat eine Schwester." Nachdem sie mit Bernd die Kinderkrippe verlassen hat, greift Doris zum Spieltelefon und spricht fiktiv mit ihrer Mutter: „Du bist meine Mutter..“ und erzählt ihr, was gegenwärtig um sie herum vorgeht.

Das Warten auf die Mutter führt zur aktuellen Umdeutung von Bernds Mutter: „Du bist meine Mutter“. Diese Attribution veranlaßt das Kind wiederum zur Versicherung von Doris am Telefon gegenüber der (vorgestellten) eigenen Mutter, daß *sie* ihre Mutter sei, und zur Herstellung eines fiktiven Kontaktes mit der eigenen Mutter. Das Verhalten von Doris als Ausdruck des ÜG ist unmittelbar evident, doch läßt sich auch aus der Aktualgenese das spätere aus dem früheren Verhalten ableiten und das frühere mit dem späteren in Verbindung setzen.

Aktualgenetische Spielhandlungen als Verarbeitung des ÜG finden sich häufig in der Folge eines unmittelbar vorausgegangenen Ereignisses, wie das Verlieren im Regelspiel oder die Wegnahme eines Spielzeugs.

Ein anschauliches Beispiel für die aktualgenetische Verarbeitung eines Themas bietet das oben genannte Konstruktionsspiel, in dem der Wunsch nach Freundschaft bildnerisch dargestellt wurde. An diesem Beispiel ließ sich verfolgen, wie das Thema Schritt für Schritt entwickelt und zu einem Ganzen zusammengefügt wird. Die Analyse der Aktualgenese kann nicht auf Vorhersage zurückgreifen, sondern nur Hypothesen für Verarbeitungsregeln im Spiel liefern. Die eigentliche Prüfung gelingt nur durch experimentelle und quasi-experimentelle Designs, die im folgenden kurz erläutert werden sollen.

Bildung von Subgruppen

Ein quasi-experimentelles Vorgehen zum Beweis der Wirkung des ÜG im Spiel besteht in der Bildung von Subgruppen, die sich hinsichtlich kritischer Ereignisse und chronischer Erfahrungen unterscheiden. So kann man Schulanfänger mit gleichaltrigen zurückgestellten Kindern oder erfolgreiche Schüler mit Schulversagern vergleichen. Die Gruppen müßten sich hinsichtlich der ausgespielten Probleme signifikant unterscheiden. Ähnliches gilt für Scheidungskinder, Kinder alleinerziehender Mütter und Väter im Vergleich zu Kindern aus vollständigen Familien. Die Liste von Subgruppen ließe sich noch weiter fortsetzen. Ein Gruppenvergleich sollte aber sinnvollerweise mit einer spezifischen Fragestellung (z.B Beziehungsproblematik, Unsicherheit, widersprüchliche Anforderungen, ökologische Brüche u. dgl.) verbunden werden.

Experimentelle Induktion des ÜG

Bei vielen sozial- und kognitionspsychologischen Fragestellungen wird eine kritische Variable experimentell induziert. Dieses Vorgehen eignet sich im begrenzten Umfang auch für den Nachweis des ÜG im Spiel. So können Kinder durch Betrachten von freundlich-harmonischen oder bedrohlichen, ängstigenden Szenen eines Filmes in ausgewogene oder angstvolle Stimmung versetzt werden. Diese müßte sich im Spiel auswirken. Untersuchungen zur Medienwirkungsforschung, die mit anderer Fragestellung durchgeführt wurden, unterstützen diese Annahme. So etwa die Untersuchungen von Barnett (1984) und Barnett & Strom (1981), in denen nachgewiesen werden konnte, daß die Induktion von Angst, z. B. durch Zeigen eines Lassie-Filmes, vermehrtes Spiel provozierte.

Eine andere Methode besteht in der Vorgabe bestimmter Rollen bzw. Rollengeschichten, die den Ausgangspunkt für die Spielhandlung bilden. Wer den Bösewicht oder den Ängstlichen spielen soll, muß sich nach unserer theoretischen Annahme einen ÜG für die Dauer des Spiels setzen und versuchen, den jeweiligen Charakter auch tiefenstrukturell zu spielen. Dies gelingt aber erst mit fortschreitendem Alter und läßt sich bei Rollenspielen, wie dem „Schwarzen Auge“ gut beobachten (s. Abschn. 24.2).

Zusammenfassung

Der ÜG kann nicht nur durch einen Interpretationsakt erschlossen, sondern ebenso wie andere psychologische Konstrukte verifiziert oder falsifiziert werden. Die beweiskräftigsten Methoden sind (1) Vorhersagen in Längsschnittbeobachtungen, (2) der Vergleich von Subgruppen mit unterschiedlichem Erfahrungshintergrund, aber sonst möglichst gleichen Bedingungen und (3) die experimentelle Induktion des ÜG.

Die Verbindung von verstehender Interpretation und der Kontrolle von Kausalbedingungen als erklärendem Vorgehen erfüllt die Forderung von Groeben (1986), daß Psychologie beide Vorgehensweisen verbinden müsse, und stellt somit ein Paradebeispiel für die Überwindung einseitiger Forschungsorientierung in der Psychologie dar.

Teil 5

Was wird aus dem Spiel im Erwachsenenalter?

Eine Psychologie des Spiels muß nicht nur versuchen, das Phänomen des Spiels selbst zu beschreiben und zu erklären, sondern auch zur Frage Stellung nehmen, welchen Platz das Spiel im Erwachsenenalter erhält und warum es aus den meisten Alltagsbezügen verschwindet. Diese Frage ist vielschichtig und soll in diesem Teil auch nicht umfassend behandelt werden. Vielmehr wollen wir einige Perspektiven und Phänomene aufgreifen, die im Jugend- und Erwachsenenalter mit der Struktur und der tieferen Bedeutung von Spiel zusammenhängen. Dabei wird sich herausstellen, daß weniger die im Erwachsenenalter beobachteten Spiele das eigentlich Interessante sind, sondern Bereiche, die scheinbar nichts mit dem Spiel zu tun haben wie Religion, Kunst und Arbeit.

Zunächst allerdings geht es um eine Spielform, die vermutlich zuerst unter den Erwachsenen auftrat und erst allmählich auch Bestandteil kindlicher Spiele wurde: das Regelspiel.

Kapitel 24
Regelspiele im Erwachsenenalter

24.1 Die adaptive Funktion des Regelspiels in verschiedenen Kulturen

Roberts, Arth und Bush (1959) sowie später Sutton-Smith (1986a) stellen einen Zusammenhang zwischen der Art des Regelspiels und den in der Kultur gegebenen Anforderungen und Konflikten fest. In kleinen kooperativen Stammesgruppen scheint es keine Regelspiele zu geben. Sie treten nach Ansicht der genannten Autoren erst auf, wenn Konflikte zwischen Gruppen, z. B. zwischen Männern und Frauen oder zwischen Individuen aufbrechen, und zwar in Form von *körperlichen (sportlichen) Wettkämpfen*. Bei den Fuegiden in Argentinien und Chile gab es Wettkämpfe im Tauziehen zwischen Männern und Frauen. Das Ziel war aber entweder der Sieg der Frauen (bei manchen Stammesgruppen) oder Gleichgewicht auf beiden Seiten. Daher durften die Frauen sich ein oder zwei Männer zu Hilfe nehmen, wenn der Kampf zu ungleich wurde. Sutton-Smith (1986, S. 62) vermutet, daß dieses Regelspiel die Spannungen zwischen Männern und Frauen abbauen helfen sollte. Das Regelspiel ist gleichsam ein Modell und eine Ausdrucksform für die Bewältigung von Konflikten und Spannungen zwischen Gruppen.

Noch deutlicher werden solche Spannungen, wenn individuelle Differenzen, vor allem Leistungsdifferenzen, in einer Kultur zulässig sind bzw. ein Strukturelement derselben bilden. Hier werden Konflikte und unterdrückter Ärger oder Zorn in Wettspielen ausgedrückt und kompensiert. Wettkämpfe im Speerwurf, Lauf oder Ringen hatten in Jägerkulturen zudem eine unmittelbare Beziehung zu den Kompetenzen, die fürs Überleben wichtig waren. Ihre Einbettung in Feste und Rituale gab den Wettkämpfen eine überhöhte, sakrale Bedeutung. Solche Wettkämpfe symbolisierten auch den Kampf gegen feindliche Stämme, antizipierten den realen Kampf und schulten die nötigen emotionalen Muster, wie Überwinden der Angst, Aufbau aggressiver Emotionen, geschärfte Aufmerksamkeit etc.

Lever (1976) hat wie viele andere vor ihm Regelspiele, die von Jungen und Mädchen bevorzugt gespielt werden, gesammelt und kennzeichnet die Jungenspiele durch:
- Körperstärke und -kontakt
- kontinuierlichen Aktivitätsfluß
- motorische Aktivität, die den ganzen Körper umfaßt
- die Beanspruchung von viel Platz und die Bevorzugung des Spielens im Freien
- symbolische oder echte Konflikte zwischen Gruppen und Teams
- Erfolg, der durch aktive Auseinandersetzung mit einem anderen Spieler zustandekommt
- wohldefiniertes Ergebnis mit eindeutigen Gewinnern und Verlierern
- Spiele in großen Gruppen

- längerdauernde Spiele
- häufig altersheterogene Gruppen

Die (körperlichen) Spiele der Mädchen hingegen sind seinen Befunden nach zu charakterisieren durch:
- an die Reihe kommen in fester Reihenfolge
- gemeinsames Singen und Reime aufsagen
- Rhythmen und Wörter
- wohldefinierte Spielphasen
- indirekten Wettbewerb
- eine Vielfalt von Regeln, die jede Bewegung kontrolliert
- Einbeziehung nur von Teilen des Körpers
- einzelnes Praktizieren von Spielbewegung
- Wettbewerb zwischen Individuen, nicht zwischen Gruppen

Lever (1976) interpretiert diese Merkmale dahingehend, daß sich Jungen auf Rollen in großen, komplexen Einrichtungen der Gesellschaft vorbereiten, während Mädchen in ihren Spielen symbolisch die Teilhabe an kleinen Gruppen und die Beziehungen zu den Mitgliedern dieser Gruppe (vor allem der Familie) vorwegnehmen. Im Sinne von Parsons (1949) werden Jungen dadurch eher auf universalistische, Mädchen stärker auf partikularistische Beziehungen vorbereitet. Obwohl wir heute mehr und mehr eine Aufhebung der Geschlechtsspezifität bei Sportspielen antreffen, gilt das Gesagte der Tendenz nach wohl immer noch.

Glücksspiele entstanden nach Ansicht von Sutton-Smith (1986a), Roberts & Sutton-Smith (1962) in Kulturen, die magische und übernatürliche Kräfte nutzten, um den Willen der Götter bzw. des Schicksals zu erkunden. In solchen Kulturen war beispielsweise das Orakel als Methode der Entscheidungsfindung bedeutsam. In Glücksspielen drückt sich für den Spieler nicht nur der Zufall aus (sonst würde er nicht spielen), sondern auch abergläubische Vorstellungen wie die, einen glücklichen Tag bzw. eine glückliche Hand zu haben.

Ein besonders eindrucksvolles Beispiel für die kulturell-antagonistische Bedeutung des Glücksspieles ist der blutige Hahnenkampf auf Bali. Wie kommt ein Volk, das Schönheit und Kunst liebt, tief religiös lebt und im Alltag freundliche und harmonische Beziehungen besonders hochschätzt, zu dem Interesse an blutigen Kämpfen zwischen Hähnen, die solange aufeinander einhacken, bis einer von beiden tot ist? Geertz (1973) deutet diese merkwürdige Freizeitbeschäftigung als „Tiefenspiel", das die normale soziale Ordnung umkehrt, sowohl hinsichtlich der streng hierarchischen Gesellschaftsstruktur als auch in bezug auf die freundlich-harmonischen Sozialbeziehungen. In einem Rausch von Animalität, die Balinesen sonst verabscheuen, und in der Umkehr sozialer Ordnung drückt dieses Spiel aus, was geschähe, wenn aus dem Spiel Realität würde: Der Zusammenbruch von Kultur und Menschlichkeit.

Risiko und inverses Verhalten finden sich in vielen Kulturen, einschließlich der unseren (Alford, 1982). Das Risikoverhalten von Jugendlichen in unseren westlichen Gesellschaften gleicht oft einem Glücksspiel: Experimentieren mit Drogen, hohe Fahrgeschwindigkeiten, blindes Überqueren von Kreuzungen, exzessives Trinken, riskante Kletter- und Skitouren etc.

Insgesamt sind Glücksspiele dieser Art, seien es Risiko-Wettkämpfe oder Wetten, durch ein hohes Maß an Irrationalität gekennzeichnet (Sutton-Smith, 1986).

Strategie-Spiele existieren in Kulturen, in denen bei der Entscheidungsfindung und beim Lösen von gesellschaftlichen Problemen Diplomatie, Täuschung und Strategie eine Rolle spielen. Dies ist in Stadtkulturen und komplexen Kulturen der Fall. So finden wir Schach in Europa, Go in Asien und Mancala in Afrika als Strategie-Spiele. Leichtgläubigkeit bzw. unmittelbares Vertrauen beobachtet man eher in einfachen Kulturen mit niedrigem Komplexitätsgrad, deren Mitglieder beim Überlebenskampf unmittelbar aufeinander angewisen sind, während Mißtrauen in komplexen Kulturen fürs Überleben notwendig wird, da Individuen mit besseren Strategien im Vorteil sind.

Strategie-Spiele sind expressive Modelle von Täuschungs- und Betrugsmacht. Viele der Alltagsausdrücke mit „Spielen" und „Spieler" handeln von Täuschung: mit einer Frau (einem Mann) spielen, mit Worten spielen, mit den Gefühlen eines anderen spielen, ein Pokergesicht aufsetzen, bluffen, eine As in der Hinterhand haben, jemanden in die Hände spielen etc.

Systematisch formulieren die Autoren den Zusammenhang zwischen Kultur und Regelspiel in der *Konflikt-Enkulturations-Hypothese*. Sie besagt folgendes: Konflikte, die während der Sozialisation des Kindes und später induziert werden, führen zur Beteiligung an Regelspielen, die expressive Modelle solcher Konflikte bilden. In diesen Modellen kann risikoarmes Lernen stattfinden, das adaptiv für die Enkulturation ist, indem Kompetenzen erworben werden, die zur Bewältigung der kulturell vorgegebenen Konflikte und Aufgaben nötig sind. Tab.12 stellt die Beziehung zwischen kulturellem Aufgabentypus und Art des Regelspiels dar. Strategie-Spiele sind im Kulturvergleich assoziiert mit strenger Primärsozialisation, psychologischer Disziplinierung, stärkerem Gehorsamstraining und höherer kultureller Komplexität. Glücksspiele sind assoziiert mit ausgeprägtem Training von Handlungsroutinen für Verantwortung, Bestrafung persönlicher Initiative und Glaube an das Wohlwollen übernatürlicher Mächte. Wettspiele, die körperliche Geschicklichkeit zum Gegenstand haben, findet man in Kulturen, die Wert auf Leistung legen.

Tabelle 12: Korrespondenz von kulturellen Aufgaben und Art des Regelspiels (zusammengestellt nach Sutton-Smith, 1986; Sutton-Smith, Roberts & Kozelka, 1963)

Kultureller Aufgabentypus	Bevorzugter Typus des Regelspiels
strenge Primärsozialisation, psychologische Disziplinierung, Gehorsam, höhere Komplexität	Strategiespiele
Übernahme von Verantwortung, Unterdrückung persönl. Initiative, Glaube an Wohlwollen übernatürlicher Kräfte	Glücksspiele
Leistung als zentrale Aufgabe, Konflikte zwischen kulturellen Gruppen	körperliche (sportliche) Wettkämpfe

Sutton-Smith, Roberts und Kozelka (1963) versuchen auch, den Zusammenhang zwischen Kultur und Regelspiel innerhalb der amerikanischen Kultur durch die Bildung von Subgruppen nachzuweisen, in denen bestimmte Werte und Sozialisationspraktiken gemäß dieser Einteilung von Kulturen vorherrschen. Sie benutzten das Material großer Erhebungen an Erwachsenen in den USA, aus denen auch die bevorzugte Spieltätigkeit der Probanden hervorging. Sie vermuteten aufgrund ihrer Konflikt-Enkulturations-Hypothese, daß Frauen mehr als Männer Strategiespiele bevorzugten, da sie insgesamt stärker zu Gehorsam und psychologischer Disziplin erzogen worden waren als Männer. Sie nahmen aber auch an, daß Männer aus gehobenen Schichten stärker als Männer mit einfacher sozialer Herkunft Strategiespiele bevorzugten, denn erstere waren stärker als letztere zur Selbstkontrolle und psychologischer Disziplin erzogen worden. Weiterhin nahmen die Autoren abgeleitet aus der Korrespondenz von Kultur und Spiel an, daß Frauen häufiger als Männer und Unterschichtmänner häufiger als Männer aus höheren Schichten Glücksspiele bevorzugten. Schließlich vermuteten sie, daß sportliche Wettkampfspiele häufiger von Angehörigen der gehobenen Schichten und insgesamt häufiger von Männern als von Frauen gespielt würden.

Die Ergebnisse bestätigten die Annahmen der Autoren. Damit ist aber nicht ausgeschlossen, daß andere Interpretationen die unterschiedliche Bevorzugung von Regelspielen nicht ebenso oder sogar besser erklären könnten. Da es sich um große Stichproben handelt, bleibt zumindest die unterschiedliche Verteilung von Spielpräferenzen bedeutsam. Man könnte vermuten, daß heute, ca. dreißig Jahre später, sich Verschiebungen ergeben haben, besonders was die Geschlechtsunterschiede betrifft. So dürften die Unterschiede bei sportlichen Wettkampfspielen geringer geworden sein. Dazu liegen bisher keine Daten vor. Das Interesse an sportlichen Wettkämpfen, besonders am Fußball, ist allerdings auch heute noch stärker bei Männern bzw. männlichen Jugendlichen zu finden als bei Frauen. In Bezug auf körperliche Wettkampfspiele konnte die Erwartung nicht bestätigt werden, daß dieses Spiel von Gruppen mit hohen beruflichen Leistungsanforderungen und höherem beruflichen Status bevorzugt wird.

Damit ist jedoch die Grundannahme der Konflikt-Enkulturations-Hypothese nicht widerlegt. Sie fügt sich in unsere bisherige Sichtweise ein, daß das Spiel in erster Linie der Lebensbewältigung dient, erweitert diese jedoch um die Kulturperspektive.

Der Nationalsport, wie Fußball in Deutschland und Football bzw. Baseball in den USA, ist zwar Ausdruck einer wettbewerbs- und leistungsorientierten Gesellschaft, spiegelt jedoch auch Spezifika der nationalen Kultur wider. In den USA drückt sich in der Bevorzugung von Baseball und Football neben der Fairneßorientierung auch die mit Willen gepaarte Kontrollüberzeugung aus: Man muß etwas aushalten können und sich selbst kraftvoll und willensstark einsetzen. Das Fußballspiel enthält neben der Komponente des Willenseinsatzes den Strategie-Anteil des Täuschens, Planens und Zusammenspiels. Zudem ist der Nationalsport in eine eigene Subkultur eingebettet, an der die Spieler selbst und die Fans zentral, die Fernsehzuschauer und das große Feld der Mannschaftsanhänger peripher beteiligt sind (Göbbel, 1986; Taylor, 1975, 1976; Critcher, 1976). Ein besonders bemerkenswertes Beispiel eines expressiven Modells ist der Stierkampf, auf den hier leider nicht näher eingegangen werden kann.

Sutton-Smith (1986b) hat seinen früheren Annahmen über den Zusammenhang von Kultur und Spiel noch eine Facette hinzugefügt. Sie betrifft das Problem der Anpassung an die Computer-Kultur der Gegenwart. Der Computer flößt nach Ansicht des Autors vielen Angst ein, da er zwar ein hervorragendes Instrument zur Bewältigung der Informationsflut und zur Entscheidungsfindung darstellt, aber auch mehr und mehr Kontrolle übernimmt (Speicherung persönlicher Daten, Kontrolle von Verkehr und Produktion, entscheidendes Mittel der Kriegführung etc.). Computer repräsentieren die Macht der Logik und der Informationsspeicherung. Wie einst physische Macht durch körperliche Wettkämpfe, Zufall und Bestimmung durch Glücksspiele und Täuschung durch Strategiespiele kompensiert worden seien, so würde die Macht des Computers durch Videospiele ausbalanciert, die es Kindern und Jugendlichen ermöglichen, die neu in unserer Kultur etablierte Macht und das damit verbundene Konfliktpotential zu bewältigen (op. cit., S. 65).

Abschließend seien die Folgeaussagen der Konflikt-Enkulturations-Hypothese zusammengestellt, wobei man davon ausgeht, daß Regelspiele allesamt mit Leistung und Leistungsmotivation zu tun haben. Der Unterschied liegt in den Mitteln, wie Leistung erzielt werden kann (Roberts & Sutton-Smith, 1962; Roberts & Kozelka, 1963, S.24-26).

1a. Konflikte, die im Kindes- oder Erwachsenenalter durch Leistungserziehung oder -druck entstehen, führen zu Interesse an expressiven Modellen (hier: Regelspielen), in denen Gewinnen und Verlieren ein Ergebnis von Macht und Geschicklichkeit sind.

1b. Personen, deren kulturell bedingte Probleme zum Spielinteresse führen, engagieren sich in Leistungen, die in expressiven Modellen (wie dem Regelspiel) repräsentiert sind.

2a. Die Teilnahme an leistungsorientierten Spielen fördert vor allem bei Kindern körperliches, intellektuelles und soziales Lernen, das zu der Fähigkeit beitragen kann, in dem Erfolgssystem der Gesamtkultur zu überleben.

2b. Expressive Modelle tragen so zur Anpassung an kulturelle Anforderungen bei, die ursprünglich den Anlaß für das Interesse am Spiel oder anderen expressiven Modellen bildeten. Sie stellen Übungen zur Meisterung und Beherrschung von geforderten Leistungen dar.

Damit zeigt sich erneut die Fortsetzung der Argumentation des Teils 4: Spiel ist eine Bewältigungsform, auf die auch Erwachsene nicht verzichten.

24.2 Regelspiel und Abenteuerrolle: Ein Beispiel

Für Jugendliche und Erwachsene gibt es heute Spiele, die eine interessante Alternative zu den herkömmlichen Regelspielen darstellen, seien es körperliche Wettkämpfe, Strategiespiele oder Glücksspiele. Diese Alternative schöpft aus den Abenteuer-Welten der Fantasy-Literatur und versetzt die Mitspieler in die Rolle fiktiver Figuren wie Krieger, Elfen, Magier und Zwerge. Das Abenteuerspiel folgt dabei vorgegebenen Regeln, die eine Mischung aus Strategie- und Glücksspiel bilden. Andererseits gibt es für die Mitspieler Freiheitsgrade in der Gestaltung der jeweiligen Rolle.

Diese Spielform, die wir exemplarisch am Abenteuerspiel „Das schwarze Auge“ darstellen werden, nimmt die volle Leistungsfähigkeit der kognitiven Kompetenz Erwachsener in Anspruch. Komplexes Denken, Problemlösen, soziale Kognition und Gedächtnis sind in hohem Ausmaß gefordert. Diese Kompetenzen sind erst im Jugendalter ausgeprägt, weshalb Abenteuerspiele dieser Couleur auch kaum früher gespielt werden können.

Das Schwarze Auge: Regeln und Rollen

Ort der Abenteuerspiele ist Aventurien, das Reich des Schwarzen Auges, in dem bestimmte Gesetze herrschen. Jede Rolle ist durch Ausprägungswerte von fünf Eigenschaften gekennzeichnet: Mut (im Gefecht entscheidet der Mutwert darüber, wer als erster angreift), Körperkraft (ist immer dann in Krisensituationen erforderlich, wenn physikalische Hindernisse beseitigt werden müssen), Klugheit (wer wenig Mut und Körperkraft besitzt, muß in erhöhtem Maße Klugheit einsetzen, um überleben zu können), Charisma (die Fähigkeit, andere Wesen freundlich zu stimmen) und Geschicklichkeit (eine Mischung von körperlicher Gewandtheit und geistiger Beweglichkeit). Alle diese Eigenschaften können je nach Fortgang der Handlung gesteigert werden, ihr Anfangswert wird ausgewürfelt.

Zusätzlich gibt es Punkte für Lebensenergie, die im Kampf bei jedem Treffer des Gegners reduziert werden. Nach einer Erholungszeit kann der Spieler im nächsten Kampf wieder mit dem vollen Betrag an Lebensenergie antreten. Der gänzliche Verlust an Lebenspunkten führt zum Tod und damit zum Ausscheiden des Helden. Astralenergie als weiteres Merkmal der Helden ist eine geheimnisvolle Kraft von Magiern und Elfen, die man erst im Laufe einer Reihe von Spielen erwerben kann. Schließlich gibt es noch Abenteuerpunkte für die Bewältigung schwieriger Probleme. Jedesmal, wenn man eine bestimmte Menge von Abenteuerpunkten gesammelt hat, erreicht man eine höhere Stufe. Man beginnt bei Stufe 1 und kann bis zur 21. Stufe gelangen. Mit Erreichen einer neuen Entwicklungsstufe darf einer der Eigenschaftswerte nach freier Wahl erhöht werden. Die Entwicklung der Charaktere wird auf einem Charakterblatt festgehalten.

Weitere Elemente des Spiels sind: das Vermögen (das wechselnde Kapital, das einem zur Verfügung steht), Waffen und Rüstung (die man sich auf dem Basar kaufen kann, wobei einem Charisma und Geschicklichkeit helfen, den Preis herunter zu handeln), allgemeine Ausrüstung (Proviant, Rucksack, Fackeln u.ä.), Tragkraft und mitgeführte Last. Die Kämpfe selbst bestehen aus Attacke und Parade und werden durch Würfeln ausgetragen, wobei Waffen, Rüstung, Kampfkraft etc. mit einkalkuliert sind (s. Abb.12).

Die Helden des Abenteuers sind der Krieger (furchtlos und stark, berechtigt zur Führung aller Waffen), der Zwerg (hohe Lebensenergie, Körperkraft und Geschicklichkeit, wittert verborgene Türen etc.), der Elf (beherrscht Elfenzauber, ist musisch, klug und geschickt, wenig lernbegierig, weshalb sich seine Astralenergie nur langsam steigert, unterscheidet sich vom Menschen durch lange Ohren), der Magier (ist menschlich, besitzt hohe Astralenergie, trachtet nach Wissen und Vervollkommnung, lernt auf der „Akademie“) und der Abenteurer (Anfängerrolle, Lust zum Abenteuer,

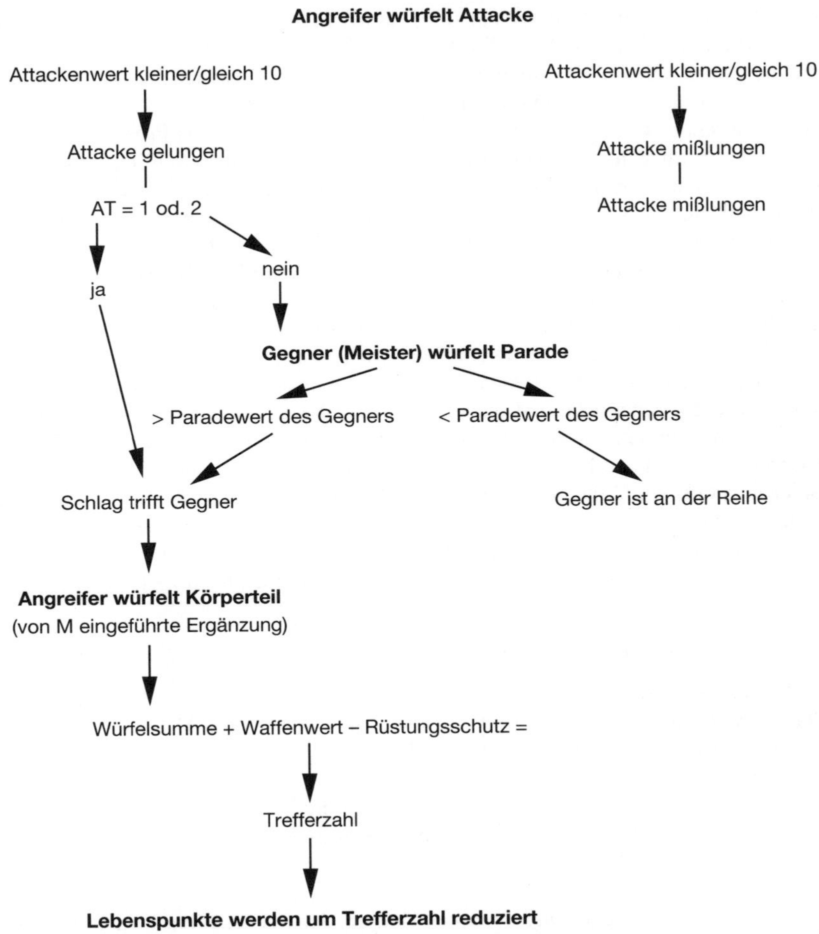

Abb. 12: Beispiel einer Kampfsequenz im Abenteuerspiel „Das schwarze Auge“

kann sich zum Magier oder Krieger entwickeln). Die Helden machen eine Entwicklung durch, die über eine Reihe von Wochen und Monaten Realzeit und über Jahre und Jahrzehnte fiktiver Zeit dauern kann.

Zunächst wird durch Würfeln das Anfangsniveau festgelegt. Hohe Werte in der Körperkraft prädestinieren einen Mitspieler für den Krieger und den Zwerg, hohe Werte an Klugheit und Geschicklichkeit für den Magier und den Elf. Männliche und weibliche Rollen sind nicht durch Unterschiede in den Eigenschaften und sonstigen Merkmalen definiert, sie können je nach der Welt, die als Einstiegs-Realität vorgegeben wird, gewählt werden.

Die Kernfigur des gesamten Spiels bildet der Spielmeister. Er ist kein aktiver Mitspieler, sondern schafft permanent die Rahmenbedingungen für den Fortgang des Spiels. So entwirft er zunächst die Abenteuer-Situation, stellt mögliche Rollen dar, und bestimmt während des weiteren Spielverlaufes die möglichen Gegner. Er vergibt auch die Abenteuerpunkte an die Mitspieler. Für viele Handlungen, die von den Helden beabsichtigt werden, verlangt der Spielmeister zunächst eine Probe, um das Gelingen des Vorhabens (z. B. Befreiung) abschätzen zu können. Will ein Spieler beispielsweise eine verschlossene Tür einschlagen, so muß er zuvor eine Körperkraftprobe würfeln und bestehen. Ist der gewürfelte Wert höher als seine Körperkraft, so gilt das Vorhaben als mißlungen. Mit der Weiterentwicklung der Körperkraft wird das Scheitern im Spielverlauf immer weniger wahrscheinlich. Der Spielmeister muß ein hohes Komplexitätsniveau an Informationsverarbeitung, aber auch Kreativität bei der Erschaffung seiner Welten und ausgeprägte soziale Kognition beim Einfühlen in die Charaktere und deren Entwicklung besitzen.

Neben den hier beschriebenen Grundregeln gibt es eine Reihe von Zusatzmöglichkeiten, wie Zaubersprüche und magische Gegenstände, die ebenfalls nach bestimmten Regeln eingesetzt werden können. Sechs aventurische Monster, die meist als Gegner, in Ausnahmefällen auch als Verbündete, auftreten können, bestimmen das Spiel mit: Ork (einfältig, aber verschlagen), Goblin (feige und heimtückisch), Oger (schnell, ausgehungert, raubtierhaft), Troll (übellaunig, relativ intelligent, naschhaft), Kobold (tückisch, magiebegabt, klug) und Tatzelwurm (gefährliches Raubtier, sein Gestank verringert Charisma; Klauen, Gebiß und Schwanz als körperliche Waffen).

Eine Spieldokumentation: Entwicklungsthematik im Abenteuerspiel

Teilnehmer sind vier männliche Jugendliche (Alter: 16 Jahre) und der Versuchsleiter, der die Videoaufnahme organisiert hat und in der Rolle eines Abenteurers mitspielt (Aufnahme und Protokoll: Achim Wentzel).

S1: Elf	Stufe 7
S2: Abenteurer	Stufe 2
S3: Frau (gespielt von einem männl. Spieler)	Stufe 5
S4: Abenteurer (Versuchsleiter)	Stufe 2
M: Meister	

Im gekürzt wiedergegebenen Protokoll sind bei den Szenenüberschriften die realen Zeiten, im Text die fiktiven Zeiten innerhalb des Abenteuers angegeben.

13:00 ZUSAMMENTREFFEN

M: Seit dem letzten Abenteuer ist ein Jahr vergangen. S2 und S4 haben sich in ein Städtchen zurückgezogen. S1 und S3 wollen sich der Widerstandsbewegung gegen Garet, den Herrscher des Mittelreiches, in dem sie sich derzeit befinden, anschließen (Aktualisierung der Charakterblätter). Sie sind aus dem Gefängnis ausgebrochen und werden gesucht. Alle vier treffen sich am Stadttor. Begrüßung und Bericht über Erlebnisse während der Abwesenheit, erster Austausch über das neue Vorhaben.

M: Die Menschen verlassen die Straße und schließen die Fenster, der Steuereintreiber naht mit Panzerwagen, Kutsche und Soldaten. Acht Steckbriefe werden aufgehängt, S1 und S3 werden gegen hohe Belohnung gesucht. Die Gruppe versteckt sich in einer Gasse.

13:10 AUSRÜSTUNGSFRAGE UND AUFBRUCH
Die Gruppe verläßt die Stadt und entschließt sich, nach Süden zur Untergrundbewegung vorzustoßen. Man diskutiert Ausrüstungsfragen vor dem Hintergrund der mageren Barschaft, Reittiere oder Waffen? Einzelheiten des Reiseweges werden besprochen.
13:14 BEGEGNUNGEN AUF DEM REISEWEG
M: würfelt zwei Begegnungen (mit einem 100seitigen Würfel: dazu hat M eine Begegnungstabelle angelegt). Ein alter Mann nähert sich mit niedrigem Wagen und wird von der Gruppe begrüßt, die überlegt, wie dieser ihnen helfen könne. Beim Überschreiten einer Brücke verwehrt ihnen ein Troll (= M) den Weg. Die Gruppe bietet Geld und Kunststücke gegen Freigabe an. Der Troll verlangt, daß S2 jongliert. Diesem mißlingt dies (Würfelprobe), während S1 beim zweiten Mal Erfolg hat. Der Troll läßt ihn frei, hält jedoch die andern weiterhin fest. Sie kommen durch eine List frei. S4 bietet Reparaturarbeiten an der angeblich schadhaften Brücke an. Der Troll, der die Stelle besichtigen will, stürzt in die Tiefe.
13:23 ANKUNFT IN DER STADT KRONINGEN
Es wird vorgeschlagen, in Vororten zu nächtigen, es gibt jedoch keine (M). Nach diversen Aktivitäten suchen S2 und S4 in der Stadt Herberge, während die steckbrieflich gesuchten S1 und S3 auf einem Baum vor der Stadt übernachten (Kletterprobe von S1).
13:33 NÄCHTLICHER KONTAKT UND AUFNAHME BEI DEN UNTERGRUNDKÄMPFERN
M: Beschmierte Gestalten nähern sich im Wald und legen eine Falle für den Steuereintreiber. Kampf mit Eskorte des Steuereintreibers. S1 und S3 wollen helfen, werden festgenommen, dann aber von den Rebellen aufgenommen und erzählen ihre Geschichte. S2 und S4 treffen sich am verabredeten Ort am nächsten Morgen mit S1 und S3, ziehen ins Camp der Rebellen und lassen sich dort nieder. S1 gerät in Konflikt mit den Elfen der Rebellen, da er einem feindlichen Stamm angehört (Er will die versprengten Teile einer magischen Rüstung zusammentragen, womit er seinen Stamm rächen könnte).
M: Vorladung zum Rebellenführer, der der Gruppe den Auftrag gibt, militärische Geheimnisse auszukundschaften. Auslosen des Oberkommandos und Planung des Reisewegs.
13:53 GEFANGENNAHME IN WINHALL
Nach Beratschlagung der Gruppe betritt S1 verkleidet die Stadt, wird entlarvt und gefangen genommen. Der Rest der Gruppe diskutiert verzweifelt, wie man S1 befreien könnte. Von einer Pilzsammlerin (M) erfahren sie, daß S1 in einem Schiff zur Hafenstadt transportiert werden soll. Man beschließt, das Schiff zu überfallen und einen Baum darauf zu stürzen.
14:17 ÜBERFALL UND BEFREIUNG
Der Baum trifft das Schiff. S3 erschießt nach Würfelprobe den Kapitän. Währenddessen sinkt das Schiff. Trotz aller Verhinderungsversuche explodiert das Schiff. S1 kämpft gegen das Ertrinken und kann sich nach mehreren Würfelproben ans Land bringen. S2, S3 und S4 besiegen im Kampf drei Soldaten, die sich mit einem Beiboot vom Schiff haben retten können. Die Gruppe reitet unter Zeitdruck vorbei an einem See und durch einen dunklen Wald. Die Nacht ist angebrochen, eine sich nähernde Horde aufgeschreckter Tiere zwingt die Gruppe, den Weg zu verlassen und sich in eine verfallene Kapelle zu flüchten.
14:50 WOLFSRUDEL UND WERWOLF TROLL
Dort lauern neue Gefahren. Die näherrückenden Wölfe können nicht vertrieben werden, da es zu finster ist, um auf sie zu schießen. Da taucht der Werwolf Troll (M) auf, den man nur mit Silber töten kann. Mehrere Versuche, mit Silbertaler auf den Troll zu schießen. Der wird getroffen, jedoch nicht tief genug, und die Wunden des Trolls schließen sich sofort wieder. Ein Pferd mit Silbertaler am Kopf wird dem Troll zum Fraß vorgesetzt, doch vergebens. S1 kann sich nach Würfelprobe durch Wegspringen retten. S2, S3 und S4 rammen den Troll mit einem Balken, auf dem ein Silbertaler steckt. Nach erstem Mißlingen (Würfelprobe) wird der Troll tötlich getroffen, beißt aber zuvor S3 den Arm ab.
Inzwischen haben sich die Wölfe genähert und das tote Pferd aufgefressen. Die Gruppe besteigt die Pferde.

ABBRUCH DES ABENTEUERS
Das Abenteuer wird beim nächsten Treffen der Mitspieler fortgesetzt, wobei sie unter anderem vom Schatz eines Drachens profitieren wollen.

Drei Hauptmerkmale kennzeichnen dieses Spiel: Starker Gruppenzusammenhalt, extrem feindliche Umwelten und immer neue Überraschungen, die M bereithält. Eine Gruppe von vier Jugendlichen (der Vl hier zugleich als Peer) kämpft sich durchs Leben und ist permanent großen Gefahren ausgesetzt. Das Spiel dramatisiert und symbolisiert den Lebenskampf der Jugendlichen, die sich in Peergruppen (Vierergruppe und die größere Gruppe der Rebellen) zusammenfinden und sich gegen die Erwachsenenwelt (Steuereintreiber und Soldaten) zur Wehr setzen müssen. Gefährlicher noch als die Erwachsenen sind die Monster, die mit übernatürlichen Kräften ausgestattet sind. In diesem Spiel ist es zweimal ein riesiger Troll, erst einer, der überlistet werden kann, der zweite aber muß im Kampf auf Leben und Tod besiegt werden.

Die feindliche bösartige Welt wird zwar vom Meister erfunden, doch wollen alle Spieler ein aufregendes abenteuerliches und gefährliches Leben im Spiel führen. Es liegt auf der Hand, daß das Spiel die reale Lebensbewältigung in dramatisch gewaltig übersteigerter Form symbolisiert. Im Gegensatz zu gewöhnlichen Regelspielen sind hier die Regeln Bestandteil einer entworfenen Phantasie-Welt, also Gesetze von Aventurien, und die Charaktere haben in ihren Rollen unvorhersehbare Aufgaben zu bewältigen. Wie bereits dargestellt, können Gefahren und Probleme durch den Zusammenhalt in der Gruppe besser bewältigt werden. Die Charaktere sind jedoch grundverschieden. So hat S1 ein übergeordnetes Lebensziel (seinen Stamm um sich versammeln und ihn rächen), und die einzelnen Abenteuer dienen nur teilweise diesem Ziel. S2 und S4 sind Abenteurer, die sich seit einem Jahr zum ersten Mal wieder treffen. Jeder Charakter ist verschieden von den andern, ganz wie Jugendliche ihre einmalige Identität konzipieren, dennoch finden sie sich in der Gruppe zusammen und fühlen sich wechselseitig zugehörig.

Das Spiel kann also als expressives Modell im Sinne von Sutton-Smith (1986) für die Entwicklungsthematik der Individuation durch die Bindung an die Peergruppe verstanden werden. In unserer Diktion bildet die typische Entwicklungsthematik des Jugendlichen den ÜG des Spiels: Konfrontation mit einer Vielzahl von Entwicklungsaufgaben, Gewinnung individueller und autonomer Identität, Peergruppe als soziales Stützsystem bei diesen Problemen gegenüber der Erwachsenenwelt, in der Ungerechtigkeit, Kampf und Feindseligkeit herrschen. Die Peergruppe ist im Spiel doppelt repräsentiert: als Kleingruppe und als Gruppe von Rebellen, die gewissermaßen eine eigene Gegenkultur errichten wollen. All dies ist in der Jugendpsychologie und Soziologie ausführlich diskutiert (Eisenstadt, 1966; Erikson, 1974; Coleman, 1980; Hartup, 1983; Döbert & Nunner-Winkler, 1979) und in der jüngeren Forschungsgeschichte wieder aufgegeben worden, da sich in Fragebogen-Untersuchungen eher ein unproblematischer Übergang zum Erwachsenenalter und eine eher stabile Identität gezeigt hat (Offer, 1984; Dusek & Flaherty, 1981; Fend, 1991). Wir werden dazu noch im nächsten Abschnitt Stellung nehmen.

Individuation und Gruppenbindung

Mit den vier Jugendlichen wurden auch Interviews über das Schwarze Auge und ihre Erfahrungen mit dem Spiel durchgeführt. Dabei bestätigten sich die beiden letztgenannten Kriterien, wenn man die Spielgeschichte zweier Spieler, die schon mehrere Charaktere gespielt haben, verfolgt. S3, der das Gymnasium besucht, spielt derzeit eine Frauengestalt und hat auch zuvor schon zwei weitere Frauenrollen bekleidet. Seine Glanzrolle aber war ein Zwerg, der in einem fortgeschrittenen Entwicklungsstadium (Stufe 11) sein Leben opfert, um die Gruppe zu retten, ein großes Begräbnis erhält und im Andenken der Gruppe weiterlebt. Hier ein Ausschnitt des Interviews:

M: Das wäre das Genialste auf der Videokamera gewesen. Er (S3) hat einen Zwerg gehabt und da ging's darum, wie ist die Invasion zu stoppen? Die war'n in 'ner Burg drin, und da hat er sich praktisch geopfert – daß der Rest der Gruppe rauskam.

S3: Da mußte ich soo lange überlegen, ob ich das mach. Dann hab ich mir gedacht… weil, das war wieder so ein Höhepunkt. Das war wieder so ein Ziel, das man erreichen kann, und nach dem Ziel wär's so, daß der Charakter dann eigentlich nutzlos ist. Da hab ich mir gedacht, na wenn er das jetzt macht, dann hat er einen krönenden Abschluß im Endeffekt. Wenn man einfach nur so gegen irgendwelche Monster kämpft, dann ist man irgendwie nicht so gefühlvoll dabei. Wenn man als Charakter jetzt 10 Stufen nur auf ein Ziel hinarbeitet und nach der zehnten kurz davor ist und echt kurz davor ist zu sterben…, wo man das Ziel nicht mehr erreichen kann, dann ist die Emotion voll dabei.

S3 drückt den tiefen emotionsgeladenen Konflikt aus, kurz vor dem Ziel zu sterben, aber auch das Einleben in einen Charakter, d. h. in eine Lebensmöglichkeit, auf dem Höhepunkt der Entwicklung für die Gruppe sein Leben zu lassen.

S2: Sein (S3) Zwerg, der sich für uns geopfert hat, der hat wahrscheinlich die geilste Beerdigung bekommen, die man sich vorstellen kann.

M: Musik war drin.. voll den Hammer in den Grabstein gehauen, war'n total traurig und so. Man kann sagen, daß da 'ne Epoche vorbei war.

Es gibt ein gemeinsames Gefühl der Trauer, für S3 angesichts der großen Beerdigung ein sehr erhabenes Gefühl, das er auch im zweiten Interview (8 Tage später) zum Ausdruck bringt. Befragt nach der Wahl seiner Charaktere gibt er zum einen eine gruppenorientierte, zum anderen eine identitätsorientierte Antwort. Er wählt Charaktere (also dreimal eine Frau), die das Spiel farbiger und lebendiger machen, und will in die reine Männerwelt Gestalten einführen, die komplementäre Möglichkeiten bieten. Andererseits fesselt ihn das Sich-Einleben in den gewählten Charakter, offenkundig das Experimentieren mit Identitätsformen. Hier zeigt sich die Beschäftigung mit der Identität als einer Vielzahl von Optionen, als Vielzahl von sich ausschließenden Lebensentwürfen, die man nur im Spiel realisieren kann. S3 sagt selbst dazu:

„Spannend ist es im Endeffekt, weil man ein anderes Leben spielt. Weil man ein ganz anderes Niveau hat und sich auch ganz anders entwickelt. Und dieses ganze Drumherum, daß man da jetzt jemand kennt und da sein Haus hat, irgendwelche Bälle veranstaltet, daß man mit den anderen Charakteren gut auskommt, ist der Hauptteil im ganzen Rollenspiel …“

S2 akzentuiert noch stärker als S3 den Gruppenbezug. Er schildert ein Abenteuer, in dem er als Krieger eine Sklavin erhält. Sie teilt ihm mit, daß sie ein Kind von ihm erwarte, worauf er sich der Gruppe gegenüber hocherfreut zeigt. In der Nacht ersticht er jedoch die Sklavin im Schlaf („ich wollte kein Kind haben….von mir kriegst du kein Kind"). Am nächsten Tag entdeckt der Rest der Gruppe die grausige Tat und schwört Rache. S2 verheimlicht seine Tat. Im Rollenspiel geschieht die Handlung, indem er sie heimlich dem Meister vor der Türe mitteilt, ohne daß die übrigen etwas merken. Da M nur das Ergebnis der Handlung mitteilen darf, nicht aber den Täter, bleibt die Gruppe lange im Dunklen über den Mord. Als sie den Täter aber dennoch herausbekommt, herrscht große Empörung, die sich auch im realen Gruppenleben niederschlägt. S2 kommentiert dies wie folgt:

„Da hab ich schon Sachen gemacht, daß ich beinah geweint hätte, weil ich Dinge gemacht hab, die einfach unverzeihbar waren. Und hab auch schon Sachen erlebt, daß die andern wirklich auf mich sauer waren.. Da hock ich in nem Zimmer und vier Leute schaun mich an und giften mich an und ich denk: Was ist denn jetzt los, wir spielen fei nur! … Des war wirklich total gefühlsgeladen."

Auf weitere Befragung im zweiten Interview betont S2, daß er nicht die (fiktive) Tat selbst bereue, sondern das Hintergehen der Gruppe. Er wirft der Gruppe erneut vor, daß sie Spiel und Realität durcheinanderbringe. Auf die Frage nach der moralischen Seite in der Spielhandlung äußert er, daß es sich nur um eine Sklavin gehandelt habe und daß sie keine echte Figur, wie etwa die durch die Gruppe repräsentierten Helden, sei. Die Moral spielt bei den Abenteurern generell eine untergeordnete Rolle. Es wird bedenkenlos getötet, auch wenn dabei Unschuldige dran glauben müssen. Moral existiert andererseits ausgeprägt in der Gruppe. Die Spieler setzen fortwährend Gesundheit und Leben ein, um sich wechselseitig zu retten. Damit entspricht die Moral der Stufe 3 des Kohlbergschen Systems.

Die Spieler berichten übereinstimmend, daß sie sich erst allmählich mit dem Charakter, den sie darstellen, identifizieren und dann mehr und mehr emotional involviert sind. Es gibt dabei auch eine Tendenz im Risikoverhalten von riskanten Verhaltensweisen am Anfang zu zunehmend überlegterem Vorgehen auf späteren Entwicklungsstufen des Charakters. Man möchte ihn nach soviel Anstrengung und Kampf nicht leichtfertig aufs Spiel setzen.

Die Möglichkeiten zu neuen Lebensentwürfen und Realitäten maximieren sich in der Tätigkeit des Meisters. Er entwirft die Lebenswelt für alle Teilnehmer, muß ad hoc neue Elemente einführen und besitzt Macht über die Spieler. Andererseits ist er selbst Mitspieler, da er die gegnerischen oder verbündeten Figuren zu spielen hat, die er selbst einführt. M schildert seine Tätigkeit so:

„Mich reizt's als Spielleiter. Mir gefällt die Welt (Aventurien) ganz gut. Ich habe auch das Buch angefertigt mit den ganzen Meisterinformationen. Man hat als Spielleiter immer eine beschränkte Macht über die Spieler. Man kann bestimmen, ob es regnet oder nicht. Mir gefällt DSA (das Schwarze Auge) gut, weil es ist eine Flucht aus dem tristen Scheiß Schulalltag, wenn ich ehrlich bin …"

„Wenn ich gut einsteig und länger spiel, kann man schon sagen, daß es ziemlich real wird, wenn ich den Drachen gut beschreib und die Spieler gut drauf eingehen…. Ich denk mir die Abenteuer immer selber aus. Man muß immer improvisieren können."

Das Spiel bietet somit die Möglichkeiten, Lebensstile und -schicksale samt den dazugehörigen Umwelten symbolisch zu durchleben. Dabei schätzen die Spieler die relative Einfachheit der Regeln und die Möglichkeit der Erweiterung des Spiels. So haben sie neue Regeln und Waffen eingeführt, als sich die Notwendigkeit ergab. Es gibt übrigens Abenteuerspiele mit wesentlich komplizierteren Regeln, die von der Gruppe weniger geschätzt werden, weil das unmittelbare Erleben und Handeln, die Identifikation mit den Charakteren darunter leiden. Zudem war DSA der Einstieg und hat die Gruppe, die sich auch außerhalb des Spiels zu gemeinsamen Aktivitäten trifft, zusammengeführt.

Zusammenfassung

Die Fallbeschreibung des Abenteuerspiels, das auch von Erwachsenen gespielt wird, rechtfertigt die Aufrechterhaltung der These, daß existentielle Thematiken als ÜG das Spiel mitbestimmen. Daneben dürfte aber auch die Konfrontation mit mehr oder minder komplexen Problemen und das Entwickeln von Lösungen einen intellektuellen Reiz ausüben. Als generelle Thematik kann die Erprobung von Identität angesehen werden. Sie enthält je nach der Interessenslage und Persönlichkeitsstruktur unterschiedliche Facetten, so das Durchleben verschiedener Existenzen, das symbolisierte Risiko der Existenz bis hin zur Entscheidung für den Tod und die Gestaltung neuer Wirklichkeiten (wie sie der Meister vornimmt). Zentrale Instanz ist die Gruppe, zugleich Maßstab und Orientierung für Moral. Das Eintauchen in die Phantasiewelt von Aventurien ist aber zugleich ein Kompensationsversuch, dem trivialen Alltag („Scheiß Schul-Alltag") zu entfliehen.

24.3 Musik: Regelspiel ohne Wettbewerb

Schon in der Alltagssprache sind Musik und Spiel eng verbunden. Man „spielt" ein Stück, man „spielt vor", das Orchester „spielt" Beethoven. In der Tat genügt Musizieren den *typischen Merkmalen des Spieles*: (a) es ist Selbstzweck und intrinsisch motiviert, (b) es schafft eine zweite Realitätsebene, die von der Alltagsrealität abgehoben ist und (c) es ist als Handeln durch Wiederholung und Ritual gekennzeichnet.

Die Wiederholung als Element musikalischen Handelns ist sowohl bei der Reproduktion als auch beim Musizieren ein eigenartiges Phänomen, denn es erhöht im Gegensatz zur Wiederholung in der Arbeit die positive emotionale Befindlichkeit. Sie hat aber auch etwas Zwanghaftes an sich, man denke beispielsweise an die perseverierende Wiederkehr einer Melodie in der Vorstellung („Ohrwurm"). Die neue Realität, die durch Musik geschaffen wird, ähnelt durchaus dem Phänomen der Realitätsveränderung im Symbol-, Rollen- und Regelspiel. Durch Musik fühlt der Akteur Selbsterhöhung und emotionale Veränderungen, erfährt neue sinnstiftende Eindrücke, bis hin zu religiösen Erfahrungen, und entflieht nicht selten der Alltagsrealität. Die intrinsische Motivation und der Selbstzweck von Musik schließlich bilden das auffälligste und anschaulichste Merkmal musikalischen Handelns. Es ist verantwortlich dafür, daß wir Musizieren und Musik „spielen" gleichsetzen. Dieses Merkmal erklärt die Versenkung in die Musik und hängt mit der subjektiven Valenz des Objektbezuges zusammen.

Der Grund, warum Musik als Spiel erst in diesem Teil behandelt wird, liegt darin, daß musikalisches Handeln erst im Jugend- und Erwachsenenalter die genannten Merkmale des Spiels erhält. Damit ist nicht ausgeschlossen, daß Kinder Freude am Musizieren haben, aber es ist für sie häufig mit Lernen und Arbeit verbunden und wird weniger als andere Tätigkeiten als Spiel wahrgenommen.

Musik kann vor allem mit drei Spielformen in Beziehung gebracht werden, dem sensomotorischen Spiel, dem Konstruktionsspiel und dem Regelspiel.

Das *sensomotorische Spiel* bildet die Basis des Musizierens, denn durch die wiederholende Abfolge der Interaktion von Wahrnehmung und Motorik erleben die Spielenden und stellvertretend auch die Hörer die Besonderheit von Musik. Für alle praktizierenden Musiker ist der sensomotorische Anteil der Musik die Hauptquelle intrinsischer Motivation. Die Besonderheit beim Musizieren liegt in der Abstimmung des auditiven und motorischen Systems, während bei anderen Formen des sensomotorischen Spiels die Koordination des visuellen Systems mit dem motorischen im Vordergrund steht.

In afrikanischen Kulturen wird der Zusammenhang zwischen Sensorik und Motorik auch ohne Instrument deutlich: Bewegung und Singen bilden eine organische Einheit. Sensomotorisches Spiel hat zudem die Funktion der Meisterung von sensomotorischen Fertigkeiten (s. Bruner, Jolly & Sylva, 1976). Auch hierin zeigt sich die Nähe des Musizierens zum Spiel. Im Gegensatz zum frühkindlichen sensomotorischen Spiel verlangt jedoch Musizieren in unserer Kultur ein hohes Maß an Lernaufwand. Das bedeutet, daß Phasen des Spiels durch Phasen des Lernens und der Arbeit unterbrochen sind. In den intrinsisch regulierten Genuß des Musizierens gelangt man vor allem beim Instrumentalspiel erst nach Meisterung einer Reihe von technischen Schwierigkeiten.

Musizieren wird zum *Konstruktionsspiel*, wenn Musik absichtsvoll als Werk produziert wird. Kinder unter sechs Jahren improvisieren und singen in einer musikalisch anregenden Umwelt so selbstverständlich wie sie malen, kneten und bauen. Der Autor hat Improvisationen von Vorschulkindern analysiert und musikalische Formgebung nachweisen können, die Strukturähnlichkeit mit den Formen von komponierter Musik aufweist (Oerter, 1980, S.356f.). Musizieren als Konstruktionsspiel verschwindet bei allen Kindern, die nicht aktiv gefördert werden, im Grundschulalter mehr und mehr, da im Zuge der Sozialisation Musizieren an Standards gemessen wird, denen man nicht mehr gewachsen ist. Der beste Weg, Musizieren als Konstruktionsspiel zu erhalten, besteht daher darin, die musikalischen Kompetenzen soweit zu verbessern, daß musikalisches Spiel auf der Tätigkeitsebene, d. h. auf der Ebene des ÜG sinnvoll bleibt. Zum Musizieren als Konstruktionsspiel gehören alle Handlungen der musikalischen Produktion. Die Wiedergabe eines Liedes oder eines Musikstückes mit Hilfe eines Instrumentes entspricht dem Nachbauen oder -zeichnen von Gegenständen und ist als objektivierende Vergegenständlichung zu klassifizieren. Das gesangliche und instrumentelle Improvisieren entspricht der freien bildlichen und baulich-konstruktiven Tätigkeit und kann als subjektivierende Vergegenständlichung gekennzeichnet werden. Je mehr das Ergebnis des musikalischen Handelns bewertend ins Blickfeld rückt, desto mehr wird die Qualität des Musizierens beachtet und desto stärker sind kontrollierende (monitoring) Prozesse am Werk. Dennoch bleibt Musizieren solange Spiel, als die Tätigkeit Selbstzweck ist (Tätigkeitszentrierte Motivation, Rheinberg, 1989). Erst für Berufsmusiker erhält das Musizieren mehr und mehr den Charakter von Arbeit.

Wohl die interessanteste Komponente des musikalischen Handelns ist sein Charakter als *Regelspiel.* Musizieren kann als Regelspiel aufgefaßt werden, bei dem die Spieler im Gegensatz zum üblichen Regelspiel nicht unter der Zielsetzung des Wettbewerbes und des Gewinnens antreten, sondern ausschließlich unter dem Aspekt der Regelbeachtung. Musikalisches Handeln gleicht selbst dann dem Regelspiel, wenn nur ein Akteur beteiligt ist.

Alle Musik ist in stärkerem oder geringerem Maße von Regeln bestimmt. Hierzu gehört zunächst die Einhaltung eines tonalen Bezugssystems, z. B. der Durtonart. Die Einhaltung der Tonart beim Singen ist bereits eine vergleichsweise schwere Aufgabe, sie gelingt im Durchschnitt erst im Laufe des Grundschulalters (Shuter-Dyson, 1982). Einen zweiten Bereich des Regelwerkes bildet die Harmonik. Sie ist der Grammatik der Sprache vergleichbar (Bruhn, 1988) und folgt in der westlichen Musik der Stufenfolge I-IV-V-I bzw. deren stellvertretenden Akkorden (Kadenz). Die Wirkung von Harmoniefolgen wird als Spannung und Lösung wahrgenommen, allerdings erst, wenn die Regeln der Harmonik erworben worden sind. Dies ist im Durchschnitt erst mit elf Jahren der Fall (Sloboda, 1985; Shuter-Dyson, 1982). Eine dritte Gruppe von Regeln bezieht sich auf die musikalische Form (z. B. Liedform, Sonatenform, Menuett etc.). Eine vollständige Durchdringung musikalischer Formen dürfte im Durchschnitt nicht vor dem Jugendalter möglich sein.

Die Hörer müssen etwas von Regeln der Musik verstehen, sonst hören sie nur Chaos. Die Musizierenden müssen sich an Regeln halten, sonst produzieren sie Chaos. Ein bestimmtes Fertigkeitsniveau (ein Satz von automatisierten Operationen) vorausgesetzt, macht dieses Spiel nach Regeln Spaß und ist ebenfalls intrinsisch motivierend.

Daß auch im solitären musikalischen Handeln (rezeptiv wie produktiv) der Akteur mit den Musikern und den Komponisten kommuniziert und sich mit ihnen im gemeinsamen Gegenstandsbezug eins fühlt, ist nur durch das Regelwerk, das die Musik durchzieht, möglich. Regelspiele als Zusammenspiel von Musizierenden vermitteln die Notwendigkeit des Einhaltens von Regeln, wodurch die erforderlichen Fertigkeiten leichter aufgebaut werden. Im Zusammenspiel müssen gemeinsam überindividuelle Regeln eingehalten werden, was oft ein tiefgreifendes Erlebnis und die Erfahrung des Aufgehens der individuellen Identität in der Musikergemeinschaft vermittelt.

Die strukturelle Ähnlichkeit von Spielen und Musizieren zeigt sich besonders in der Handhabung der Regel. Wir haben bereits ausführlich dargelegt, wie die Regel bereits das Symbol- und Rollenspiel mitbestimmt. Der Reiz des Spieles liegt gerade in der Einhaltung von Regeln, die einen gesicherten und doch lustvollen Ablauf der Handlung gewährleisten. Die Regel, so sahen wir, siegt schon im Vorschulalter allmählich über die unmittelbare Bedürfnislage. Was man außerhalb des Spiels noch lange nicht fertigbringt (z. B. ein Bonbon, das angeboten wird, liegen zu lassen), wird im Spiel bereits bewältigt (Bonbon als zu verkaufende Ware). Im Regelspiel siegt die

Regel vollends über die konkrete Handlung und die aktuellen Bedürfnisse. Dies gilt in vermehrtem Maße für musikalische Regeln. Nur ihre Einhaltung führt zu gutem Musizieren und zu typischen Erlebnissen des Spiels (Flow, Verschwimmen der Grenzen des Ich).

Regelhaftigkeit als Ritual findet sich bei Musikaufführungen, die kulturell determiniert sind. Rösing und Barber-Kersovan (1993) unterscheiden folgende idealtypischen Phasen: Allgemeine Vorbereitung – vor dem Konzert – Konzertbeginn – Musikdarbietung – Beifalls- bzw. Mißfallenskundgebung – Pause – Schlußritual – Zurückfinden in den Alltag. Die Phase der Musikdarbietung ist je nach Art des Konzertes unterschiedlich ritualisiert. Während es bei Konzerten mit klassischer Musik verpönt ist, während des Stückes seinen Gefühlen exzessiv Ausdruck zu geben, ist dieses Verhalten bei Rock- und Popkonzerten wesentlicher Bestandteil der Aufführung. Das Mitgehen, Pfeifen, Schreien, Klatschen usw. vermittelt den Musikern, wie ihre Vorführung angenommen wird. Damit rücken die ritualisierten Verhaltensweisen des Konzert- (und Opern-)besuchs in die Nähe des Spiels: Zum einen ähnelt der Rahmen, in dem Musik stattfindet, einem Spielrahmen, zum andern ist Musizieren und Anhören von Musik Spielhandeln. Darüber sollte die Ernsthaftigkeit der Konzertbesucher nicht hinwegtäuschen, vor allem da sie neben der Freude an der Musik (erstes Spielmerkmal) den rituellen Charakter der Handlung (drittes Spielmerkmal) schätzen.

Sutton-Smith würde musikalisches Handeln nicht zu den Regelspielen rechnen, da die s. E. typischen Merkmale fehlen. Die Regeln sind dem Musizierenden nur teilweise bewußt; je mehr an Fertigkeiten erworben ist, desto mehr an Regeln ist automatisiert und lenkt musikalisches Handeln ohne Bewußtseinsbeteiligung. Weiterhin fehlen die von Sutton-Smith als typisch angesehenen Merkmale des Irrationalen und des Wettkampfes. Dennoch scheint es vorteilhaft, Musik unter dem Aspekt des Regelspiels zu betrachten. Viele der Regeln müssen dem Lernenden erst explizit gemacht werden, bevor er sie richtig anwenden kann, die Automatisierung erfolgt erst später (im Sinne der Überführung von deklarativem in prozedurales Wissen; Anderson, 1985). Nirgendwo sonst stört die Regelübertretung so sehr wie in der Musik: Das Dargebotene klingt schlicht falsch. Und nirgendwo sonst ist gemeinsames Handeln so streng reglementiert wie beim gemeinsamen Musizieren. Synchrones, in der Tonhöhe genau abgestimmtes Spiel ist Voraussetzung für gutes Musizieren. Schon geringe Abweichungen wirken extrem beeinträchtigend. Die Erfahrung des aufeinander abgestimmten Spiels wird emotional als Aufgehen in der Gruppe der Spielenden erlebt.

Musik könnte damit als expressives Modell für zukünftiges gesellschaftliches Handeln gelten, das bisherige mehr und mehr dysfunktionale Prozesse (Konkurrenz, Wettkampf) ersetzt. Als Beispiel sei das Jugendorchester des Schleswig-Holstein-Festivals angeführt, das Justus Frantz einmal als Modell für zukünftige Völkergemeinschaft vorgestellt hat: Die jungen Musiker stammen aus den verschiedensten Nationen, auch aus solchen, die derzeit aufs äußerste miteinander verfeindet sind, wie Serbien und Kroatien. Im Konzert vergegenständlichen sie Kunstgebilde von hoher Vollendung durch ihr aufs Feinste und Präziseste abgestimmtes musikalisches Handeln.

Kapitel 25

Spiel und Kunst

Es war bekanntlich Friedrich Schiller, der Spiel und Kunst wesensmäßig aufeinander bezog. Der Spielantrieb weckt den ästhetischen Antrieb und dieser wiederum den moralischen Impuls. In den Griechen sah Schiller Spiel und Kunst in idealer Weise vereint. Die Olympischen Spieler, deren Schönheit in den Skulpturen der griechischen Bildhauer festgehalten wurde, versinnbildlichen den Zusammenhang. Aus der Freiheit des Spiels erwächst die „edle Einfalt und stille Größe" der klassischen Kunst und diese wiederum bildet die Grundlage der Ethik. Der Zusammenhang Spiel – Kunst – Moralität setzt bei Schiller die Konsonanz von Spiel und Schönheit voraus (Schiller, 1907).

25.1 Gegenstandsklassen im Konstruktionsspiel und in der Kunst

Handlungspsychologisch betrachtet rührt die Verwandtschaft von Spiel und Kunst von den Gegenstandsbezügen her, die sich in beiden Bereichen analog klassifizieren lassen. Dies soll im folgenden der Übersicht halber systematisch aufgelistet werden (Tab.13).

Nicht nur das Konstruktionsspiel, sondern auch das Rollenspiel und das sensomotorische Spiel sind Vorläufer der Kunst. Bei Konstruktionsleistungen müssen andererseits einige technische Berufe mitgenannt werden. Freilich geht hier das Konstruktionsspiel in Arbeit als Werkschaffen über. Im Zusammenhang mit diesem Kapitel interessiert aber nur das, was in der Kultur als Kunst bezeichnet wird. Es fragt sich, ob die Kinder im Spiel die Handlungsmöglichkeiten und Gegenstandsklassen aufgreifen, die die Künste der jeweiligen Kultur bereitstellen. In diesem Falle würde das Kind analog zu den übrigen Gegenständen der Kultur verfahren, sich also sukzessive Handlungsmöglichkeiten aneignen. Da die obengenannten Gegenstände, sofern sie außerhalb des eigenen Körpers liegen, in der Tat kulturelle Gegenstände sind, die dem Kind zudem noch zur Verfügung gestellt werden müssen (z. B. Plastilin als Formmasse), scheint die Frage bereits beantwortet.

Damit hätte Schiller endgültig unrecht, denn dann entspränge das Spiel aus der Kunst und nicht die Kunst aus dem Spiel. Woher entsteht aber dann Kunst? Entwickelt sie sich erst als göttliche Eingebung im Erwachsenenalter? Dies ist unwahrscheinlich, da es überhaupt keine Leistungen gibt, deren Wurzeln sich nicht in die Kindheit zurückverfolgen lassen. Außerdem zeigt unsere Kulturgeschichte künstlerische Leistungen in außerordentlich frühem Alter (Mozart komponierte schon mit fünf Jahren und früher). Es ist vielmehr zu vermuten, daß es Universalien gibt, die schon beim Kind künstlerische bzw. kunstaffine Tätigkeiten ermöglichen. Sobald Kinder die Funktion von Gegenständen als möglichen Darstellungsinstrumenten erkennen, benutzen sie diese, um Spuren zu hinterlassen. Sie zeichnen mit Kohle, einem weichen Stein oder benutzen einen Stock, um in den Sand zu zeichnen. Die erstgenannten Gegenstände sind Vorläufer des Stiftes und des Pinsels, der Sand ist der natürliche Vorläufer der Schreibtafel.

Noch deutlicher wird dies in der Musik. Das Kind produziert Melodiekonturen, indem es mit seiner Stimme experimentiert. Das prosodische Element der Sprache wird

Tabelle 13: Gegenstandsklassen im Konstruktionsspiel und in der Kunst

	Spiel	Kunst/Technik	
Tätigkeit	Gegenstand	Beruf	Werk
malen, zeichnen	Blatt, Tafel	Maler	Bild
kneten	Plastillin	Bildhauer	Skulptur
bauen, konstruieren	Bausteine, Stecksteine, Konstruktionsmaterial, Eisenbahn und Zubehör	Ingenieur, Architekt, Designer, Konstrukteur etc.	Bauwerk, Möbel, Maschine etc
singen	Stimme	Sänger, Instrumentalist, Dirigent, Komponist	Musik
tanzen und singen Lieder-Star etc.	Körper, Stimme	Tänzer, Ballerina,	Tanz, Ballet, Musical etc.
Sprachspiele erzählen, Rollen spielen	Stimme, Person	Dichter, Schriftst., Schauspieler, Regisseur etc.	Gedicht, Geschichte, Bericht, Drama bzw. Rollenspiel

früher erfaßt als das phonetische (s. z. B. Papoušek et al., 1987). Aus dem frühmusikalischen Handeln wird das Ineinandergreifen von Kultur und Universalien besonders deutlich. Schon vor der Geburt hört der Fötus Musik und wird so von Anfang an mit kulturellen Erzeugnissen konfrontiert. Seine frühe (vorgeburtliche) Fähigkeit zur Verarbeitung von Musik (Fassbender, 1993) und seine frühe Fähigkeit zur Produktion von Tönen und Melodiekonturen im ersten Lebensjahr (Bruhn & Oerter, 1993) müssen andererseits auf genetisch vorgegebenen Universalien basieren, die diese Leistungen erst ermöglichen. Damit gilt Schillers Annahme in modifizierter Form: Das Spiel ist Vorläufer der Kunst, diese beeinflußt aber das Spiel durch ihren Modellcharakter.

Woher kommt aber das Bedürfnis, ein künstlerisches Werk zu schaffen? Wir beobachten den Drang zur kreativen Produktion im Malen, Kneten und Bauen ebenso wie bei den korrespondierenden Künsten. Dennoch brauchen wir weder einen Spiel- noch einen Schaffenstrieb anzunehmen, sondern können wieder auf die Grundbeziehungen von Individuum und Umwelt zurückgreifen, die wir durch die beiden Begriffspaare Vergegenständlichung – Aneignung und Subjektivierung – Objektivierung gekennzeichnet haben, wobei hier die Vergegenständlichung jeglicher Art im Vordergrund steht. Tab. 14 verdeutlicht die Rolle der Vergegenständlichung in den Bereichen bildliche Darstellung, musikalische Produktion und sprachliche Gestaltung.

Tabelle 14: Künstlerische Produktion in den Bereichen darstellende Kunst, Literatur und Musik als subjektivierende und objektivierende Vergegenständlichung

	Aneignung	Vergegenständlichung
Subjekti-vierung	Bild betrachten und gemäß der eigenen Gefühlslage interpre-tieren	expressive bildnerische Darstellung, Ausdruck der eigenen Lage
Objekti-vierung	Bild betrachten, um seinen objektiven Ge-halt zu erfassen	realitätsgetreue Darstel-lung, bei Portraits Charak-terdarstellung

a) Bildnerisches Gestalten im Beziehungsgefüge der vier Begriffskombinationen des Person-Umweltbezuges

	Aneignung	Vergegenständlichung
Subjekti-vierung	die eigene Lage mit dem dichterischen Werk in Verbindung bringen	Gedicht, Drama, Roman
Objekti-vierung	den Gehalt einer Dichtung etc. zu er-fassen versuchen	Bericht, Beschreibung, Fachvortrag

b) Literarische Produktion in der Beziehung zu den vier Kombinationen der Begriffspaare des Person-Umwelt-Bezugs

	Aneignung	Vergegenständlichung
Subjekti-vierung	Genießen von Musik, z.B. in einem Konzert	Komponieren, Improvisieren
Objekti-vierung	Musikalische Form und Stimmführung beim Hören mitver-folgen	Historisch getreue Wiedergabe eines Werkes

c) Musikalisches Gestalten in Beziehung zu den vier Grundkomponenten der Handlung

Beim Kunstwerk liegt der Akzent im Feld der subjektivierenden Vergegenständlichung, denn sie gewährleistet die Selbstdarstellung durch das Kunstwerk. Im Spiel sind andere Felder auch besetzt, und in unserer Kulturgeschichte lag der Akzent zumindest gleichgewichtig auch auf der objektivierenden Vergegenständlichung. Während das künstlerische Schaffen hinsichtlich des Umweltbezugs gegenüber dem Spiel eine Einengung bedeutet, stellt es zugleich eine Ausweitung der Gegenstandsklassen und Handlungsmöglichkeiten dar, wie aus obiger Aufstellung (Tab. 13) zu ersehen ist. Aus dem Singen entwickelt sich eine Vielfalt von musikalischen Ausdrucksmöglichkeiten, aus dem Spiel mit der Sprache und dem Erzählen entsteht die breite Palette literarischer Werke. Die Kombination von Bild, Sprache und Musik bietet weitere Möglichkeiten der Entstehung von Kunstwerken wie Oper, Film und Musical.

25.2 Der ÜG im Kunstwerk

Wenn nach unserer handlungstheoretischen Analyse die subjektivierende Vergegenständlichung beim künstlerischen Schaffen in westlichen Kulturen im Vordergrund steht, dann müßte der Vorgang der Selbstdarstellung und der Darstellung eigener nicht bewußter Thematiken beim Kunstwerk wie beim Spiel entscheidend sein. Bezüglich der Mechanismen der Übersetzung des ÜG in das Werk dürfte es zum Spiel kaum Unterschiede geben. Eindrucksvoll zeigt sich diese Isomorphie bei Filmen und Texten, die von Erwachsenen für Kinder produziert werden.

Die Fantasy-Welten enthalten in der Tat allesamt symbolische Darstellungen von aktuellen und überdauernden menschlichen Problemen der Kultur. Der Kampf zwischen Gut und Böse ist in jeder Abenteuer-Serie zu finden und hat vielleicht im „Krieg der Sterne" eine der markantesten Ausprägungen erhalten. Im Gegensatz zu den großen Mythen der Hochkulturen wie etwa dem Ramajana-Epos sind die Figuren und Beziehungen einfacher und entsprechen dem Verständnisniveau von Zehn- bis Zwölfjährigen. Dies gilt auch für Seifen-Serien wie „Dallas". Weder in den Grundthematiken noch in der Struktur bestehen Unterschiede zu Karl May, der sich nach wie vor großer Beliebtheit erfreut. Kennzeichnend ist die Projektion der Prinzipien Gut und Böse in zwei personifizierte Antagonisten, die die gleichen Mittel im Kampf einsetzen. Die Antagonisten bleiben entweder über die Serien hinweg die gleichen oder die negative Figur wechselt von Sendung zu Sendung bzw. von Buch zu Buch. Der Held bzw. die Helden des Guten bilden gewöhnlich die Identifikationsfiguren wie Old Shatterhand oder Knight Rider. Verlockend erscheint jedoch auch die Identifikation mit dem Bösen, wenn es kulturell gut verpackt und damit gesellschaftsfähig ist wie bei „J.R." in „Dallas".

Die Autoren dieser Stücke schreiben zwar nicht eigens in Hinblick auf die kognitive Struktur von Kindern, aber sie befinden sich während der Festlegung ihrer Ideen de facto auf diesem kognitiven Niveau. Sie deuten das Weltgeschehen und die Existenz in der Welt als Kampf zwischen Gut und Böse, als äußerst vereinfachtes eindimensionales Geschehen. Ob die Autoren überhaupt zu komplexeren Welt- und Menschenbildern fähig sind, bleibt dahingestellt. Zu ihren Gunsten läßt sich sagen, daß die Beeinflussung ihrer Handlungen durch den ÜG nicht bewußt ist und daher primitive Bewältigungsformen generell menschlicher Thematiken im Vordergrund stehen.

Gute Filme beweisen jedoch, daß Autoren auf hochkomplexem Niveau Thematiken, die ihnen womöglich nicht bewußt sind, ausdrücken können. So symbolisiert der Film „Rain Man" in den Figuren des Autisten und seines Bruders, der ihn zunächst ausbeuten will, ihn dann aber lieben lernt, etwas von der Persönlichkeitsstruktur in modernen Gesellschaften. Der moderne Mensch (vor allem der Amerikaner) verkörpert beide Personen zugleich: den kontaktunfähigen Autisten und seinen Bruder, der andere eher instrumentell für seine Zwecke verwenden will, aber trotzdem noch zur Menschenliebe fähig ist, wenn Systembarrieren der extrem kompetitiven Gesellschaft beseitigt werden.

Der künstlerische Schaffensprozeß gleicht in vielerlei Hinsicht dem Vorgehen im Spiel des Kindes, in dem meist nur grob einige Orientierungen vorliegen und sich das Geschehen bzw. die Inhalte erst in seinem Verlaufe entfalten. Als Beispiel mag die Zeichnung des Kindes dienen, das seinen Wunsch nach Freundschaft und engerer Beziehung zur Versuchsleiterin in seiner Hundedarstellung zum Ausdruck bringt. Wie erinnerlich, hat Claudia die Gesamtidee nicht bewußt im Kopf, diese drückt sich vielmehr im Endergebnis des Malens aus.

Kunstwerke – oder das, was man als solche gelten läßt – stellen im positiven Fall ebenfalls ein Ergebnis dar, das vom Künstler selbst nicht voll ausgedeutet werden kann, da er seine nicht bewußten Thematiken eingebracht hat.

Unsere Annahme war, daß sich im Konstruktionsspiel der ÜG während der Handlung im Werk verdichtet, wobei die Transformation psychischer Phänomene ins Räumliche sowie ins Narrative als Übersetzungsregeln wirksam ist. Dieser Prozeß müßte im wesentlichen auch bei der Entstehung von Kunstwerken vonstatten gehen. Ob in Bildern, Skulpturen oder Romanfiguren, immer sind Aussagen im Werk verdichtet, die so nicht verfügbar waren und sich auch nicht auf eine einfache Formel bringen lassen. Man kann umgekehrt sagen, daß das Kunstwerk Aussagen enthält, die auf andere Weise, z. B. durch direkte sprachliche Kommunikation, nicht mitteilbar sind. Damit aber wird Kunst zu einer unentbehrlichen Form menschlicher Lebensbewältigung und menschlicher Kommunikation. Die Ästhetik im Kunstwerk ist daher von vornherein nicht der einzige Maßstab, wohl aber *eine* Möglichkeit der Lebensbewältigung: Die Überwindung des Häßlichen, das zugleich das Böse symbolisiert und die Verherrlichung des Schönen, das als Abbild des Guten verstanden wird. Kunst ist unter der hier abgeleiteten Perspektive aber mehr. Sie ist Lebensbewältigung als Auseinandersetzung der menschlichen Existenz mit der Welt. Dies drückt sich in den Höhlenzeichnungen des Cromagnon-Menschen, die als Jagdzauber oder Beschwörungen gedeutet werden, ebenso aus wie in den griechischen Tragödien, in denen vermutlich universelle menschliche Grundthematiken dargestellt und stellvertretend bewältigt werden. Erst, wenn Kunst nicht mehr der Lebensbewältigung dient, sondern Konsumgut wird und zur bloßen Ware verflacht, verliert sie ihre Funktion und ist auch nicht mehr Kunst. Aus dieser Perspektive läßt sich zeigen, warum Kitsch nicht mehr Kunst ist und warum Kunst sich relativ beliebig definieren kann. Daher wird es möglich und durchaus legitim, eine fettverschmierte Badewanne von Beuys als Kunstwerk zu deklarieren.

Wohl am schwierigsten ist der Übersetzungsvorgang des ÜG in der Musik nachzuvollziehen. Zum einen wird sie durch komplizierte und strenge Regeln bestimmt, zum andern bildet sie ein Medium, das inhaltlichen Aussagen fernzustehen scheint. Demgegenüber fällt auf, daß der Musikhörer wohl mehr als bei anderen Kunstgattungen emotional erfaßt und mitgerissen wird. Musik ist eben nur scheinbar themenfremd. Sie besitzt im Gegenteil zwei Kriterien, die den ÜG einzubringen und zu vermitteln gestatten.

Das erste Kriterium hat mit Musik als Prozeß zu tun. Wie in der Sprache kann die in der Musik steckende Information erst sukzessive übernommen werden. Der Prozeßcharakter der Musik begünstigt aber die Erregung psychischer Vorgänge, da diese sich synchron einpendeln können. Man erlebt dies als Beruhigung, Erregungssteigerung, Erhabenheit, Angst usw. Das zweite Kriterium der Musik bildet in diesem Zusammenhang die Unmittelbarkeit seiner Wirkung. Eine Thematik drückt sich hier nicht als inhaltliche Aussage psychischer oder sozialer Gegebenheiten oder als Handlungsabfolge dieser Gegebenheiten aus, sondern wird durch eine andere „Sprache" vermittelt. Nur manchmal läßt sich Musik metaphorisch als Zwiegespräch verstehen. Die Sonate in G-dur op. 14 Nr.2 von Beethoven wird vom Komponisten selbst als Streitgespräch zwischen Mann (Baß) und Frau (Diskant) gedeutet und stellt sich unter dieser Perspektive als ausgesprochen humorvolles Stück heraus.

Generell sollte man Musik ganz wie andere Kunstgattungen als Form der Lebensbewältigung ansehen. Die Funktion der Musik in anderen Kulturen (Brandl, 1993) beleuchtet diesen Aspekt eindrucksvoller als in unserer Gesellschaft, in der Musik in unterschiedlichsten kulturellen Settings eingesetzt wird und mit verschiedensten Funktionen ausgestattet ist. Musik diente und dient der Erleichterung der monotonen Arbeit (z. B. Gesänge bei der Feldarbeit, Lied der Wolga-Schlepper, Berieselungs-Musik im Büro), zur Bewältigung existentieller Probleme (Einsatz bei Beschwörungen, Schamanenzauber etc.) und der religiös-metaphysischen Absicherung (sakrale Musik).

Je nach Lager, in dem man sich befindet, läßt sich sagen, daß Kunst unentbehrlich ist, da sie der Lebensbewältigung dient und eine typisch menschliche Form des Handelns darstellt (Huizinga, 1956), oder daß sie unnötig wird, wenn andere Formen der Lebensbewältigung existieren und die Kunst verdrängen.

Analoges läßt sich zum Spiel formulieren. Unterstellt man, daß Kinder in einer bestimmten Kultur keine andere Möglichkeit adäquater Lebensbewältigung haben, so ist Spiel für die Psychohygiene des Kindes unentbehrlich. Nimmt man Umwelten an, in denen Kinder auch ohne bestimmte Spielformen, wie etwa dem Symbolspiel, zurechtkommen, so wird Spiel entbehrlich. Wir neigen, wie mehrfach angedeutet, zur Auffassung, daß kindliche Entwicklung ohne Spiel nicht in der wünschenswerten Weise verlaufen kann. Dies zeigt sich schon in den biologischen Wurzeln des Spiels, das auch im Tierreich auftritt. Welche Formen des Spiels allerdings im Vordergrund stehen, wird stark durch die Kultur mitbestimmt.

Zusammenfassung

Spiel, vor allem Konstruktions- und Rollenspiel, ist ein Vorläufer künstlerischer Tätigkeit. Darüberhinaus existiert eine strukturelle Gleichheit bezüglich des Zusammenhanges zwischen ÜG (nicht bewußter Thematik) und werkschaffender Tätigkeit. Das Kunstwerk kann als Verdichtung und Materialisierung der Thematiken des ÜG angesehen werden. Kunst definiert sich daher analog zum Spiel als Form der Lebensbewältigung. Die künstlerische und die spielerische Tätigkeit haben als formale Merkmale Selbstzweck und intrinsische Regulierung miteinander gemeinsam.

Kapitel 26

Spiel und Religion

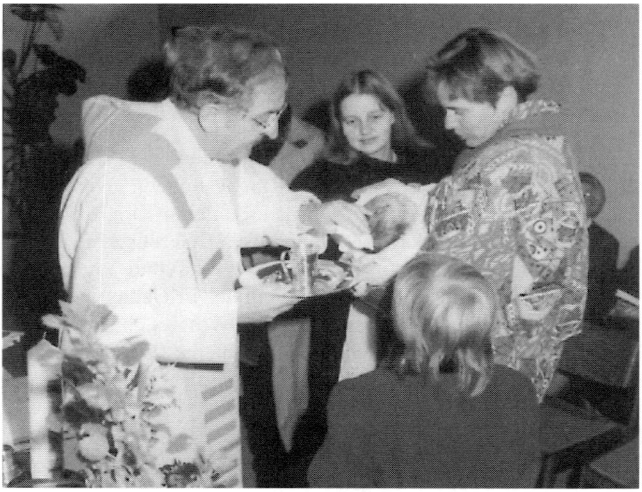

Wir haben Spiel als die kindgemäße Form von Lebensbewältigung gekennzeichnet und unter dieses Prinzip andere Erklärungen subsumieren können. Wenn aber Spiel Lebensbewältigung ist, dann müßte es für das Kind eine umfassendere sinnstiftende Wirkung haben.

Was aber tritt an die Stelle dieser generellen sinnstiftenden Aktivität des Spiels? Es ist in den meisten Kulturen die Religion, die als Möglichkeit der Sinnstiftung bereitgehalten wird oder in individuellen Ausprägungen auch von den vorhandenen Religionen abweichen kann. Demnach müßte es eine tiefere Verwandtschaft zwischen Religion und Spiel geben. Unsere Aufgabe besteht darin, diese Verwandtschaft nachzuweisen, was nichts anderes heißt, als partielle Strukturgleichheit aufzufinden.

26.1 Realitätskonstruktion

Das allgemeinste Strukturmerkmal besteht bei beiden, Spiel und Religion, in der Konstruktion einer neuen Realität. Sie bildet den Deutungsrahmen für das jeweilige Handeln. Im Spiel konstruiert sich das Kind eine Realität, in der das Selbst überhöht wird, Kontrolle ausüben und Handlungen nach seinem Gutdünken ausführen kann. Das Kind wählt ausdrücklich solche Deutungsrahmen, die eine Sinnerfüllung besonders gut gewährleisten: sensomotorische Spiele, die Meisterung (mastery) zulassen,

Symbol- und Rollenspiele, die Macht und Kontrolle oder andere Formen der Selbsterhöhung ermöglichen, und Konstruktionsspiele, aus denen Werke als Vergegenständlichung des Selbst und damit als Selbstdarstellung hervorgehen. In der Religion wird Realität ebenfalls als Deutungsrahmen konstruiert, der ausdrücklich den Sinn menschlicher Existenz interpretiert.

Im einzelnen gewähren beide Deutungsrahmen eine Reihe von übereinstimmenden Erfahrungen. Von der *Selbsterhöhung* im Spiel war bereits die Rede. In der Religion erfährt der Mensch Selbstüberhöhung durch die Verbindung zu übernatürlichen Wesen, an denen er entweder durch deren Beeinflussung, durch deren Gewogenheit (Gnade) oder durch Ähnlichkeit mit ihnen (Gott schuf den Menschen nach seinem Bild und Gleichnis) teilhat.

Befreiung von Angst und relative *Sicherheit* erreicht das Kind im Spiel durch Änderung eines Handlungsablaufes in Form einer Geschichte, die einen wunschgemäßen Ausgang erhält. In der Religion bilden Heilsverkündigungen, Fortleben nach dem Tode bzw. generell das letztlich positive Ende der eigenen Existenzgeschichte das Pendant. Sowohl Spiel wie Religion engen andererseits den Spielraum ein und erlegen *Beschränkungen* auf. Eine Vielzahl von religiösen Vorschriften reguliert das Leben des Gläubigen, und eine Anzahl von Regeln beherrscht das Spiel. Das Verblüffende an der Freiheit des Spiels besteht, wie gezeigt werden konnte, darin, sich in das Zwangskorsett der Regeln zu begeben, das die jeweilige Rolle oder die Spielvorschrift auferlegen. Die Freiwilligkeit der Unterwerfung ist im Spiel wie in der Religion gleichermaßen gegeben, während Zwänge und Reglement in der Arbeit als lästig empfunden werden.

Schließlich wäre noch das Merkmal der *Freiheit* zu nennen, eine Freiheit, die zwar Einschränkungen auferlegt, die aber freiwillig eingehalten werden. Freiheit verleiht im Spiel und in der Religion der Deutungsrahmen. Das Kind befreit sich von den Zwängen des Alltags, die der Sozialisationsdruck mit sich bringt, die Religion befreit den Menschen aus der Bedrohung des Daseins, aus dem „Jammertal", und garantiert ein Weiterleben bzw. ein befreiendes Ende der Einzelexistenz (Nirwana im Buddhismus).

Es gibt noch eine andere Parallele bei der Realitätskonstruktion: Das Verlassen des Deutungsrahmens und die Rückkehr in die Alltagsrealität. So wie das Kind den Spielrahmen verläßt, um sich in „realer" Weise mit Partnern und Alltagsverrichtungen auseinanderzusetzen, verläßt der Religionsanhänger im Alltag den Deutungsrahmen der Religion, sofern dieser der Bewältigung des Alltags im Wege steht. Religionen verlangen gewisse Pflichten in Form von Gebeten, Besuch des Gottesdienstes, Fastenvorschriften und Mildtätigkeit (Islam, Christentum). Außerhalb dieser Pflichten besteht relative Freiheit und Unabhängigkeit von der Religion, so daß die Mehrzahl der Alltagsverrichtungen außerhalb des Deutungsrahmens der Religion realisiert wird. Es gibt, sofern man Christen und Atheisten vergleicht, keine nennenswerten Unterschiede bezüglich wesentlicher Alltagstätigkeiten. Sogar die Angst vor dem Tod scheint bei beiden Gruppen gleich ausgeprägt zu sein (s. z. B. Alexander & Adlerstein, 1961). Manchmal unterstützt die Religion den gesellschaftlichen Erfolg wie bei den Protestanten (Max Weber, 1947) oder bei den Mormonen (hier vereinigen sich kapitalistische Ausbeutung und persönliche Askese, s. Oerter Rosemarie, 1990).

Im Wesentlichen aber bleibt es bei einer relativ klaren Trennung zwischen religiöser Realität (z. B. sonntäglicher Kirchenbesuch mit häufig weltfernen Predigten) und Alltagsrealität (Konkurrenzkampf, Individualismus, Materialismus). Nur dieser verhältnismäßig leicht vollziehbare Wechsel von einer Realität in die andere erklärt das schizoide Verhalten von Personen, die sich im Alltag an Normen orientieren müssen, die den religiösen Normen widersprechen, wie etwa Konkurrenzkampf vs. Gemeinsamkeit, Konsum vs. Verzicht, Individualismus und Egoismus vs. Kollektivismus und Altruismus. Auch in dieser Hinsicht gleicht der Erwachsene dem Kind, das meist problemlos von der Spielrealität in die Alltagsrealität hinübergleitet.

Die Geschichte lehrt, was geschieht, wenn beide Realitäten vermischt werden bzw. die religiöse Realität zum bestimmenden Deutungsrahmen wird. Wir finden Fanatismus, Glaubenskriege, Hexenverfolgung, Inquisition oder Rückzug aus dem Leben (wie etwa beim Eremiten). Die wachsende Vorherrschaft fundamentalistischer Kräfte in den islamischen Ländern beeinträchtigt gegenwärtig die Bewältigung wichtiger anstehender Probleme in diesen Ländern. Religiöser Fanatismus erschwert das Zusammenleben in vielen Staaten, so vor allem in Indien und Ceylon. Wie sehr auch politische Überlegungen dabei zusätzlich eine Rolle spielen mögen, die treibende Kraft für die Auseinandersetzung in der Bevölkerung ist die Religion. Die Verwechslung der religiösen und der Alltagsrealität bzw. die Vermengung beider Realitäten führen zur Intoleranz. Da die religiöse Realität nicht als Konstruktion, die einen Deutungsrahmen anbietet, verstanden wird, fassen sie religiöse Fanatiker als *die* Realität schlechthin auf. Dies gilt natürlich für alle Ideologien, Sozialismus und Kapitalismus eingeschlossen.

Es gibt nur wenige Beispiele geglückter Integration von religiöser und außerreligiöser Realität, wie etwa das Leben in den Klöstern oder in religiös motivierten Gemeinden in Ländern der Dritten Welt. Davon wird noch im nächsten Kapitel die Rede sein.

26.2 Allmacht, Ritual und Magie

Ritual und Wiederholung

Wir haben dieses Buch mit der allgemeinen Kennzeichung des Spiels begonnen und dabei Ritual und Wiederholung als eines von drei Merkmalen gewählt. Der Begriff Ritual ist ursprünglich aus der Religion entlehnt. Der Ritus ist dabei „der ordnungsgemäße kultische Brauch, wie er sich im Laufe der Tradition einer Religion herausgebildet hat“ (Def. laut Brockhaus). Aus den Einzelbräuchen bildet sich dann das Ritual heraus, das als Skript für einen bestimmten Zweck, z. B. Beschwörung, Initiationsriten, Taufe etc. eingesetzt wird. Rituale haben daher eine magische Wirkung, mit ihnen will man bestimmte Ziele erreichen, z. B. eine Heilung, die Aufnahme in die Erwachsenengesellschaft, die Aufnahme in die Religionsgemeinschaft. Magische Praktiken werden auch von Kindern häufig verwendet, wobei ritualisierte Formen zur Anwendung gelangen. Beschreibungen solcher Praktiken finden sich bereits bei Heinz Werner (1959) und Wilhelm Hansen (1949). Es steht außer Frage, daß sie nicht von religiösen Praktiken abgeschaut wurden, wohl aber von der Kultur beeinflußt sind, wobei die Kinderkultur, die oft ohne das Dazwischenschalten der Erwachsenen weiter vermittelt wird, eine große Rolle spielen kann. Damit läßt sich sagen, daß Rituale in Spiel und Religion strukturähnlich oder -gleich sind, ohne daß sie sich wesentlich wechselseitig beeinflussen.

Die Gründe für das Auftreten und die Beliebtheit von Ritualen können wieder in ihrer sinnstiftenden lebensbewältigenden Funktion gesehen werden, wie sie von den Akteuren bzw. Teilnehmern erfahren wird. Die festgelegte Ordnung in Verbindung mit der Herausgehobenheit (guten Gestalt) der Handlung vermittelt Sicherheit und zugleich Selbsterhöhung.

Ein Element des Rituals ist die Wiederholung, die wir beim kindlichen Verhalten ausgiebig beschrieben haben. Ihre Funktion erweist sich im Spiel als vielschichtig: Wiederholung des lustvollen Herbeiführens eines Effektes, Wiederholung des Aktivierungszirkels Spannung – Lösung, Abarbeitung von Traumata durch Wiederholung etc. In der Religion tritt uns die Wiederholung vor allem im Gebet (Litaneien, Rosenkranz, Gebetsmühlen) oder äußeren rituellen Handlungen (auf den Boden werfen, Bekreuzigen, Waschungen vor Betreten der Moschee oder des Tempels durchführen), aber auch als Wiederkehr des Rituals als Ganzem (sonntäglicher Kirchenbesuch) entgegen. Jedenfalls läßt sich eine Strukturgleichheit oder zumindest -ähnlichkeit bezüglich des Rituals und der Wiederholung in Religion und Spiel feststellen, ohne daß eine direkte Abhängigkeit beider Bereiche bestünde. Daher nehmen wir, wie bereits erläutert, die lebensbewältigende Funktion von Ritual und Wiederholung als die eigentliche Ursache für die Strukturverwandtschaft an.

Das Prinzip der Allmacht

In Kapitel 20 wurde ausführlich zu den Allmachtsphantasien der Kinder im Spiel Stellung genommen und das Phänomen anhand von Fallbeispielen dargestellt. Das Kind verleiht sich selbst Züge von Allmacht, wobei es vor allem das Symbol- und Rollenspiel benutzt. Allmacht erreicht das Kind durch die Setzung eines Spielrahmens, indem es als Hauptakteur die Rolle allmächtiger bzw. quasi-allmächtiger Wesen übernimmt. Die Funktion der fiktiven Machtverleihung im Spiel liegt, wie wir sahen, in der illusionären Kontrolle über die Welt und damit in der Bewältigung der gegenwärtigen Situation der Kleinheit und Schwäche.

Die Religion verfährt anders. Hier erhält nicht der Mensch, zumindest nicht das normale Mitglied der Religionsgemeinschaft Macht oder gar Allmacht. Diese illusionäre Möglichkeit bleibt Erwachsenen verschlossen, obwohl auch hier esoterisches Gedankengut, das Allmachtsgefühle vermittelt, begierig aufgegriffen wird. Die Allmacht wird in den Weltreligionen in göttliche Wesen projiziert, die die Geschicke der Welt lenken, aber im Regelfall auch durch Opfer und Gebete für die eigenen Wünsche und Ziele gewonnen werden können (man denke an die vielen Votivgaben an Wallfahrtsorten, die als Bestätigung für die subjektiv erfahrenen geglückten Beeinflussungsversuche gerechnet werden können). Da dem Erwachsenen gewöhnlich die kindliche Spielhaltung aufgrund seiner stärkeren „Realitätsorientierung“ verwehrt bleibt, konstruiert er ein oder eine Vielzahl von Wesen, die diese Machtfunktion übernehmen. Thomas Mann beschreibt in seiner Trilogie „Joseph und seine Brüder" sehr eindrucksvoll, wie sich Abraham unter dem nächtlichen Himmel seinen unsichtbaren Gott erschafft und zu ihm spricht. Im Spiel wie in der Religion handelt es sich also um die (illusionäre) Realitätskonstruktion von (All)macht, die im Dienste der Lebensbewältigung steht. Es ist schwer vorstellbar, daß Erwachsene ohne solche Hilfskonstruktionen auskommen. Selbst Atheisten zimmern sich Erklärungszusammenhänge, in denen höher gestellte Mächte am Werk sind (Oser, 1988). Damit wird noch einmal zum Ausdruck gebracht, daß die Konstruktion von Macht, wie die umfassendere Konstruktion eines Deutungsrahmens eine notwendige Strategie der Lebensbewältigung darstellt. Religionen gibt es seit Anbeginn der Existenz menschlichen Bewußtseins. So ist Totenbestattung als Zeichen eines Glaubens an Transzendenz schon vor ca 150.000 Jahren nachweisbar (Klix, 1980). Wenn Spiel tatsächlich in der Kindheit religiöse Funktion in dem hier beschriebenen Sinn hat, so müßte es universell und für die menschliche Entwicklung eine unabdingbare Voraussetzung sein.

26.3 Vergegenständlichung und Aneignung in Religion und Spiel

Schließlich soll eine letzte Parallele zwischen Spiel und Religion aufgezeigt werden, nämlich bezüglich der Prozesse der Vergegenständlichung und Aneignung, die wir als die Grundvorgänge des Individuum-Umwelt-Bezuges beim ÜG angesehen haben.

Im Spiel wie in der Religion haben wir zunächst eine parallele Form der subjektivierenden Vergegenständlichung vor uns. Ihr Ergebnis ist beim Spiel die fiktive Person bzw. Rolle, die der Spieler darstellt, bei der Religion Gott bzw. gottähnliche Wesen wie Götter, Geister, Dämonen. Der Prozeß der subjektivierenden Vergegenständlichung besteht darin, übernatürliche Wesen nach „eigenem Bild und Gleichnis" zu schaffen. Bei Religionsstiftern läßt sich dieser Prozeß manchmal gut verfolgen. Noch deutlicher wird er im Christentum bei Paulus und den Kirchenvätern, die ihr Denken über Gott darstellen. Seine Entwicklung zur allmächtigen, unendlich guten Person läßt sich regelrecht in ihren Werken mitverfolgen. Man könnte meinen, daß die Konstruktion einer mächtigen bzw. allmächtigen Rolle für sich selbst alleinige Leistung des Kindes ist, während die übernatürlichen Wesen, in monotheistischen Religionen der eine Gott, als Ergebnis der Konstruktion vieler (im Sinne des symbolischen Interaktionismus) anzusehen ist. Doch schafft sich das Kind seine illusionäre Macht keineswegs völlig allein, sondern entlehnt im Gegenteil die Modelle aus der Umwelt (Tiere, Monster, Batman, Superman, Tarzan etc.). Insofern bedient sich das Kind ebenfalls gesellschaftlicher Konstruktionen, die letztlich wie bei der Religion als Mythen anzusehen sind. Nach Yalom (1980) konstruieren wir die Welt so, als existiere sie unabhängig von unserer Konstruktion. Diese „paramount reality" wird als letzte Realitätsebene von Mehan und Wood (1975) beschrieben. Sie steht, obwohl ebenfalls konstruiert, als letzte „wirkliche" und unabhängige Realität hinter den davorgeschalteten Konstruktionen.

Das Kind macht letztlich das, was Menschen generell mit der Realität tun, es konstruiert sie sich. Der Unterschied besteht nur darin, daß das Kind leichter erkennt, daß seine Spielrealität konstruiert ist, wogegen der Erwachsene in weiten Bereichen naiver Realist ist. Natürlich teilt auch das Kind von Anfang an dieses Realitätsverständnis der Alltagswelt, der „eigentlichen“ Wirklichkeit.

Es kommt bei diesem Realitätsverständnis daher zu einer objektivierenden Aneignung. Welt und Gott werden, obwohl Erzeugnisse menschlicher Konstruktion, nicht mehr als solche erkannt, sondern als objektive, d. h. unabhängig vom Subjekt existierende Realität angeeignet. Nun kommt es in Umkehr des Satzes „der Mensch schafft sich Gott nach eigenem Bild und Gleichnis“ zum biblischen Satz „Gott schuf den Menschen nach seinem Bild und Gleichnis.“

Wir können vermuten, daß auch das Kind nach Erschaffung seiner fiktiven Realität Prozesse der objektivierenden Aneignung nutzt. Es fühlt sich nämlich „wirklich“ groß und stark, wenn es die Rollen der Macht spielt. „Wirklich“ heißt, daß es real eine Selbststeigerung fühlt, zumindest solange es spielt. Das bedeutet aber, daß es zumindest während des Spiels die Szene für bare Münze nimmt und die selbstgeschaffene Figur objektivierend aneignet. Zu dieser Auffassung neigt auch Mogel (1991), der dem Spiel die gleiche Wirklichkeit zuschreibt wie der Wirklichkeit außerhalb des Spiels. Dies gilt nicht für die Komponente der Vergegenständlichung, wohl aber für die Aneignung der geschaffenen Situation.

Kapitel 27

Was wird aus dem Spiel im Erwachsenenalter?

Nun sind wir besser in der Lage, die Frage nach dem Spiel im Erwachsenenalter zu beantworten. Die Antwort muß dreifach ausfallen: Das Spiel wird in etwas anderes transformiert, das Spiel wird institutionalisiert und das Spiel wird wie in der Kindheit privat weiter betrieben.

27.1 Die Transformation des Spiels

Die beiden vorangegangenen Kapitel haben gezeigt, daß das Spiel des Kindes im Erwachsenenalter etwas ganz anderes wird, z. B. Kunst, Werkschaffen und Religion. Diese Ansicht fügt sich logisch in das allgemeine Konzept von Spiel als lebensbewältigender Aktivität ein. Im Erwachsenenalter kann das Leben nicht durch Spiel bewältigt werden, sondern es müssen „ernsthaftere" Möglichkeiten gewählt werden. Ob aber die aufgezeigten Konstruktionsleistungen in Kunst und Religion deswegen weniger fiktiv sind als das Spiel, bleibt dahingestellt. Von der konstruktivistischen Position, die in diesem Buch vertreten wird, ist dies durchaus nicht der Fall. Festzuhalten bleibt aber, daß der Mensch nicht auf solche Realitätskonstruktionen als Deutungsrahmen verzichten kann, weder in der Kindheit noch im Erwachsenenalter.

Diese Sichtweise verhindert auch die voreilige Annahme, das Kind übe im Spiel seine Funktionen und würde in seiner Gesamtentwicklung durch das Spiel gefördert. Sicherlich gibt es heute Studien, die einen positiven Zusammenhang zwischen Spiel und Entwicklungsniveau nachweisen (im Überblick s. z. B. Einsiedler, 1989, 1991), doch sucht Smith (1982) vergebens nach Beweisen für die entwicklungsfördernde Funktion des Spiels bei Tier und Mensch. Spiel als sinnstiftende Aktivität kümmert sich ebenso wenig wie Religion um den praktischen Nährwert. Was jedoch als Ergebnis zählt, ist die bessere Verankerung der eigenen Existenz im Dasein, und die gelingt letztlich nur als Illusion und Fiktion.

Die Transformation des Spiels erfolgt auch auf andere Weise, nämlich als Integration in die Arbeit und in die soziale Interaktion. Der Übergang vom Spiel zur Arbeit wird gewöhnlich als Entwicklungsfortschritt, der sich zwangsläufig vollzieht, verstanden (Wygotski, 1987; Piaget, 1969). Piaget faßt dabei das Konstruktionsspiel bereits als Übergangsform zur Arbeit auf. Diese sukzessive Umwandlung von Spiel in Arbeit ist jedoch fragwürdig, wenn man die obigen Überlegungen miteinbezieht. Die tatsächlichen Befunde zur kindlichen Entwicklung zeigen auch deutlich etwas anderes. Das Kind engagiert sich frühzeitig in Aktivitäten mit Arbeitscharakter und ist stolz, wenn es im Haushalt, beim Autowaschen oder anderen Verrichtungen helfen kann, sofern diese nicht zu viel Zeit in Anspruch nehmen. Die Arbeitsstruktur der Schule ist trotz aller didaktischen Bemühungen um spielerisches Lernen durch andere

Handlungselemente gekennzeichnet als das Spiel, nämlich Leistung als Handlungsergebnis und Notenbewertung (oder andere Leistungsetiketts) als Handlungsfolge. Daher kann man annehmen, daß sich Spiel und Arbeit parallel entwickeln, wobei die systematische Einführung in die Arbeit erst durch die Schule erfolgt. Von der Quantität her ist jedoch das Spiel bereits im Vorschulalter nicht die häufigste Tätigkeitsform. Mit Recht bemerkt bereits Wygotski (1933): „Meiner Meinung nach ist das Spiel unter dem Gesichtspunkt der Entwicklung nicht die dominierende beziehungsweise überwiegende Tätigkeitsform, sondern im gewissen Sinn die führende Entwicklungslinie im Vorschulalter" (zit. aus: Elkonin, 1980, S. 441).

In der sukzessiv dominierenden Arbeitstätigkeit werden Spielelemente integriert. Was Csikszentmihalyi (1975) als Flow-Erlebnis in intensiven Arbeitstätigkeiten von Ärzten, Ingenieuren etc. fand, ähnelt der Versenkung des Kindes in das Spiel. Immer, wenn sich der Akteur bei der Arbeit auf die Tätigkeit richtet und in ihr aufgeht, haben wir charakteristische Elemente des Spiels vor uns. Daher läßt sich das Verhältnis von Spiel und Arbeit entwicklungspsychologisch als Existenz zweier zunächst eher geschiedener Domänen auffassen, die dann umakzentuiert werden: Arbeit und Leistung erfahren eine hohe Bewertung, Spiel wird zur geduldeten Nebensache, die nur dann betrieben werden darf, wenn das Soll an Arbeit und Leistung erfüllt ist. Die abstrakte Struktur von Arbeit macht es andererseits fast unmöglich, sie als sinnerfüllende Tätigkeit zu interpretieren. Sie läßt sich definieren als „zuverlässige, motivierte Erledigung extern festgelegter Aufgaben innerhalb bestimmter Zeitgrenzen" (Oerter, 1987, S. 248). Ohne zusätzliche stützende psychische Mechanismen läßt sich diese Form der Arbeit nicht durchhalten. Spiel ist in diesem Zusammenhang ein System, das je nach Eigenart der Arbeit, der Situation und der Person aktiviert werden kann und das Interesse auf die Tätigkeit selbst lenkt sowie den gesamten Handlungsrahmen vorübergehend uminterpretiert.

Es besteht kein Zweifel, daß generell in der sozialen Interaktion Elemente des Spiels enthalten sind. In ironisch überzogener Weise hat dies Berne (1983) zu zeigen versucht. Geertz (1980, S. 170) kommentiert Goffmans Gesellschaftsbild als ununterbrochenen Strom von Spielen, Bluffs, Täuschungen, Verschwörungen, Betrug, als Kampf zwischen Individuen und Gruppen, so als ob die Menschen rätselhafte Spiele spielten, deren Struktur klar, aber deren Kernpunkt unklar ist. Man mag hier jedoch argwöhnen, daß der Spielbegriff nur als Metapher verwendet wird. Präziser lassen sich Spielelemente in der sozialen Interaktion im großen wie im kleinen nachweisen, wenn man unsere Definitionskriterien zur Hand nimmt. Die Freude an ritualisiert übertriebenen, oftmals perpetuierten Interaktionsformen findet man nicht nur bei Kindern. Die Realitätsumdeutung bei sozialer Interaktion mit der Botschaft „Wir spielen miteinander" ist häufiges Element der Begegnung von Partnern. Probleme entstehen dann, wenn einer der beteiligten Partner die Situation nicht als Spiel interpretiert, während sie für die anderen Spiel bedeutet.

Zusammenfassend läßt sich sagen, daß das Spiel im Erwachsenenalter in andere Tätigkeiten integriert wird und dabei als Element des Handelns mehr oder minder breiten Raum einnehmen kann.

27.2 Die Institutionalisierung des Spiels

Öffentliche Wettkämpfe

Ein gegenläufiger Trend zu der Transformation des Spiels ist die institutionelle Verankerung von Spiel. Wir finden sie zunächst und vor allem bei Regelspielen, die als Wettkämpfe zwischen Repräsentanten von hierarchisch aufsteigend immer umfangreicheren Gruppen durchgeführt werden. Solche Wettkämpfe reichen von lokalen Turnieren bis zur Weltmeisterschaft. Sie setzen offenkundig den von Sutton-Smith (1986) postulierten Zusammenhang von Kultur und Spiel fort. Wettspiele dieser Art kompensieren und symbolisieren zugleich Kriege zwischen Gruppen und Nationen. Diese Annahme, ursprünglich von Roberts, Arth und Bush (1959) vorgetragen, hat vieles für sich, da in manchen Fällen der Spielcharakter der Auseinandersetzung vergessen wird und die Zuschauer in einen realen Krieg eintreten. Man denke an die Ausschreitungen der Hooligans bei Länderspielen während der letzten Jahre.

Der Nationalsport, wie Fußball oder Baseball, bietet darüber hinaus die Möglichkeit zum Aufbau einer anschaulichen nationalen Identitätskomponente. Die wöchentlichen Fußballspiele aktivieren das Interesse von Millionen, die zwar mit unterschiedlichen Städten oder Landesgruppen sympathisieren, sich aber einig sind in ihrem Interesse am Fußball. Der Superbowl in den USA zwingt die Nation vor den Fernsehschirm und vereinigt sie im symbolischen Kampf um die beste Mannschaft.

Um solche Sportspiele entstehen aber auch Subkulturen. Das Fußballstadion mit den Fans bildet ein Setting, in dem bestimmte Rituale ihren Platz erhalten. Kleidung, Accessoires, Lärminstrumente und der Zug der Fans durch die Straßen sind Teile dieser Subkultur. Göbbel (1986) kennzeichnet sie als Gegenmilieu, in dem sich verschiedene Altersgruppen verbinden können, die sich als ausgrenzende Versammlung stark emotional involviert fühlen, während sie Fußball konsumieren. Die meisten lieben es jedoch, auch aktiv den Nationalsport zu betreiben, und kicken in der Freizeit mit Gleichgesinnten.

Institutionalisierung des privaten Sports

Das Spiel erfährt noch in anderer Hinsicht eine Institutionalisierung, und zwar im Freizeitsport wie Skifahren, Surfen, Tennis, Bergwandern und -klettern, Radfahren und vielem anderen mehr. Die Organisation ist für manche Freizeitbeschäftigungen soweit fortgeschritten, daß ganze Landschaftsstriche in Mitleidenschaft gezogen werden. Dies ist vor allem der Fall beim Skifahren, für das in ständig wachsenden Liftverbunden große Regionen erschlossen werden, was Hotellerie und Gaststättengewerbe erblühen läßt und riesige Autoschlangen in die engen Gebirgstäler hineinzieht. So entstehen Subwelten, die einer einzigen Sportart dienen.

Auch der Radsport hat eine Institutionalisierung erfahren. Der hohe technische Standard des Fahrrads und die funktionsgerechte Kleidung erlauben anstrengungsarme Fortbewegung in einem Tempo, das für das Erleben der Landschaft optimal zu sein scheint (Schönhammer, 1992). Die Schaffung von Radwegen gleicht der Schaffung von Skiabfahrten, wobei allerdings die Landschaft weniger zerstört wird. Die

Bereitstellung aller nötigen oder auch überflüssigen Utensilien durch die jeweiligen Industrien bildet die andere Seite des Systems. Manchmal kann der organisierte Freizeitsport merkwürdige Blüten treiben. So konnte der Verfasser in den USA beobachten, wie an einem Wochenende Hunderte von Anglern das Ufer eines Sees bevölkerten, in den zuvor eine Lastwagenladung von Fischen gekippt worden war, um den Anglern etwas an den Haken zu liefern.

In all diesen Fällen ist das sensomotorische Spiel im Vordergrund, eine Form des Spiels, das in immer wieder neu erfundenen Variationen die Erwachsenen anregt und obendrein den Mythos der Gesundheitsförderung stützt. Demgegenüber ist die Institutionalisierung des Glücksspiels in Casinos und Spielhallen keinem höheren Wert verpflichtet, sondern nutzt die Spielleidenschaft der Glücksspieler zum Wohl des Staates, aber auch privater Unternehmer. Zugleich ermöglicht die Institutionalisierung privater Spielneigungen freilich auch eine bessere Kontrolle über das Glücksspiel, wodurch Mißbrauch leichter verhindert werden kann.

Die Institutionalisierung des öffentlichen wie Teile des privaten Spiels zeigt, daß das Spiel sich nicht in alle Bereiche integriert hat, sondern in manchen im Gegenteil herausgelöst und abgegrenzt worden ist. Diese Abgrenzung von Tätigkeitsfeldern ist eine generelle Tendenz in unserer Kultur, tritt aber in bezug auf das Spiel in fast allen komplexeren Gesellschaften auf. Die Isolation von Tätigkeitsbereichen nimmt in der westlichen Kultur groteske Züge an. So trainieren manche Menschen zu Hause auf dem Heimtrainer und fahren hernach mit dem Auto zur Arbeit, während sie in der gleichen Zeit das Fahrrad als Verkehrsmittel hätten benutzen können. Sport wird bei uns prinzipiell aus dem Arbeitsleben ausgegliedert und Teil der Freizeit.

Abgesehen von solchen spezifischen kulturellen Tendenzen bleibt allerdings die Frage, ob es nicht wünschenswert sei, Spiel gänzlich in das Alltagsleben zu integrieren und Institutionalisierungen eher abzubauen. Da es solche weitreichenden Institutionalisierungen gibt, muß man jedenfalls davon ausgehen, daß sie in der jetzigen Gesellschaftsstruktur nötig sind. Sie sind Ritualisierungen großen Ausmaßes, die daher für den einzelnen einen Sinn ergeben. So erscheint es nur von außen gesehen irrational, an einem verlängerten Wochenende, an dem diese Zeilen geschrieben werden, in einer achtzig Kilometer langen Autoschlange zu stehen, um danach erneut an den Skilifts anzustehen, sich bei schlechtem Wetter den Hang herunter zu quälen und am Ende in der Blechlawine wieder nach Hause zu rollen. Der gleichbleibende Gesamtablauf, die „Abenteuer" des Verkehrsstaus und das Dabeisein bei einem sportlichen Vergnügen sind jedoch offenbar eine durchaus sinnvolle Alternative zu dem entfremdeten Arbeitsalltag, zumal es ja auch Höhepunkte wie Sonnenschein und Pulverschnee gibt.

Allgemein läßt sich dazu eine Passungshypothese formulieren. Die gesellschaftlich-kulturelle Parzellierung menschlicher Aktivitäten in Sport, Reisen, Arbeit, Familie etc. ermöglicht im Erwachsenenalter die Realisierung von Tätigkeiten, die Spiel sind bzw. dem Spiel nahekommen. Das Individuum in einer so gearteten Kultur erblickt neue Handlungsmöglichkeiten, sieht sich aber andererseits weniger veranlaßt, sein Spiel in andere Tätigkeiten zu transformieren. Dies dürfte auch der Grund sein, warum die Religion als Deutungsrahmen eine zunehmend geringere Rolle spielt: Reisen, Hobby und Sport haben ihr den Rang abgelaufen.

27.3 Privates Spielen, die Fortsetzung des Kinderspiels

Es gibt noch eine letzte Klasse von Spielen und Spielverhalten zu diskutieren. Sie ist nicht institutionalisiert, sondern mehr oder minder Privatsache des einzelnen. Zu solchen Spielen gehören Kartenspiele, Gesellschaftsspiele von „Mensch ärgere dich nicht" bis „Monopoly", aber auch das Basteln mit elektrischen Spieleisenbahnen, generell die Beschäftigung mit Hobbys.

Privatisierung des Regelspiels

Folgt man den Überlegungen von Sutton-Smith, Roberts u.a. (s.o.), so sind Regelspiele expressive Modelle gesellschaftlicher Konflikte. Bei uns gibt es aber neben den öffentlichen Wettkämpfen, die in einer Leistungsgesellschaft erwartungsgemäß Sportwettkämpfe sind, auch private Regelspiele. Haben sie ebenfalls noch die Funktion symbolischer Verarbeitung gesellschaftlicher Konflikte? Man kann beobachten, daß Kartenspieler oder Würfelspieler viele Stunden, manchmal sogar Tage im Spiel verbringen. Was fesselt sie an einer so nutzlosen und sich ständig wiederholenden Tätigkeit?

Die geläufigen Antworten beim Kartenspiel (z. B. Skat oder Schafkopf) sind die folgenden:

Behavioristisch ergibt sich die Wiederholung durch den Verstärkungseffekt beim Gewinnen. Im Falle des Verlustes erwartet man beim nächsten Mal den Gewinn. Kartenspiele sind Mischungen aus Glücks- und Strategiespielen. Der Spielausgang hängt einerseits von den Karten ab, die man zu Beginn erhält, andererseits von der strategischen Geschicklichkeit. Dadurch ergibt sich immer von neuem die *gespannte Erwartung* des Ausganges und die berechtigte Hoffnung auf Erfolg. Bei jedem Spiel werden die Karten neu gemischt und dieser Vorgang, der zur Redensart geworden ist, bietet jedesmal die gleiche Chance zu gewinnen. Die Strategie-Komponente des Kartenspiels beinhaltet Elemente des *Problemlösens*. Da jedes Spiel neue Konstellationen mit sich bringt, entstehen auch immer wieder neue Problemsituationen. Erfolgreiche Bewältigung, zum Beispiel Gewinnen trotz schlechter Karten, vermittelt hohe Befriedigung. Schließlich verleiht die *soziale Komponente* des Wettkampfes und des Bündnisses der Restgruppe gegen den Herausforderer dem Spiel immer wieder von neuem Spannung. Beim Schafkopf wird der Sieg über den Herausforderer (der ein Solo spielt) häufig mit dem Lied gefeiert (auf fränkisch) „Draußen im Wald, hat's a kleins Schneela g'schneit..."

Dieses Ritual zeigt aber, daß hinter dem Spiel doch wohl mehr steckt als die bisherigen Spannungsmomente. Auch im privaten Sektor ist in allen Regelspielen der soziale Überlebenskampf symbolisiert. Mit anderen in unserer Kultur in sozialen Kontakt treten, heißt meist, mit ihnen in Wettstreit zu treten. Kinder, die miteinander spielen, drücken diese Wettbewerbssituation ohne Hemmungen aus, betonen verbal oder durch Gesten ihre Überlegenheit und finden Argumente für ihre Stärke (wenn man selbst schwach ist, hat man einen starken Bruder oder Vater, der's dem andern schon zeigen wird).

Im Erwachsenenalter wird in Kleingruppen jedoch Kooperation gefordert, die in Widerspruch zur individualistischen Identität in unserer Kultur (Triandis, 1989) und dem Streben nach Unabhängigkeit (Markus & Kitayama, 1991: *independent identity*) gerät. Dies gilt vor allem für die Kleinfamilie und den Freundeskreis bzw. die Peergruppe. Gerade diese Gruppen schätzen häufig Regelspiele. Gewinn bedeutet illusionäre Überlegenheit über andere, bedeutet risikofreien oder -armen Kampf mit dem Partner. Zudem wirkt Gewinnen unmittelbar selbsterhöhend und vermittelt ein Selbstbewußtsein, das in Beruf und Familie nicht gefördert wird. Der regelrechte Wiederholungszwang beim Regelspiel hat daher vermutlich tiefere Wurzeln als nur die oben aufgeführten Spannungsmomente. Er ist die illusionäre oder symbolische Erprobung der persönlichen (privaten) Existenz. Damit hätte man den ÜG des privaten Regelspiels gefunden. Wenn dieser Mechanismus bewußt wird, scheut man sich, den symbolischen Wettkampf anzutreten. So vermeiden es Ehepaare nicht selten, im Tennis ein reguläres Match auszutragen oder in einem sportlichen Gruppenspiel in der gleichen Mannschaft zu spielen.

Die heile Welt des Hobbys

Erwachsene spielen wie Kinder, wenn sie ihrem Hobby nachgehen. Hier setzt sich kindliches Spiel unmittelbar fort oder umgekehrt: Die Erwachsenen kehren gewissermaßen in die heile Welt des Kinderspiels zurück. Da das Kinderspiel aber, wie wir in diesem Buch gezeigt haben, alles andere als eine heile Welt ist, muß die Versenkung in das Hobby eine spezifische Weise des Spielens darstellen. Das Hobby kann als stabiler Objektbezug mit subjektiver Valenz verstanden werden. Diesem Objektbezug können typische Merkmale des Spiels wie Selbstzweck, Wiederholung und Veränderung des Realitätsbezuges eigen sein. In diesem Falle handelt es sich um solitäres Spiel, das allerdings durch Kontakt mit Hobbyfreunden auch soziale Elemente erhalten kann.

Der Hobby-Mensch hat das Unheilvolle des Kinderspiels vergessen oder verdrängt und die Erlebnisqualität des Heiteren, Unbeschwerten beibehalten. In den meisten Fällen bildet das Hobby einen abgegrenzten Bereich, in den man sich zurückziehen und die Sorgen außen vor lassen kann. In diesen Fällen ist das Hobby die Flucht in eine heile Welt des Spiels, also die Konstruktion eines Deutungsrahmens, der funktional für das eigene Wohlbefinden aber dysfunktional für die persönlichen Schwierigkeiten und die soziale Umwelt ist. Ludwig XVI. flüchtete sich, so oft er konnte, in seine geliebte Schlosserwerkstatt und stellte sich nicht den drohenden politischen Problemen seines Staates. Das Hobby verrät nichts darüber, was der Mensch außerhalb des Hobbys denkt und tut.

Das Hobby – jedem sei es vergönnt und wer hätte keines – ist ein gefährlicher Freund. Es lenkt uns nur allzu oft von den eigentlichen Problemen, aber auch von den Freuden ab, die wir im sozialen Miteinander genießen können.

27.4 Spielsucht

Das Spiel hat eine Kehrseite, die den drei Tiefenmerkmalen, wie wir sie zu Beginn dieses Buches dargestellt haben, innewohnen. Die Realität des Spiels ist oft attraktiver als die Realität außerhalb und verführt dazu, in ihr zu verweilen. Die selbststimulierende Wirkung der Spieltätigkeit bewirkt die Beibehaltung dieser Tätigkeit. Ritual und Wiederholung schließlich können anankastische Züge erhalten, so daß Wiederholung zum Zwang wird.

All dies haben wir im Glücksspieler vor uns, der sein Vermögen verspielt, einer Gestalt, wie sie Dostojewski meisterhaft nachgezeichnet hat. In abgeschwächter Form finden wir Spielsucht allenthalben: beim Kind, das nicht aufhören will zu spielen, bei den Kartbrüdern, bei den Abenteuerspielern (Das Schwarze Auge), beim Musiker der von seinem Instrument nicht loskommt, beim Börsenmakler, der rund um die Uhr den Aktienmarkt beobachtet (das Portrait eines jungen Maklers, der über seiner Tätigkeit Essen und Schlaf vergißt, wurde unlängst im Fernsehen gezeigt), und schließlich beim Computerfreak, der nächtelang am Computer sitzt.

Je attraktiver das Spielzeug, desto leichter kann man der Spielsucht verfallen. Damit wird Spiel, dessen eigentliche Funktion die Lebensbewältigung ist und das daher hauptsächlich eine Domäne der Kindheit sein sollte, zum lebensbedrohlichen Medium. Die Spielsucht vermittelt zwar immer noch das Gefühl von Lebensbewältigung, doch hat sie sich von der sozialen Realität so weit abgesetzt, daß sie im Extremfall das Individuum zu vernichten droht, in abgeschwächter Form immerhin zu sozialer Diskriminierung und zum Ausschluß aus gesellschaftlichen Bereichen (z. B. Verlust des Arbeitsplatzes) führen kann.

Schlußfolgerung und Ausblick

In diesem Buch wird Spiel als Form der Lebensbewältigung verstanden, deren sich das Kind bedient, weil es noch zu wenig andere Möglichkeiten der Bewältigung zur Verfügung hat. Im Erwachsenenalter sahen wir, daß das Spiel in andere Formen der Bewältigung transformiert wird, in die Religion, die Kunst und die Arbeit.

Daß im Erwachsenenalter vor allem Regelspiele öffentlich wie privat als eigene Domäne einen bedeutenden Platz einnehmen, weist auf ihren symbolischen Charakter als expressive Modelle gesellschaftlicher Probleme und Konflikte hin.

Die Institutionalisierung individueller Spiele, wie des Freizeitsports, kann als Passung der gesellschaftlichen Trennung von Lebensbereichen (in Arbeit und Freizeit, Arbeit und Sport) einerseits und individueller Bedürfnislage andererseits , die persönliche Selbstverwirklichung eher in der Freizeit als im Beruf anstrebt, verstanden werden.

Die Maximierung der Tiefenmerkmale des Spiels (Realitätsveränderung, Selbstzweck und Wiederholung) führt zur Spielsucht und bringt die Spielenden in eine Abhängigkeit von der Spieltätigkeit, die dann dysfunktional für die Betroffenen wie für die Gesellschaft ist. So kann das Spiel, das für die Kinder lebensnotwendig ist, im Erwachsenenalter lebensfeindlich werden.

Literatur

Abramovitch, R., Corter, C., Pepler, D.J. & Stanhope, L. (1986). Sibling and peer interaction: A final follow-up and a comparison. Child Development, 57, 217-229.

Adler, A. (1922). Über den nervösen Charakter (3.Aufl.). München: Bergmann.

Aebli, H. (1980). Denken: Das Ordnen des Tuns. Bd. 1. Stuttgart: Klett-Cotta.

Alexander, I. E. & Adlerstein, A. M. (1961). Studien zur Psychologie des Todes. In J. C. Brengelmann & H. P. David (Hg.), Perspektiven der Persönlichkeitsforschung. Bern/Stuttgart: Huber.

Alford, K. F. (1982). The structures of expressive acts in four cultures. Paper given at an annual meeting of the Anthropological Association for the Study of Play. London: Ontario, April 1-3.

Anderson, J. R. (1983). The architecture of cognition. Cambridge, MA: Harvard University Press.

Anderson, J.R. (1985). Cognitive psychology and its implications. New York: Freedman.

Apter, M. J. (1982). The experience of motivation: The theory of psychological reversals. New York/London: Academic Press.

Axline, N. M. (1947). Play therapy. The inner dynamics of childhood. Cambridge/MAS: The Riverside Press.

Babcock, B. (1978). The reversible world. Ithaca, NY: Cornell University Press.

Baddeley, A.D. (1986). Working memory. Oxford, England: Clarendon Pres.

Baddeley, A. D. & Hitch, G. (1977). Recency re-examined. In Dornic, S. (Ed.), Attention and performance (Bd. VI, S. 647-667). Hillsdale, NJ: Erlbaum.

Bandura, A. (1969). Social-learning theory of identification processes. In D. A. Goslin (Ed.), Handbook of Socialisation Theory and Research (pp. 213-262). Chicago: Rand McNally.

Barker, R. & Wright, H.F. (1951). One boy's day. New York: Harper.

Barnett, L. A. (1984). Research note: Young children's resolution of distress through play. Journal of Child Psychology & Psychiatry, 25, 477-483.

Barnett, L.A. & Strom, B. (1981). Play, pleasure, and pain. The reduction of anciety through play. Leisure Science, 4, 161-175.

Bateson, G. (1955). A theory of play and fantasy. Psychiatric Research Reports, 2, 39-51.

Bateson, G. (1972). A theory of play and phantasy. In G. Bateson. (Ed.), Steps to an ecology of mind (pp. 177-193). Aylesbury: Chandler.

Belsky, J. & Most, R. K. (1981). From exploration to play: A cross-sectional study of infant free play behavior. Developmental Psychology, 17, 630-639.

Berlyne, D.E. (1960). Conflict, arousal and curiosity. New York: McGraw-Hill.

Bernays, J. (1859/60). Zwei Abhandlungen über die Aristotelische Theorie des Dramas. Rhein. Museum, 14 (1859), 15 (1860).

Berne, E. (1983). Spiele der Erwachsenen. Psychologie der menschlichen Beziehungen. Reinbek: Rowohlt.

Bettelheim, B. (1973). So können sie nicht leben. Die Rehabilitation emotional gestörter Kinder. Stuttgart: Klett.

Bettelheim, B. (1977). Die Geburt des Selbst. Stuttgart: Klett.

Bittner, G. (1976). Die „heilenden Kräfte" im kindlichen Spiel. In Halbfas, Maurer, Popp (Hg.), Spielen, Handeln, Lernen. Stuttgart: Klett.

Bjork, R. A. & Whitten, W. B. (1974). Recency-sensitive retrieval processes in long-term free recall. Cognitive Psychology, 6, 173-189.

Blazek, S. (1992). Spiel als Lebensbewältigung in der frühen Kindheit. Ergebnisse einer kasuistischen Längsschnittuntersuchung. Unveröff. Diplomarbeit, Institut für Psychologie, LMU München.

Blurton-Jones, N. (1985). Rough-and-tumble play among nursery school children (Orig. 1967). In J. S. Bruner, A. Jolly & K. Sylva (Eds.), Play – Its role in development and evolution (pp. 352-363). Harmondsworth: Penguin Books.

Boesch, E. E. (1980). Kultur und Handlung. Einführung in die Kulturpsychologie. Stuttgart: Klett.

Bower, T. G. R. (1979). Human development. San Francisco: Freeman.

Brandl, R.M. (1993). Musik und veränderte Bewußtseinszustände. In H. Bruhn, R. Oerter & H. Rösing (Hrsg.), Musikpsychologie (S. 599-610). Reinbek: Rowohlt.

Bretherton, I. (1984a). Representing the social world in symbolic play. In I. Bretherton (Ed.), Symbolic play (pp. 3-41). London: Academic Press.

Bretherton, I. (Ed.). (1984b). Symbolic play. The development of social understanding. London: Academic Press.

Bretherton, I., O'Connell, B., Shore, C. & Bates, E. (1984). The effect of contextual variation on symbolic play: Development from 20 to 28 months. In I. Bretherton (Ed.), Symbolic play (pp. 271-298). London: Academic Press.

Bretherton, J. & Waters, E. (Eds). 1985. Growing points of attachment theory and research. Monographs of the Society for Research in Child Development. 50 (1-2, Serial No. 209)

Brown, A. L. (1975). The development of memory: Knowing, knowing about knowing, and knowing how to know. In H. W. Reese (Ed.), Advances in child development and behavior. (Vol. 10, pp. 104-153). New York: Academic Press.

Bruhn, H. (1988). Harmonielehre als Grammatik der Musik. München: PVU.

Bruhn, H. & Oerter, R. (1993). Die ersten Lebensmonate. In H. Bruhn, R. Oerter & H. Rösing (Hrsg.), Musikpsychologie. Ein Handbuch (S. 276-283). Reinbek: Rowohlt.

Bruner, J. S. (1975). The ontogenesis of speech acts. Journal of Child Language, 2, 1-19.

Bruner, J. S. (1966). Toward a theory of instruction. Cambridge/MA: Harvard University Press.

Bruner, J. S. (1968). Processes of cognitive growth: Infancy. Worcester/Mass: Clark University Press & Baree Publ.

Bruner, J. S. (1975). The ontogenesis of speech acts. Journal of Child Language, 2, 1-19.

Bruner, J. S. (1985). Nature and uses of immaturity. In J. S. Bruner, A. Jolly & K. Sylva (Eds.), Play. Its role in development and evolution (pp. 28-64). Harmondsworth, Middelsex, England: Penguin Books Ltd.

Bruner, J. S., Jolly, A. & Sylva, K. (1985) (Eds.). Play. Its role in development and evolution. Harmondsworth, Middelsex, England: Penguin Books Ltd.

Bruner, J. S. & Sherwood, V. (1985). Peekaboo and the learning of rule structures (Orig. 1975). In J. S. Bruner, A. Jolly & K. Sylva (Eds.), Play – its role in development and evolution (pp. 277-285). Harmondsworth: Penguin.

Brunner, F. (1950). Spielzeug aus eigener Hand. Zürich: Rascher.

Bühler, K. (1922). Die geistige Entwicklung des Kindes, 3. Aufl. Jena: Fischer.

Carpenter, C. R. (1934). A field study of the behavior and social relations of howling monkeys. Comparative Psychological Monographs, 10, 1-168.

Case, R. (1984). The process of stage transition: A neo-piagetian view. In R. J. Sternberg (Ed.), Mechanism of cognitive development (pp. 19-44). San Francisco: Freeman.

Chambers, J. H. & Ascione, F. R. (1987). The effects of prosocial and aggressive videogames on children's donating and helping. Journal of Genetic Psychology, 148, 499-505.

Chandler, M., Fritz, A. S. & Hala, S. (1989). Small scale deceit: Deception as a marker of 2-, 3-, and 4-year-olds early theories of mind. Child Development, 60, 1263-1277.

Chevalier-Skolnikoff, S. (1973). Visual and tactile communication in Macaca arctoides and its ontogenetic development. American Journal of Physical Anthropology, 38, 515-518.

Ciompi, L. (1993). Die Hypothese der Affektlogik. Spektrum der Wissenschaft, 2: 76-87.

Claparède, E. (1951). Recognition and "me-ness". In E. Rapaport (Ed.), Organization and pathology of thought. (pp. 58-75). New York: Columbia University Press.

Coleman, J. C. (1980). The nature of adolescence. London: Methuen.

Conway, M. A. (1991). In defense of everyday memory. American Psychologist, 46 (1), 19-26.

Cooper, J. & Mackie, D. (1986). Video games and aggression in children. Journal of Applied Social Psychology, 16, No.8, 726-744.

Critcher, C. (1976). Der Fußballfan. Ästhetik und Kommunikation, Heft 24, 39ff.

Csikszentmihalyi, M. (1975). Beyond boredom and anxiety. San Francisco: Jossey-Bass.

Csikszentmihalyi, M. (1985). Das Flow-Erlebnis. Stuttgart: Klett-Cotta.

Dilthey, W. (1894). Ideen über eine beschreibende und zergliedernde Psychologie. In W. Dilthey (Hg.), Gesammelte Schriften (1968) (Bd. V, S. 139-240). Stuttgart: Teubner.

Doise, W., Mugny, G. & Perret-Clermont, A. N. (1975). Social interaction and the development of cognitive operations. European Journal of Social Psychology, 5, 367-383

Doise, W. & Palmondari, A. (Eds.). (1984). Social interaction in individual development. Cambridge/Mass.: Cambridge University Press.

Döbert, R. & Nunner-Winkler, G. (1979). Adoleszenzkrise und Identitätsbildung. Psychische und soziale Aspekte des Jugendalters in modernen Gesellschaften. Fankfurt/M.: Suhrkamp.

Dollard, J., Doob, L. W., Miller, N. E., Mowrer, O. H. & Sears, R. R. (1939). Frustration and aggression. New Haven, Conn.

Dominick, J. R. (1984). Videogames, television violence, and aggression in teenagers. Journal of Communication, 34, 136-147.

Dornauer, M. (1989). Problembewältigung im Spiel. Eine kasuistische Längsschnittstudie. Unveröff. Diplomarbeit am Psychologischen Institut der Universität München.

Dorval, B. & Eckerman, C. O. (1984). Developmental trends in the quality of conversation achieved by small groups of acquainted peers. Monographs of the Society for Research in Child Development, 49 (2 Serial No 206).

Düßler, S. (1989). Computerspiel und Narzißmus. Eschborn: Klotz.

Dunham, P., Dunham, F., Tran, S. & Akhtar, N. (1991). The nonreciprocating robot: Effects on verbal discourse, social play, and social referencing at two years of age. In S. C. Somerville (Ed.), Child Development (pp. 1489-1502). Chicago: University of Chicago Press.

Dunn, J. & Dale, N. (1984). I a daddy: 2-year-olds' collaboration in joint pretend with sibling and with mother. In I. Bretherton (Ed.), Symbolic play (pp. 131-158). London: Academic Press.

Dunn, J. & Wooding, C. (1977). Play in the home and its implications for learning. In B. Tizard & D. Harvey: (Eds.), Biology of play. (pp. 45-58). London: Heinemann.

Dusek, J. B. & Flaherty, J. F. (1981). The development of the selfconcept during the adolescent years. Monographs of the Society for Research in Child Development, 191 (Vol.48), No.4.

Eckerman, C. O. & Whatley, J. L. (1977). Toys and social interaction between peers. Child Development, 48, 1645-1656.

Egli, E. A. & Meyers, L. S. (1984). The role of video game playing in adolescent life: Is there reason to be concerned? Bulletin of the Psychonomic Society, 22, 309-312.

Eifermann, R. R. (1971). Social play in childhood. In R. E. Herron & B. Sutton-Smith (Eds.), Child's play. (pp. 270-297). New York: Wiley.

Einsiedler, W. (1989). Eltern als „Lehrer" bei kindlichen Spielaktivitäten. Unterrichtswissenschaft, 17, 105-121.

Einsiedler, W. (1991). Das Spiel der Kinder: Zur Pädagogik und Psychologie des Kinderspiels. Bad Heilbrunn: Klinkhardt.

Eisen, G. (1988). Children and play in the holocaust. Amhurst/MA: The University of Massachusetts Press.

Eisenstadt, M. J. (1966). Problem-solving ability of creative and non-creative college students. Journal of Counseling Psychology, 30, 81-83.

Elkonin, D. (1980). Psychologie des Spiels. Köln: Pahl-Rugenstein.

Erikson, E. H. (1974). Jugend und Krise. Stuttgart: Klett.

Erikson, E. H. (1978). Kinderspiel und politische Phantasie. Frankfurt: Suhrkamp.

Fassbender Ch. (1993). Hören vor der Geburt. In H. Bruhn, R. Oerter & H. Rösing (Hrsg.), Musikpsychologie. Ein Handbuch (S. 268-275). Reinbek: Rowohlt.

Fein, G. G. (1981). Pretend play in childhood: An integrative review. Child Development, 52, 1095-1118.

Feitelson, D. (1977). Cross-cultural studies of representational play. In B. Tizard & D. Harvey (Eds.), Biology of play. London: Heinemann.

Felson, R.B. (1983). Aggression and violence between siblings. Social Psychology Quarterly, 46 (4), 271-285.

Fend, H. (1991). Identitätsentwicklung in der Adoleszenz. Lebensentwürfe, Selbstfindung und Weltaneignung in beruflichen, familiären und politisch-weltanschaulichen Bereichen. (Bd. II) Bern: Huber.

Fenson, L. (1984). Developmental trends for action and speech in pretend play. In I. Bretherton (Ed.), Symbolic play (pp. 249-270). London: Academic Press.

Fenson, L. & Ramsey, D. (1980). Decentration and integration of the child's play in the second year. Child Development, 51, 171-178.

Feshbach, S. (1956). The catharsis hypothesis and some consequences of interaction with aggressive and neutral play objects. Journal of Personality, 24, 449-462.

Festinger, L. (1956). When prophecy fails, Minneapolis: University of Minnesota Press

Fillmore, C. J. (1968). The case for case. In E. Bach & R. T. Harns (Eds.), Universals in linguistic theory. New York: Holt, Rinehart & Winston.

Fischer, K. W. (1980). A theory of cognitive development: The control and construction of hierarchies of skills. Psychological Review, 87, 477-531.

Flavell, J. H. (1975). Rollenübernahme und Kommunikation bei Kindern. Weinheim: Beltz.

Flick, U., Kardorff, E. v., Keupp, H., Rosenstiel, L. v. & Wolff, S. (1991). Handbuch Qualitative Sozialforschung. München: Psychologie Verlags Union.

Flitner, A. (Hg.). (1988). Das Kinderspiel, 5.Aufl. München: Piper.

Freud, A. (1949). Einführung in die Technik der Kinderanalyse. London.

Freud, S. (1932). Concerning the sexuality of woman (Vol. 1). Psychoanalytic Quarterly.

Freud, S. (1908). Der Dichter und das Phantasieren. Studienausgabe, Bd. 10, S. 169-179. Frankfurt/M.: Fischer 1975.

Freud, S. (1908). Charakter und Analerotik. Studienausgabe, Bd. 7, S. 23. Frankfurt/M.: Fischer 1975

Freud, S. (1920). Jenseits des Lustprinzips. Studienausgabe (1975), Bd. 3, S. 213. Frankfurt/M.: Fischer.

Freud, S. (1926). Hemmung, Symptom und Angst. Studienausgabe, Bd. 6, S. 227. Frankfurt/M.: Fischer 1975.

Freud, S. (1930). Das Unbehagen in der Kultur . Studienausgabe, Bd. 9, S. 191-270. Frankfurt/M.: Fischer 1975.

Freud, S. (1938). Abriß der Psychoanalyse. Studienausgabe, Ergänzungsband. Frankfurt/M.: Fischer 1975, S. 407.

Freud, S. & Breuer, J. (1895). Studien über Hysterie. Studienausgabe, Ergänzungsband. Frankfurt/M.: Fischer 1975, S. 37.

Fritz, J. (1982). Spiele mit und ohne Computer. Spielmittel 2, Heft 12, 34-42.

Fröbel, F. (1937). Theorie des Spiels. In E. Blochmann, H. Nohl & E. Weniger (Hg.), Kleine pädagogische Texte (Bd. I, II, III; Heft 4, 16, 21). Langensalza/Berlin/Leipzig: Beltz.

Furth, H. G. (1978). Children's social understanding and the process of equilibration. New Direction for Child Development. Social Cognition, 101-122.

Gallimore, R. & Goldenberg, C.N. (1992). Tracking the developmental path of teachers and learners: A Vygotskian perspective. In F. Oser, A. Dick & J.H. Patry (Eds.), Effective and responsible teaching (S. 203-222). San Francisco: Jossey-Bass.

Gardner, J. E. (1991). Can the Mario Bros. help? Nintendo games as an adjunct in psychotherapy with children. Psychotherapy, 28, 667-670.

Garvey, C. & Berndt, R. (1977). Organization of pretend play. JSAS. Catalog of Selected Documents in Psychology, 7.

Geertz, C. (1973). The interpretation of cultures. New York: Basic Books.

Geertz, C. (1980). Blurred genres: The refiguration of social thought. The American Scholar, Spring,165-179.

Gibb, G. D., Bailey, J. R., Lornbirth, T. T. & Wilson, W. P. (1983). Personality differences between high and low electronic video game users. Journal of Psychology, 114, 143-152.

Gibson, J.J. (1982). Wahrnehmung und Umwelt. München: Urban & Schwarzenberg.

Göbbel, N. (1986). Fußballfans: Ballverliebte Phantasien an einem sicheren Ort. Psychologie & Gesellschaftskritik, 37, 23-39.

Graybill, D., Strawniak, M., Hunter, T. & O'Leary, M. (1987). Effects of playing versus observing violent versus nonviolent video games on children's aggression. Psychology A Quarterly Journal of Human Behavior, 24, 1-8.

Greenwald, A. G. (1992). New Look 3: Unconscious cognition reclaimed. American Psychologist, 47 (6), 766-779.
Griffin, H. (1984). The coordination of meaning in the creation of a shared make-believe reality. In I. Bretherton (Ed.), Symbolic play (S. 73-100). London: Academic Press.
Groeben, N. (1986). Handeln, Tun, Verhalten als Einheiten einer verstehend-erklärenden Psychologie: wissenschaftlich-theoretischer Überblick und Programmentwurf zur Integration von Hermeneutik und Empirismus (Bd. 13). Tübingen: Francke.
Groeben, N. & Scheele, B. (1977). Argumente für eine Psychologie des reflexiven Subjekts. Darmstadt: Steinkopff.
Gröber, K. (1965; Orig. 1928). Kinderspielzeug aus alter Zeit (2. von J. Metzger völlig überarb. Aufl.). Hamburg: von Schröder.
Groos, K. (1899). Die Spiele des Menschen. Jena.
Grossberg, S. & Stone, G. (1986). Neural dynamics of word recognition and recall: Attentional priming, learning, and resonance. Psychological Review, 93, 46-74.
Hansen, W. (1949). Die Entwicklung des kindlichen Weltbildes. Kösel: München.
Harris, P. L. & Kavanaugh, R. D. (1993). Young children's understanding of pretense. Monographs of the Society for Research in Child Development, 58/1.
Harsch, N. & Neisser, U. (1989). Substantial and irreversible errors in flashbulb memories of the Challenger explosion. Poster presented at the meeting of the Psychonomic Society. Atlanta, GA.
Hartup, W. W. (1983). Peer relations. In E. M. Hetherington (Ed.) & P. H. Mussen (Series Ed.), Handbook of child psychology (Bd. 4), Socialisation, personality, and social development. (103-196 pp.). New York: Wiley.
Heckhausen, H. (1963/64). Entwurf einer Psychologie des Spielens. Psychologische Forschung, 27, 225-243.
Heckhausen, H. (1965). Leistungsmotivation. In H. Thomae (Hg.), Handbuch der Psychologie (Bd. II) (602-702). Göttingen: Hogrefe.
Heckhausen, H. (1989). Motivation und Handeln. Berlin: Springer.
Heckhausen, H. & Roelofsen, I. (1962). Anfänge der Entwicklung der Leistungsmotivation: (I) Im Wetteifern des Kleinkindes. Psychologische Forschung, 26, 313-397.
Heider, F. (1958). The psychology of interpersonal relations. New York: Wiley (dt: Psychologie der interpersonalen Beziehungen, Stuttgart: Klett, 1977).
Hendrickson, J. M., Strain, P. S., Tremblay, A. & Shores, R. E. (1981). Relations between toy and material use and the occurrence of social interactive behaviors by normally developing preschool children. Psychology in the Schools, 18, 500-504.
Hetzer, H. (1931). Kind und Schaffen. Jena: Fischer.
Hofmann, U.(1990). Zur Rolle des Spiels in der Entwicklung. Ergebnisse einer Längsschnittuntersuchung der Spielinteraktion von zwei Kindergartenkindern ab 1 1/2 Jahren. Unveröff. Diplomarbeit, Institut für Psychologie, LMU München.
Hofstadter, D. R. (1985). Gödel, Escher, Bach. Ein endlos geflochtenes Band. Stuttgart: Klett-Clotta.
Howes, C. & Matheson, C. C. (1992). Sequences in the development of competent play with peers: Social and social pretend play. Developmental Psychology, 28, 961-974.
Huizinga, J. (1955). Play and contest as civilizing functions. Homo ludens: a study of the play element in culture. Boston: The Beacon Press.
Huizinga, J. (1956). Homo ludens. Hamburg: Rowohlt.
Hunt, J.McV. (1965). Intrinsic motivation and its role in psychological development. In: LeVine, D. (Ed.), Nebraska Symposium on Motivation 1965. U. of Nebraska Press, Lincoln 189-282.
Hutt, C. (1966). Exploration and play in children. In P. A. Jewell & C. Loizos (Eds.), Play, exploration, and territory in mannals (pp. 61-79). London.
Hutt, C. (1979). Exploration and play. In B. Sutton-Smith (Ed.), Play and learning. New York: Gardner Press.
Jacoby, L. L. & Dallas, M. (1981). On the relationship between autobiographical memory and perceptual learning. Journal of Experimental Psychology: General, 110, 306-340.
Kaye, K. (1982). The mental and social life of babies. Chicago: University of Chicago Press.

Kaye, K. & Charney, R. (1980). How mothers maintain „dialogue" with two-year-olds. In D. R. Olson (Ed.), The social foundations of language and thought: Essays in honor of Jerome S. Bruner. (pp. 211-230). New York: W. W. Norton.

Kelly-Byrne, D. (1982). A narrative of plan and intimacy. University of Michigan: Microfilm 8217137.

Kendrick, C. & Dunn, J. (1983). Sibling quarrels and maternal responses. Developmental Psychology, 19, 62-70.

Kernberg, O. F. (1981). Objektbeziehungen und Praxis der Psychoanalyse. Stuttgart: Klett-Cotta.

Kestenbaum, G. I. & Weinstein, L. (1985). Personality, psychopathology, and developmental issues in male adolscent game use. Journal of the American Academy of Child Psychiatry, 24 (3), 395-401.

Kidd, G. R. & Greenwald, A. G. (1988). Attention, rehearsal, and memory for serial order. American Journal of Psychology, 101, 259-279.

Kiesler, S., Sproull, L. & Eccles, J. S. (1983). Second class citizens. Psychology Today, 17 (3), 41-48.

Kihlstrom, J. F., Barnhardt, T. M. & Tataryn, D. J. (1992). The psychological unconscious: Found, lost, and regained. American Psychologist, 47 (6), 788-791.

Klein, M. (1962). Die Psychoanalyse des Kindes. Wien: Internationaler Psychoanalytischer Verlag.

Klix, F. (1980). Erwachendes Denken. Berlin/DDR: Deutscher Verlag der Wissenschaften.

Kohlberg, L. (1974). Zur kognitiven Entwicklung des Kindes. Frankfurt: Suhrkamp.

Korzybski, A. (1941). Science and sanity. New York: Science Press.

Kreye, M. (1984). Conceptual organization in the play of preschool children: Effects of meaning, context, and mother-child interaction. In I. Bretherton (Ed.), Symbolic play (pp. 299-336). London: Academic Press.

Lamb, M. E. (1981). The role of the father in child development. New York: Wiley.

Lantermann, E. D. (1980). Interaktionen - Person, Situation und Handlung. München: Urban & Schwarzenberg.

Leacock, E. (1971). At play in African villages. Natural History, December (special supplement on play), 60-65.

Leontjew, A. N. (1977). Tätigkeit, Bewußtsein, Persönlichkeit. Stuttgart: Klett.

Leslie, A. M. (1987). Pretense and representation: The origins of „Theory of Mind". Psychological Review, 94 (4), 412-426.

Lever, J. (1976). Sex differences in the games children play. Social Problems, 23, 478-487.

LeVine, R. A. (1989). Preschool experience in an African culture: Reflections on maternal behavior and normal development. Unterrichtswissenschaft, 2, 122-132.

Lewicki, P., Hill, T. & Czyzewska, M. (1991). Nonconscious acquisition of information. American Psychologist, 47 (6), 796-801.

Lewin, K. (1926). Vorsatz, Wille und Bedürfnis. Psychologische Forschung, 7, 330-385.

Lewin, K. (1936). Principles of topological psychology. New York: Mc Graw-Hill.

Lewin, K. (1982). Werkausgabe Bd. IV. (Hrsg. von C. F. Graumann), Bern: Huber.

Lewis, M. & Brooks, J. (S. 1979). Auf der Suche nach den Ursprüngen des Selbst: Implikationen für das Sozialverhalten und für pädagogische Intervention. In L. Montada (Hg.), Brennpunkte der Entwicklungspsychologie (157-172). Stuttgart: Kohlhammer.

Lin, S. & Lepper, M. R. (1987). Correlates of children's usage of videogames and computers. Journal of Applied Social Psychology, 17, 72-93.

Löbell, A. (1991). Kinderspiele auf Java – Eine kulturpsychologische Untersuchung. Unveröff. Diplomarbeit, Institut für Psychologie, LMU München.

Livesley, W.J. & Bromley, D.B. (1973). Person perception in childhood and adolescence. London: Wiley.

Lukesch, H. (1990). Gewaltwirkungsforschung und Medienpädagogik. Anmerkungen zu sechs Thesen Helga Theunerts über „Erfordernisse und Perspektiven einer paedagogisch relevanten Gewaltwirkungsforschung". In H. Lukesch (Hg.), Wenn Gewalt zur Unterhaltung wird. Beiträge zur Nutzung und Wirkung von Gewaltdarstellungen in audiovisuellen Medien (S. 161-172) Roderer.

Lukesch, H. (1990). Nutzungsmuster von Videospielen. Medienpsychologie, 2 (2), 100-114.

Luria, A. R. (1976). Cognitive development. Its cultural and social foundations. Cambridge, MA: Harvard University Press.
Mahler, M., Pine, F. & Bergman, A. (1980). Die psychische Geburt des Menschen. Frankfurt/M: Fischer.
Mandl, H. & Spada, H. (1988). Wissenspsychologie. München; Weinheim: Psychologie Verlags Union.
Mannoni, M. (1978). Ein Ort zum Leben. Die Kinder von Bonneuil, ihre Eltern und das Team der „Betreuer“. Frankfurt/M.: Syndikat.
Markus, H. R. & Kitayama, S. (1991). Culture and the self: Implications for cognition, emotion, motivation. Psychological Review, 98, 224-253.
Marx, K. (1864). Das Kapital (1. Band). Berlin: Dietz 1975.
McCune-Nicolich, L. (1981). Toward symbolic functioning: Structure of early pretend games and potential parallels with language Child Development, 52, 386-388.
McCune-Nicolich, L. & Carroll, S. (1981). Development of symbolic play. Implications for the language specialist. Topics in Language Disorders, 1-15.
McLoyd, V.C. (1983). The effects of the structure of play objects on the pretend play of low-income preschool children. Child Development, 54, 626-635.
Mead, G.H. (1934). Mind, self, and society. From the standpoint of a social behaviorist. Chicago: University Press. (dtsch: Geist, Identität und Gesellschaft. Frankfurt/M.: Suhrkamp, 1973).
Mehan, H. & Wood, H. (1975). The reality of ethnomethodology. New York: Wiley and Sons.
Menninger, W.C. (1960). Recreation and mental health. In B. Hill (Ed.), Recreation and Psychiatry (S. 8-18). New York:.
Mieruch, B. (1992). Wasser in Kultur und Spiel. Zur Bedeutung des Spiels für die Entwicklung und Lebensbewältigung in der frühen Kindheit. Unveröff. Diplomarbeit, Institut für Psychologie, LMU, München.
Miller, P. (1982). Teasing: A case study in language socialization and verbal play. The Quarterly Newsletter of the Laboratory of Comparative Human Cognition, 4, 29-32.
Miller, P. & Garvey, C. (1984). Mother-baby role play: Its origins in social support. In I. Bretherton (Ed.), Symbolic play (pp. 101-130). London: Academic Press.
Mischel, W. (1971). Introduction to personality. New York: Holt, Rinehart & Winston.
Mitchell, E. (1985). The dynamics of family interaction around home video games. Marriage and Family Review, 8, 121-135.
Mogel, H. (1991). Psychologie des Kinderspiels. Berlin: Springer Verlag.
Moosmann, I. (1975). Bevorzugung von Spielzeug mit unterschiedlicher Aktivitätsanregung bei Drei- bis Sechsjährigen. Zeitschrift für Entwicklungspsychologie und Pädagogische Psychologie, 7, 254-267.
Morrison, H. & Kuhn, D. (1983). Cognitive aspects of preschoolers' peer imitation in a play situation. Child Development, 54, 1054-1063.
Mueller, E. & Lucas, T. (1975). A developmental analysis of peer interaction among toddlers. In M. Lewis & L. A. Rosenblum (Eds.), Friendship and peer relations (pp. 223-257). New York: Wiley.
Neisser, U. (1991). A case of misplaced nostalgia. American Psychologist, 46 (1), 34-36.
Nelson, K. (1978). How young children represent knowledge of their world in and out of language. In R. S. Siegler (Ed.), Children's thinking: What develops? Hillsdale, NJ: Erlbaum.
Nelson, K. & Gruendel, J. (1981). Generalized event representations: Basic building blocks of cognitive development. In A. Brown & M. Lamb (Eds.), Advances in developmental psychology (Vol. 1). Hillsdale, NJ: Erlbaum.
Nelson, K. & Seidman, S. (1984). Playing with scripts. In I. Bretherton (Ed.), Symbolic play (pp. 45-71). London: Academic Press.
Nicolich, L. (1977). Beyond sensorymotor intelligence: Assessment of symbolic maturity through analysis of pretend play. Merrill-Palmer Quarterly, 23, 89-99.
Ninio, A. & Bruner, J. (1978). The achievement and antecedents of labbeling. Journal of Child Language, 5, 1-15.
Nitsch-Berg, H. (1978). Kindliches Spiel zwischen Triebdynamik und Enkulturation: Der Beitrag der Psychoanalyse und der Entwicklungstheorie Piagets. Stuttgart: Klett.

Oerter, R. (1980). Psychologie des Denkens, 6. Aufl. Donauwörth: Auer.
Oerter, R. (1983). Emotion als Komponente des Gegenstandbezuges. In H. Mandl & G. L. Huber (Hg.), Kognition und Emotion (S. 282-315). München: Urban & Schwarzenberg.
Oerter, R. (1987). Der ökologische Ansatz. In Oerter & Montada (Hg.), Entwicklungspsychologie (S. 87-128). München/Weinheim: Psychologie Verlags Union.
Oerter, R. (1993, im Druck). Persons' conception of human nature: A cross-cultural comparison. In J. Valsiner (Ed.), Child development within culturally structured environments. Norwood, NJ: Ablex.
Oerter, R. (1992). The zone of proximal development for learning and teaching. In F. Oser, A. Dick & J.H. Patry (Eds.), Effective and responsible teaching (pp. 187-202). San Francisco: Jossey-Bass
Oerter, R.M. (1990). Das Menschenbild junger Amerikaner. Unveröfftl. Diplomarbeit, Universität München.
Oser, F. (1988). Wieviel Religion braucht der Mensch? Erziehung und Entwicklung zur religiösen Autonomie. Gütersloh: Mohn.
Papoušek, H. & Papoušek, M. (1979). Lernen im ersten Lebensjahr. In L. Montada (Hg.), Brennpunkte der Entwicklungspsychologie. Stuttgart: Kohlhammer.
Papoušek, H. & Papoussek, M. (1987). Intuitive parenting: A dialectic counterpart to the infant's integrative competence. In J. D. Osofsky (Ed.), Handbook of infant development (pp. 669-720). New York: Wiley.
Papoušek, M., Papoussek, H. & Harris, B. J. (1987). The emergence of play in parent-infant interactions. In D. Görlitz. & J. F. Wohlwill (Eds.), Curiosity, imagination, and play (pp. 214-246). Hillsdale, NJ: Erlbaum.
Parsons, T. (1949). The structure of social action (Vol. 2). New York: Free Press.
Parten, M.B. & Newhall, S.M. (1943). Social behavior of preschool children. In R.G. Barker, J.S. Kounin & H.F. Wright (Eds.), Child behavior and development (S. 509-523). New York.
Pellegrini, A.D. & Galda, L. (1991). Spiel, Sprache und frühe Kompetenz im Lesen und Schreiben. Unterrichtswissenschaft, 3, 18. 269-281.
Pellegrini, A. & Galda, L. (1989). A longitudinal study of social-developmental functions of children's rough-and-tumble play. Paper presented at the Tenth Biennial Meetings of ISSBD, Jyväskylä, Finnland.
Peller, L.E. (1952). Models of children's play. Mental Hygiene, 36, 66-83.
Perner, J. (1991). Understanding the representation of mind. Harvard, MA: MIT Press.
Piaget, J. (1936). La naissance de l'intelligence chez l'enfant. Neuchatel: Delachaux et Nestlé.
Piaget, J. (1954). Das moralische Urteil beim Kinde. Zürich: Rascher.
Piaget, J. (1964). Psychologie der Intelligenz. Zürich: Rascher.
Piaget, J. (1969). Nachahmung, Spiel und Traum. Stuttgart: Klett.
Piaget, J. (1973). Einführung in die genetische Erkenntnistheorie. Frankfurt: Suhrkamp.
Piaget, J. (1983). Meine Theorie der geistigen Entwicklung. Frankfurt/M.: Fischer.
Popper, K.R. (1973). Objektive Erkenntnis. Ein evolutionärer Entwurf. Hamburg: Hoffmann & Campe.
Provenzo, E. F. (1991). Video Kids. Making sense of Nintendo. Cambridge: Harvard University Press.
Pylyshyn, Z. W. (1978). When is attribution to beliefs justified. Behavioral and Brain Sciences, 1, 592-593.
Rheinberg, F. (1989). Zweck und Tätigkeit. Motivationspsychologische Analysen zur Handlungsveranlassung. Göttingen: Hogrefe.
Rheinberg, F. (1991). Flow-Erleben beim Motorradfahren: Eine Erkundungsstudie zu einem besonderen Funktionszustand. Deutsche Fassung von: Flow-experience when motorcycling: A study of a special human condition. In R. Brendicke (Ed.), Proceedings of the 1991 International Motorcycle Conference. (pp. 349-362). Bochum: IfZ:
Riegel, K. F. (1975a). Toward a dialectical theory of development. Human Development, 18, 50-64.
Riegel, K. F. (1975b). Adult life crisis: A dialectical interpretation of development. In N. Datan & L. Ginsberg (Eds.), Life-span development psychology. Normative crises (pp. 99-128). New York: Academic Press.

Riemann, S. (1987). Entwicklungsbesonderheiten des Regelspiels im frühen Schulalter. Univ. Erfurt: Dissertation.

Roberts, J. M., Arth, J. & Bush, R. R. (1959). Games in culture. American Anthropology, 61, 597-605.

Roberts, J. M. & Sutton-Smith, B. (1962). Child training and game involvement. Ethnology, 1, 166-605.

Rösing, H. & Barber-Kersovan, A. (1993). Konzertbezogene Verhaltensrituale. In H. Bruhn, R. Oerter & H. Rösing (Hrsg.), Musikpsychologie (S. 136-147). Reinbek: Rowohlt.

Rogoff, B. (1986). Adult assistance of children's learning. In T. E. Raphael (Ed.), The contexts of school-based literacy (pp. 27-40). New York: Random House.

Rosegger, P. (1914). Als ich noch der Waldbauernbub war. Bd. 2. Leipzig: Staackmann.

Rosenberg, M. J. & Abelson, R. P. (1960). Cognitive, affective and behavioral components of attitude. In C. I. Hovland & M. J. Rosenberg (Eds.), Attitude organization and change. New Haven: Yale University Press.

Rubin, K. H., Fein, G. G. & Vandenberg, B. (1983). Play. In M. Hetherington (Ed.), Handbook of child psychology. Socialisation, personality, social development. (Vol. 4, pp. 693-774). New York: Wiley.

Rubinstein, S. L. (1977). Sein und Bewußtsein. Die Stellung des Psychischen im allgemeinen Zusammenhang der Erscheinungen in der materiellen Welt. Berlin/DDR: Akademie Verlag.

Rumpf, F. & Erich, O. A. (1922). Spielzeug der Völker. Berlin.

Sade, D. S. (1973). An ethogram for rhesus monkeys: antithetical contrasts in posture and movement. American Journal of Physical Anthropology, 38, 537-42.

Sadri, M. H. (1987). Spiel im Leben des afghanischen Kindes. Unveröff. Magisterarbeit, LMU München.

Schäfer, G. E. (1989). Spielphantasie und Spielumwelt. Weinheim und München: Juventa.

Schank, R. & Abelson, R.P. (1977). Scripts, plans, goals, and understanding. New York: Wiley.

Scheuerl, H. (1991). Das Spiel. Weinheim: Beltz.

Schiller, F. (1907). Sämtliche Werke. Leipzig: Max Hesses Verlag.

Schmidtchen, S. (1991). Klientenzentrierte Spiel- und Familientherapie. München/Weinheim: Psychologie Verlags Union.

Schmidtchen, S. & Erb, A. (1976). Analyse des Kinderspiels. Köln: Kiepenheuer & Witsch.

Schmidt-Denter, U. (1987). Soziale Entwicklung. Ein Lehrbuch über soziale Beziehungen im Laufe des menschlichen Lebens. München/Weinheim: Psychologie Verlags Union.

Schönhammer, R. (1991). In Bewegung, zur Psychologie der Bewegung. München: Quintessenz.

Schütze, Y. (1981). Wenn das zweite Kind kommt ... Rivalität und Integration. Psychologie Heute, 8 (7), 58-64.

Schutte, N. S., Malouff, J. M., Post Gorden, J. C. & Rodasta, A. L. (1988). Effects of playing videogames on children's aggressive and other behaviors. Journal of Applied Social Psychology, 18, 454-460.

Shimai, S., Masuda, K. & Kishimoto, Y. (1990). Influences of TV games on physical and psychological development of Japanese kindergarten children. Perceptual and Motor Skills, 70, 771-776.

Shuter-Dyson, R. (1982). Psychologie musikalischen Verhaltens. Angloamerikanische Forschungsbeiträge. Mainz: Schott.

Sigel, I. E. (Ed.). (1985). Parental belief systems. The psychological consequences for children. Hillsdale, NJ: Lawrence Erlbaum .

Silvern, S. B. & Williamson, P. A. (1987). The effects of video game play on young children's aggression, fantasy and prosocial behavior. Journal of Applied Developmental Psychology, 8, 453-462.

Singer, J. L. (1973). The child's world of make believe. New York: Academic Press.

Sloboda, J. A. (1985). The musical mind. Oxford: University Press.

Smith, P. K. (1982). Does play matter? Functional and evolutionary aspects of animal and human play. Behavioral and Brain Sciences, 5, 139-184.

Sodian, B. (1991). The development of deception in young children. British Journal of Developmental Psychology, 9, 173-188.

Spitz, R. A. (1967). Vom Säugling zum Kleinkind: Naturgeschichte der Mutter-Kind-Beziehungen im 1.Lebensjahr. Stuttgart: Klett.

Sroufe, A. L. (1979). Socioemotional development. In J. D. Osofsky (Ed.), Handbook of infant development. New York: Wiley.

Sutton-Smith, B. (1986a). The metaphor of games in social science research. In R. van der Koij & J. Hellendoorn (Eds.), Play, Play Therapy, Play Research (pp. 35-65). Berwyn: Swets North America; Lisse: Swets & Zeitlinger.

Sutton-Smith, B. (1986b). Toys as culture. New York/London: Gardner Press.

Sutton-Smith, B., Roberts, J. M. & Kozelka, R. M. (1963). Game involvement in adults. Journal of Social Psychology, 60, 15-30.

Taylor, I. (1975). Vom Fußball besessen. Einige soziologische Spekulationen über Fußballvandalismus. In Hammerich & Heinemann (Hg.), Texte zur Soziologie des Sports (S. 245ff). Schorndorf.

Taylor, I. (1976). Football violence and the decline of the working class weekend. In E.Yeo & S. Yeo (Eds.), The working class and leisure. London.

Tein, S.V. (1990). Spiel als Lebensbewältigung und Medium für Interaktion. Unveröff. Diplom-Arbeit, Universität München.

Thomae, H. (1968). Das Individuum und seine Welt. Eine Persönlichkeitstheorie. Göttingen: Hogrefe.

Thorndike, E. L. (1932). The fundamentals of learning. New York: Teachers College.

Toles, T. (1985). Video games and american military ideology. In V. Mosco & J. Wasko (Eds.), The critical communications review, Vol. III: Popular culture and media events (pp. 207-223). Norwood, N.J.: Ablex.

Trautner, H. M. (1991). Lehrbuch der Entwicklungspsychologie. Bd. 2: Theorien und Befunde. Göttingen: Hogrefe.

Triandis, H. C. (1989). The self and the social behavior in differing cultural contexts. Psychological Review, 96, 506-520.

Tulving, E. (1972). Episodic and semantic memory. In E. Tulving & W. Donaldson (Eds.), Organization of memory (S. 382-404). New York: Academic Press.

Turkle, S. (1984). Die Wunschmaschine. Reinbek: Rowohlt.

Turkle, S. (1984). The second self: Computers and the human spirit. New York: Simon & Schuster.

Turner, V. (Ed.). (1982). Celebration: Studies in festivity and ritual. Washington, D.C: Smithsonian Press.

Ulich, D. (1976). Pädagogische Interaktion. Weinheim: Beltz.

Ungerer, J. A., Zelazo, P. R., Kearsley, R. B. & O'Leary, K. (1981). Developmental changes in the representation of objects from 18-34 months of age. Child Development, 52, 186-195.

Uzgiris, I. C. (1979). Die Mannigfaltigkeit der Imitation in der frühen Kindheit. In R. Oerter (Hg.) Brennpunkte der Entwicklungspsychologie. Stuttgart: Kohlhammer.

Valsiner, J. (1987). Culture and the development of children's action. New York: Wiley.

Valsiner, J. (1989). Human development and culture. Lexington/MA: Lexington Books.

Vandell, D. L. (1987). Baby sister / Baby brother: Reactions to the birth of a sibling and patterns of early sibling relations. In F. Schachter & R. Stone (Eds.), Practical concerns about sibling. Journal of Children in Contemporary Society, 19 (3-4),13-37.

Varela, F. J. & Thompson, E. (1992). Der Mittlere Weg der Erkenntnis. Bern: Scherz.

Volpert, W. (1985). Zauberlehrlinge. Die gefährliche Liebe zum Computer. Weinheim: Beltz.

Wälder, R. (1933). The psychoanalytic theory of play. Psychoanalytic Quarterly, 2, 208-224.

Waters, E. & Deane, K. (1985). Defining and assessing individual differences in attachment relationships: Q-methodology and the organization of behavior in infancy and early childhood. Monographs of the Society for Research in Child Development, 50, serial no. 209, 41-65.

Watkins, M. J. & Peynircioglu, Z. F. (1983). Three recency effects at the same time. Journal of Verbal Learning and Verbal Behavior, 22, 375-384.

Weber, M. (1947). Die protestantische Ethik und der Geist des Kapitalismus. Arch. Sozialwiss. Sozialpolitik, 20 und 21, 1904 und 1905. In M. Weber (Hg.), Gesammelte Aufsätze zur Religionssoziologie I. Tübingen: Mohr.

Wegener-Spöhring, G. (1982). Symbolische Interaktion im Spiel. In D. Nord-Rudiger et al. (Eds.), Beiträge zur Theorie und Praxis in Psychologie und Pädagogik.

Weiner, B. (1980). Human motivation. New York: Holt, Rinehart & Winston.

Weisz, J.R., Rothbaum, F.M. & Blackburn, T.C. (1984). Standing out and standing in: The psychology of control in America and Japan. American Psychologist, 39, 955-969.

Weizenbaum, J. (1979). Computer power and human reason: From judgement to calculation. San Francisco: Freeman, W. H.

Wellman, H. M. (1985). The child's theory of mind: The development of conceptions of cognition. In S. R. Yussen (Ed.), The growth of reflection (pp. 169-206). San Diego, CA: Academic Press.

Werner, H. (1959). Einführung in die Entwicklungspsychologie (4. Aufl.). München: Barth.

Wertsch, J., Minick, N. & Arns, F. J. (1984). The creation of context in joint problem-solving. In B. Rogoff & J. Lave (Eds.), Everyday cognition: its development in social context (pp. 151-171). Cambridge, MA: Harvard University Press.

White, R. W. (1959). Motivation reconsidered: The concept of competence. Psychological Review, 66, 297-333.

Wildegger-Lack, E. (1987). Therapieimmanent umstrukturierte Gesellschaftsspiele als eine Möglichkeit der Sprachtherapie bei Schülern ab dem dritten Schuljahr – Fallbeispiele –. Unveröff. Magisterarbeit. Universität München.

Winnicott, D. W. (1973). Vom Spiel zur Kreativität. Stuttgart: Klett.

Witzel, A. (1982). Verfahren der Sozialforschung. Überblick und Alternativen. Frankfurt/M.: Campus.

Wolf, D. P., Rygh, J. & Altshuler, J. (1984). Agency and experience: Actions and states in play narratives. In I. Bretherton (Ed.) Symbolic Play. Orlando: Academic Press.

Wygotski, L. S. (1980; Orig. 1933). Das Spiel und seine Bedeutung in der psychischen Entwicklung des Kindes. In D. Elkonin (Hg.), Psychologie des Spiels (S. 430-465) Köln: Pahl-Rugenstein.

Wygotski, L. S. (1987). Ausgewählte Schriften. Arbeiten zur psychischen Entwicklung der Persönlichkeit. Band 2. Berlin/DDR: Volk und Wissen.

Wygotski, L. S. (1978). Mind in society: The development of higher psychological processes. Cambridge, MA: Harvard University Press.

Yalom, J. (1980). Existential Psychotherapy. New York: Basic Books.

Zulliger, H. (1970). Heilende Kräfte im kindlichen Spiel. Frankfurt/M.: Fischer.

Personenregister

Abelson, R. P. 69, 266
Abramovitch, R. 237
Adler, A. 38, 213
Adlerstein, A. M. 305
Aebli, H. 24, 69
Akhtar, N. 126, 127
Altshuler, J. 48
Alexander, I. E. 305
Alford, K. F. 282
Anderson, J. R. 183, 266, 296
Apter, M. J. 6
Arns, F. J. 147
Arth, J. 281, 312, 314
Ascione, F. R. 205
Axline, N. M. 177

Babcock, B. 262
Baddely, A. D. 268
Bailey, J. R. 204
Bandura, A. 176
Barber-Kersovan, A. 296
Barker, R. 36
Barnett, L. A. 276
Barnhardt, T. M. 264
Bates, E. 69
Bateson, G. 11, 17, 112, 117
Belsky, J. 12, 40, 41
Bergman, A. 218
Berlyne, D. E. 267
Bernays, J. 176
Berndt, R. 119
Berne, E. 311
Bettelheim, B. 264
Bittner, G. 264
Bjork, R. A. 268
Blackburn, T. C. 211
Blazek, S. 197, 201, 218, 219, 225-227, 238
Blurton-Jones, N. 118
Boesch, E. E. 184
Bowler, T. G. R. 4
Brandl, R. M. 303
Bretherton, I. 12, 40, 41, 45, 53, 57, 58, 69, 166, 182
Breuer, J. 175, 238
Bromley, D. B. 49
Brooks, J. 271
Brown, A. L. 156
Bruhn, H. 295, 299
Bruner, J. S. 3, 6, 12, 22, 62, 71, 93, 105, 150, 155, 211, 267, 294
Brunner, F. 77

Bühler, Ch. 163
Bühler, K. 12, 15, 134
Bush, R. R. 281, 312, 314

Carpenter, C. R. 12
Carroll, S. 40, 41, 49
Case, R. 180
Chambers, J. H. 205
Chandler, M. 143
Charney, R. 126
Chevalier-Skolnikoff, S. 11
Ciompi, L. 263, 265
Claparède, E. 265
Coleman, J. C. 290
Conway, M. A. 268
Cooper, J. 205
Corter, C. 237
Critcher, C. 284
Csikszentmihalyi, M. 6, 16, 311
Czyzewska, M. 264, 265

Dale, N. 48, 131, 163
Dallas, M. 265
Deane, K. 29
Dilthey, W. 255
Döbert, R. 290
Doise, W. 166
Dollard, J. 176, 265
Dominick, J. R. 205
Doob, L. W. 176
Dornauer, M. 241-243, 244f., 246f.
Dorval, B. 92
Dunham, F. 126, 127
Dunham, P. 126, 127
Dunn, J. 48, 131, 154, 163, 237
Dusek, J. B. 290
Düßler, S. 203, 205

Eccles, J. S. 205
Eckerman, C. O. 80, 92
Egli, E. A. 204
Eifermann, R. R. 145
Einsiedler, W. 1, 24, 40, 52, 53, 55, 82, 85, 145, 310
Eisen, G. 248-254
Eisenstadt, M. J. 290
Elkonin, D. 9, 14, 23, 32, 34, 36, 46, 47-49, 52, 55-58,
60, 63, 65-67, 135-138, 141, 142, 144, 213, 311
Erb, A. 96, 98, 176

Erich, O. A. 77
Erikson, E. H. 177, 262, 264, 290

Fassbender, Ch. 299
Fein, G. G. 1, 40, 82, 134, 213
Feitelson, D. 154
Felson, R. B. 237
Fend, H. 290
Fenson, L. 49, 67
Feshbach, S. 176
Festinger, L. 101, 267
Fillmore, C. J. 22, 40, 66, 105
Fischer, K. W. 66, 67
Flaherty, J. F. 290
Flavell, J. H. 254
Flick, U. 274
Flitner, A. 1, 83
Freud, A. 177
Freud, S. 13, 38, 175, 176, 180, 195, 198, 227, 238, 264
Fritz, A. S. 143
Fritz, J. 84
Fröbel, F. 82, 83
Furth, H. G. 39

Galda, L. 11, 24, 118
Gallimore, R. 147
Gardner, J. E. 205
Garvey, C. 119, 134, 160 213
Geertz, C. 282, 311
Gibb, G. D. 204
Gibson, J. J. 36, 52
Göbbel, N. 284, 312
Graybill, D. 205
Greenwald, A. G. 264, 265
Griffin, H. 119, 120
Groeben, N. 255, 277
Gröber, K. 77
Groos, K. 9, 12, 178
Grossberg, S. 269
Gruendel, J. 67

Hala, S. 143
Hansen, W. 306
Harris, B. J. 93, 94, 123, 124, 299
Harris, P. L. 114, 115
Harsch, N. 268
Hartup, W. W. 290
Heckhausen, H. 5, 6, 23, 25, 37, 80, 133, 139, 142, 181, 199, 210, 211
Heider, F. 266
Hendrickson, J. M. 80
Hetzer, H. 72
Hill, T. 264, 265

Hitch, G. 268
Hofmann, U. 34, 156, 222
Hofstadter, D. R. 273
Howes, C. 102, 103
Huizinga, J. 6, 9, 303
Hunt, J. McV. 6
Hunter, T. 205
Hutt, C. 30, 82
Huxley 17

Jacoby, L. L. 265
Jolly, A. 12, 211, 294

Kardorff, E. v. 274
Kaye, K. 126
Kavanaugh, R. D. 114, 115
Kearsley, R. B. 57
Kelly-Burne, D. 259, 262
Kendrick, C. 237
Kernberg, O. F. 4, 26, 195, 218, 271
Kestebaum, G. I. 204
Keupp, H. 274
Kidd, G. R. 265
Kiesler, S. 205
Kihlstrom, J. F. 264
Kishimoto, Y. 209
Kitayama, S. 315
Klein, M. 4, 26, 177
Klix, F. 308
Kohlberg, L. 225
Korzybski, A. 11
Kozelka, R. M. 283-285
Kreye, M. 61
Kuhn, D. 32, 98

Lamb, M. E. 93
Lantermann, E. D. 25
Leacock, E. 154
Leontjew, A. N. 3, 4, 36, 180, 181, 232, 255
Lepper, M. R. 208
Leslie, A. M. 111, 113-115
Lever, J. 281, 282
LeVine, R. A. 80
Lewicki, P. 264, 265
Lewin, K. 25, 28, 30, 36, 52, 63, 71, 186, 220
Lewis, M. 256, 271
Lin, S. 208
Livesley, W. J. 49
Löbell, A. 163, 165-167, 216, 222
Lornbirth, T. T. 204
Lucas, T. 126
Lukesch, H. 205
Luria, A. R. 4
Lukow 57

Mackie, D. 205
Mahler, M. 4, 26, 195, 218, 271
Malouff, J. M. 205
Mandl, H. 182
Mannoni, M. 264
Markus, H. R. 315
Marx, K. 39, 86
Masuda, K. 209
Matheson, C. C. 102, 103
McCune-Nicolich, L. 24, 40, 41, 45, 49
McLoyd, V.C. 40, 53, 55, 56, 82
Mead, G. H. 13
Mehan, H. 308
Menninger, W. C. 175
Meyers, L. S. 204
Michailenko 47, 49
Mieruch, B. 150, 194, 215, 230
Miller,N. E. 176, 262
Miller, P. 154, 213
Minick, N. 147
Mischel, W. 177
Mitchell, E. 204
Mogel, H. 1, 309
Moosmann, I. 83
Morrison, H. 32, 98
Most, R. K. 12, 40, 41
Mowrer, O. H. 176
Mueller, E. 126

Nagy, E. 156
Neisser, U. 268
Nelson, K. 31, 67, 127
Newhall, S. M. 98
Nicolich, L. 67
Ninio, A. 150, 155
Nunner-Winkler, G. 290

O'Connell, B. 69
Oerter, R. 30, 147, 182, 294, 299, 311
Oerter, R. M. 305
Offer, D. 290
O'Leary, K. 57
O'Leary, M. 205
Oser, F. 308

Palmonari, A. 166
Papousek, H. 29, 93, 94, 123, 124, 299
Papousek, M. 29, 93, 94, 123, 124, 299
Parsons, T. 70, 282
Parten, M. B. 98
Pellegrini, A. 11, 24, 118
Peller, L. E. 175
Pepler, D. J. 237
Perner, J. 45, 108, 113, 143
Peynircioglu, Z. F. 268
Piaget, J. 4, 9, 12, 13, 23, 39, 40, 41, 47, 48, 50, 66, 68, 71, 99, 134, 140, 141, 143, 144, 149, 153, 166, 177, 178, 182, 184, 185, 211, 213, 254, 257, 267, 310
Pine, F. 218
Popper, K. R. 21, 92
Post Gorden, J. C. 205
Provenzo, E. F. 205
Pylyshyn, Z. W. 111

Ramsey, D. 67
Rheinberg, F. 6, 36, 62, 295
Riegel, K. F. 267
Riemann, S. 144
Roberts, J. M. 281-285, 312, 314
Rodasta, A. L. 205
Roelofsen, I. 37, 142
Rösing, H. 296
Rogoff, B. 147
Rosegger, P. 77
Rosenberg, M. J. 266
Rosenstiel, L. v. 274

Rothbaum, F. M. 211
Rubin, K. H. 1, 82, 134
Rubinstein, S. L. 4
Rumpf, F. 77
Rygh, J. 48

Sade, D. S. 11
Sadri, M. H. 78f.
Schäfer, G. E. 1, 264, 272
Schank, R. 69
Scheuerl, H. 1, 5, 9, 83
Schiller, F. 9, 298
Schmidtchen, S. 96, 98, 176, 177
Schmidt-Denter, U. 99
Schönhammer, R. 312
Schütze, Y. 237
Schutte, N. S. 205
Sears, R. R. 176
Seidman, S. 127
Sherwood, V. 93
Shimai, S. 209
Shore, C. 69
Shores, R. E. 80
Sigel, I. E. 182
Silvern, S. B. 205
Singer, J. L. 36
Shuter-Dyson, R. 295
Slawina 56
Sloboda, J. A. 295
Smith, P. K. 310

Sodian, B. 113, 143
Sokolowa 48
Spada, H. 182
Spitz, R. A. 4
Sproull, L. 205
Stanhope, L. 237
Strain, P. S. 80
Sroufe, A. L. 123
Stone, G. 269
Strom, B. 276
Strawniak, M. 205
Sutton-Smith, B. 1, 76, 77, 80, 83, 84, 86, 87, 173, 281-285, 290, 296, 312, 314
Sylva, K. 12, 211, 294

Tataryn, D. J. 264
Taylor, I. 284
Tein, S. v. 236, 237, 271
Thomae, H. 181, 256
Thompson, E. 263
Thorndike, E. L. 15
Toles, T. 205
Tran, S. 126, 127
Trautner, H. M. 225
Tremblay, A. 80
Triandis, H. C. 80, 315
Tulving, E. 270
Turkle, S. 205-208
Turner, V. 262

Ulich, D. 267
Ungerer, J. A. 57
Uzgiris, I. C. 28, 63

Valsiner, J. 22, 147-150, 221
Vandell, D. L. 237
Vandenberg, B. 1, 82, 134
Varela, F. J. 263
Volpert, W. 84

Wälder, R. 17, 176, 177, 233, 264
Waters, E.. 29, 182
Watkins, M. J. 268
Weber, M. 305
Wegener-Spöhring, G. 9
Weiner, B. 102
Weinstein, L. 204
Weisz, J. R. 211
Weizenbaum, J. 208
Wellman, H. M. 113
Werner, H. 306
Wertsch, J. 147
Whatley, J. L. 80
White, R. W. 210, 271
Whitten, W. B. 268
Wildegger-Lack, E. 145
Williamson, P. A. 205
Wilson, W. P. 204
Winnicott, D. W. 1, 26, 177, 218, 264, 272
Witzel, A. 274
Wolf, D. P. 48
Wolff, S. 274
Wood, H. 308
Wooding 154
Wright, H. F. 36
Wsenolododski-Gerngross 9
Wygotski, L. S. 3-5, 9, 13, 14, 23, 32, 34, 36, 53, 55, 63, 65-68, 133, 135, 141, 142. 147-150, 177, 178, 180-182, 211, 231, 260, 310, 311

Yalom, J. 308

Zelazo, P. R. 57
Zulliger, H. 176, 264

Sachregister

Abenteuerspiele 203-209
Abgrenzung 218-220, 227, 232
Afghanistan, Spiele in 78, 79
Akkommodation 12, 13, 178, 179, 184, 185, 250, 254
Aktualgenese 275, 276
Allmacht, s. auch Macht 210-218, 262, 306-308
Allmachtsphantasien 215-218
Als-ob-Spiel, s. auch Symbolspiel 24, 41, 95, 96, 103, 111-115, 211, 213
anale Phase 227
Aneignung 91, 106, 183, 185, 191, 192, 261, 299, 300, 308, 309
Assimilation 12, 13, 43, 47, 178, 179, 184, 185, 211, 250, 254

Begriffsbildung 60, 61
Bewältigung (durch Spiel) 17, 84, 148, 176f., 180, 195, 204, 207,209, 212, 227-230, 247, 250f., 256-259, 281, 282, 301f., 304f, 274
Beziehungsthematik 234-247, 269
Bindung, Bindungsverlust 241-247

Co-Konstruktion 149, 154
Computer 202-209, 273

Daseinsbewältigung, s. Bewältigung
Dekontextualisierung 24, 40, 54, 156

Egozentrismus 45-48
eingebildete Situation 53, 137
Einwortsatz 162
Entwicklungsaufgabe 80, 185, 204, 220, 227, 228, 230-233, 275, 290
Eskalation von Spielhandlungen 261, 262
Experimentelle Induktion 276, 277
Expressives Modell 285, 290, 296

Fantasy 285, 301
Fiktionsspiel, s. auch Symbolspiel, Als-ob-Spiel 111, 115, 116
fiktive Situation 113, 114
flow, s. Flußerleben
Flußerleben 6, 7, 16
Funktionslust 12

Gedächtnis 268
- episodisches 156, 161, 270
- implizites 266, 267
- Kurzzeit- 268
- Langzeit- 268, 269
- semantisches 156, 157
Gegenstand
- Aufforderungscharakter 28
- Begriff 21, 22
- Gebrauchswert 51
- Handlungsangebot 29
- Handlungspotential (-möglichkeiten) 31, 35
- sinnstiftender 187-196
Gegenstandsbezug 4, 22-28, 91, 195, 223-225, 231
- gemeinsamer 65, 91-171
- übergeordneter 173-277, 301-303
Geschwisterrivalität 237-239
Glücksspiel 282

Hacker 208
Handlungsgrammatik 22, 66, 106-110, 119
Handlungsimpuls 141
Handlungsplanung 71-74
Hermeneutik 274
Hobby 315
Holocaust 248-254

Identifikation 222. 223
- Geschlechtsrollen- 225-227
Identität 49, 50, 185, 207, 218-227, 258, 267-270, 290, 291, 295, 312, 315
Individuation 290-293
Institutionalisierung (des Spiels) 312, 313
Intensionalität 3
intrinsische Motivation 67

Katharsis(hypothese) 13, 175, 176, 205, 238, 264
Knoten 269
Kommunikation 11, 123-131
Kommunikationsspiele 123-125, 239-241
Konnektionistische Modelle 268, 269
Konstruktion, Konstruieren 13, 163, 197-200, 264
Konstruktionsspiel 163, 197-200, 212, 298-301
Kontextintegration 157
Kontrolle (Handlungs-) 4, 210-218, 232, 243-246, 305
Kultur 298, 301, 313
- Spielzeug- 76-88
Kunst (und Spiel) 297-303

Lebensraum 25, 30
Lebensbewältigung, s. Bewältigung

Macht 210-218, 232, 305-308
mastery play 211, 294
Materialisierung 68, 260-262
Metakommunikation 72, 103, 11, 117-121, 124, 129, 130, 139, 160, 161, 168, 170, 217, 222

Narrative Darstellung 233, 243, 246, 260, 303
Neo-Psychoanalyse, s. Psychoanalyse
Netzwerkmodelle 268
Neukontextualisierung 156
Nichtbewußtes 180, 181, 263-265

Objektbezug, s. Gegenstandsbezug
Objektfetischismus 53, 86
Objektivierung, objektivierend 184, 185, 191, 202, 208, 294, 299, 300, 308, 309
Objektpermanenz 21
Omnipotenzwünsche, s. Allmachtsphantasien
orale Thematik, orale Phase 191, 195
ozeanische Gefühle 195
Parallelspiel 96-99, 108
Person-Umwelt-Bezug 232, 272, 273
Planung, s. Handlungsplanung
Psychoanalyse 4, 26, 29, 38, 175-177, 179, 186, 189, 195, 198, 218, 220, 241, 263, 264, 271
psychoanalytische Spielerklärung 175-177

räumliche Transformation 232, 243, 245, 260
Rahmen, s. auch Spielrahmen 11-14, 153, 160, 161, 252, 253, 313
Realitätsbewältigung 250-252, 255-259
– Etappen der 258, 259
– Formen der 256-258
Realitätskonstruktion 9-14, 250, 257, 304-306
Recency-Effekt 268
Regelbewußtsein 143, 144
Regel 11, 65, 66, 99, 101, 102, 133-146, 294-296
Regelspiel 18, 72-74, 84, 85, 100-102, 140-145, 213, 281-296, 314, 315
– Musik als 293-296
Regression 175, 220
Religion 18, 304-309, 313
Replika 82
Ritual(isierung) 17, 18, 52, 133-135, 306-308, 314
– Kampf- 17
– Paarungs- 17
Rolle 34-36, 47, 48, 67, 102, 119, 163
Rollenspiel 18, 99, 100, 103, 138-140, 213, 299, 303, 305
rough-and-tumble play 11, 118

Sauberkeitserziehung 227-230
scaffolding 150
Schema 12, 36, 41-44, 47, 52, 66-69, 96, 99, 143, 250, 256, 267, 269, 270, 273
Scheinkampf 11, 12, 118
Schwarze Auge, das 286-293
Selbst 218-227, 270-273
Selbsterhöhung, -erweiterung 142, 200-202, 305, 309 sensomotorisches Spiel 41, 42, 93, 178, 211, 294, 304
Sequenzierung 40, 67, 68, 157, 158
Setting 119
Skript 40, 69, 70, 127-131, 162
Soziale Kognition 48-50
Soziale Kompetenz 166-170
Sozialisationsdruck 13, 305
Sozialspiel 103
Spiel als Protest 249
Spiel als Täuschung 248, 249
Spiel als Überlebenstechnik 254
Spielgeschichte 231
Spielidee 153
Spielkampf, s. auch rough-and-tumble play 11, 12
Spielrahmen, s. auch Rahmen 120, 150-155
Spielsequenz 110, 220
Spielsujet (s. auch Sujet, Spielthema) 55-57
Spielsucht 16, 316
Spielthema 128, 131, 135-138, 231
Spielzeug 76-88
Spielzeugmarkt 86, 87
Sportwettkampf 281-284, 312
Stimulationshypothese 205
Strategie-Spiele 283
Struktur, kognitiv affektive 263, 265, 266, 270
Subjektivierun, subjektivierend 184, 185, 202, 207, 217f., 230, 255, 257, 294, 299, 300, 308
Substitution 30, 52-60
– doppelte 57-59
Sujet, s. auch Spielsujet 55–57, 128, 131, 135-138
symbolischer Interaktionismus 308
Symbolismus 178
Symbolspiel, s. auch Als-ob-Spiel 30, 41-44, 47, 48, 93-96, 178, 305

Tätigkeit 4, 180-183
Thematik 186, 200-202, 210-247, 262, 264, 267, 269, 293

– Beziehungs- 234-247
– Entwicklungs- 210-233, 290
Theory-of-Mind-Forschung 45, 143
Transformation
– des Spiels 310, 311
– des ÜG 232, 260

Übergangsobjekt 26
Übersetzungsregeln (vom ÜG ins Spiel) 232, 233, 260-262
ÜG, s. Gegenstandsbezug, übergeordneter
Unbewußtes, s. auch Nichtbewußtes 263-265
Ungleichgewicht 267
– kognitiv-affektives 266, 273

Valenz 25
– abstrakte 37–40
– objektive 31-36
– subjektive 26-30, 98
Vergegenständlichung 68, 91, 106, 110, 183, 185, 191, 192, 208, 217, 218, 260, 261, 299, 300, 308, 309
Verschmelzung(serlebnis) 7, 195

Weltspiel 163, 166, 200, 222
Wetteifer 142
Wiederholung 15-18, 52, 233, 306-308
Wiederholungszwang 176
Wissen
– deklaratives 296
– prozedurales 296

Zielgerichtetheit 3
Zweckfreiheit 5, 6
ZFB, s. Zone freier Bewegung
ZGH, s. Zone geförderter Handlung
ZNE, s. Zone nächster Entwicklung
Zone freier Bewegung 148, 166, 227
Zone geförderter Handlung 148, 166
Zone nächster Entwicklung 147-171, 227
– Begriff der 147-150